Dirk Lippold
Die Personalmarketing-Gleichung

Dirk Lippold

Die Personalmarketing-Gleichung

Einführung in das wert- und prozessorientierte Personalmanagement

2., überarbeitete und erweiterte Auflage

DE GRUYTER
OLDENBOURG

ISBN 978-3-11-036253-4

Bibliografische Information der Deutschen Nationalbibliothek
Die Deutsche Nationalbibliothek verzeichnet diese Publikation in der Deutschen Nationalbibliografie; detaillierte bibliografische Daten sind im Internet über http://dnb.dnb.de abrufbar.

Library of Congress Cataloging-in-Publication Data
A CIP catalog record for this book has been applied for at the Library of Congress.

© 2014 Oldenbourg Wissenschaftsverlag GmbH
Rosenheimer Straße 143, 81671 München, Deutschland
www.degruyter.com
Ein Unternehmen von De Gruyter

Lektorat: Thomas Ammon
Herstellung: Tina Bonertz
Titelbild: thinkstockphotos.com
Druck und Bindung: CPI buch bücher.de GmbH, Birkach

Gedruckt in Deutschland
Dieses Papier ist alterungsbeständig nach DIN/ISO 9706.

If you can do it, teach it.

If you can teach it, write about it.

Vorwort zur 2. Auflage

Seit der ersten Auflage sind keine drei Jahre vergangen. Ganz offensichtlich hat der neue, wert- und prozessorientierte Ansatz der „Personalmarketing-Gleichung" eine erfreuliche Verbreitung gefunden. Aufgrund der besonderen Dynamik der Personaldisziplin wurde die zweite Auflage vollständig überarbeitet, aktualisiert und in einigen Aktionsfeldern erheblich erweitert.

Folgende Themenbereiche fanden neu Eingang in das Lehrbuch oder wurden grundlegend überarbeitet:

- Ergänzung wesentlicher Aktionsparameter und Werttreiber für alle Aktionsfelder des wertorientierten Personalmanagements
- Aufnahme und Diskussion von theoretischen Aspekten der Personalwirtschaft
- Aufnahme von Analyse-Methoden (SWOT-Analyse, Benchmarking) im Rahmen der Personalmarketing-Planung
- Analyse des Arbeitsmarktes sowie Auswahl, Relevanz und Bewertung der Marktsegmente im Rahmen des Aktionsfeldes *Segmentierung*
- Vertiefung Employer Branding und Ableitung von Personalakquisitionsstrategien im Rahmen des Aktionsfeldes *Positionierung*
- Signalisierungsmedien und Online-Signalisierungsformen im Rahmen des Aktionsfeldes *Signalisierung*
- Vertiefung Social Media im Rahmen des Aktionsfeldes *Kommunikation*
- Eigenschaftsorientierte, verhaltensorientierte und situative Führungsansätze sowie Führungsinstrumente im Rahmen des Aktionsfeldes *Personalführung*
- Personalentwicklungsmethoden im Rahmen des Aktionsfeldes *Personalentwicklung*
- Geografische und rechtliche Auslagerung von Organisationseinheiten (X-Shoring, Outsourcing) im Rahmen der Personalorganisation.

Darüber hinaus wurde das Lehrbuch um eine Vielzahl von Inserts ergänzt, die mit Praxisbeispielen oder zusätzlichen Statistiken für eine Ergänzung der „reinen Lehre" sorgen. Ein neu aufgenommenes Abkürzungsverzeichnis rundet den „Service für den Leser" ab.

Allen kritischen Lesern und ihren Hinweisen verdanke ich die weitere Optimierung des Lehrbuches.

Ein besonderer Dank gelten Frau Paula Thieme für ihre wertvollen Anregungen zum Thema *Employer Branding* sowie Frau Kerstin Wirzbinna für ihre praxisorientierten Hinweise zur *Personalentwicklung* und hier insbesondere zum *Coaching*.

Für alle Personen wird im Sinne der besseren Lesbarkeit das generische Maskulinum verwendet.

Berlin, im Februar 2014

Vorwort zur 1. Auflage (Auszug)

Es ist keine Frage, dass das Personalmarketing in den letzten Jahren immer stärker in das Bewusstsein der Unternehmen gedrungen ist. Aber rechtfertigt dieser Bewusstseinswandel die Herausgabe eines weiteren Lehrbuchs zu dieser Thematik? Wohl kaum, es sei denn, dass sich im Zuge dieser verstärkten Wahrnehmung auch einige Rahmenbedingungen geändert haben, deren Einflüsse stärker in das Blickfeld des verantwortlichen Personalmanagements einerseits und der interessierten Studierenden andererseits gerückt werden sollten.

Von aktuellem Einfluss ist der zunehmende Druck auf die langjährige Stärke unserer Unternehmen durch den innovativen Verbund von moderner Industrieproduktion und zugeordneten Problemlösungskompetenzen in Beratung und Service. Um die Wettbewerbsfähigkeit im globalen Umfeld halten zu können, ist es von strategischer Bedeutung, dass wir immer einen Schritt besser als die internationale Konkurrenz sind. Gefragt sind demnach besser ausgebildete Mitarbeiter – auf dem Arbeitsmarkt wie auch im Unternehmen.

Von aktuellem Einfluss ist die Situation im *Arbeitsmarkt*, der sich zu einem *Käufermarkt* für hoch qualifizierte Fach- und Nachwuchskräfte gewandelt hat. Eine Folge ist der sogenannte „War for talents", d. h. ein verstärkter Wettbewerb zwischen Unternehmen aus den verschiedensten Branchen um High Potentials. Die Lösung ist ein aktives Personal*marketing* mit dem Auftrag, das Unternehmen als Arbeitgeber mit seinem Produkt *Arbeitsplatz* an gegenwärtige und zukünftige Mitarbeiter zu „verkaufen".

Von aktuellem Einfluss sind die erweiterten Möglichkeiten der *Internet-Nutzung*. Suchmaschinen, Foren, Blogs, Social Networks und andere Applikationen der Web 2.0-Entwicklung haben für Unternehmen, Bewerber und auch für die eigenen Mitarbeiter des Unternehmens Potenziale eröffnet, die deutlich über das E-Recruiting als Tool für die intra- und internetbasierte Personalbeschaffung und -auswahl hinausreichen.

Von aktuellem Einfluss ist die Situation im *(Aus-)Bildungsbereich*. Mit der *Bologna-Reform*, die europaweit eine Verbesserung der wissenschaftlichen Qualität anstrebt und gleichzeitig die Anforderungen von Wirtschaft und Arbeitsmarkt erfüllen soll, ist ein System eingeführt worden, das auf zwei Abschlüssen basiert. Der erste Abschluss (*„Bachelor"*) ist eine für den europäischen Arbeitsmarkt relevante Qualifikationsebene und ermöglicht gleichzeitig, den zweiten, höheren Abschluss (*„Master"*) zu erwerben. Was aber ist die „arbeitsmarktrelevante Qualifikationsebene" für das Personalmanagement im Bachelor-Studiengang?

Alle genannten Einflussfaktoren haben mich dazu bewogen, ein weiteres Lehrbuch der ohnehin schon umfangreichen personalwirtschaftlichen Literatur hinzuzufügen.

Der entscheidende Punkt meiner Motivation ist aber das von meinem Team in der praktischen Arbeit einer internationalen Unternehmensberatung entwickelte *Vorgehensmodell der Personalmarketing-Gleichung* mit seiner prozessorientierten Sicht auf die einzelnen Aktionsfelder der Personalbeschaffung und der Personalbetreuung.

Berlin, im Mai 2011

Inhaltsverzeichnis

Vorwort zur 2. Auflage VII
Vorwort zur 1. Auflage (Auszug) VIII
Inhaltsverzeichnis IX

1. **Personalkonzeption** 1
   1.1 **Begriffliche und sachlich-systematische Grundlegung** 3
       1.1.1 Motivation 3
       1.1.2 Anforderungen an das moderne Personalmanagement 5
       1.1.3 Begriffliche Abgrenzungen 6
       1.1.4 Entwicklungslinien des Personalmarketings 9
       1.1.5 Zum Selbstverständnis des Personalmanagements 11
   1.2 **Theoretische Aspekte der Personalwirtschaft** 14
       1.2.1 Einführung 14
       1.2.2 Ökonomische Ansätze 15
       1.2.3 Austauschtheoretische Ansätze 18
       1.2.4 Motivationstheoretische Ansätze 23
   1.3 **Einführung in die Personalmarketing-Planung** 30
       1.3.1 Bezugsrahmen und Planungsprozess 30
       1.3.2 Analyse 32
       1.3.3 Analyse-Methoden 40
       1.3.4 Zielsystem und Kultur 44
       1.3.5 Strategien und Maßnahmen-Mix 50
   1.4 **Einführung in die Personalmarketing-Gleichung** 54
       1.4.1 Die personale Wertschöpfungskette 54
       1.4.2 Wertorientiertes Personalmanagement 56
       1.4.3 Analogien zum klassischen Marketing 58
       1.4.4 Struktur und grundlegende Orientierung des Lehrbuchs 62
   Kontroll- und Vertiefungsfragen 64
2. **Personalbeschaffung** 65
   2.1 **Segmentierung des Arbeitsmarktes** 68
       2.1.1 Aufgabe und Ziel der Segmentierung 68
       2.1.2 Personalbedarfsplanung 69
       2.1.3 Anforderungsprofil 73
       2.1.4 Personalbeschaffungswege 76
       2.1.5 Analyse des Arbeitsmarktes 78
       2.1.6 Auswahl und Relevanz der Marktsegmente 80

2.1.7 Segmentbewertung 84
2.1.8 Optimierung des Bewerbernutzens..86
2.2 Positionierung im Arbeitsmarkt... 89
2.2.1 Aufgabe und Ziel der Positionierung.....................................89
2.2.2 Angebot und Nachfrage im Arbeitsmarkt 89
2.2.3 Bewerbernutzen und Bewerbervorteil 91
2.2.4 Positionierungselemente 93
2.2.5 Employer Branding...97
2.2.6 Ableitung von Personalakquisitionsstrategien 101
2.2.7 Optimierung des Bewerbervorteils.......................................103
2.3 Signalisierung im Arbeitsmarkt 106
2.3.1 Aufgabe und Ziel der Signalisierung 106
2.3.2 Signalisierungsmodell 107
2.3.3 Signalisierungskonzept...109
2.3.4 Signalisierungsinstrumente..110
2.3.5 Signalisierungsmedien..119
2.3.6 Online-Signalisierungsformen..122
2.3.7 Effektivität und Effizienz von Recruiting-Kanälen.............124
2.3.8 Optimierung der Bewerberwahrnehmung 126
2.4 Kommunikation mit dem Bewerber... 129
2.4.1 Aufgabe und Ziel der Kommunikation................................129
2.4.2 Kommunikationsmaßnahmen 129
2.4.3 Social Media 136
2.4.4 Optimierung des Bewerbervertrauens 142
2.5 Personalauswahl und -integration 145
2.5.1 Aufgabe und Ziel der Personalauswahl und -integration ...145
2.5.2 Prozess der Personalauswahl..145
2.5.3 Entscheidungssituationen im Auswahlprozess....................148
2.5.4 Gütekriterien des Auswahlverfahrens..................................151
2.5.5 Bedeutung der Vorauswahl 152
2.5.6 Instrumente der Personalauswahl 154
2.5.7 Unterstützung durch Bewerbermanagementsysteme..........162
2.5.8 Personalintegration 165
2.5.9 Optimierung der Bewerberakzeptanz 166
Kontroll- und Vertiefungsfragen 170
3. Personalbetreuung.. 171
3.1 Personalvergütung 174
3.1.1 Aufgabe und Ziel der Personalvergütung............................174
3.1.2 Betriebliche Anreizsysteme..176
3.1.3 Gestaltung der Personalvergütung.......................................178

3.1.4 Aspekte der Entgeltgerechtigkeit 184
3.1.5 Anforderungsgerechtigkeit 187
✗ 3.1.6 Marktgerechtigkeit 188
3.1.7 Leistungsgerechtigkeit 189
3.1.8 Optimierung der Gerechtigkeit 194

3.2 Personalführung 198
3.2.1 Aufgabe und Ziel der Personalführung 198
3.2.2 Führungsprozess 201
3.2.3 Führungsaufgaben 203
3.2.4 Führungsansätze und -theorien 209
3.2.5 Eigenschaftsorientierte Führungsansätze 212
3.2.6 Verhaltensorientierte Führungsansätze.....................................216
3.2.7 Situative Führungsansätze 220
3.2.8 Führungsinstrumente 228
3.2.9 Optimierung der Wertschätzung 232

3.3 Personalbeurteilung 235
3.3.1 Aufgabe und Ziel der Personalbeurteilung 235
3.3.2 Beteiligte und Formen der Personalbeurteilung 236
3.3.3 Beurteilungsfehler 237
3.3.4 Kriterien der Personalbeurteilung 240
3.3.5 Das Beurteilungsfeedback 247
3.3.6 Optimierung der Fairness 248

3.4 Personalentwicklung 251
3.4.1 Aufgabe und Ziel der Personalentwicklung 251
3.4.2 Qualifikation und Kompetenzmanagement 253
3.4.3 Personalentwicklungsmethoden 255
3.4.4 Führungskräfteentwicklung 260
3.4.5 Genderspezifische Personalentwicklung 263
3.4.6 Controlling der Personalentwicklung 264
3.4.7 Optimierung der Forderung und Förderung 265

3.5 Personalfreisetzung 269
3.5.1 Aufgabe und Ziel der Personalfreisetzung 269
3.5.2 Rahmenbedingungen der Personalfreisetzung..........................269
3.5.3 Personalfreisetzung ohne Personalabbau..................................272
3.5.4 Personalfreisetzung mit Personalabbau 276
3.5.5 Die Kündigung 280
3.5.6 Entlassungsgespräch und Austrittsinterview 283
3.5.7 Optimierung der Erleichterung 285

Kontroll- und Vertiefungsfragen 288

4. Personalorganisation 289
4.1 Organisatorische Grundlagen 291
4.1.1 Einführung 291
4.1.2 Aufbauorganisation 293
4.1.3 Ablauforganisation 300
4.1.4 Prozessorganisation 300
4.1.5 Business Process Reengineering 302
4.2 Organisation des Personalsektors 306
4.2.1 Einführung 306
4.2.2 Einordnung des Personalsektors in die Unternehmenshierarchie 306
4.2.3 Herkömmliche Organisationsformen des Personalsektors 309
4.2.4 Moderne Organisationsformen des Personalsektors 310
4.2.5 Self Service Center 314
4.3 Auslagerung von Organisationseinheiten 317
4.3.1 Shared Service Center 317
4.3.2 Geografische Auslagerung von Organisationseinheiten (X-Shoring) 319
4.3.3 Rechtliche Auslagerung von Organisationseinheiten (Outsourcing) 320
4.3.4 Stand der organisatorischen Veränderungen im Personalsektor 323
4.4 Change Management 325
4.4.1 Ursachen und Handlungsfelder des Change Managements 325
4.4.2 Umgang mit Widerständen 327
Kontroll- und Vertiefungsfragen 332

Literatur 333
Sachwortverzeichnis 345
Abkürzungsverzeichnis 357
Abbildungsverzeichnis 359
Insertverzeichnis 365

1. Personalkonzeption

1.1 Begriffliche und sachlich-systematische Grundlegung 3
- 1.1.1 Motivation 3
- 1.1.2 Anforderungen an das moderne Personalmanagement 5
- 1.1.3 Begriffliche Abgrenzungen 6
- 1.1.4 Entwicklungslinien des Personalmarketings 9
- 1.1.5 Zum Selbstverständnis des Personalmanagements 11

1.2 Theoretische Aspekte der Personalwirtschaft 14
- 1.2.1 Einführung 14
- 1.2.2 Ökonomische Ansätze 15
- 1.2.3 Austauschtheoretische Ansätze 18
- 1.2.4 Motivationstheoretische Ansätze 23

1.3 Einführung in die Personalmarketing-Planung 30
- 1.3.1 Bezugsrahmen und Planungsprozess 30
- 1.3.2 Analyse 32
- 1.3.3 Analyse-Methoden 40
- 1.3.4 Zielsystem und Kultur 44
- 1.3.5 Strategien und Maßnahmen-Mix 50

1.4 Einführung in die Personalmarketing-Gleichung 54
- 1.4.1 Die personale Wertschöpfungskette 54
- 1.4.2 Wertorientiertes Personalmanagement 56
- 1.4.3 Analogien zum klassischen Marketing 58
- 1.4.4 Struktur und grundlegende Orientierung des Lehrbuchs 62

Kontroll- und Vertiefungsfragen 64

1. Personalkonzeption

Das erste Kapitel beschreibt die konzeptionellen und theoretischen Grundlagen des Personalbereichs, der Personalmarketing-Philosophie sowie des Personalmanagements, das für die Umsetzung der Personalaufgaben aber auch des Personalmarketing-Verständnisses im Unternehmen verantwortlich ist.

In der *Einleitung* werden die Anforderungen an ein modernes Personalmanagement definiert, begriffliche Perspektiven und Entwicklungslinien des Personalmarketings aufgezeigt sowie wichtige Aspekte des Selbstverständnisses, der Aufgaben und der Verantwortung des Personalmanagements behandelt.

Es folgt eine kurze Einführung in die *theoretischen Perspektiven der Personalwirtschaft*, bei der die Aspekte der Neuen Institutionenökonomie im Vordergrund stehen.

Anschließend werden die Grundlagen der *Personalmarketing-Planung* beschrieben. Im Mittelpunkt steht der Planungsprozess mit den Prozessphasen Analyse, Ziele, Strategien und Maßnahmenplanung.

Den Abschluss dieses Kapitels bildet eine Einführung in das Grundverständnis der *Personalmarketing-Gleichung*. Aufbauend auf der personalen Wertschöpfungskette werden die einzelnen Elemente (Aktionsfelder und Bewerber- bzw. Mitarbeiterkriterien) und der Geltungsbereich der Personalmarketing-Gleichung erläutert. Zugleich sind damit die grundlegende Struktur und der Aufbau der folgenden Kapitel festgelegt.

1.1 Begriffliche und sachlich-systematische Grundlegung

1.1.1 Motivation

Ohne die richtigen Mitarbeiter zur richtigen Zeit am richtigen Ort gibt es keine Innovationskraft. Produkt-, Produktions-, Prozess- oder Dienstleistungsinnovationen sind ohne leistungsfähiges Personal nicht denkbar. Aus Sicht vieler Unternehmen verführt die momentane Wirtschaftssituation mit ihrem scheinbaren Überangebot an Arbeitskräften dazu, die Gewinnung und Bindung von Mitarbeitern mit geringerer Priorität zu betreiben. Das ist aber nur die halbe Wahrheit, denn der Arbeitsmarkt in Deutschland ist schon seit geraumer Zeit durch die absurde Situation gekennzeichnet, dass einer hohen Arbeitslosigkeit von Geringqualifizierten ein Mangel an gut ausgebildeten Ingenieuren, Naturwissenschaftlern und anderen Akademikern gegenübersteht.

Befand sich die Mehrzahl der Unternehmen lange Zeit in einem Verkäufermarkt, bei dem die Nachfrage nach offenen Stellen das Angebot übersteigt, so hat sich die Situation im Arbeitsmarkt für hoch qualifizierte Mitarbeiter grundlegend geändert. Der Grund dafür sind die Veränderungen im Unternehmensumfeld, die im Wesentlichen auf die Globalisierung und den rasanten technologischen Wandel in vielen Branchen zurückzuführen sind.

Unsere Gesellschaft entwickelt sich zu einer *Wissensgesellschaft*. Der zunehmende Kostendruck zwingt die Unternehmen und Organisationen dazu, die Wissensträger für Markt und Produktportfolio an das eigene Unternehmen zu binden, Mitarbeiter zu entwickeln und geeigneten Nachwuchskräften Schlüsselpositionen im Unternehmen zu bieten [vgl. BECKER/ SEFFNER 2002, S. 2 f.]. Die Terminologie des „Bewerbers" täuscht nur allzu leicht darüber hinweg, dass sich die Rekrutierung hoch qualifizierter und motivierter Nachwuchskräfte längst zu einem strategischen Erfolgsfaktor innovativer Unternehmen entwickelt hat.

Eine wichtige Voraussetzung für das Durchstehen unterschiedlichster Wirtschaftssituationen ist ein Personalmanagement, das personalpolitisch relevante Chancen in einer sich verändernden Umwelt erkennen und daraus geeignete Maßnahmen und Programme ableiten muss.

Die vorliegende *Personalmarketing-Gleichung* bietet hierzu sowohl auf der *Personalbeschaffungsseite* als auch im Bereich der *Personalbetreuung* einen Handlungsrahmen, in dem die einzelnen Aktionsfelder im Hinblick auf die Ziele des Bewerbers und des einzelnen Mitarbeiters, aber auch im Hinblick auf die unternehmerischen Zielsetzungen zu optimieren sind. Dadurch ist es möglich, mehr Synergieeffekte der Aktionsfelder untereinander und mehr Transparenz der Erfolgswirkungen einzelner Maßnahmen zu erzielen.

Mit Hilfe der entsprechenden Controlling-Instrumente lässt sich sodann der häufig hinterfragte Wertschöpfungsbeitrag des Personalmarketings im Unternehmen messen. In diesem Zusammenhang ist auf die zunehmende Quantifizierbarkeit qualitativer Tatbestände wie Wissens-, Einstellungs-, Verhaltens- und Entwicklungsaspekte der Prozessbeteiligten hinzuweisen. Die entsprechenden Kennzahlen reduzieren die komplexe Realität auf ihre wesentlichen Einflussfaktoren, verdeutlichen Schwachstellen und zeigen das aktuelle Leistungsniveau des jeweiligen Personalmanagements auf. Die Anwendung der *Personalmarketing-Gleichung* erleichtert somit auch Entscheidungen über organisatorische Maßnahmen wie die Zusammenfassung personaler Dienstleistungen in einem *Shared Service Center* oder – im Sinne einer „Make-or-Buy"-Entscheidung – der Bezug bestimmter Services von externen Dienstleistern.

Ziel des vorliegenden Lehrbuchs ist es, einen Handlungsrahmen für ein praxisorientiertes Vorgehen aufzuzeigen. Es soll den aktuellen und latenten Herausforderungen für das Personalmanagement mit einer *Denkhaltung* begegnen, die sich an folgenden sechs Fixpunkten orientiert:

- Die Übertragung der (kundenorientierten) Erkenntnisse aus dem **Absatzmarketing** auf das Personalmanagement, das immer noch zu sehr den klassischen, verwaltungsorientierten Personalkonzepten verhaftet ist.

- Das Selbstverständnis des Personalmanagements als **Business-Partner**, das den kundenorientierten Anforderungen an einen Gesprächspartner, der in die Geschäftsprozesse des Gesamtunternehmens eingebunden ist, am besten gerecht wird.

- Die Betrachtung der Aktivitäten des Personalmanagements als **Wertschöpfungskette** mit den beiden Phasen *Personalbeschaffung* und *Personalbetreuung*, deren Teilziele *Personalgewinnung* und *Personalbindung* im Hinblick auf die Generierung von Wettbewerbsvorteilen zu optimieren sind.

- Die **internationale Ausrichtung** des Personalmanagements (engl. *Human Resources Management*), die nicht zuletzt in den verwendeten Anglizismen zum Ausdruck kommt (im Übrigen führen viele Unternehmen Bewerbungsgespräche mit Hochschulabsolventen und High Potentials bereits in englischer Sprache durch).

- Die verhaltenswissenschaftliche **Anreiz-Beitrags-Theorie** als Grundlage und zur Fundierung der zu erarbeitenden Handlungsempfehlungen, denn ein erfolgreiches Personalmanagement muss bei der Gestaltung der Anreize (des Unternehmens) und der Beiträge (der Bewerber/Mitarbeiter) ansetzen [vgl. SCHAMBERGER 2006, S. 14 f.].

- Die Konzentration auf Maßnahmen zur Gewinnung und Bindung von leistungsfähigen **Fach- und Führungsnachwuchskräften**, die für viele Unternehmen einen Engpassfaktor darstellen.

In diesem Zusammenhang soll besonders betont werden, dass – für ein Lehrbuch durchaus ungewöhnlich – nicht so sehr die Auseinandersetzung mit den theoretischen Grundlagen des Personalmanagements im Vordergrund steht. Zwar wird auf eine Diskussion über die verschiedenen soziologischen, sozialpsychologischen, ökonomischen und verhaltenswissenschaftlichen Ansätze nicht vollständig verzichtet, im Vordergrund steht aber die Auseinandersetzung mit den Erkenntnissen und Erfahrungen der praktischen Personal- und Marketingarbeit. Angestrebt wird die Bereitstellung von Entscheidungshilfen aus der Praxis für die Praxis. Dazu werden für jedes **Aktionsfeld** im Personalmarketing die entscheidenden **Aktionsparameter** und **Werttreiber** herausgearbeitet und transparent gemacht, so dass die angestrebte Optimierung der beiden Hauptziele des Personalmarketings, nämlich die *Personalgewinnung* und die *Personalbindung*, erleichtert wird.

1.1.2 Anforderungen an das moderne Personalmanagement

Die Anforderungen an das Personalmanagement haben sich in den letzten Jahren stark verändert. So zeigt die Auswertung der jährlich von KIENBAUM durchgeführten HR-Trendstudie unter Top-Personalentscheidern, dass das Personalmanagement neben seinen „klassischen" Aufgabenbereichen eine Reihe neuer Herausforderungen bewältigen muss (siehe Insert 1-01).

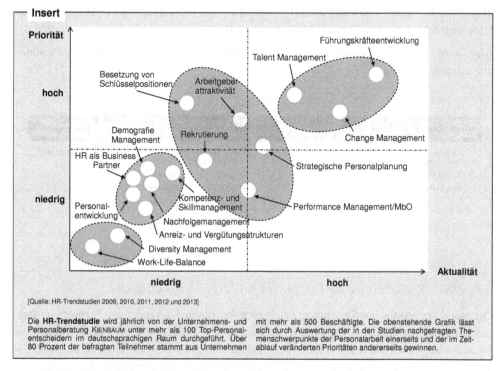

Insert 1-01: Entwicklung der Top-Themen auf der Agenda des Personalmanagements

Die Steigerung der Führungs- und Managementqualitäten (engl. *Leadership Development*), Change Management und Talent Management stehen erst seit relativ kurzer Zeit ganz oben auf der Agenda der Top-Themen der Personalmanager. Demgegenüber zählen die Fokusthemen Strategische Personalplanung, Performance Management/Management by Objectives (MbO), Arbeitgeberattraktivität (engl. *Employer Branding*)), Rekrutierung und Kampf um die Besten (engl. *War for Talents*) sowie die Besetzung von Schlüsselpositionen schon länger zu den wichtigsten Themen des Personalmanagements.

Darüber hinaus zeigt Insert 1-01, dass frühere Top-Themen wie HR als Business Partner, Anreiz- und Vergütungssysteme, Nachfolgemanagement (engl. *Successor Management*), Personalentwicklung, Kompetenz- und Skill-Management und Demografie Management nicht mehr so sehr im Fokus stehen und aktuelleren Themen gewichen sind. Das Personalmanagement hat in diesen Bereichen seine Hausaufgaben entweder bereits erledigt oder aufgrund aktuellerer Themen auf der Prioritätenliste nach hinten verschoben. Es deutet allerdings einiges eher auf einen Aufschub als auf eine Abarbeitung hin. So zeigt das HR-Barometer 2011 von CAPGEMINI CONSULTING in einer Befragung zur Selbsteinschätzung des Personalbereichs als Business Partner, dass lediglich zwei Prozent der Unternehmen diesen Anspruch als „voll und ganz" erfüllt ansehen. Bei mehr als der Hälfte aller befragten Unternehmen ist der Beitrag des Personalmanagements zum Unternehmenserfolg „noch nicht ausreichend" oder „noch gar nicht" nachweisbar.

Schließlich soll noch eine letzte Themengruppe angesprochen werden, die – vielleicht etwas überraschend – ganz unten auf der Prioritätenliste der Personalmanager steht. Dazu zählen Handlungsfelder wie das Diversity Management oder die Work-Life-Balance.

Abbildung 1-01 zeigt eine entsprechende „Clusterung" der wichtigsten Themen des Personalmanagements.

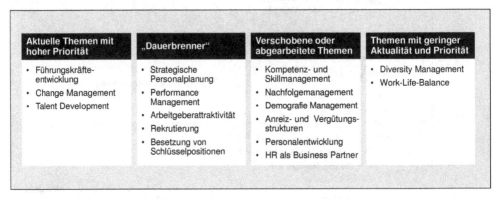

Abb. 1-01: Klassifizierung der Top-Themen des Personalmanagements

Der Stand der praktischen Umsetzung des Personalmarketings zeigt teilweise erhebliche **Realisierungsdefizite** auf. *Konzept- und Strategielosigkeit* sowie eine immer noch starke *Konjunkturabhängigkeit* beim Einsatz der Personalmarketing-Instrumente führt zu einem *Aktionismus*, der es dem Personalmanagement erschwert, das Personalmarketing als eigenständige Denk- und Arbeitshaltung zu etablieren. Die *fehlende Systematik* bei der Wechselwirkung seiner Aktionsfelder und die immer noch sehr *willkürliche Behandlung* unterschiedlicher Zielgruppen erschweren darüber hinaus die Schaffung einer eigenen Funktionsidentität des Personalmarketings [vgl. DGFP 2006, S. 26].

1.1.3 Begriffliche Abgrenzungen

Im Wesentlichen sind es drei Begriffe, die – da sie teilweise synonym behandelt werden – voneinander abgegrenzt werden sollen: *Personalwirtschaft*, *Personalmanagement* und *Personalmarketing*.

Personalwirtschaft. Als Personalwirtschaft soll die Gesamtheit aller mitarbeiterbezogenen Gestaltungs- und Verwaltungsaufgaben eines Unternehmens bezeichnet werden [vgl. OLFERT 2005, S. 24]. Als Teilbereich der Betriebswirtschaftslehre und als Sammelbegriff für alle Aufgaben, die sich mit dem Produktionsfaktor Arbeit befassen, hat sich der Begriff *Perso-*

nalwirtschaft durchgesetzt. Mit dem Begriff **Personalwesen**, der häufig synonym verwendet wird, soll mehr der verwaltungstechnische (organisatorische) Bereich der Personalwirtschaft hervorgehoben werden [vgl. JUNG 2006, S. 6].

Personalmanagement. Das Personalmanagement stellt die Führungstätigkeiten in den Vordergrund, wobei der Begriff *Management* auf zweifache Weise verwendet wird: Zum einen als *Institution,* die alle Personen bezeichnet, die Managementaufgaben wahrnehmen, zum anderen als *Funktion*, die die Managementaufgaben an sich beschreibt, d. h. sämtliche Aufgabenbereiche, die zur Steuerung des Unternehmens wahrzunehmen sind [vgl. JUNG 2006, S. 7]. Im angelsächsischen Sprachraum existiert hierfür der Begriff **Human Resources Management** (kurz: **HRM**) und so wird folgerichtig – besonders bei international oder global agierenden Unternehmen – die Personalabteilung als *HR-Abteilung* bezeichnet. Wohl auch durch die Auswirkungen des demografischen Wandels initiiert, hat noch ein weiterer angelsächsischer Begriff in die personalwirtschaftlichen Terminologie Eingang gefunden: das **Workforce Management** (kurz: **WFM**), das auf den bedarfsgerechten, transparenten und nachvollziehbaren *Einsatz* von Mitarbeitern abzielt. Einige internationale Unternehmen bezeichnen daher ihre Personalabteilungen als *WFM-Abteilung*.

Personalmarketing. Die inhaltlichen Vorstellungen über den Begriff des Personalmarketings weisen in der Literatur verschiedene Facetten auf, die sich in *drei* Strömungen zusammenfassen lassen [vgl. GIESEN 1998, S. 86]:

- Personalmarketing wird als eigenständiger Begriff *abgelehnt* und erscheint nur als neue Worthülse für die klassischen Instrumente einer mitarbeiterorientierten Personalpolitik.
- Personalmarketing befasst sich ausschließlich mit dem *externen* Wirkungsfeld personaler Aktivitäten, also dem Personalbeschaffungsmarkt des Unternehmens. Diese konservative Auffassung setzt im Prinzip die Begriffe *Personalbeschaffung* und *Personalmarketing* gleich.
- Personalmarketing wird als umfassende *Denk- und Handlungskonzeption* verstanden, die sich mit den Bedürfnissen sowohl der potenziellen Mitarbeiter (Bewerber) als auch der vorhandenen Mitarbeiter befasst. Damit wird die Denkhaltung des klassischen (Absatz-) Marketings, das sich mit den Bedürfnissen der Kunden befasst, aufgenommen. Diese Auffassung dient als Grundlage für die weiteren Ausführungen.

Dem Konzept dieses Lehrbuches liegt folgende (zugegebenermaßen etwas sperrige) **Definition** des Personalmarketing-Begriffs zu Grunde:

> Personalmarketing ist ein umfassendes Denk- und Handlungskonzept, das auf die Bedürfnisse potentieller und vorhandener Mitarbeiter ausgerichtet ist. Ziel dabei ist, zum einen durch eine entsprechende Attraktivitätswirkung auf dem externen Arbeitsmarkt bedarfsgerechte Mitarbeiter zu gewinnen und zum anderen durch mitarbeitergerechte und effiziente Gestaltung der Arbeitsbedingungen wertvolle Ressourcen an das Unternehmen zu binden und damit die personale Wertschöpfung zu optimieren.

Während also das Personalmarketing für eine **Denkhaltung** steht, hat ein modernes, kundenbezogen ausgerichtetes Personalmanagement die Aufgabe, dieses Konzept umzusetzen.

In Abbildung 1-02 sind wesentliche Perspektiven des Personalmarketing-Begriffs zusammengestellt.

	Personalmarketing	
Wesen	Denk- und Handlungskonzept	
Oberziel	Optimierung der personalen Wertschöpfung	
Teilziele	Mitarbeitergewinnung	Mitarbeiterbindung
Wirkungsrichtung	Extern	Intern
Wirkungsfeld	Arbeitsmarkt	Arbeitsplatz
Funktionen	• Akquisitionsfunktion • Profilierungsfunktion	• Motivationsfunktion • Profilierungsfunktion
Aktionsbereiche	Personalbeschaffung	Personalbetreuung
Aktionsfelder	• Segmentierung (des Arbeitsmarktes) • Positionierung (im Arbeitsmarkt) • Signalisierung (im Arbeitsmarkt) • Kommunikation (mit dem Bewerber) • Personalauswahl und -integration	• Personalvergütung • Personalführung • Personalbeurteilung • Personalentwicklung • Personalfreisetzung

Abb. 1-02: Perspektiven des Personalmarketing-Begriffs

Es soll aber erwähnt werden, dass dem Begriff *Personalmarketing* in der Literatur auch kritisch begegnet wird [vgl. SCHAMBERGER 2006, S. 11 ff. und die dort angegebenen Quellen]:

Semantische Kritik und **ethische Bedenken** setzen am Begriff selber an. Die Bezeichnung *Personalmarketing* erwecke den Eindruck, dass Personal – gleichsam einer Ware – vermarktet würde. Um diese Assoziationen zu vermeiden, werden von einigen Autoren Begriffe wie *Arbeitsplatzmarketing* oder *Personalbeschaffungsmarketing* gefordert.

Ein weiterer Kritikpunkt besagt, dass mit dem Begriff *Personalmarketing* **kein Erkenntnisgewinn** erzielt werde. Die eingeführten Begriffe der Personalwirtschaft wie *Personalwerbung*, *Personalbeschaffung* oder *Personalpolitik* seien ausreichend und sollten nicht durch ein Modewort ersetzt werden, das vor allem dem Zeitgeist geschuldet sei.

Schließlich wendet sich die Kritik gegen die **„schiefe" Analogie von Güter- und Arbeitsmarkt**. Es wird angeführt, dass die Teilnahme am Arbeitsmarkt aufgrund wirtschaftlicher Zwänge nur begrenzt freiwillig sei. Zudem sei die Preisbildung auf den Arbeitsmärkten im Gegensatz zu Gütermärkten weitestgehend reguliert. So hemme das interne Gehaltsgefüge des Arbeitgebers häufig eine freie Verhandlung.

Relativ „neutral" verhält sich die neuere personalwirtschaftliche Literatur zum Personalmarketing-Begriff, wenn sie formuliert, dass man dann von Personalmarketing spricht, wenn *„die Ziele der Personalgewinnung durch Instrumente des klassischen Marketings verfolgt"* werden [vgl. STOCK-HOMBURG 2013, S. 131 unter Bezugnahme auf KLIMECKI/GMÜR 2001, S. 41].

Uns scheint diese Zuordnung des Personalmarketings ausschließlich zum Aktionsbereich der Personalgewinnung bzw. Personalbeschaffung zu kurz gegriffen, weil sie die kundenorientierte und kraftvolle Denkhaltung des Begriffs, der sich sowohl auf die Gewinnung als auch auf die Bindung von bedarfsgerechten Mitarbeitern bezieht, nicht in ausreichendem Maße berücksichtigt.

1.1.4 Entwicklungslinien des Personalmarketings

Das Personalmarketing hat sechs wesentliche **Entwicklungsschritte** durchlaufen. Jeder dieser Entwicklungsschritte beleuchtet das Personalmarketing aus verschiedenen Perspektiven und soll hier – stark verkürzt – wiedergegeben werden [vgl. DGFP 2006, S. 21 f.; FRÖHLICH 2004, S. 17 ff.]:

(1) Entdeckungsphase

1962 wurde der Begriff des Personalmarketings im Zusammenhang einer Debatte zur Neusystematisierung der Personalwirtschaft und damit einhergehender Suche qualifizierter Führungskräfte erstmalig verwendet. Mit ihm verband sich der Anspruch, dass sich Erkenntnisse und Gesetzmäßigkeiten aus der Absatzwirtschaft (Marketing) auf den Personalbereich und damit auf den Produktionsfaktor *Mensch* übertragen lassen. Ziel war es, ein „Personal-Image" anhand der Orientierung der Personalwirtschaft an betriebswirtschaftlich, soziologisch und psychologisch fundierten Marketinggrundsätzen zu entwickeln und damit den Personalfragen ein neues Profil zu geben.

(2) Entstehungsphase

In der anschließenden Entstehungsphase des Personalmarketings bis Mitte der 70er Jahre wurden die Marketinginstrumente auf den Personalbereich übertragen und ausformuliert. Dabei herrschte aber das „klassische" Verständnis von Personalmarketing vor, also eine bevorzugte Beschäftigung mit dem *externen* Personalbeschaffungsbereich. Neben der Personalbeschaffung standen Aspekte des Personalimages und der Personalwerbung im Vordergrund. Der Mensch wurde aber weiterhin als Produktionsfaktor betrachtet.

(3) Etablierungsphase

Mitte 1970 bis Mitte 1980 vertiefte die personalwirtschaftliche Literatur Fragen zum externen Personalmarketing. So sah ein Ansatz vor, das Personalmarketing auf der Grundlage von Marktforschung phantasievoll und kreativ zu gestalten. Der damals verwendeten Begriff „Personalbild" wurde durch „Arbeitgeberimage" ersetzt. Gleichzeitig wurden diese Ansätze um Aspekte des *internen* Personalmanagements erweitert. Im Hinblick auf eine stärkere Mitarbeiterorientierung wurde erstmalig das Ziel verfolgt, die Mitarbeiter als Kunden zu betrachten und auch deren Interessen in die Entscheidungsprozesse mit einzubeziehen. Damit rückt nach dem Bewerber nun auch der Mitarbeiter in das Blickfeld des Personalmarketings. Interne Abläufe und Prozesse werden analysiert.

(4) Reformierungsphase

In der folgenden ganzheitlichen Reformierungsphase Mitte 1980 bis Mitte 1990 werden *interne* und *externe* Blickrichtungen miteinander verbunden und Hinweise zur operativen Umsetzung ausgearbeitet. Neben den beiden Hauptfunktionen des Personalmarketing – externe Personalgewinnung und motivationsorientierte Mitarbeiterpflege – wurde dem Aspekt der allgemeinen Imageprofilierung des Unternehmens als Arbeitgeber eine neue Bedeutung beigemessen. Damit wurde erstmalig auf die strategische Bedeutung des Personalmarketings für die Unternehmensentwicklung insgesamt hingewiesen.

(5) Differenzierungsphase

In den 90er Jahren wurden Teilaspekte des internen und externen Personalmarketings unter dem besonderen Aspekt der *IT-Unterstützung* vertieft. Branchenorientierte Ansätze wurden ebenso präsentiert wie Instrumente oder Teilfunktionen des Personalmarketings wie z. B. das Hochschul- oder Führungskräfte-Marketing. Konkrete Bausteine wie Vergütungssysteme oder Beschaffungssysteme werden unter Einbeziehung verschiedener Branchen- und Kulturkontexte sowie der aufkommenden neuen Technologien neu ausgestaltet. Alles in allem dominierten in diesem Zeitraum spezifische Teilkonzepte eine ganzheitliche, übergreifende Betrachtung des Personalmarketings.

(6) Integrationsphase

In der anschließenden Integrationsphase mit dem Einsetzen der konjunkturellen Schwäche und dem Einbrechen des Neuen Marktes veränderte sich die Beschäftigung mit den Konzepten des Personalmarketings insofern, dass man sich wieder mit ganzheitlichen Konzepten auseinandersetzte. So geht es seit Beginn des neuen Jahrtausends hauptsächlich darum, welchen *Wertbeitrag* das Personalmarketing für das Unternehmen leisten kann. Den Mitarbeitern des Unternehmens als interne Zielgruppe des Personalmarketings wird die gleiche Bedeutung zugemessen wie den Bewerbern auf dem externen Arbeitsmarkt. Besonders hilfreich ist dabei die *prozessuale Perspektive* mit ihrer optimalen Kundenbetreuung. Die Attraktivitätswirkung aller Personalinstrumente und das Unternehmen werden als Ganzes betrachtet. Diese neue Ganzheitlichkeit und Kundenorientierung kommt in der Denkhaltung des Personalbereichs als *Business Partner* zum Ausdruck.

In Abbildung 1-03 sind die Entwicklungsstufen des Personalmarketings im Zusammenhang dargestellt.

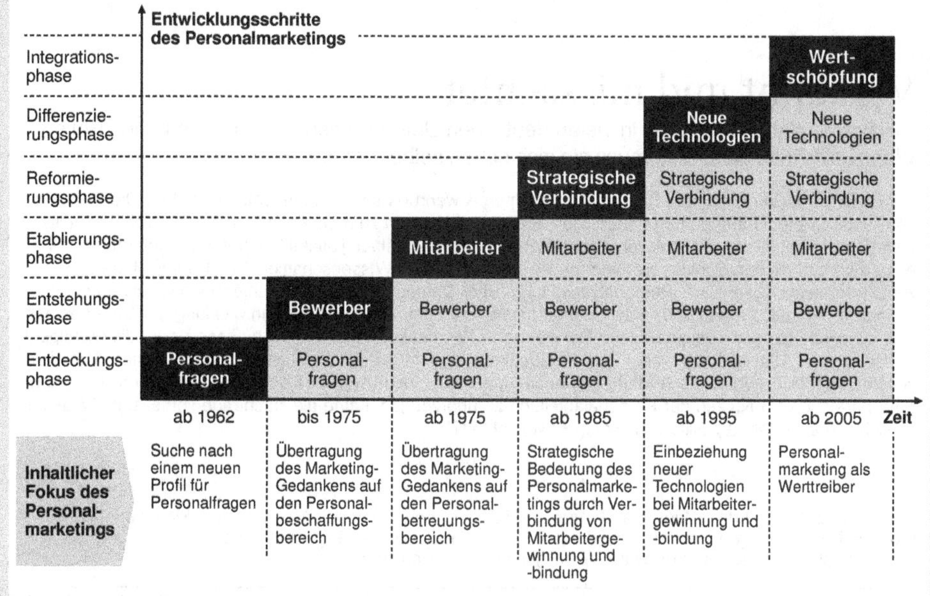

1.1 Begriffliche und sachlich-systematische Grundlegung

Abb. 1-03: Entwicklungsstufen des Personalmarketings

1.1.5 Zum Selbstverständnis des Personalmanagements

In der Integrationsphase nimmt der Druck auf die Personalfunktionskosten (Was kostet der Personalbereich?) und die Kritik an der inhaltlichen Vision des Personalmanagements (Welchen Wertbeitrag liefert die Personalabteilung?) zu. Eine Facette der in diesem Zusammenhang geführten Diskussion gibt der Artikel des HANDELSBLATTS vom 18.11.2002 anschaulich wieder (siehe Insert 1-02).

Viele Unternehmen nehmen das Personalmanagement auf den internen (oder externen) Prüfstand und veranlassen Betroffene und Beteiligte dazu, über den Wertbeitrag und die Rolle des Personalmanagements nachzudenken. *„Moderne Personalbereiche erfinden sich selbst neu oder – dies ist der häufigere Fall – werden von außen neu erfunden."* [CLASSEN/KERN 2006, S. 9]. Letztlich führt die inhaltliche Diskussion auch zu einem Wandel des Selbstverständnisses der Personalabteilung vom *Verwalter* zum *Gestalter*.

Insert

PERSONALBEREICH KÖNNTE ENTSCHEIDENDEN BEITRAG IM WETTBEWERB LEISTEN

Verkannt und missachtet

Die Personalabteilung spielt in vielen deutschen Unternehmen eine unbedeutende Rolle. Wenn kein Prinz sie erlöst, muss sie sich schon selber helfen.

Auf das Personalmanagement kann man verzichten – wenn es so weiter macht, wie bisher. Die Personalabteilungen vieler Unternehmen hätten allen Grund, sich Sorgen zu machen, wenn sie sich nicht umstellten, meint der Personalleiter eines Automobilzulieferers. Während seiner Tätigkeit in zwei Großunternehmen war er zu einem ähnlichen Schluss gekommen wie amerikanische Wissenschaftler: "Die Personalbereiche konzentrieren sich zu sehr auf Personalverwaltung und Datenpflege und vernachlässigen wichtige Zukunftsthemen. Personalberatung und -entwicklung kommen zu kurz, in die Strategieentwicklung der Unternehmen sind sie schon gar nicht eingebunden." Der deutsche Personalchef weiter: „Wir managen zwar die wichtigste Ressource im Unternehmen, aber die Personalabteilung muss verdeutlichen, dass sie einen Mehrwert schafft." Natürlich gehöre auch Marketing nach innen dazu, denn wenn es gelänge, die anderen Unternehmensbereiche vom Nutzen der Personalabteilung zu überzeugen, käme die Nachfrage von alleine: "Wer will es sich schon leisten, auf Hilfe zum Erfolg zu verzichten?"

[Quelle: HANDELSBLATT 18.11.2002 (verkürzt)]

Der HANDELSBLATT-Artikel legt den Finger in die Wunde: Personalfragen werden häufig weder als wichtig noch als strategisch erachtet. Auch gelingt es den Personalern nicht, den Mehrwert und die Leistung der Personalarbeit messbar und damit deutlich zu machen.

Insert 1-02: „Verkannt und missachtet"

Man kann diese Entwicklung als Geburtsstunde des **„HR als Business-Partner"**-Konzepts, das auf DAVE ULRICH [1997] zurückgeht, bezeichnen. *Business-Partner* sein bedeutet, die Wertschöpfung im Unternehmen durch qualitativ hochwertige und kostengünstige Serviceleistungen und Produkte zu steigern. Für die anderen Unternehmensbereiche ist der HR-Business-Partner ein Gesprächspartner „auf Augenhöhe", mit dem die aktuellen und künftigen Herausforderungen diskutiert und gelöst werden können. Er ist thematisch und organisatorisch in den Geschäftsbereichen verankert und als Prozessverantwortlicher für die strategische Übersetzungsarbeit zwischen Business und HR-Abteilung zuständig. Dieses Konzept des *Kundenbetreuers* einerseits und des *Prozessverantwortlichen* andererseits geht deutlich über den traditionellen Ansatz des Personalreferenten hinaus.

Themen wie *Change Management, Talent Development, Personal- und Organisationsentwicklung* oder *Coaching* der Führungskräfte machen den qualitativen Unterschied in der Personalarbeit aus und liefern einen Mehrwert für das Unternehmen [vgl. CLASSEN/KERN 2007, S. 18].

Zwar mangelt es bis heute an einer eindeutigen Definition und Fundierung des Begriffs *HR-Business-Partner* [zu einer ausführlichen Darstellung der theoretisch motivierten Begriffsdiskussion siehe CLASSEN/KERN 2006, S. 19-25], letztlich sind es aber die in Abbildung 1-04 dargestellten fünf Merkmalsdimensionen, an denen sich HR-Business-Partner identifizieren lassen können.

Die genannten Kriterien im Merkmalskatalog sind selbstverständlich nicht in „Stein gemeißelt". Je nachdem, wie sich die Gewichte im Umfeld des Personalbereichs verlagern, werden

1.1 Begriffliche und sachlich-systematische Grundlegung

sich auch die Kriterien, an denen sich HR-Business-Partner identifizieren lassen, verändern. Neue Kriterien kommen hinzu und alte werden ihre Relevanz verlieren.

Dimension	Kriterium für den HR-Business-Partner	Konkretisierung
Einfluss/Macht	Einbindung in wesentliche Entscheidungsprozesse	Teilnahme, Frequenz und Stimmberechtigung in Management Meetings
Akzeptanz	• Anerkennung von HR • Vertrauen der Führungskräfte gegenüber HR-Vertretern	• Häufigkeit der Konsultation durch Führungskräfte • Gesprächsthemen
Organisation	Thematische und organisatorische Verankerung in den Geschäftsbereichen	• Organigramm • Anerkannt Business-relevanter Input von HR
Aufgaben	Realisierung wertschöpfender Themen (z.B. Führungskräfteentwicklung, Personalentwicklung)	• Aufgabenbeschreibungen • Ausübung der konkreten Funktion
Wertbeitrag	Nachweisbarer und zahlenbasierter Beitrag zum Unternehmenserfolg	• Vorhandensein und Umsetzung der HR-Strategie • HR-Controlling

[Quelle: CLASSEN/KERN 2006, S. 22]

Abb. 1-04: Erkennungsmerkmale des HR-Business-Partners

1.2 Theoretische Aspekte der Personalwirtschaft

1.2.1 Einführung

Für das Verständnis der Zusammenhänge und Wirkungsweisen in der Personalwirtschaft sind solche gedanklichen Gebilde von Bedeutung, die geeignet sind, Phänomene der Realität zu erklären. Diese Gedankenkonstrukte, die als **Theorien** bezeichnet werden, stellen Aussagen über Ursache-Wirkungsbeziehungen dar und dienen der Identifizierung allgemeiner Gesetzmäßigkeiten [vgl. KUß 2013, S. 47].

Allerdings konnte eine umfassende Theorie der Personalwirtschaft bislang nicht vorgelegt werden. Da man sie aufgrund der besonderen Struktur und Komplexität personalwirtschaftlicher Aktionen wohl auch kaum erwarten kann, „... *hat es mehrere Versuche gegeben, die Probleme der Personalwirtschaft mit Hilfe von fachfremden, zunächst in anderen Wirtschaftsbereichen entwickelten Theorien neu zu ordnen und in heuristischer Form vereinzelt auch neu zu lösen*" [DRUMM 2000, S. 14].

Unter diesen (fachfremden) Theorieansätzen, die von grundlegender Bedeutung für die Personalwirtschaft sind, lassen sich *ökonomische* und *verhaltenswissenschaftliche* Ansätze unterscheiden.

- **Ökonomische Ansätze** mit Bezug zur Personalwirtschaft befassen sich vorwiegend mit alternativen Personalbeschaffungs- und Personalbindungsentscheidungen im Hinblick auf ihre Erfolgsauswirkungen.

- **Verhaltenswissenschaftliche Ansätze** betrachten in erster Linie kognitive Prozesse, d. h. die Reaktionen der Beschäftigten auf verschiedene Aktivitäten des Personalmanagements. Im Gegensatz zu den ökonomischen Theorien befassen sich die verhaltenswissenschaftlichen Ansätze nicht mit den Erfolgsaussichten von personalwirtschaftlichen Maßnahmen, sondern mit den Wechselwirkungen zwischen den Aktivitäten des Personalmanagements und dem Verhalten der Beschäftigten. Dabei leisten *austauschtheoretische Ansätze* und *motivationstheoretische Ansätze* einen besonderen Erklärungsbeitrag.

Sowohl die ökonomischen als auch die verhaltenswissenschaftlichen Erklärungsansätze zählen zu den allgemeinen theoretisch-konzeptionellen Ansätzen der Personalwirtschaft, weil sie sich in der Regel auf mehrere Personal-Aktionsfelder beziehen. Sie werden daher in *diesem Abschnitt* näher erläutert und diskutiert.

Neben den allgemeinen Ansätzen existiert eine Reihe von spezifischen Erklärungsansätzen, die lediglich für bestimmte Teilaspekte der Personalwirtschaft relevant sind. Dazu zählen vornehmlich Ansätze zu den Aspekten der **Personalführung**, die im Rahmen des Aktionsfeldes *Personalführung* (Abschnitt 3.2) ausführlich behandelt werden.

Abbildung 1-05 gibt einen Überblick über die wichtigsten theoretisch-konzeptionellen Ansätze, die eine grundlegende Bedeutung für die Personalwirtschaft haben.

1.2 Theoretische Aspekte der Personalwirtschaft

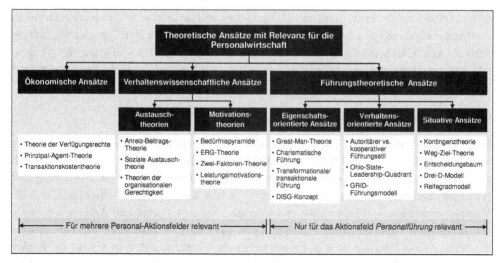

Abb. 1-05: Theoretisch-konzeptionelle Ansätze mit Relevanz für die Personalwirtschaft

1.2.2 Ökonomische Ansätze

Zu den ökonomischen Ansätzen zählt vor allem die erst seit geraumer Zeit in der Personalwirtschaft behandelte (Neue) Institutionenökonomik. Im Gegensatz zur neoklassischen Theorie befasst sich die **Institutionenökonomik** (engl. *Institutional economics*) mit der Unvollkommenheit realer Märkte und mit den Einrichtungen (Institutionen), die zur Bewältigung dieser Unvollkommenheit geeignet sind. *Institutionen* sind gewachsene oder bewusst geschaffene Einrichtungen, die quasi die Infrastruktur einer arbeitsteiligen Wirtschaft bilden. Märkte, Unternehmen, Haushalte, Dienst-/Werkverträge und Gesetze sind ebenso Institutionen wie Handelsbräuche, Kaufgewohnheiten, Geschäftsbeziehungen oder Netzwerke [vgl. KAAS 1992b, S. 3].

Vereinfachend werden hier folgende Teildisziplinen der Institutionenökonomik behandelt:

- Theorie der Verfügungsrechte
- Prinzipal-Agent-Theorie
- Transaktionskostentheorie.

(1) Theorie der Verfügungsrechte

Die Theorie der Verfügungsrechte (engl. *Property-Rights-Theory*) setzt sich mit der Regelung von *Handlungs- und Verfügungsrechten* über Ressourcen auseinander. Personalwirtschaftliche Aspekte der Theorie liegen beispielsweise vor, wenn Eigentümer nicht selbst als Unternehmer tätig sind und deshalb die Verfügungsrechte vertraglich an Manager übertragen, die für sie die Unternehmensführung wahrnehmen. Die gleiche Problemstruktur liegt vor, wenn der Eigentümer-Unternehmer bei arbeitsteiliger Verfolgung von Unternehmenszielen nicht mehr alleine handeln kann, sondern die Verfügungsrechte über seine Produktionsmittel an sein Personal delegieren muss. Insofern lässt sich die Theorie der Verfügungsrechte auf die Auswahl von Mitarbeitern und die Gestaltung von Arbeitsverträgen – also auf die Aktionsfelder *Personalauswahl und -integration* sowie *Personalvergütung* – übertragen [vgl. DRUMM 2000, S. 15].

(2) Prinzipal-Agent-Theorie

Die Prinzipal-Agent-Theorie (engl. *Principal-Agent-Theory*) wurde zuerst in einem Aufsatz von MICHAEL C. JENSEN und WILLIAM H. MECKLING im Jahre 1976 erörtert. Sie befasst sich mit Interessenkonflikten, die sich aus einem Vertragsverhältnis zwischen einem Auftraggeber (Prinzipal) und einem Auftragnehmer (Agent) ergeben können. Typische Beispiele sind die Vertragsverhältnisse von Eigentümer und Manager, von Arbeitgeber und Arbeitnehmer oder von Käufer und Verkäufer. Eine Prinzipal-Agent-Beziehung ist gekennzeichnet durch asymmetrisch verteilte Informationen und opportunistisches Verhalten, d. h. es besteht das Risiko, dass der Agent nicht ausschließlich im Sinne des vereinbarten Auftrags und damit zum Nutzen des Prinzipals handelt, sondern auch eigene Interessen verfolgt. In einer solchen Situation steht der Prinzipal vor der Herausforderung, durch eine entsprechende Vertragsgestaltung im Hinblick auf Risikoverteilung und im Hinblick auf die Gestaltung von geeigneten Anreiz- und Kontrollsystemen sicherzustellen, dass der Agent die vereinbarte Leistung erbringt.

Von besonderer Bedeutung für eine solche Vertragsgestaltung ist das Konzept der **Informationsasymmetrie**, bei dem vier unterschiedliche Konstellationen unterschieden werden können [vgl. STOCK-HOMBURG 2013, S. 479]:

- Verdeckte Eigenschaften (engl. *Hidden characteristics*), d. h. dem Prinzipal sind wichtige Eigenschaften des Agenten (Qualifikation, Fähigkeiten etc.) bei Vertragsabschluss unbekannt;

- Verdeckte Handlungen (engl. *Hidden action*), d. h. der Prinzipal kann die Leistungen des Agenten während der Vertragserfüllung nicht beobachten bzw. die Beobachtung ist mit hohen Kosten verbunden;

- Verdeckte Informationen (engl. *Hidden information*), d. h. der Prinzipal kann die Handlungen des Agenten zwar problemlos beobachten, aufgrund fehlender Kenntnisse oder Informationen jedoch nicht hinreichend beurteilen;

- Verdeckte Absichten (engl. *Hidden intention*), d. h. dem Prinzipal sind Absichten und Motive des Agenten in Verbindung mit der Vertragserfüllung verborgen.

Bei den Konstellationen *Hidden action* und *Hidden information* besteht das Problem des subjektiven Risikos (engl. *Moral hazard*). Das Problem gründet sich darin, dass der Prinzipal auch nach Vertragserfüllung nicht beurteilen kann, ob das Ergebnis durch qualifizierte Anstrengungen des Agenten erreicht wurde, oder ob (bzw. wie sehr) andere Faktoren das Ergebnis beeinflusst haben.

Anlass für die Entwicklung und Übertragung dieses Theorieansatzes auf die Personalwirtschaft war die Beobachtung, dass Eigentümer-Unternehmer generell besser auf ihr eigenes

Kapital achten als angestellte Manager. Der Erklärungsbeitrag der Prinzipal-Agent-Theorie bezieht sich somit in erster Linie auf die Aktionsfelder *Personalvergütung* (z. B. Ergebnisbeteiligung des Agenten) und *Personalführung* (z. B. Management by Objektives).

(3) Transaktionskostentheorie

Der Transaktionskostenansatz (engl. *Transaction-Cost-Theory*), der auf RONALD H. COASE [1937] zurückgeht und von OLIVER E. WILLIAMSON in den 1970er Jahren weiterentwickelt wurde, nimmt eine zentrale Position im Rahmen der von der Personalwirtschaft adaptierten fachfremden Theorien ein. Als Transaktionskosten werden jene Kosten bezeichnet, die im Vorfeld und/oder im Verlauf einer Austauschbeziehung entstehen. Für die Personalwirtschaft ist die Vereinbarung eines Beschäftigungsverhältnisses eine Austausch- bzw. Transaktionsbeziehung. Dabei können Kosten im Vorfeld (ex-ante) oder nach Abschluss eines Arbeitsverhältnisses (ex-post) anfallen. Zu den *Ex-ante-Kosten* zählen Aufwendungen für die Personalbeschaffung und -auswahl sowie für die Vertragsverhandlungen; unter *Ex-post-Kosten* versteht man Aufwendungen zur Überprüfung der Einhaltung von Verträgen, Aufwendungen für Anpassungsmaßnahmen (z. B. Weiterbildung) und Aufwendungen für eine evtl. Vertragsauflösung [vgl. BARTSCHER et al. 2012, S. 66].

Die Aussagen über die Höhe der Transaktionskosten basieren dabei auf zwei zentralen Verhaltensmaßnahmen. Die erste Verhaltensannahme besagt, dass die Transaktionspartner *beschränkt rational* agieren. Die zweite Annahme geht von einem opportunistischen Verhalten der Transaktionspartner aus, d. h. die Partner verfolgen ihre Interessen auch unter Missachtung sozialer Normen [vgl. WILLIAMSON 1975, S. 20 ff. und 1985, S. 47 ff.].

Der besondere Nutzen dieser Theorie wird deutlich, wenn man einen Erklärungsansatz dafür sucht, warum Unternehmen so unterschiedliche Personalpolitiken verfolgen. So gibt es Unternehmen, die ihre Mitarbeiter in hohem Maße fördern, entwickeln und unterstützen (z. B. Unternehmensberatungen), während andere Organisationen relativ wenig in ihr Personal investieren (z. B. Fast-Food-Ketten). Aber auch zur Bestimmung der tatsächlichen Erfolgsauswirkungen des Outsourcings von Personalmanagement-Aktivitäten kann die Transaktionskostentheorie wichtige Erkenntnisse liefern.

So nimmt der Theorieansatz an, dass die Transaktionskosten mit zunehmender *Spezifität* und *Unsicherheit* ansteigen. Unter **Spezifität** („Humankapitalspezifität") sind die Qualifikationen, Fähigkeiten und Kenntnisse des Mitarbeiters zu verstehen, die benötigt werden, um die Stellenanforderungen gegenwärtig und zukünftig erfüllen zu können. Bei einem hohen Spezifitätsgrad ist von einem hohen Bindungsinteresse der Vertragspartner auszugehen. Hohe **Unsicherheit** entsteht, wenn Rahmenbedingungen wie Prozesse oder Kundenbeziehungen hochgradig komplex bzw. dynamisch sind. Hohe Spezifität und hohe Unsicherheit bedeuten somit, dass Unternehmen entsprechende Investitionen in die Beziehungs- und Personalarbeit aufbringen müssen. Aus Sicht der Transaktionskostentheorie nimmt personalwirtschaftliches Handeln so etwas wie eine „Reparaturfunktion" für unvollständige Arbeitsverträge wahr [vgl. EIGLER 1997, S. 7 ff.; BECKER, M. 2010, S. 54 ff.].

Der Erklärungsbeitrag der Transaktionskostentheorie bezieht sich prinzipiell auf alle personalwirtschaftlichen Maßnahmen zur *Personalgewinnung* und *Personalbindung*.

In Abbildung 1-06 sind die oben beschriebenen ökonomischen Theorieansätze mit ihren jeweiligen Erklärungsbeiträgen für verschiedene Aktionsfelder des Personalbereichs aufgeführt.

Theorieansatz	Personal-Aktionsfeld	Erklärungsbeitrag der Theorie
Theorie der Verfügungsrechte	Personalauswahl und -integration	Auswahl und Einsatz von Managern
	Personalvergütung	Ausgestaltung des Anreiz- und Vergütungssystems von Managern
Prinzipal-Agent-Theorie	Personalvergütung	Ausgestaltung der vertraglichen Arbeitsbeziehung insb. Ergebnisbeteiligung des Agenten
	Personalführung	Management by Objectives insb. Zielvereinbarungsgespräche
Transaktionskostentheorie	Personalauswahl und -integration	Bedarfsorientierte Personalbeschaffungsmaßnahmen (Anbahnungskosten)
	Personalvergütung	Bedarfsorientierte Ausgestaltung institutioneller Arrangements (Arbeitsverträge inkl. Bonussysteme)
	Personalentwicklung	Bindungsorientierte Förderung und Entwicklung von Mitarbeitern (Anpassungskosten)
	Personalfreisetzung	Kosten für die Auflösung von Arbeitsverträgen

Abb. 1-06:   Erklärungsbeitrag ökonomischer Theorien für verschiedene Personal-Aktionsfelder

1.2.3 Austauschtheoretische Ansätze

Austauschtheoretische Ansätze versuchen eine Antwort darauf zu geben, warum Mitarbeiter in ein Arbeitsverhältnis mit einem Unternehmen eintreten bzw. in diesem verbleiben. Hierbei spielen Aspekte des Anreizes, der Bedürfnisstrukturen der Mitarbeiter und der organisationalen Gerechtigkeit eine besondere Rolle. Im Folgenden werden drei austauschtheoretische Ansätze vorgestellt:

- Anreiz-Beitrags-Theorie
- Soziale Austauschtheorie
- Theorien der organisationalen Gerechtigkeit.

(1) Anreiz-Beitrags-Theorie

Die auf CHESTER I. BARNARD [1938] zurückgehende und im Wesentlichen von JAMES G. MARCH und Nobelpreisträger HERBERT A. SIMON [1958] weiterentwickelte Anreiz-Beitrags-

Theorie konzentriert sich auf die Frage, unter welchen Bedingungen Mitarbeiter in Organisationen eintreten und dazu motiviert werden, die vereinbarten Leistungen im Rahmen des Arbeitsverhältnisses zu erbringen. Damit stehen Entscheidungen über Eintritt, Verbleib und Austritt im Mittelpunkt der Theorie. Diese Entscheidungen kommen dadurch zustande, dass Personen eine Austauschbeziehung in der Art bewerten, dass sie die zu erbringenden bzw. erbrachten Leistungen (= Beiträge; engl. *Contributions*) mit den Gegenleistungen (= Anreize; engl. *Inducements*) vergleichen. Für Unternehmen geht es dementsprechend darum, die Anreize für Führungskräfte und Mitarbeiter derart zu setzen, dass deren Leistungsbereitschaft gesichert oder sogar gesteigert werden kann. Solche Beiträge bzw. Anreize können sowohl monetärer als auch nicht-monetärer Art sein [vgl. STOCK-HOMBURG 2013, S. 55 unter Bezugnahme auf SIMON 1997, S. 141 ff.].

Die zentrale Annahme der Anreiz-Beitrags-Theorie ist nun, dass die Austauschpartner nach einem *Gleichgewicht* in der Austauschbeziehung streben. Ein solches Gleichgewicht liegt dann vor, wenn die Anreize, die einer Person angeboten werden, mindestens gleich groß oder größer als die von ihr gelieferten Beiträge sind. Ein Ungleichgewicht liegt bspw. vor, wenn sich Mitarbeiter in hohem Maße für das Unternehmen engagieren, aber ihrer Meinung nach nicht hinreichend für ihre Leistungen vergütet werden. In einem solchen Fall werden sie nach Beschäftigungsmöglichkeiten in anderen Bereichen bzw. Unternehmen suchen. Insofern besagt die grundlegende Gesetzesaussage der Anreiz-Beitrags-Theorie, *„dass eine Organisation nur dann fortbesteht, wenn ein subjektiv empfundenes Gleichgewicht zwischen den von der Organisation angebotenen Anreizen und den von den Organisationsmitgliedern erbrachten Beiträgen besteht"* [BECKER, M. 2010, S. 45]. Daher wird die Anreiz-Beitrags-Theorie auch als **Theorie des organisatorischen Gleichgewichts** (engl. *Theory of Organizational Equilibrium*) interpretiert.

(2) Soziale Austauschtheorie

Die soziale Austauschtheorie, die auf Arbeiten von GEORGE C. HOMANS [1958], PETER M. BLAU [1964] sowie JOHN W. THIBAUT und HAROLD H. KELLEY [1959] beruht, ist keine einheitliche und abgeschlossene Theorie, sondern bildet den Rahmen mehrerer Konzepte und Ansätze in Bezug auf soziale Interaktionen bzw. Austauschprozesse. Allen Ansätzen ist die Annahme gemein, dass Individuen soziale Beziehungen nur eingehen bzw. aufrechterhalten, wenn die Beziehungen einen Nutzen stiften, d. h. wenn sie mehr Vor- als Nachteile haben. Dabei gehen die Ansätze von einer Maximierung von Nutzen (Belohnungen) und einer Minimierung von Kosten als Motiv bei Menschen aus [vgl. RATHENOW 2011, S. 25 ff.].

Aus Sicht der Personalwirtschaft kann die soziale Austauschtheorie Antworten auf die Frage geben, welche Faktoren zur Zufriedenheit und Bindung (engl. *Retention*) von Mitarbeitern beitragen. So lässt sich die Beziehung mit einem Unternehmen als wechselseitiger Austausch von Belohnungen interpretieren, zu denen materielle Güter ebenso zählen wie Leistungen nichtmaterieller Art und Gefühlsäußerungen (Sympathie, Wertschätzung, Prestige). Das Ergebnis einer Austauschbeziehung (E) resultiert aus der Differenz zwischen Nutzen und Kosten für eine Person. Die Bewertung der Beziehung mit dem Unternehmen, die jeder Beschäftigte für sich vornimmt, erfolgt anhand zweier zentraler Vergleichsmaßstäbe:

- dem Vergleichsniveau (Comparison Level = CL) und
- dem Vergleichsniveau externer Alternativen (Comparison Level for Alternatives = CL_{Alt}).

Das Vergleichsniveau CL definiert ein aus Bedürfnissen und Erfahrungen ähnlicher Situationen (z. B. mit früheren Arbeitgebern) konstruiertes Anspruchsniveau, das sich der Mitarbeiter aus der Beschäftigungssituation erwartet. Wird das Vergleichsniveau CL vom Ergebnis E übertroffen (E > CL), stellt sich Zufriedenheit und Commitment des Mitarbeiters gegenüber dem Unternehmen ein. Auch das zweite Vergleichsniveau CL_{Alt} entscheidet über die Stabilität einer Bindung. Es ergibt sich aus potenziellen und/oder bestehenden Alternativbeziehungen und bestimmt, bis zu welchem Niveau der Nutzen abnehmen kann, ohne dass der Mitarbeiter das Unternehmen verlässt. Somit beeinflussen nach diesem Ansatz die Positionen des Ergebnisses und die der Vergleichsniveaus die Stabilität und Beziehung eines Mitarbeiters mit seinem Unternehmen [vgl. HÄUßLER 2011, S. 102 f.].

Abbildung 1-07 stellt alle sechs denkbaren Kombinationen und ihre Wirkung für den Bestand bzw. Fortlauf einer Beziehung mit dem Unternehmen vergleichend gegenüber.

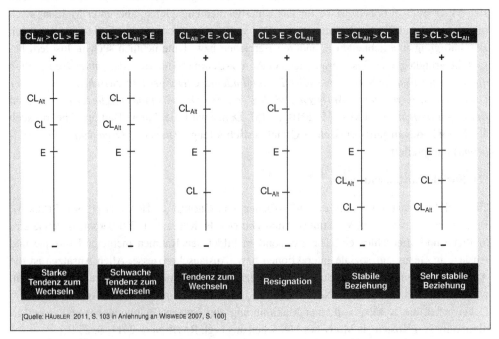

Abb. 1-07: Attraktivität sozialer Beziehungen in Abhängigkeit von Vergleichsebenen

Aus der Gegenüberstellung von Ergebnis und den jeweiligen Vergleichsniveaus lassen sich im Kern **vier alternative Typen** von Mitarbeitern (siehe Abbildung 1-08) bezüglich ihrer Zufriedenheit und Bindung mit dem Unternehmen ableiten [vgl. STOCK-HOMBURG 2013, S. 61 f.]:

- Von den **nachhaltig Gebundenen** werden die Ergebnisse der Austauschbeziehung höher eingeschätzt als die beiden Vergleichsniveaus.

- Bei den **Absprungkandidaten** ist es genau umgekehrt. Die Ergebnisse werden geringer eingestuft als die beiden Vergleichsniveaus.

- Die **unecht Gebundenen** sind mit dem Ergebnis der Austauschbeziehung unzufrieden, haben jedoch keine attraktiven Alternativen außerhalb des Unternehmens.

- **Jobhopper** sind zwar mit dem Ergebnis der Austauschbeziehung zufrieden, fühlen sich aber aufgrund verfügbarer externer Alternativen relativ wenig an das Unternehmen gebunden.

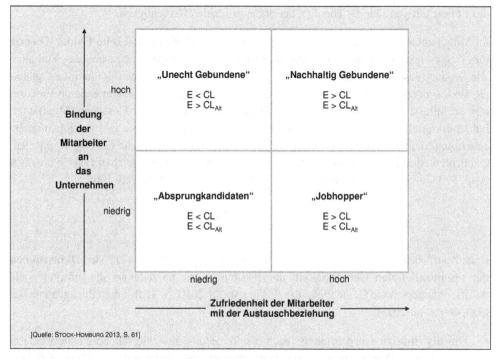

Abb. 1-08: Typologie der Mitarbeiterzufriedenheit und -bindung

(3) Theorien der organisationalen Gerechtigkeit

Das Phänomen der *Gerechtigkeit* ist nicht nur im alltäglichen Leben, sondern auch in Organisationen von ganz besonderer Bedeutung. Das Festlegen der Gehaltsstruktur, die Verteilung der variablen Einkommen und Boni, die Verfahren der Personalauswahl und -entlassung oder auch der alltägliche Umgang der Mitarbeiter untereinander sind gerechtigkeitsrelevante Situationen in Unternehmen und anderen Organisationen. Besonders auch das Verhalten und die Entscheidung von Führungskräften werden unter dem Aspekt der Gerechtigkeit wahrgenommen. Nicht zuletzt trägt die organisationale Gerechtigkeit zur Wahrung und Förderung des Betriebsfriedens, zu dem sowohl Arbeitgeber als auch Arbeitnehmer durch das Betriebsverfassungsgesetz (§ 74 Abs. 2 BetrVG) verpflichtet sind, bei. Eine Vielzahl institutioneller Einrichtungen in und außerhalb von Organisationen dient der Sicherstellung von Gerechtigkeitsansprüchen von Organisationsmitgliedern. Hierzu zählen organisationsinterne Lösungen wie Gleichstellungsbeauftragte, Ombudsmänner, Beschwerdestellen, Einigungsstellen, Betriebsvereinbarungen oder auch externe Lösungen wie Arbeitsgerichte oder gewerkschaftliche Vertretungen [vgl. FELDMANN 2009, S. 1 f. und 20 f.].

Eine Austauschbeziehung wird im Allgemeinen dann als *gerecht* angesehen, wenn kein Austauschpartner unbegründete Vor- oder Nachteile wahrnimmt. Wichtig für die Beurteilung des Gerechtigkeitsgrades einer Austauschbeziehung ist das wahrgenommene Verhältnis zwischen dem erhaltenen Ergebnis und dem geleisteten Beitrag. Mit dieser *wahrgenommenen* Gerechtigkeit beschäftigen sich die Theorien der organisationalen Gerechtigkeit.

Im Mittelpunkt steht dabei die von JOHN STACY ADAMS [1965] entwickelte **Equity Theorie** (der Gerechtigkeit), die auf der Annahme beruht, dass die Zufriedenheit und das Verhalten von Organisationsmitgliedern nicht von der absoluten Hohe des eigenen Einkommens abhängig sind, sondern stattdessen von der Relation des Einkommens zu einem anderen Einkommen beeinflusst werden. Nach der Equity Theorie gilt die Regel, dass Menschen (Mitarbeiter, Führungskräfte) den Quotienten der Ergebnisse (engl. *Output*), die sie in einer Situation erhalten, und der Beiträge (engl. *Input*), die sie in die Situation (Arbeit) einbringen, mit dem Quotienten einer Bezugsperson, beispielsweise eines Kollegen, vergleichen [vgl. FELDMANN 2010, S. 35 unter Bezugnahme auf CROPANZANO et al. 2001 und BEUGRÉ 1998]:

$$\frac{Output_A}{Input_A} = \frac{Output_B}{Input_B}$$

Darauf aufbauend unterscheiden Colquitt und Greenberg [2003, S. 171] vier **Dimensionen der organisationalen Gerechtigkeit**: die distributive, die prozedurale, die informationale und die interpersonelle Gerechtigkeit [vgl. FELDMANN 2010, S. 31 ff. unter Bezugnahme auf COLQUITT et al. 2005]:

- Die **distributive Gerechtigkeit** (auch als *Verteilungsgerechtigkeit* bezeichnet) befasst sich mit den Wahrnehmungen der Gerechtigkeit von Verteilungen in Organisationen. Welche Gegenstände sind bezogen auf die wahrgenommene Gerechtigkeit von Verteilungen besonders relevant? Anhand welcher Prinzipien bzw. Regeln werden Verteilungen als gerecht oder ungerecht beurteilt und welche Auswirkungen gehen mit der Beurteilung der Verteilungsgerechtigkeit einher? Die Forschungen zur distributiven Gerechtigkeit sind am stärksten von der Equity Theorie geprägt.

- Die **prozedurale Gerechtigkeit** (auch als *Vorgehensgerechtigkeit* bezeichnet) bezieht sich auf das Vorgehen, das in einer Organisation der Entscheidungsfindung vorausgeht bzw. diese begleitet. Ein gerechter Prozess muss konsistent, vorurteilsfrei, ethisch und genau sein. Zudem müssen alle relevanten Interessen berücksichtigt werden und die Möglichkeit zur Berufung bestehen. Durch faire Verfahrensweisen können auch negative Ergebnisse deutlich akzeptabel erscheinen.

- Bei der **informationalen Gerechtigkeit** geht es darum, ob sich das Informationsverhalten des Entscheiders wahrheitsgemäß, ausreichend, verständlich und offen vollzieht. Darüber hinaus sollten die Informationen zeitnah erfolgen und Begründungen enthalten. Die informationale Gerechtigkeit beschreibt die sozialen Aspekte der prozeduralen Gerechtigkeit.

- Die **interpersonelle Gerechtigkeit** beschreibt im Wesentlichen, inwieweit die Mitarbeiter einer Organisation von den Entscheidungsträgern respektvoll und höflich behandelt werden. Die interpersonelle Gerechtigkeit beschäftigt sich mit den sozialen Aspekten distributiver Gerechtigkeit.

In der Literatur werden die beiden letztgenannten Dimensionen, die beide die sozialen Gesichtspunkte der Gerechtigkeit beschreiben, häufig auch zur sogenannten **interaktionalen Gerechtigkeit** zusammengefasst bzw. als entsprechende Subdimensionen aufgefasst. Somit lassen sich die folgenden *drei kardinalen Dimensionen* der organisationalen Gerechtigkeit festhalten [vgl. JACOBS/DALBERT 2008, S. 4 ff.]:

- Distributive Gerechtigkeit (zur Angemessenheit der Verteilungsergebnisse)
- Prozedurale Gerechtigkeit (zur Angemessenheit des Verfahrens)
- Interaktionale Gerechtigkeit (zur Angemessenheit der Behandlung durch die Entscheidungsträger).

1.2.4 Motivationstheoretische Ansätze

Bei den **motivationstheoretischen Ansätzen** geht es in erster Linie um das Wissen, durch welche Anreize Mitarbeiter (besonders) motiviert werden können. Diese Motive bestimmen Richtung und Dauer des menschlichen Handelns. Motivationstheorien basieren auf einer Identifikation von menschlichen *Bedürfnissen* und den Möglichkeiten ihrer Befriedigung.

Motive sind Beweggründe menschlichen Handelns. Sie lassen sich in der Organisationspsychologie in intrinsische und extrinsische Motive einteilen. **Intrinsische Motive** finden ihre Befriedigung in der Arbeit selbst. Sie können durch die Tätigkeit selbst befriedigt werden. Als intrinsische Motive können das Leistungs-, Kompetenz- oder Geselligkeitsmotiv genannt werden. Es handelt sich dabei um Anreize, die jeweils individuell als wichtig erachtet werden, z. B. weil sie Freude bereiten oder persönliche Interessen befriedigen. Eine hohe intrinsische Motivation kann über einen langen (Lebens-)Zeitraum die Handlungen bestimmen.

Extrinsische Motive können nicht durch die Tätigkeit alleine, sondern durch externe Begleitumstände (z. B. durch die Folgen der Arbeit) befriedigt werden. Gehaltserhöhung, Belobigung, Beförderung oder Macht und Status sind Beispiele für extrinsische Motivatoren. Allerdings wirken extrinsische Motive nur zeitlich begrenzt als Quelle für den Antrieb.

Folgende motivationstheoretische Ansätze sollen hier vorgestellt werden:

- die Bedürfnispyramide von MASLOW,
- die ERG-Theorie von ALDERFER,
- die Zwei-Faktoren-Theorie von HERZBERG und
- die Leistungsmotivationstheorie von McClelland.

(1) Bedürfnispyramide von MASLOW

Die Bedürfnispyramide nach ABRAHAM MASLOW [1943] zählt zu den bekanntesten – aber auch umstrittensten – Ansätzen der Motivationsforschung. MASLOW geht davon aus, dass Menschen durch immanente, den tierischen Instinkten entsprechende Bedürfnisse zu motivieren sind. Dabei unterscheidet er die Grundbedürfnisse des Menschen in Defizitbedürfnisse und in Wachstumsbedürfnisse. Die **Defizitbedürfnisse** werden noch weiter unterteilt, so dass fünf verschiedene Bedürfnisklassen entstehen, die hierarchisch angeordnet sind und in Form einer Pyramide dargestellt werden. Die Bedürfnisklassen eins bis vier umfassen physiologische Bedürfnisse, Sicherheitsbedürfnisse, soziale Bedürfnisse und Anerkennungsbedürfnisse. Ein Bedürfnis dieser vier Klassen tritt erst dann auf, wenn ein Defizit festgestellt wird. Die Bedürfnisklasse fünf dagegen kennzeichnet **Wachstumsbedürfnisse** und setzt sich ausschließlich aus Selbstverwirklichungsbedürfnissen zusammen. Hierbei handelt es sich um Bedürfnisse, die immer vorhanden sind und die sich während ihrer Befriedigung weiter vergrößern [vgl. MASLOW 1970, S. 35 ff].

Abbildung 1-09 veranschaulicht die verschiedenen Bedürfnisklassen anhand einer Pyramide.

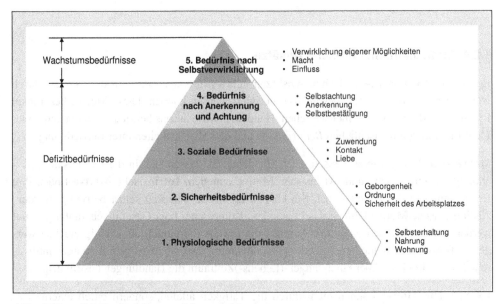

Abb. 1-09: Die Bedürfnispyramide nach MASLOW

Nach Maslow muss die Bedürfnisbefriedigung von unten nach oben erfolgen, d. h. hierarchisch höhere Bedürfnisse werden erst aktiviert, wenn die darunterliegenden Bedürfnisse bereits erfüllt sind. Darüber hinaus wird das Modell auch in Beziehung zu den einzelnen Lebensphasen des Menschen gesetzt. So wird eine jüngere Person vorwiegend nach Befriedigung ökonomischer Bedürfnisse streben, während Personen in einem höheren Lebensalter sich eher selbstverwirklichen wollen.

Doch genau dieser Aspekt der Verallgemeinerung wird immer wieder als Kritikpunkt am Modell aufgeführt, denn es gibt durchaus Menschen, die eine hohe Bedürfnisklasse erreicht haben, obwohl die hierarchisch niedrigeren Bedürfnisse noch nicht (vollständig) befriedigt sind (z. B. Künstler). Auch sind die Bedürfnisklassen nicht trennscharf voneinander abzugrenzen und die hierarchische Anordnung konnte bislang nicht empirisch nachgewiesen werden. Überhaupt ist ein stufenweises Vorgehen empirisch nicht nachweisbar, denn die Bedürfnisse und Motive aus mehreren Bedürfnisklassen können sehr wohl gleichzeitig das menschliche Handeln bestimmen [vgl. BARTSCHER et al. 2012, S. 76].

(2) ERG-Theorie von ALDERFER

Die ERG-Theorie (Akronym für *Existence, Relatedness, Growth*) wurde von CLAYTON P. ALDERFER als Reaktion auf die Kritik an MASLOWS Bedürfnispyramide entwickelt. Um die Bedürfnisarten überschneidungsfrei definieren zu können, reduziert er die Bedürfnishierarchie speziell für *Mitarbeiter in Organisationen* auf folgende drei Klassen (siehe Abbildung 1-10):

- **Existenzbedürfnisse** (engl. *Existence needs*) wie z. B. Sicherheit, Bezahlung, physiologische Bedürfnisse

- **Beziehungsbedürfnisse** (engl. *Related needs*) wie z. B. Kontakte, Achtung, Respekt, Wertschätzung

- **Wachstumsbedürfnisse** (engl. *Growth needs*) wie z. B. Entfaltung, Selbstverwirklichung, Selbständigkeit.

Ebenso wie MASLOW geht auch ALDERFER von einer hierarchischen Anordnung der Bedürfnisse aus, allerdings können diese grundsätzlich simultan aktiviert werden. Entsprechend können Menschen mehrere Bedürfnisse gleichzeitig verfolgen.

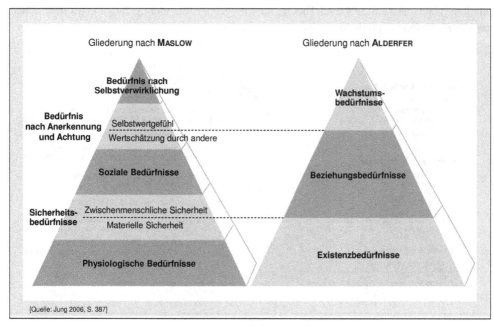

Abb. 1-10:   *Gliederung der Bedürfnisse nach MASLOW und ALDERFER*

Auf der Grundlage von empirischen Untersuchungen stellt ALDERFER drei Thesen zur Motivation auf [vgl. JUNG 2006, S. 388]:

- **Frustrationsthese** (These 1): Nicht befriedigte Bedürfnisse bleiben dominant, d. h. je weniger bspw. Existenzbedürfnisse befriedigt werden, desto stärker werden diese (z. B. Hunger, Schlaf);

- **Frustrations-Regressionsthese** (These 2): Wird ein Bedürfnis nicht befriedigt, so wird ein hierarchisch niedrigeres Bedürfnis aktiviert und gesteigert. Beispiel: Je weniger Kontaktbedürfnisse befriedigt werden, desto stärker werden Existenzbedürfnisse (z.B: Kummerspeck);

- **Befriedigungs-Progressionsthese** (These 3): Die Befriedigung eines Bedürfnisses aktiviert ein hierarchisch höheres Bedürfnis. Wird z. B. ein Wachstumsbedürfnis befriedigt, so wird ein weiteres Bedürfnis dieser Bedürfnisklasse verstärkt, d. h. der Mensch ist unersättlich.

Anhand dieser Thesen erkennt ALDERFER sieben Zusammenhänge zwischen der Befriedigung eines Bedürfnisses und der Aktivierung des nächsten Bedürfnisses (siehe Abbildung 1-11). In dieser Darstellung lässt sich sehr leicht erkennen, dass die Befriedigung eines Bedürfnisses zur Aktivierung eines nächsthöheren Bedürfnisses führt und dass die Nichtbefriedigung eine Verstärkung dieses Bedürfnisses bzw. die Aktivierung eines hierarchisch niedrigeren Bedürfnisses nach sich zieht.

Die ERG-Theorie entspricht den Anforderungen der empirischen Motivationsforschung deutlich besser als MASLOWS Bedürfnispyramide und ist somit auch eher geeignet, die menschlichen Bedürfnisse gerade im organisationalen Umfeld zu erklären. Trotz des größeren Informationsgehalts ist es ALDERFERS Theorie allerdings bis heute nicht gelungen, aus dem Schatten der Bedürfnispyramide MASLOWS herauszutreten.

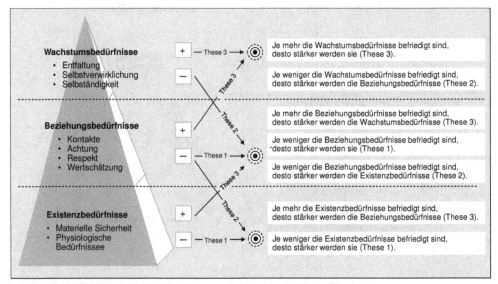

Abb. 1-11:   Die ERG-Theorie nach ALDERFER

(3) Zwei-Faktoren-Theorie von HERZBERG

In den 1950er und 1960er Jahren erforschte der US-amerikanische Arbeitswissenschaftler und Psychologe FREDERICK HERZBERG Einflussfaktoren auf die Arbeitsmotivation. In verschiedenen empirischen Untersuchungen *(Pittsburgh-Studie)* fand er heraus, dass es im Wesentlichen zwei Faktorenbündel sind, welche die Zufriedenheit bzw. Unzufriedenheit von Mitarbeitern beeinflussen: *Hygienefaktoren* und *Motivatoren*.

Motivatoren sind Faktoren, die sich auf den *Inhalt* der Arbeit beziehen (intrinsisch). Zu den Inhaltsfaktoren gehören z. B. Verantwortung zu tragen, Anerkennung zu erwerben, befördert zu werden bzw. Karriere zu machen. Motivatoren können Zufriedenheit bei den Mitarbeitern erzeugen. Sind Motivatoren nicht vorhanden, so führt dies nicht zwangsläufig dazu, dass eine Person unzufrieden, sondern lediglich *nicht zufrieden* ist.

Hygienefaktoren beziehen sich auf das *Umfeld* der Arbeit (extrinsisch). Zu diesen Faktoren zählen die Unternehmenspolitik, die Beziehungen zu Führungskräften, die Arbeitsbedingungen, der Status und das Gehalt. Hygienefaktoren können Unzufriedenheit verhindern, jedoch keine Zufriedenheit erzeugen. Im Gegensatz zu den Motivatoren haben sie nach HERZBERG also keinen Einfluss auf die Motivation der Mitarbeiter.

Vergleicht man die Zwei-Faktoren-Theorie von HERZBERG mit MASLOWS Bedürfnispyramide, so können die Hygienefaktoren als Grundbedürfnisse und die Motivatoren eher als Bedürfnisse „höherer Ordnung" angesehen werden. Herzberg betrachtet Zufriedenheit und Unzufriedenheit nicht – wie es das klassische Zufriedenheitskonzept vorsieht – als die beiden Enden eines Kontinuums, sondern vielmehr als zwei getrennte Phänomene (siehe Abbildung 1-12). Danach müssen beide Ausprägungen vorhanden sein, um Zufriedenheit zu erleben. Arbeitszufriedenheit besteht also nicht zwangsläufig, wenn keine Gründe für Unzufriedenheit vorliegen [vgl. JUNG 2006, S. 391].

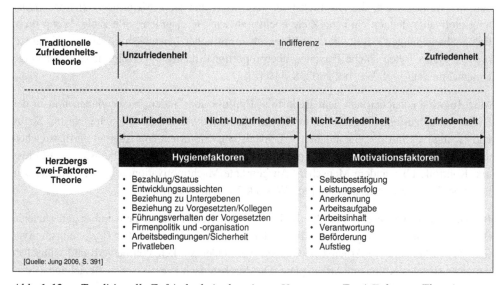

Abb. 1-12: *Traditionelle Zufriedenheitstheorie vs. HERZBERGS Zwei-Faktoren-Theorie*

Der wesentliche Beitrag der Zwei-Faktoren-Theorie liegt in der Überarbeitung des traditionellen Zufriedenheitskonzepts und dem damit einhergehenden Perspektivwechsel im Verständnis von Mitarbeitermotivation und -zufriedenheit. Kritiker der Theorie führen vornehmlich an, dass die Zuordnung einer Einflussgröße entweder als Hygienefaktor oder als Motivator von Merkmalen der Zielgruppe (wie Alter, Ausbildung, Beruf) abhängt und damit nicht allgemeingültig ist [vgl. STOCK-HOMBURG 2013, S. 77 unter Bezugnahme auf ROBBINS 2001, S. 198].

(4) Leistungsmotivationstheorie von McClelland

Der besondere Fokus der Leistungsmotivationstheorie von DAVID MCCLELLAND [1961] ist darauf gerichtet, nicht alle Motive vollständig zu erfassen und zu beschreiben, sondern besonders *wichtige* Motive im Bereich der Arbeitsbeziehungen zu identifizieren. Im Gegensatz zu den bereits genannten Motivationstheorien werden von MCCLELLAND Bedürfnisse nicht als gegeben, im Sinne von angeboren, angenommen. Vielmehr geht er davon aus, dass der Mensch im Laufe seiner Interaktion mit der Umwelt Bedürfnisse „erlernt". Daher wird die Leistungsmotivationstheorie gelegentlich auch als **Theorie der gelernten Bedürfnisse** bezeichnet. MCCLELLAND unterscheidet im Kern drei zentrale Motivgruppen:

- Leistungsmotive (engl. *Need for achievement*)
- Machtmotive (engl. *Need for power*)
- Beziehungsmotive (engl. *Need for affiliation*).

Leistungsmotive, deren Untersuchung unter den drei Motivgruppen die größte Aufmerksamkeit erfahren hat, beschreiben das Streben nach Erfolg und danach, Dinge besser und effizienter als andere Menschen zu machen. Leistungsorientierte Personen bevorzugen Arbeitstätigkeiten und Bedingungen mit hoher Eigenverantwortung, direktem Einfluss auf das Arbeitsergebnis und schnellem Feedback. Sie wünschen Vergleichsmöglichkeiten mit anderen Personen und wählen Ziele, die anspruchsvoll, aber erreichbar sind. Menschen mit hoher Leistungsmotivation lehnen einfache Ziele ebenso ab wie zu anspruchsvolle Ziele. Wenn diese Rahmenbedingungen erfüllt sind, sind Menschen mit hoher Leistungsmotivation optimal stimuliert. Daher treten solche Personen überproportional häufig als erfolgreiche selbständige Unternehmer auf [vgl. WINTER 2002, S. 119 ff.].

Machtmotive entstehen aus dem Bedürfnis, Einfluss über andere zu gewinnen und in der Hierarchie aufzusteigen. Menschen mit hoher Machtmotivation befassen sich mehr mit Status und Prestige als mit der eigentlichen Arbeitsleistung. Sie orientieren sich an einflussreichen und mächtigen Personen in ihrem Umfeld und bevorzugen Arbeitsumgebungen mit Einfluss und Kontrolle über andere Menschen. Ausgeprägte Machtmotivation zeigt sich Studien zur Folge bei Managern in Konzernen [vgl. WINTER 2002, S. 119 ff.].

Beziehungsmotive beschreiben das Bedürfnis nach freundschaftlichen und engen sozialen Beziehungen und Bindungen mit anderen Menschen. Personen mit hoher Beziehungsmotivation suchen kooperative Arbeitsbeziehungen, vermeiden starken Wettbewerb und wünschen ein gutes soziales Klima am Arbeitsplatz. Das Streben nach harmonischen Beziehungen ver-

1.2 Theoretische Aspekte der Personalwirtschaft

mindert – im Gegensatz zur Macht- bzw. Leistungsmotivation – den Erfolg von Führungskräften [vgl. STOCK-HOMBURG 2013, S. 74].

Erst später – 1985 – hat MCCLELLAND noch die **Vermeidungsmotive** als vierte Motivgruppe hinzugefügt. Vermeidungsmotive kennzeichnen das Streben nach Reduktion von Versagen, Misserfolg, Machtverlust und Ablehnung. Aus dem Zusammenspiel dieser – nunmehr vier – Motivgruppen lassen sich folgende **Verbundwirkungen** ausmachen [vgl. SCHOLZ 2000, S. 887]:

- **Leistungsstreben** und **Zugehörigkeitsstreben** mit Auswirkungen auf Gewissenhaftigkeit und Zielstrebigkeit

- **Machtstreben** und **Zugehörigkeitsstreben** stehen in einer inversen Beziehung zueinander

- **Leistungsstreben** und **Vermeidungsstreben** mit Auswirkungen auf den Schwierigkeitsgrad der anzugehenden Aufgaben.

Insgesamt liefert die Leistungsmotivationstheorie durchaus interessante und praktisch brauchbare Anhaltspunkte insbesondere bei der Auswahl geeigneter Bewerber sowie zur Erklärung des Handelns von Führungskräften.

Abbildung 1-13 zeigt einen Vergleich der hier vorgestellten vier Motivationstheorien anhand ausgewählter Kriterien.

Kriterium	MASLOW	ALDERFER	HERZBERG	MCCLELLAND
Ziel	Erklärung des menschlichen Verhaltens im Allgemeinen	Erklärung des menschlichen Verhaltens, Alternative zu MASLOW darstellen	Arbeitszufriedenheit, Verhalten in Organisationen erklären	Identifikation individuell variierender Handlungsmotive im Arbeitsbereich
Anzahl und inhaltliche Ausrichtung der Bedürfniskategorien	• Fünf • Allgemein	• Drei • Allgemein	• Zwei • Konkret	• Drei • Konkret
Hierarchie der Bedürfnisse	Hierarchische Schichtung der Bedürfnisse	Ordnung der Bedürfnisse, keine strenge Hierarchie	Keine Angaben zur hierarchischen Schichtung der Bedürfnisse	Keine Angaben zur hierarchischen Schichtung der Bedürfnisse
Motivierende Wirkung von Bedürfnissen	Befriedigte Bedürfnisse haben keine motivierende Wirkung	Befriedigte Bedürfnisse können eine motivierende Wirkung haben	Nur Motivatoren können motivieren	Bedürfnisse werden erlernt
Erklärungsbeitrag der Theorie	Identifikation von Bedürfnissen, die durch Personalmanagementaktivitäten adressiert werden können	Motivation von Beschäftigten durch parallele Befriedigung unterschiedlicher Bedürfnisse	Identifikation von Personalmanagementaktivitäten zur Vermeidung von Unzufriedenheit und zur Steigerung der Zufriedenheit	Identifikation von Motiven erfolgreicher Führungskräfte
Bedürfnis-/ Motivstruktur	Selbstverwirklichung / Wertschätzung / Soziale Bedürfnisse / Sicherheitsbedürfnisse / Physiolog. Bedürfnisse	Wachstumsbedürfnisse / Beziehungsbedürfnisse / Existenzbedürfnisse	Motivatoren / Hygienefaktoren	Leistungsmotive / Machtmotive / Beziehungsmotive / Vermeidungsmotive

[Quelle: STOCK-HOMBURG 2013, S. 84 f. und SCHOLZ 2000, S.890 (jeweils modifiziert)]

Abb. 1-13: Vergleich wichtiger Motivationstheorien

1.3 Einführung in die Personalmarketing-Planung

1.3.1 Bezugsrahmen und Planungsprozess

Eine erfolgversprechende Personalmarketing-Konzeption ist das Ergebnis einer systematischen Umwelt- und Unternehmensanalyse, die Chancen und Risiken des relevanten Arbeitsmarktes einerseits sowie Stärken und Schwächen des Unternehmens andererseits identifiziert und bewertet. Die Verdichtung und Verzahnung dieser Daten und Informationen führt zum *konzeptionellen Kristallisationspunkt*, der den Ausgangspunkt für Zielbildung, Strategiewahl und Vorgehensmodell sowie für den auszuwählenden Maßnahmen-Mix im Arbeitsmarkt darstellt [vgl. BECKER, J. 2009, S. 92 f.]. In Abbildung 1-14 sind die Zusammenhänge zwischen Umwelt- und Unternehmensanalyse sowie Personalmarketing- und Unternehmensplanung dargestellt.

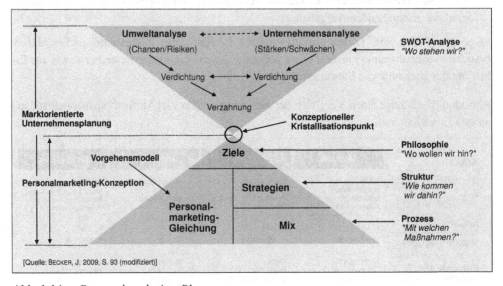

Abb. 1-14: Personalmarketing-Planung

Da der Arbeitsmarkt kein statisches Gebilde ist, sondern *dynamische* Strukturen aufweist, gibt es auch nicht *ein* Personalmarketing-Konzept und damit auch nicht *ein* Erfolgsrezept für das Personalmanagement, sondern verschiedene Optionen, auf die unterschiedlichen Rahmenbedingungen zu reagieren.

Mit Abbildung 1-14 ist zugleich auch die Grundlage für einen generellen *Bezugsrahmen einer Personalmarketing-Planung* gelegt. Die Abfolge des Planungsprozesses orientiert sich an folgenden Phasen [vgl. dazu auch BIDLINGMAIER 1973, S. 16 ff.]:

- **Situationsanalyse** (Wo stehen wir?)
- **Zielsetzung** (Wo wollen wir hin?)
- **Strategie** (Wie kommen wir dahin?)
- **Mix** (Welche Maßnahmen müssen dazu ergriffen werden?)

1.3 Einführung in die Personalmarketing-Planung

Abbildung 1-15 zeigt diese vier Phasen als generellen Bezugsrahmen der Personalmarketing-Planung.

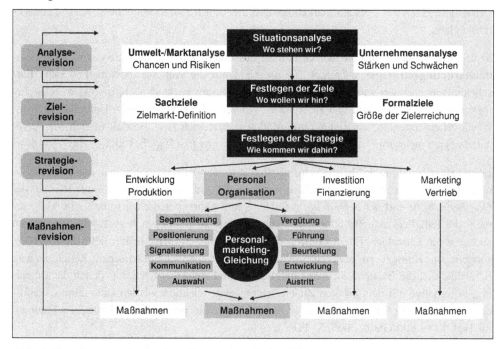

Abb. 1-15: Bezugsrahmen einer Personalmarketing-Planung

In der ersten Phase geht es um die **Situationsanalyse**, d. h. um eine Analyse der wesentlichen *externen* und *internen* Einflussfaktoren auf das Personalmarketing. Die Situationsanalyse gliedert sich in die Umweltanalyse (engl. *External Analysis*) und in die Unternehmensanalyse (engl. *Self Analysis*) [vgl. AAKER 1984, S. 47 ff. und S. 113 ff.].

- Die **Umweltanalyse** betrachtet wichtige unternehmensexterne Rahmenbedingungen und ihre Auswirkungen auf die Arbeitsverhältnisse wie z. B. die politisch-rechtlichen, die sozio-kulturellen, die makro-ökonomischen und die technologischen Umweltbedingungen und Tendenzen. Aus der Umweltanalyse lassen sich *Chancen* und *Risiken* bzw. *Bedrohungen* für das Unternehmen ableiten und bewerten.

- Die **Unternehmensanalyse** liefert eine systematische Einschätzung und Beurteilung der strategischen, strukturellen und kulturellen Situation des Unternehmens. Im Vordergrund der Unternehmensanalyse steht die Bestandsaufnahme der *Stärken* und *Schwächen* des Unternehmens.

Das Ergebnis der Analysephase, die in der Praxis regelmäßig als sog. **SWOT-Analyse** *(Strengths, Weaknesses, Opportunities, Threats)* durchgeführt wird, ist eine Darstellung der Ausgangssituation und eine Identifikation der Attraktivitätsfaktoren des Unternehmens als Arbeitgeber [vgl. DGFP 2006, S. 36].

An die umwelt- und unternehmensanalytisch aufbereitete Situationsanalyse schließt sich der **Zielbildungsprozess** als zweite Phase an. Hier werden die wesentlichen Zielgruppen, das Leistungsangebot des Personalmarketings und die zum Einsatz kommenden Ressourcen vorausgeplant.

In der dritten Phase wird auf der Grundlage des unternehmerischen Zielsystems die **Personalmarketing-Strategie** festgelegt. Sie hat nicht nur die Aufgabe, personalpolitische Entscheidungen und den entsprechenden Ressourceneinsatz zu kanalisieren, sondern auch Erfolgspotenziale aufzubauen und zu erhalten. Während die grundlegenden Unternehmensstrategien („Leitstrategien") in erster Linie Marketingstrategien sind, handelt es sich bei Personalstrategien mehr um *Folgestrategien* bzw. *Begleitstrategien* [vgl. BECKER, J. 2009, S. 144].

Da der Begriff „Strategie" häufig sehr inflationär verwendet wird, sollte man dann von personalwirtschaftlichen Strategien sprechen, wenn sie die Anforderungen der *Langfristigkeit*, der *Ganzheitlichkeit* und der *Selektivität* erfüllen. Somit haben personalwirtschaftliche Maßnahmen, die lediglich aktuelle oder kurzfristige Rahmenbedingungen berücksichtigen, keinen strategischen Charakter. Ebenso dürfen solche Maßnahmen nicht isoliert betrachtet werden, sondern im Kontext zu anderen funktionalen bzw. bereichsspezifischen Zielen stehen. Schließlich ist die Existenz mehrerer möglicher Handlungsaktivitäten, aus denen dann diejenige Alternative mit dem größten Zielerreichungsgrad selektiert werden kann, eine wesentliche Voraussetzung für die strategische Ausrichtung einer personalwirtschaftlichen Maßnahme [vgl. KLIMECKI/GMÜR 2005, S. 381 f.].

In der vierten Phase des Planungsprozesses geht es darum, für die einzelnen **Aktionsfelder** des Personalmarketings einen **Handlungsrahmen** zu entwickeln, in dem die für das operative Handeln relevanten Maßnahmen und Prozesse als **Aktionsparameter** zusammengefasst und im Sinne bestimmter Anforderungskriterien optimiert werden können. Dieser Handlungsrahmen, der im Folgenden als **Personalmarketing-Gleichung** bezeichnet wird, bildet die grundlegende Struktur dieses Lehrbuchs und wird im Abschnitt 1.3 einführend behandelt.

Aufbauend auf den Zielen, den Strategien und den Maßnahmen des Personalmarketings wird in der fünften Phase ein Evaluierungskonzept erarbeitet. Auf der Grundlage vorab definierter Kennzahlen wird damit auf jeder Ebene des Planungsprozesses ein unmittelbares **Wirkungscontrolling** angestrebt und ggf. eine **Revision** bestimmter Planungsschritte durchgeführt [vgl. DGFP 2006, S. 36].

1.3.2 Analyse

Das Personalmarketing hat eine kundenorientierte Schnittstellenfunktion zwischen dem Unternehmen, den Mitarbeitern und den potentiellen Bewerbern. Dazu müssen zunächst die unternehmensexternen und -internen Einflussfaktoren analysiert werden (siehe Abbildung 1-16).

1.3 Einführung in die Personalmarketing-Planung

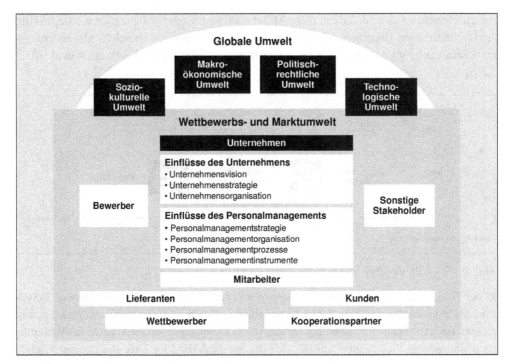

Abb. 1-16: Einflussfaktoren auf das Personalmarketing

(1) Unternehmensexterne Einflussfaktoren

Zu den externen Einflussfaktoren für das Personalmarketing zählen vornehmlich sozio-kulturelle, makro-ökonomische, politisch-rechtliche und technologische Einflüsse [vgl. hierzu auch STOCK-HOMBURG 2013, S. 20-27; DGFP 2006, S. 37-39]:

Sozio-kulturelle Einflüsse. Sozio-kulturelle Veränderungen bilden eine wichtige Rahmenbedingung für das Personalmanagement. Hierzu zählen in erster Linie die demografischen Veränderungen sowie der Wandel der allgemeinen Wertvorstellungen.

Aus der **demografische Entwicklung** mit der Veränderung der Altersstruktur und ihrer Auswirkung auf die Arbeitskräfteverfügbarkeit lassen sich zwei Dimensionen einer zukunftsweisenden Personalpolitik ableiten: Zum einen ist es eine veränderte *Lebensphasenplanung* der Mitarbeiter (siehe Abbildung 1-17) und zum anderen die nachhaltige Sicherung der Beschäftigungsfähigkeit (engl. *Employability*). So lässt sich heute bereits für Deutschland vorhersagen, dass im Jahr 2030 die Gruppe der über 65-Jährigen um ca. ein Drittel von derzeit 16,7 Millionen auf 22,3 Millionen anwachsen wird. Gleichzeitig werden 17 Prozent weniger Kinder und Jugendliche in Deutschland leben, so dass es für die Unternehmen zunehmend schwieriger wird, junge Arbeitskräfte zu gewinnen [vgl. Statistisches Bundesamt 2011, S. 8]. Der demografische Wandel wird aber nicht nur von der natürlichen Bevölkerungsentwicklung, sondern auch von räumlichen Bevölkerungsbewegungen beeinflusst. So sind in deutschen Unternehmen Mitarbeiter mit Migrationshintergrund teilweise bereits in der dritten Generation beschäftigt. Um vom enormen Nutzen einer multikulturellen Belegschaft profitieren zu können, ist es erforderlich, diese Mitarbeiter bestmöglich zu integrieren. Gleichzeitig sind in bestimmten Branchen, wie etwa im Medizin- oder Ingenieurbereich, Abwanderungstendenzen deutscher Arbeitnehmer ins Ausland zu verzeichnen [vgl. BARTSCHER et al. 2012, S. 35].

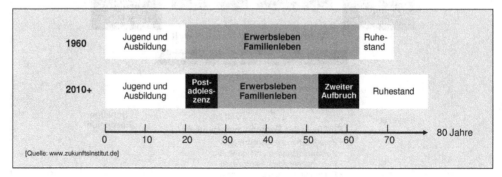

Abb. 1-17: *Von der drei- zur fünf-phasigen Biografie*

In der Zusammenfassung bedeutet der demografische Wandel neben älter werdenden Belegschaften eine absolut sinkende Zahl an verfügbaren Erwerbspersonen und eine Verknappung an qualifizierten Fach- und Führungskräften sowie an jüngeren Arbeitskräften. Im Wesentlichen sind es vier Zielgruppen, auf die sich die Personalarbeit im Zuge des demografischen Wandels konzentrieren wird: ältere Arbeitnehmer, Frauen, Mitarbeiter mit Migrationshintergrund und Jugendliche (siehe hierzu Abbildung 1-18).

Zielgruppe	Kennzeichen	Folgerungen
Ältere Mitarbeiter	• Altersscheitelpunkt derzeit bei 40 Jahren, d. h. die Hälfte der Bevölkerung ist älter als 40 Jahre • 2020 sind die 50- bis 60-Jährigen stärkste Erwerbspersonengruppe	Produktivität älterer Mitarbeiter ist durch Kompetenzentwicklung zu erhalten
Frauen	• Erwerbsbeteiligung von Frauen immer noch deutlich unter der von Männern (Grund: Unterbrechung oder Aufgabe des beruflichen Werdegangs zugunsten familiärer Aufgaben) • Gehören zu den gut ausgebildeten Erwerbspersonen	Potenzial an Erwerbspersonen, das noch nicht ausgeschöpft ist
Mitarbeiter mit Migrationshintergrund	• Unterdurchschnittliche Teilnahme an Aus- und Weiterbildungsmaßnahmen • Wertvolle Potenziale wie Mehrsprachigkeit, interkulturelle Kompetenzen und Mobilität • Deutlich jüngere Altersstruktur als die der deutschstämmigen Bevölkerung	Integration dieser Erwerbspersonengruppe wird unverzichtbar
Jugendliche	• Anteil der zur Verfügung stehenden jungen Menschen unter 20 Jahren beträgt 2050 nur noch 15 Prozent • Viele Jugendliche werden von Unternehmen als „nicht-ausbildungsfähig" eingestuft	Erwerbsfähigkeit *aller* Jugendlichen muss entwickelt werden

[Quelle: PREISSING 2010, S. 141 ff.]

Abb. 1-18: *Auswirkungen des demografischen Wandels auf die Personalarbeit*

Parallel zur Verknappung von qualifizierten Fach- und Führungskräften ist eine zunehmende Erwerbstätigkeit von Frauen festzustellen. Hier müssen neue Arbeitszeitmodelle gefunden werden, weil es nach wie vor überwiegend Frauen sind, die die klassischen Familienaufgaben wahrnehmen. Die gleichmäßige Aufmerksamkeit von Arbeits- und Privatsphäre steht unter dem Begriff *Work-Life-Balance* ganz oben auf der Agenda des Personalmanagements. Neben der steigenden Sensibilität für Freizeit und Gesundheit kommt noch ein weiterer Aspekt hinzu: Die Karriereambitionen **weiblicher Führungskräfte und Mitarbeiterinnen**, auf die mit entsprechenden *Karriere- und Diversity-Programmen* reagiert werden sollte. Besonders im Fokus steht hierbei die aktuelle Diskussion über die *Frauenquote* in den Führungsetagen deutscher Unternehmen (siehe auch 3.5.3).

Den beschriebenen demografischen Veränderungen begegnen zukunftsorientierte Unternehmen mit einem **Diversity Management**, das die Verschiedenartigkeit und Vielfalt der Mitarbeiter nicht nur toleriert, sondern zu schätzen und zu nutzen versteht. Wichtige *Diversity-Dimensionen* sind Alter, Geschlecht, ethnische Herkunft, Religion, Nationalität, sexuelle Orientierung, Behinderung. In Deutschland soll das Allgemeine Gleichbehandlungsgesetz (AGG) – umgangssprachlich auch als *Antidiskriminierungsgesetz* bezeichnet – dafür Sorge tragen, dass Benachteiligungen durch Verschiedenartigkeit vermieden werden. Die Entwicklung und vor allem Umsetzung einer *Diversity-Strategie* sind somit wichtige Bausteine eines modernen Personalmarketing-Konzepts [vgl. BARTSCHER et al. 2012, S. 410 ff.].

Des Weiteren sind die Veränderungen der **allgemeinen Wertvorstellungen** (Wertewandel) besonders im Hinblick auf die Einstellung von Menschen zur Arbeit, zum zwischenmenschlichen Umgang in der Arbeitswelt etc. von besonderer Bedeutung für die Personalarbeit. Grundsätzlich kann festgehalten werden, dass die *Pflicht- und Akzeptanzwerte* wie Disziplin, Gehorsam und Ordnungsliebe gegenüber den *Selbstentfaltungswerten* wie Kreativität, Selbstverwirklichung und Freizeitorientierung verloren haben. Somit ist das Personalmanagement dazu angehalten, den Wertewandel hinsichtlich der Motivation und Eigenschaften wie Loyalität und Disziplin zu berücksichtigen. Die jeweiligen Wertesysteme hängen insgesamt – wie eine Vielzahl von Untersuchungen zeigen – davon ab, in welchem Zeitraum Menschen geboren wurden. So zeigt Abbildung 1-19 die unterschiedlichen positiven und negativen wertebezogenen Ausprägungen verschiedener Generationen hinsichtlich ihres Verhaltens am Arbeitsplatz. Die hier dargestellte Generationeneinteilung stammt zwar aus den USA, sie lässt sich aber durchaus teilweise auf den europäischen Kulturkreis übertragen [vgl. BARTSCHER et al. 2012, S. 31 f.].

Ein prognostizierter Wertetrend ist auch die zunehmende *Individualisierung* und dem damit verbundenen Auftreten neuer Beschäftigungsformen und Belegschaftstypen, wie etwa die des „Neuen Selbstständigen". Dieser Belegschaftstyp zeichnet sich durch ein sehr flexibles Arbeitsleben aus, in dem der häufige Arbeitgeberwechsel zum Normalfall erklärt wird. Darüber hinaus sind je nach Belegschaftstyp unterschiedliche Anforderungen an Anreizsysteme, Bindungsinstrumente, Karrierewege etc. zu berücksichtigen [vgl. RINGLSTETTER/KAISER 2008, S. 34 f. unter Bezugnahme auf SATTELBERGER 1999, S. 73 f.].

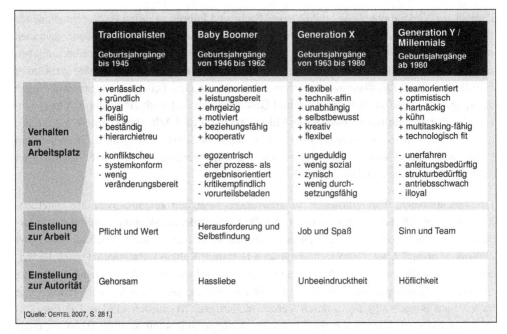

Abb. 1-19: *Arbeitsverhalten verschiedener Generationen*

Makro-ökonomische Einflüsse. Allen voran steht hier die **Entwicklung des Arbeitsmarktes**, vor allem im Hinblick auf das verfügbare Fachkräfteangebot. Darüber hinaus ist eine Fortsetzung des grundlegenden Trends zu erwarten, dass der Bedarf an hoch qualifizierten Führungskräften weiter steigen wird. In diesem Zusammenhang wird auch von einem *War for Talents* gesprochen, d. h. Unternehmen konkurrieren immer stärker um sogenannte *High Potentials*.

Auch die **Verschärfung der Wettbewerbssituation**, d. h. der Wandel der Konkurrenzverhältnisse im internationalen und globalen Kontext, zählt zu den relevanten Einflussfaktoren. Veränderungen der Absatz- und Beschaffungsmärkte und spezifische Branchentendenzen sind weitere Rahmenbedingungen. In diese Kategorie fallen auch *Substitute*, d. h. die Frage, inwieweit Personalmanagement-Aktivitäten ausgelagert und durch andere Unternehmen wahrgenommen werden können (Business Process Outsourcing). Eine zentrale Zielsetzung in Verbindung mit dem *Outsourcing* besteht darin, die Kosten des Personalbereichs zu reduzieren.

Politisch-rechtliche Einflüsse. In einem stark durchnormierten rechtlichen System – wie in Deutschland – muss sich das Personalmanagement insbesondere mit dem **Arbeitsrecht** als Gesamtheit aller Rechtsregeln, die sich mit der nicht-selbständigen, abhängigen Arbeit beschäftigen, auseinandersetzen. Der zentrale Gedanke im Arbeitsrecht ist es, den wirtschaftlich abhängigen Arbeitnehmer zu schützen. Eine Auslegung arbeitsrechtlicher Entscheidungen zugunsten der Arbeitnehmer ist daher gängige Praxis. Allerdings ist das Arbeitsrecht durch eine Vielfalt von *Rechtsquellen* und *Normen* bestimmt. Neben dem weit verzweigten Gesetzesrecht bestimmen vor allem Kollektiv- und Individualverträge den Inhalt des Arbeitsverhältnisses. Sie werden ergänzt durch betriebliche Übungen, durch den allgemeinen Gleichbehandlungsgrundsatz und durch das Direktionsrecht des Arbeitgebers. Das Verhältnis dieser Regelungen zueinander ist dabei nicht immer leicht auszumachen. So hat bspw. die Insolvenzordnung Einfluss auf die Kündigungsmöglichkeiten, die ansonsten im Kündigungsschutzgesetz (KSchG) verankert sind. Erschwerend kommt hinzu, dass trotz dieser unzähligen Rechtsquellen, der Rechtsprechung im Arbeitsrecht – also der Einzelfallentscheidung – eine erhebliche Bedeutung zukommt. Angesichts der Vielzahl der einwirkenden Normen und Rechtsquellen ist es problematisch, wenn zwei oder mehrere Rechtsquellen dieselbe Angelegenheit regeln und es so zu Überschneidungen kommt. Abbildung 1-20 verdeutlicht, dass die Rechtsquellen in einer hierarchischen Beziehung zueinander stehen. Man spricht in diesem Zusammenhang auch vom *Vorrangprinzip*, d. h. die jeweils ranghöhere Norm bzw. Rechtquelle hat im Konfliktfall Vorrang vor der rangniederen Norm. Damit sollen Mindeststandards wie z. B. der vierwöchige gesetzliche Mindesturlaub oder die Höchstarbeitszeit von 48 Stunden pro Woche zwingend festgelegt werden. Im Übrigen gilt das *Günstigkeitsprinzip*, d. h. rangniedere Normen können günstigere Regelungen enthalten. So können im individuellen Arbeitsvertrag mehr Urlaubstage als im Tarifvertrag oder in der Betriebsvereinbarung verhandelt werden.

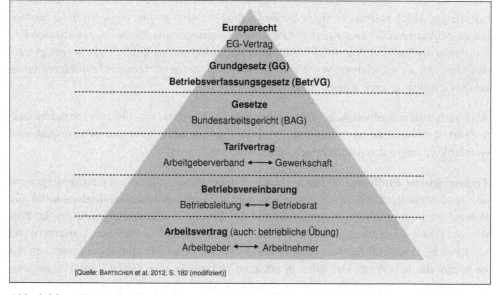

Abb. 1-20: Hierarchische Struktur der Rechtsquellen und Normen im Arbeitsrecht

Das Arbeitsrecht besteht aus zwei Teilbereichen: dem individuellen und dem kollektiven Arbeitsrecht (siehe Abbildung 1-21). Das *individuelle* Arbeitsrecht regelt alle Rechtsbeziehungen, die sich aus dem einzelnen Arbeitsverhältnis ergeben. Wirkungsfelder sind dabei das Arbeitsvertragsrecht sowie das Arbeitsschutzrecht. Das *kollektive* Arbeitsrecht umfasst das Recht der Berufsverbände (Gewerkschaften und Arbeitgeberverbände als Tarifpartner) mit den Wirkungsfeldern des Tarifvertragsrechts und des Mitbestimmungsrechts [vgl. JUNG 2006, S. 58].

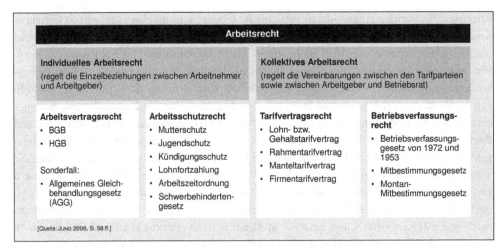

Abb. 1-21: Rechtliche Grundlagen der Personalwirtschaft

Ebenso wie Änderungen im Arbeits- und Sozialrecht sind Auswirkungen der **Bildungspolitik** bedeutsam für ein zukunftsorientiertes Personalmarketing-Konzept. Zu nennen sind hier Maßnahmen im Schul- und Hochschulsystem mit Konsequenzen für das Bildungsniveau der betroffenen Absolventen. Vor allem die Einführung der *Master- und Bachelor-Studiengänge* hat Auswirkung auf die Gestaltung der Personalgewinnungsmaßnahmen. So müssen sich Unternehmen die Frage stellen, ob die Ziele der Bologna-Reform wirklich richtig ausgelegt werden, wenn sie die Gewinnung von Master-Absolventen mit einer höheren Priorität anstreben als die Gewinnung von Bachelor-Absolventen.

Aber auch **kommunalpolitische Rahmenbedingungen** und die spezifische(n) Standortsituation(en) des Unternehmens, die durch die (jeweilige) regionale Infrastruktur bestimmt wird (werden), zählen zu den politisch-rechtlichen Einflussfaktoren.

Technologische Einflüsse. Zu den technischen Innovationen, die die Rahmenbedingungen des Personalmanagements besonders prägen, zählen die **neuen Kommunikationsmittel**, die sich auf die Formen der Zusammenarbeit und den Einsatz des Personals auswirken. Im Mittelpunkt stehen dabei die enormen Potenziale, die das **Internet** Unternehmen, Bewerbern und Mitarbeitern bietet und deutlich über Online-Jobbörsen und E-Recruiting hinausreichen. Es ist bereits auf dem Wege, sich über die **sozialen Netzwerke** vom reinen Informations- zum „Mitmach-Web" zu entwickeln. Soziale Medien bilden heute eine wichtige Grundlage für menschliche Interaktion in der virtuellen Welt [vgl. JÄGER 2008, S. 57].

Ein weiteres Stichwort in diesem Zusammenhang ist die **Digitale Transformation**. „Digitale Technologien und ihre unbegrenzte Verfügbarkeit über das mobile Internet verändern Unternehmen fundamental. Sie machen operative Prozesse wie Lieferketten schneller, effizienter und kostengünstiger" [Change Management Studie 2012, S. 9].

Darüber hinaus relativiert der rasche technologische Wandel den Wert vieler erworbener Standardqualifikationen und erfordert den häufigeren Wechsel von Tätigkeiten und Berufen sowie kontinuierliches Lernen [vgl. RUMP/EILERS 2006, S. 14].

Auch **neue Produktionsverfahren**, die gravierende Änderungen im Leistungserstellungsprozess mit sich bringen, sowie **Produkt- und Dienstleistungsinnovationen** wirken sich auf das Personalmarketing aus. Die hierzu erforderlichen Fähigkeiten und Kenntnisse sind in vielen Branchen ein kritischer Erfolgsfaktor und müssen in den Suchprofilen der Personalrekrutierung entsprechend herausgearbeitet werden.

(2) Unternehmensinterne Einflussfaktoren

Die unternehmensinternen Einflüsse lassen sich in Rahmenbedingungen, die das eigene *Unternehmen* und die das *Personalmanagement* setzt, unterteilen [vgl. DGFP 2006, S. 41 ff.]:

Einflüsse des Gesamtunternehmens. Versteht sich beispielsweise das Unternehmen als Global Player, der dem ständigen Wandel als Maxime unterworfen ist, oder ist es mehr auf Kontinuität und Bodenständigkeit ausgerichtet? Die Frage nach der **Unternehmensvision** – also die langfristige Vorstellung von der Unternehmensentwicklung – hat einen entscheidenden Einfluss auf das Personalmarketing. Auch Auswirkungen der übergeordneten **Unternehmensstrategie** in Verbindung mit evtl. geplanten Unternehmenszusammenschlüssen, Reorganisationen, Auslagerungen oder Veränderungen im Produktportfolio sind für das Personalmarketing von Bedeutung. Alle Fragen im Zusammenhang mit der **Unternehmensorganisation** (Führungsstrukturen, Aufbau-, Ablauf- und Prozessverantwortlichkeiten) und den Unterschieden zu den Organisationen der Wettbewerber bestimmen ebenfalls die Agenda des Personalmanagements.

Einflüsse des Personalsektors. Zu den wichtigen Fragen im Zusammenhang mit Rahmenbedingungen, die durch das **Personalmanagement** im Unternehmen gesetzt sind, gehören:

- Ist die Personalmanagementstrategie – falls vorhanden – an die Unternehmensstrategie gekoppelt?
- Wie sieht die Ressourcenausstattung des Personalmanagements finanziell und personell gegenüber Wettbewerbern aus (Benchmark-Zahlen)?
- Wer nimmt mit welchen Verantwortungen welche Personalaufgaben wahr?
- Welche Personalaufgaben werden zentral, welche dezentral wahrgenommen?
- Welche Personalprozesse sind definiert? Wie sind die Verantwortlichkeiten für diese Prozesse geregelt? Welche Prozesse sind extern ausgelagert?
- Welche Funktionsträger gibt es im Personalmanagement? Welche Aufgaben nehmen sie wahr?
- Welche Instrumente stehen dem Personalmanagement zur Verfügung? Wie sind diese hinsichtlich Akzeptanz und Aktualität zu beurteilen?
- Wie sieht das Selbstverständnis des Personalmanagements aus? Ist er ein akzeptierter Business Partner oder mehr ein administrativer Vollstrecker von Entscheidungen des Top-Managements?

1.3.3 Analyse-Methoden

Nachdem die externen und internen Einflussfaktoren des Personalmanagements analysiert sind, geht es nun darum, Verbesserungspotenziale zu identifizieren. Hierzu werden im Folgenden mit der *SWOT-Analyse* und dem *Benchmarking* zwei Konzepte vorgestellt, die einen Beitrag zur Systematisierung der Analyse des Unternehmens oder bestimmter Unternehmenseinheiten liefern können.

(1) SWOT-Analyse

Eines der bekanntesten Hilfsmittel für eine solche Systematisierung ist die sog. **SWOT-Analyse**. Ursprünglich war das Tool nur für die Analyse des Unternehmens insgesamt gedacht. Neben der unternehmensweiten Analyse dienen zunehmend auch Unternehmens*einheiten* wie das Marketing oder der Personalsektor als Anwendungsbereich der SWOT-Analyse. Um sich als Business Partner und Dienstleister im Unternehmen richtig zu positionieren, kann das Analyse-Tool insbesondere für den Personalbereich wertvolle Anhaltspunkte über Verbesserungspotentiale und die zukünftige strategische Ausrichtung liefern. Das Ergebnis dieser Analyse ist ein möglichst vollständiges und objektives Bild der Ausgangssituation (Wo stehen wir?).

Mit der SWOT-Analyse werden im ersten Schritt **Stärken** (engl. *Strengths*) und **Schwächen** (engl. *Weaknesses*) gegenübergestellt. Eine wichtige Aufgabe hierbei ist es, Kriterien bzw. Indikatoren der Personalarbeit festzulegen, die in die Stärken-Schwächen-Analyse einbezogen werden sollen. Stichworte hierzu sind: Personalorganisation, Führung, Kommunikation, Personalrekrutierung, Personalentwicklung, Mitarbeiterzufriedenheit, Anforderungen der internen Kunden etc. Dieser Teil der SWOT-Analyse, der sich aus einer kritischen Betrachtung des *Mikro-Umfeldes* ergibt, ist gegenwartsbezogen.

Der zweite Schritt der SWOT-Analyse bezieht sich auf das *Makro-Umfeld* des Unternehmens bzw. der betreffenden Unternehmenseinheit. Er ist in die Zukunft gerichtet und stellt die identifizierten Chancen und Möglichkeiten (engl. *Opportunities*) den Risiken bzw. Bedrohungen (engl. *Threats*) gegenüber. Auch hier ist es entscheidend, aussagekräftige Kriterien und Indikatoren für die Chancen-Risiken-Analyse festzulegen. Arbeitsmarktentwicklung, neue E-Learning-Konzepte, Wertewandel bei Hochschulabsolventen etc. können als Stichpunkte ein Raster für die Analyse abgeben.

Die SWOT-Analyse ist eines der ältesten Tools für die Strategieentwicklung. Sie stellt eine gute Übersicht und Zusammenfassung der Ausgangssituation sicher. Das SWOT-Tool bietet allerdings keine konkreten Antworten, sondern stellt lediglich Informationen zusammen, um darauf aufbauend Strategien zu entwickeln. Darüber hinaus sind positive Nebeneffekte bei der Durchführung der SWOT-Analyse wie Kommunikation und Zusammenarbeit mindestens ebenso wichtig wie die erzielten Ergebnisse [vgl. ANDLER 2008, S.178].

Abbildung 1-22 zeigt das Grundmodell der SWOT-Analyse mit beispielhaften Kriterien für den Personalbereich.

1.3 Einführung in die Personalmarketing-Planung

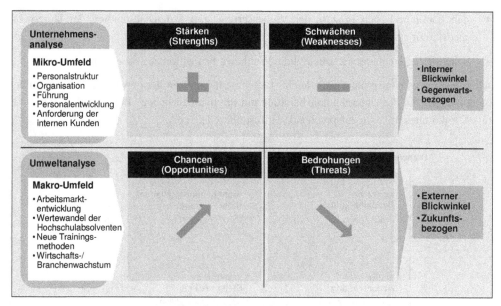

Abb. 1-22: Das Grundmodell der SWOT-Analyse

(2) Benchmarking

Ein weiterer Ansatz zur Analyse der Situation eines Unternehmens bzw. einer Unternehmenseinheit ist das sog. **Benchmarking**. Diese Methode ist darauf gerichtet, durch systematische und kontinuierliche Vergleiche von Unternehmen oder Unternehmensteilen das jeweils Beste als Referenz zur Produkt-, Leistungs- oder Prozessverbesserung herauszufinden. Die Benchmarking-Durchführung beruht auf der Orientierung an den besten Vergleichsgrößen und Richtwerten („Benchmark" = Maßstab) einer vergleichbaren Gruppe. Als Vergleichsgruppen können das eigene Unternehmen, der eigene Konzern, der Wettbewerb oder sonstige Unternehmen herangezogen werden. Daraus lassen sich folgende vier **Benchmarking-Grundtypen** ableiten, die auch in Abbildung 1-23 dargestellt sind [vgl. FAHRNI et al. 2002, S. 23 ff.]:

- Internes Benchmarking ("Best in Company")
- Konzern-Benchmarking ("Best in Group")
- Konkurrenz-Benchmarking ("Best in Competition")
- Branchenübergreifendes Benchmarking ("Best Practice").

Die Benchmarking-Methode entstand in den 70er Jahren bei RANK XEROX angesichts des zunehmenden Konkurrenzdrucks durch japanische Kopiergerätehersteller. Heute zählt das Benchmarking zu den beliebtesten Methoden der Unternehmensanalyse, weil es hilft

- die eigenen Stärken und Schwächen besser einzuschätzen,
- Informationen zu erhalten, die das Unternehmen benötigt, um Produkte, Leistungen und Prozesse zu optimieren,
- von den besten Unternehmen zu lernen,

- den kontinuierlichen Prozess der Verbesserung zum festen Bestandteil der Unternehmenskultur zu machen,
- neue Strategien zu entwickeln und die Wettbewerbsposition zu verbessern.

Allerdings ist es häufig nicht ganz leicht, Benchmark-Daten in der gewünschten Form zu erhalten. Hier kann die Unternehmensberatung mit ihrem „natürlichen" Benchmark-Know-how (als Kernkompetenz) eine entsprechende Hilfestellung leisten.

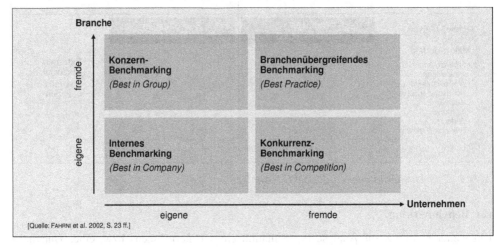

Abb. 1-23:   Benchmarking-Grundtypen

Zur Überprüfung von strukturellen Effizienzen wird das Benchmarking sehr gerne auch im Personalsektor angewendet. Die am häufigsten benutzte Kennzahl hierfür im Personalbereich ist die **Betreuungsquote**. Sie drückt die Anzahl von Mitarbeitern eines Unternehmens aus, die im Durchschnitt von einem Mitarbeiter aus dem Personalbereich (HR-Mitarbeiter) betreut werden.

In Insert 1-03 ist ein entsprechendes Beispiel für ein branchenübergreifendes Benchmarking aus dem HR-Barometer von CAPGEMINI CONSULTING dargestellt.

1.3 Einführung in die Personalmarketing-Planung

Insert

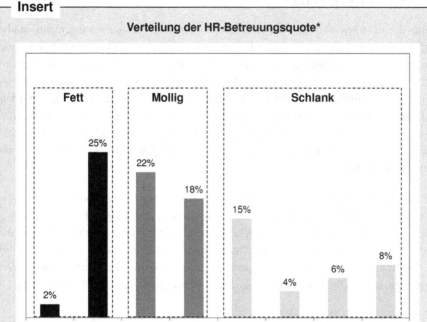

Im Rahmen des alle zwei Jahre von CAPGEMINI CONSULTING durchgeführten HR-Barometers ist die Er-mittlung der Betreuungsquote ein fester Bestandteil. Im Fokus des HR-Barometers stehen mittelgroße, große und sehr große Unternehmen aus Deutsch-land, der Schweiz und Österreich. In ihrer Gesamt-heit repräsentieren die befragten Unternehmen die gesamte Bandbreite der Wirtschaft. Bei 73 Prozent der Antworten wurde der Fragebogen vom „obersten Personaler" (Personalvorstand, Arbeitsdirektor, Per-sonalleiter, Head Global HR, Head Corporate HR) selbst beantwortet.

Da die Betreuungsquote so etwas wie der „Body-Mass-Index" (BMI) der Personalwirtschaft ist, unter-scheidet das HR-Barometer drei Cluster:

- „Fette" Personalbereiche: Betreuungsquoten von 59 und kleiner;
- „Mollige" Personalbereiche: Betreuungsquoten zwischen 60 („stark mollig") und 99 („leicht mollig");
- „Schlanke" Personalbereiche: Betreuungsquoten von 100 und größer.

Nach den Benchmark-Ergebnisse des HR-Baro-meters von 2011, an der 98 Unternehmen teilnah-men, gibt ein Drittel der teilnehmenden Unternehmen an, eine Betreuungsquote von 1:100 oder darüber zu haben und damit in die Kategorie „schlank" zu fallen. Vor allem schlanke, gut durchdachte Prozesse, die durch IT unter-stützt werden, gezieltes und sinnvolles Outsourcing sowie die Konzentration auf die wesent-lichen HR-Themen helfen, ein solches Ziel zu erreichen.

Am anderen Ende der Skala hat mehr als ein Viertel der Unternehmen eine Betreuungsquote von eins zu unter 60 und ist damit der Kategorie „fett" zuzu-ordnen. Bei 6000 Mitarbeitern wären das über 100 HR-Mitarbeiter! Eine Zahl, die nicht so ohne weiteres zu erklären sein dürfte.

40 Prozent der befragten Unternehmen verfügen über einen „molligen" Personalbereich. Eine solche Betreuungsquote zwischen 1:60 und 1:100 ist sicher-lich differenzierter zu sehen. In Unternehmen, die nicht outsourcen, in denen Personalthemen in hohem Maße erfolgskritisch sind, lässt sich für eine solche HR-Stärke im Personalbereich möglicherweise Rück-halt finden. Trotzdem gilt auch hier: Ein HR-Bereich, der seine eigene Personalstärke bzw. das Input-Output-Verhältnis stets kritisch hinterfragt, wird sich Handlungsspielräume erhalten und Akzeptanz sichern.

[Quelle: HR-Barometer 2011, S. 53 ff.]

Insert 1-03: Benchmarking Betreuungsquote

1.3.4 Zielsystem und Kultur

Nachdem die externen und internen Einflussfaktoren des Personalmanagements analysiert und ggf. Verbesserungspotenziale identifiziert worden sind, muss im nächsten Schritt erarbeitet werden, wie das Personalmarketing im Unternehmen betrieben werden soll. Dabei sind definierte Ziele unerlässlich. Sie steuern die Aufmerksamkeit der Beteiligten im Personalmarketing in eine einheitliche Richtung und helfen ihnen dabei, ihre Aktivitäten zu fokussieren und untereinander abzustimmen. Formal und inhaltlich werden verschiedene Zielvorstellungen unterschieden. Der Aufbau eines solchen Zielsystems lässt sich aus Gründen der Anschauung als eine Art Pyramide darstellen, in der gleichzeitig eine hierarchische Ordnung zum Ausdruck kommt.

An der Spitze der Zielpyramide steht die *Unternehmensphilosophie* mit den allgemeinen Wertvorstellungen (engl. *Basic Beliefs*), die im Sinne eines *„Grundgesetzes"* Ausdruck dafür sind, dass Unternehmen neben ihrer einzelwirtschaftlichen Verantwortung auch eine gesamtwirtschaftliche Aufgabe zukommt. Die allgemeinen Wertvorstellungen eines Unternehmens bilden den Rahmen für die *Unternehmenskultur,* die *Unternehmensidentität,* die *Unternehmensleitlinien* sowie die Grundlagen für den *Unternehmenszweck* [vgl. BECKER, J. 2009, S. 29].

Den eigentlichen Kern des Zielsystems bilden die *Unternehmensziele,* die dann weiter in Teilziele (z. B. Funktions- oder *Aktionsbereichsziele, Aktionsfeldziele* etc.) heruntergebrochen werden.

Abbildung 1-24 gibt einen Überblick über das hierarchische Zielsystem des Unternehmens.

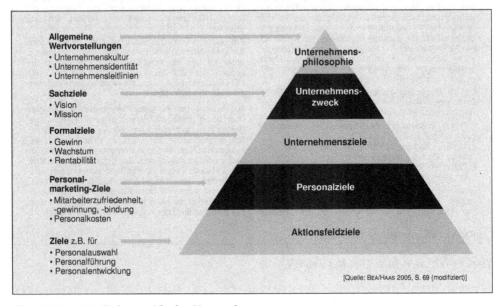

Abb. 1-24: Die Zielpyramide des Unternehmens

(1) Unternehmens- und Personalziele

Die Ziele des Personalmarketings (Abbildung 1-16) sind eingebettet in das Zielsystem des Unternehmens. Sie sind – wie bereits erwähnt – in erster Linie Begleit- oder Folgeziele der zentralen Unternehmensziele und sollen dazu beitragen, den Unternehmenserfolg zu steigern. Daher ist die Kenntnis der **Unternehmensziele** (engl. *Objectives* oder *Corporate Goals*) unerlässlich für das Personalmanagement. Als typische Unternehmensziele werden immer wieder genannt:

- Gewinn/Rentabilität
- Marktanteil/Marktposition
- Umsatz/Wachstum
- Unabhängigkeit/Sicherheit
- Soziale Verantwortung
- Prestige/Image.

Die Diskussionen darüber, welche Ziele im Rahmen dieses Zielkatalogs die höchste Priorität haben, führen in aller Regel zu dem Ergebnis, dass *Gewinn- bzw. Rentabilitätsziele* eine dominierende Bedeutung haben [vgl. BECKER, J. 2009, S. 16 und 61]. Ziele erfüllen ihre Steuerungs- und Koordinationsfunktion umso besser, je klarer und exakter sie bestimmt werden. Daher müssen zweifelsfreie Angaben über

- Zielinhalt,
- Zielausmaß und
- Zeitspanne der Zielerfüllung

vorliegen. Ist der Zielbildungsprozess nicht von Beginn an auf messbare Größen ausgerichtet, verliert eine zielgesteuerte Führung von vornherein an Effizienz [vgl. BIDLINGMAIER 1973, S. 138].

Personalmarketing-Ziele sind also keine autonomen Ziele. Sie müssen vielmehr aus den obersten Unternehmenszielen abgeleitet werden. Dabei kann zwischen *potenzialbezogenen* Zielen und *finalen* Zielen des Personalmanagements unterschieden werden [vgl. STOCK-HOMBURG 2013, S. 28]:

- **Potenzialbezogene Personalziele** messen den Erfolg einzelner Systeme des Personalmanagements (z. B. Personaldeckungsquote, Anzahl erfolgreicher Absolventen des Führungsnachwuchsprogramms) oder spiegeln den Erfolg des Personalmanagements als Ganzes wider (z. B. Mitarbeiterzufriedenheit, Mitarbeitergewinnung, Mitarbeiterbindung bzw. -fluktuation). Sie sind dem Unternehmenserfolg vorgelagert.
- **Finale Personalziele** sind ökonomische Erfolgsgrößen, die sich unmittelbar auf den Unternehmenserfolg auswirken (z. B. Personalkosten, Effizienz, Effektivität).

Abbildung 1-25 stellt einen Zusammenhang zwischen potenzialbezogenen und finalen Personalzielen einerseits sowie Personalbeschaffungs- und Personalbetreuungszielen andererseits her.

Abb. 1-25:   Personalmarketing-Ziele

(2) Unternehmenskultur

Jedes Unternehmen verfügt über eine Unternehmenskultur. Diese wird nicht einfach erfunden oder verordnet, sondern (vor)gelebt. Sie entsteht mit der Unternehmensgründung und ist je nach Entwicklungsgeschichte des Unternehmens mehr oder weniger ausdifferenziert. Häufig liegen die Ursprünge einer Unternehmenskultur beim Unternehmensgründer (z. B. THOMAS WATSON bei IBM, STEVE JOBS bei APPLE, AUGUST OETKER, MAX GRUNDIG), die mit ihren Visionen und Ideen, mit ihren Wertvorstellungen, Eigenarten und Neigungen als Vorbilder für nachfolgende Managergenerationen dienen. Kulturprägend wirken aber auch Krisen und einschneidende Veränderungen sowie die Art und Weise, wie diese gemeistert werden, neue Geschäftsmodelle, die Branche und das (regionale) Umfeld eines Unternehmens, die Art der Kunden, der Investoren etc. [vgl. BUSS 2009, S. 176 ff.].

Die Unternehmenskultur (engl. *Corporate Culture*) besteht zunächst aus einem unsichtbaren Kern aus **grundlegenden, kollektiven Überzeugungen**, die das Denken, Handeln und Empfinden von Führungskräften und Mitarbeitern maßgeblich beeinflussen und die insgesamt typisch für das Unternehmen sind (innere Haltung). Diese grundlegenden Überzeugungen beeinflussen die Art, wie die **Werte** nach außen gezeigt werden (äußere Haltung). Gleichzeitig sind sie maßgebend für die **Verhaltensregeln** („so wie man es bei uns macht"), die an neue Mitarbeiter und Führungskräfte weitergegeben werden und die als Standards für gutes und richtiges Verhalten gelten. Diese Regeln zeigen sich für alle sichtbar an **Artefakten** wie Ritualen, Statussymbolen, Sprache, Kleidung etc. [vgl. SACKMANN 2004, S. 24 ff.].

Abbildung 1-26 zeigt die verschiedenen Ebenen unternehmenskultureller Aspekte.

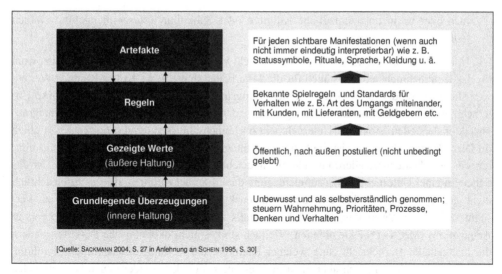

Abb. 1-26: *Unternehmenskulturelle Aspekte auf verschiedenen Ebenen*

Die Unternehmenskultur ist in vielfacher Hinsicht von besonderer Bedeutung. Sie ist sowohl für das Unternehmen selbst als auch für die Mitarbeiter sinnstiftend. Als unsichtbare Einflussgröße erfüllt die Unternehmenskultur fünf zentrale Funktionen, die für das Bestehen und Funktionieren eines Unternehmens notwendig sind [vgl. SACKMANN 2004, S. 27 ff.]:

- **Reduktion von Komplexität**, d. h. die von der Unternehmenskultur vorgegebenen kollektiven Denkmuster dienen als Filter für die Wahrnehmung und bewirken eine schnelle Vorsortierung vorhandener Informationsfülle in „relevant" und „nicht relevant". Ohne den Mechanismus der Komplexitätsreduktion wäre sinnvolles Handeln in einem bestimmten Zeitumfang also gar nicht möglich.
- **Koordiniertes Handeln**, d. h. die Unternehmenskultur stellt Mitarbeitern und Führungskräften ein gemeinsames Sinnsystem bereit, das sinnvolle gemeinsame Kommunikationsprozesse und damit abgestimmtes Handeln erst möglich macht. Die Bedeutung eines solchen gemeinsamen Sinnsystems wird bei der Zusammenarbeit von Menschen, die aus unterschiedlichen Kulturkreisen stammen, besonders deutlich.
- **Identifikation**, d. h. die grundlegenden Überzeugungen und Annahmen, die der Unternehmenskultur innewohnen, hat Einfluss auf das Ausmaß an Identifikation von Mitarbeitern mit ihrem Unternehmen. Je nach konkreter Ausgestaltung der Unternehmenskultur kann die Identifikation hoch, mittel oder gering sein. Sie wirkt damit auf die Motivation und die Bereitschaft der Mitarbeiter, sich für das Unternehmen einzusetzen.
- **Kontinuität**, d. h. die in der Unternehmenskultur enthaltene kollektive Lerngeschichte erlaubt routiniertes Handeln und schreibt die in der Vergangenheit erfolgreichen Erfolgsrezepte in der Gegenwart und Zukunft weiter fort. Damit muss nicht jeder Arbeitsgang neu überdacht und erst entwickelt werden.
- **Integrationskraft**, d. h. jede Unternehmenskultur übt eine mehr oder weniger starke Integrationskraft aus, die besonders dann zu Tragen kommt, wenn Bedrohungen aufkom-

men oder wenn unterschiedliche Kulturen oder Subkulturen zusammengeführt werden (sollen).

Die Unternehmenskultur ist in vielfacher Hinsicht von besonderer Bedeutung. Sie ist sowohl für das Unternehmen selbst als auch für die Mitarbeiter sinnstiftend. Kultur kann als Wettbewerbsfaktor und/oder als sozialer Verantwortungsträger fungieren. So kann eine starke Unternehmenskultur für international ausgerichtete Unternehmen einen bedeutenden Integrationsfaktor darstellen. Auch bei Unternehmenszusammenschlüssen (engl. *Merger*) – vor allem im Dienstleistungsbereich – ist die behutsame Integration verschiedener Unternehmenskulturen ein entscheidender, allerdings häufig unterschätzter Erfolgsfaktor. Nicht selten ist das Scheitern einer Unternehmenszusammenlegung darauf zurückzuführen, dass es offensichtlich nicht gelungen ist, verschiedene Unternehmenskulturen harmonisch miteinander zu verschmelzen. Diese Vermutung lässt sich jedenfalls aus der Analyse gescheiterter Mergers & Acquisitions (M&A)-Projekte ableiten. Vielfach sind es nicht ökonomische Defizite, sondern die mangelhafte Berücksichtigung weicher Faktoren, die zu Integrationsproblemen führen. Diese Problematik stellt sich aber nicht nur bei internationalen, sondern auch bei nationalen M&A-Projekten, da auch Unternehmen aus demselben Kulturkreis durchaus unterschiedliche „Binnenkulturen" aufweisen können [vgl. MACHARZINA/WOLF 2010, S. 731 f.].

Teilweise sehr differenzierte Erfahrungen mit Unternehmensfusionen, bei denen unterschiedlich starke Unternehmenskulturen aufeinanderprallen, haben ERNST & YOUNG (bei der Übernahme von ARTHUR ANDERSEN in Deutschland), CAPGEMINI (bei der Übernahme von ERNST & YOUNG CONSULTING) oder auch DELOITTE (bei der missglückten Fusion mit ROLAND BERGER) gemacht. Doch nicht nur bei Unternehmenszusammenschlüssen, sondern auch im Umgang mit älteren Mitarbeitern oder in der Gestaltung des Health Care Managements bietet die Unternehmenskultur wichtige Ansatzpunkte für das Personalmarketing [vgl. LIPPOLD 2013, S. 133].

Unternehmenskultur und Personalarbeit stehen in wechselseitiger Beziehung zueinander. Zum einen trägt das Personalmanagement zur Gestaltung von Unternehmenskulturen bei, in dem es neue Organisationsmitglieder auf die im Unternehmen vorherrschenden und gelebten Normen, Werte und Verhaltensweisen einstimmt oder auch bei der Personalbeschaffung und -implementierung ungewollten Kulturentwicklungen entgegenwirkt. Zum anderen prägt die Kultur aber auch die Personalarbeit in der Weise, dass bspw. bei der Personalbeschaffung nur solche Bewerber in die engere Auswahl kommen, deren Wert- und Normenvorstellungen mit den eigenen, wünschenswerten Kulturvorstellungen übereinstimmen [vgl. BARTSCHER et al. 2012, S. 188 ff.].

(3) Unternehmensidentität

Als **Unternehmensidentität** (engl. *Corporate Identity*) wird die strategisch geplante und operativ eingesetzte Selbstdarstellung und Verhaltensweise eines Unternehmens nach innen und außen auf der Basis einer festgelegten Unternehmensphilosophie und -zielsetzung bezeichnet. Auf der Basis eines einheitlichen Unternehmens(leit)bildes soll über die Entwicklung eines „Wir-Bewusstseins" das Corporate Identity-Konzept nach innen eine Unternehmenskultur etablieren und sicherstellen. Nach außen soll mit dem Corporate Identity-Konzept bei den verschiedenen Adressatenkreisen wie Kunden, Presse, Kapitalgeber, Lieferanten etc. der Aufbau eines Unternehmensimages ermöglicht werden [vgl. BIRKIGT/STADLER 1992, S. 18].

Corporate Identity (CI) drückt sich in vier Komponenten aus:

- **Corporate Behavior**,
- **Corporate Design**,
- **Corporate Communication** und
- **Corporate Governance**.

Betrachtet man Corporate Culture als *Fundament* der Unternehmensphilosophie, dann bilden die vier CI-Komponenten quasi den *Aufbau* und werden unter dem *Dach* der Corporate Identity zusammengefasst. Abbildung 1-27 veranschaulicht diese Sichtweise und liefert eine kurze Darstellung und Beschreibung der Ziele der vier CI-Komponenten.

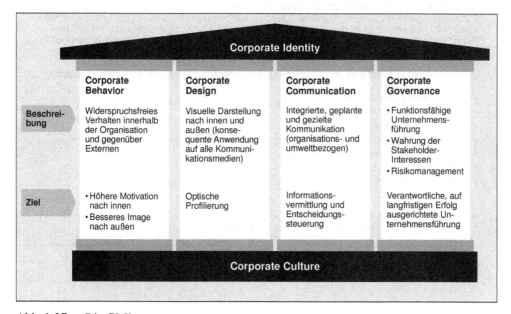

Abb. 1-27: Die CI-Komponenten

(4) Unternehmensleitlinien und -grundsätze

Unternehmenskultur und Unternehmensidentität finden ihren Niederschlag in den **Unternehmensleitlinien.** Derartige Leitbilder sind Orientierungshilfen für das Verhalten der Mitarbeiter gegenüber den Partnern des Unternehmens. Sie werden daher auch als **Verhaltensrichtlinien** (engl. *Policy*) bezeichnet [vgl. BEA/HAAS 2005, S. 69 f.].

Viele Unternehmen fassen ihre Leitlinien als **Unternehmensgrundsätze** in Broschüren, Handbüchern oder auf Websites zusammen. Bekannte Beispiele hierfür sind:

- der internationale Verhaltenskodex der KPMG (siehe Insert 1-04),
- die IKEA-Mission,
- die Corporate Responsibility-Policy von ALDI,
- das Unternehmensleitbild von SIEMENS oder
- das Mission Statement von COCA COLA.

Insert

Unsere Werte

Was uns so einzigartig macht? Vor allem sind es unsere mehr als 140.000 Mitarbeiter in mehr als 146 Ländern, die alle nach gemeinsamen Werten handeln.
Sie bilden die Basis des Erfolgs von KPMG. Mit Wissen Werte schaffen: Aus dieser Maxime entsteht für uns eine Verantwortung, der wir gegenüber unseren Mandanten, der Geschäftswelt und unseren Mitarbeitern gerecht werden müssen.

Weltweit die gleiche hohe Qualität für unsere Kunden
Wir beschäftigen Mitarbeiter aus unterschiedlichen Nationen und Kulturen. Durch unser Handeln wollen wir unserem Unternehmen bei aller Vielfalt einer globalen Organisation ein einheitliches Gesicht geben. Kunden von KPMG können deshalb überall auf der Welt die gleiche hohe Qualität, Vertrauenswürdigkeit und Verlässlichkeit erwarten.
Wir haben uns auf eine Reihe gemeinsamer Werte verständigt. Sie bestimmen unsere Unternehmenskultur und sind uns Verpflichtung im persönlichen und professionellen Verhalten:

➢ Wir achten den Einzelnen.
➢ Wir handeln integer.
➢ Wir arbeiten zusammen.
➢ Wir gehen den Tatsachen auf den Grund und bieten nachvollziehbare Lösungen.
➢ Wir kommunizieren offen und ehrlich.
➢ Wir gehen mit gutem Beispiel voran.
➢ Wir fühlen uns der Gemeinschaft gegenüber verpflichtet

Der Verhaltenskodex der internationalen Wirtschaftsprüfungsgesellschaft KPMG zählt zu den bekanntesten Beispielen für die Formulierung von Unternehmensgrundsätzen.

Insert 1-04: Der internationale Verhaltenskodex von KPMG

1.3.5 Strategien und Maßnahmen-Mix

Im letzten Schritt der Personalmarketing-Planung werden die Strategien festgelegt und durch entsprechende Maßnahmen umgesetzt.

Strategien bilden den Rahmen für das unternehmerische Handeln und sind damit ein zentrales Bindeglied *("Scharnierfunktion")* zwischen den Zielen und den laufenden operativen Maßnahmen. Ziele bestimmen die Frage des *"Wohin"*, Strategien konkretisieren die Frage des *"Wie"*, und der Mix legt den Instrumentaleinsatz *("Womit")* und damit den eigentlichen Handlungsprozess fest [vgl. BECKER, J. 2009, S. 140 ff.; KOTLER et al. 2007, S. 88 f.].

Die Strategie beschreibt also den Weg zum Ziel. Hinsichtlich der Reichweite lassen sich drei verschiedene Strategieebenen unterscheiden [vgl. VAHS 2009, S. 335]:

- **Unternehmensstrategie** (engl. *Corporate Strategy*). Strategische Ziele und Maßnahmen betreffen das gesamte Unternehmen.
- **Geschäftsbereichsstrategien** (engl. *Corporate Strategies*). Die strategische Ausrichtung betrifft einzelne Geschäftsbereiche, die sich in der Praxis als organisatorische Einheiten (Division, Sparte, Business Unit) häufig auf ein Geschäftsfeld konzentrieren.
- **Funktionsbereichsstrategien** (engl. *Functional Area Strategies*). Die grundsätzlichen Zielsetzungen und Maßnahmen betreffen einzelne betriebliche Funktionsbereiche (z. B. Marketing, Personal, F & E).

Die besonders deutlich von BECKER, J. [1993] herausgearbeitete Trennung von Zielen *("Philosophie")*, Strategien *("Struktur")* und Maßnahmen-Mix *("Prozess")* lässt sich in der Praxis allerdings kaum durchhalten. Zu eng sind die **Verflechtungen zwischen Strategie- und Prozessebene**. So ist es weder möglich, Strategien und Maßnahmen eindeutig voneinander zu trennen, da ein und dieselbe Entscheidung sowohl strategisch als auch maßnahmenorientiert ausgerichtet sein kann [vgl. BACKHAUS 1990, S. 206], noch lässt sich eine eindeutige Zuordnung der Instrumentalbereiche (Maßnahmen-Mix) zur strategisch-strukturellen Ebene bzw. zur taktisch-operativen Ebene vornehmen. Selbst BECKER, J. [2009, S. 485] räumt ein, dass der Maßnahmen-Mix auch als die taktische Komponente der Strategie aufgefasst werden kann.

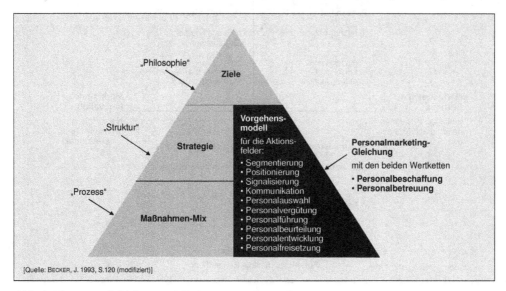

Abb. 1-28: Das Schichtenmodell der Unternehmenskonzeption

Abbildung 1-28 enthält eine synoptische Zuordnung der einzelnen Aktionsfelder der Personalmarketing-Gleichung zu den beiden Konzeptionsebenen *Strategie* und *Maßnahmen-Mix*.

Der teilweise müßigen Diskussion um die Trennung zwischen Strategie- und Prozessebene gehen GMÜR/THOMMEN mit der Vorlage ihrer **vier personalstrategischen Grundtypen** aus dem Wege. Hierbei handelt es sich weniger um Strategien im eigentlichen Sinne, sondern mehr um eine *Positionierung* von Grundverhaltensmuster moderner Personalkonzeptionen in einem zweidimensionalen Raum (siehe Abbildung 1-29). Die erste Dimension beschreibt die *personalpolitische Ausrichtung* mit den beiden Ausprägungen „langfristige Personalbindung und -entwicklung" bzw. „kurzfristige flexible Personalbeschaffung". Die zweite Dimension ist *marktstrategisch* motiviert und enthält die beiden Ausprägungen „Effizienz" und „Innovation". Somit ergeben sich vier Grundtypen, denen man folgende Branchen- bzw. Praxisbeispiele zuordnen kann [vgl. GMÜR/THOMMEN 2011, S. 11 ff.; BARTSCHER et al. 2012, S. 137]:

- **Personalstrategie I** („Das eingespielte Team"): z. B. Manufakturen, Einzel- und Auftragsfertiger;
- **Personalstrategie II** („Das perfekte System"): z. B. Zeitarbeitsunternehmen, Fast-Food-Ketten;
- **Personalstrategie III** („Der intelligente Organismus"): z. B. High-Tech-Unternehmen, Pharmakonzerne;
- **Personalstrategie IV** („Die kreative Evaluation"): z. B. Beratungsunternehmen, PR- und Werbeagenturen.

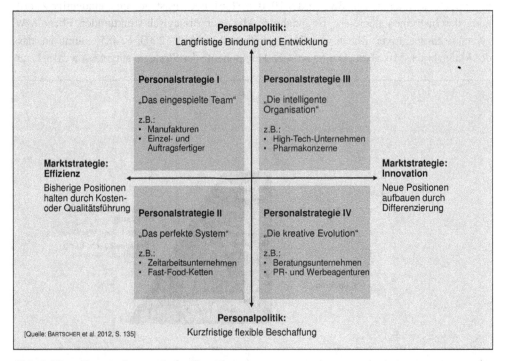

Abb. 1-29:   *Personalstrategische Grundtypen*

Zur Einordnung bzw. Festlegung der jeweiligen personalstrategischen Grundausrichtung eines Unternehmens ist diese typologische Ansatz gut geeignet, eine prozessuale und wertorientierte Sicht der einzelnen Aktionsbereiche und Aktionsfelder bietet er allerdings nicht.

Daher soll hier mit der *Personalmarketing-Gleichung* ein praxiserprobter Ansatz vorgestellt werden, der ebenfalls auf die (eher theoretische) Trennung von Strategie und Mix verzichtet, gleichwohl aber ein **Vorgehensmodell** *und* einen **Handlungs- und Orientierungsrahmen** für die zielorientierte Strategie- und Maßnahmenplanung und den Mitteleinsatz in den jeweiligen Aktionsfeldern des Personalmarketings darstellt.

1.4 Einführung in die Personalmarketing-Gleichung

Die Idee der Personalmarketing-Gleichung beruht auf zwei Grundüberlegungen. Zum einen ist es die Darstellung und Analyse der Wertschöpfungs- und Prozessketten eines Unternehmens, zum anderen ist es die enge Analogie zur Marketing-Gleichung im (klassischen) Absatzmarketing.

1.4.1 Die personale Wertschöpfungskette

Die Wertschöpfungskette (Wertkette) eines Unternehmens umfasst die Wertschöpfungsaktivitäten in der Reihenfolge ihrer operativen Durchführung. Diese Tätigkeiten schaffen Werte, verbrauchen Ressourcen und sind in Prozessen miteinander verbunden. Die in Abbildung 1-30 gezeigte Darstellung der Wertschöpfungskette geht auf PORTER [1986] zurück und unterscheidet *Primär*aktivitäten und *Sekundär*aktivitäten:

- **Primäraktivitäten** *(Kernprozesse)* sind Eingangslogistik, Produktion, Ausgangslogistik, Marketing und Vertrieb sowie Kundendienst.

- **Sekundäraktivitäten** *(Unterstützungsprozesse)* stellen Beschaffung, Forschung und Entwicklung, Personalmanagement und Infrastruktur dar.

Aus der Kostenstruktur und aus dem Differenzierungspotenzial aller Wertaktivitäten lassen sich bestehende und potenzielle Wettbewerbsvorteile eines Unternehmens ermitteln. Durch die „Zerlegung" eines Unternehmens in seine einzelnen Wertschöpfungsaktivitäten kann jeder Prozess auf seinen aktuellen und seinen potenziellen Beitrag zur Wettbewerbsfähigkeit des Unternehmens hin durchleuchtet werden [vgl. PORTER 1986, S. 19].

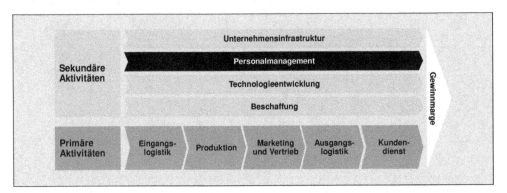

Abb. 1-30: Wertschöpfungskette nach Porter

Das *Personalmanagement* zählt nach dem Grundmodell von PORTER zu den Sekundär- oder Unterstützungsaktivitäten, die für die Ausübung der Primäraktivitäten die notwendige Voraussetzung sind. Sie liefern somit einen *indirekten* Beitrag zur Erstellung eines Produktes oder einer Dienstleistung. Ebenso wie die Primäraktivitäten lassen sich auch die Prozesse der Sekundäraktivitäten weiter unterteilen in Prozessphasen, Prozessschritte etc. Prozesse können

1.4 Einführung in die Personalmarketing-Gleichung

so auf unterschiedlichen Ebenen in verschiedenen Detaillierungsgraden betrachtet werden (siehe Abbildung 1-31). Zu den generellen Perspektiven der Prozessorganisation siehe auch 4.1.5.

Es soll in diesem Zusammenhang aber nicht unerwähnt bleiben, dass sich das Grundmodell von PORTER in seiner Systematik schwerpunktmäßig auf die Wertschöpfungskette von Industriebetrieben bezieht. So ist bei Handelsbetrieben die Primäraktivität *Produktion* ohne Bedeutung und in der Beratungsbranche zählt das *Personalmanagement* nicht zu den Sekundär-, sondern zu den Primäraktivitäten.

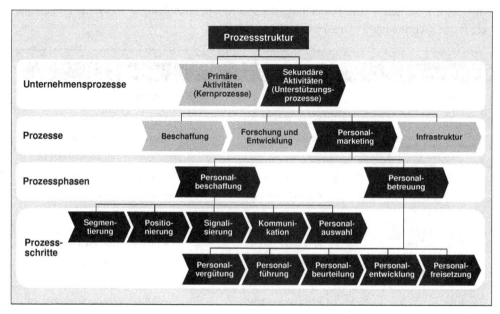

Abb. 1-31:   Prozesshierarchie der personalen Wertschöpfungskette

Generell sind es zwei Phasen (= Aktionsbereiche), die die Wertschöpfungskette des Personalmanagements bzw. des Personalmarketings bestimmen: Die Phase (= Aktionsbereich) der *Personalbeschaffung* und die Phase (= Aktionsbereich) der *Personalbetreuung*. Während die Personalbeschaffung auf die Mitarbeitergewinnung abzielt, ist die Personalbetreuung auf die Mitarbeiterbindung ausgerichtet.

Um den Personalbeschaffungsprozess im Sinne einer Wertorientierung optimieren zu können, ist es sinnvoll, die Prozessphase **Personalbeschaffung** in seine einzelnen Prozessschritte (= Aktionsfelder) zu zerlegen und diese jeweils einem zu optimierenden *Bewerberkriterium* als Prozessziel zuzuordnen:

- *Segmentierung* (des Arbeitsmarktes) zur Optimierung des *Bewerbernutzens*
- *Positionierung* (im Arbeitsmarkt) zur Optimierung des *Bewerbervorteils*
- *Signalisierung* (im Arbeitsmarkt) zur Optimierung der *Bewerberwahrnehmung*
- *Kommunikation* (mit dem Bewerber) zur Optimierung des *Bewerbervertrauens*
- *Personalauswahl und -integration* zur Optimierung der *Bewerberakzeptanz*.

Analog dazu wird die Prozessphase **Personalbetreuung** in ihre Prozessschritte (= Aktionsfelder) aufgeteilt und ebenfalls jeweils einem zu optimierenden *Bindungskriterium* zugeordnet:

- *Personalvergütung* zur Optimierung der *Gerechtigkeit* (gegenüber dem Mitarbeiter)
- *Personalführung* zur Optimierung der *Wertschätzung* (gegenüber dem Mitarbeiter)
- *Personalbeurteilung* zur Optimierung der *Fairness* (gegenüber dem Mitarbeiter)
- *Personalentwicklung* zur Optimierung der *Forderung und Förderung* (des Mitarbeiters)
- *Personalfreisetzung* zur Optimierung der *Erleichterung* (des Mitarbeiters).

Abbildung 1-32 liefert eine Darstellung der Zuordnungsbeziehungen zwischen Prozessphasen, Prozessschritte und Prozessziele im Personalsektor.

Prozessphasen	Prozessschritte	Prozessziele
		Mitarbeitergewinnung
Personalbeschaffung	Segmentierung	Optimierung des Bewerbernutzens
	Positionierung	Optimierung des Bewerbervorteils
	Signalisierung	Optimierung der Bewerberwahrnehmung
	Kommunikation	Optimierung des Bewerbervertrauens
	Auswahl und Integration	Optimierung der Bewerberakzeptanz
		Mitarbeiterbindung
Personalbetreuung	Personalvergütung	Optimierung der Gerechtigkeit
	Personalführung	Optimierung der Wertschätzung
	Personalbeurteilung	Optimierung der Fairness
	Personalentwicklung	Optimierung der Forderung/Förderung
	Personalfreisetzung	Optimierung der Erleichterung

Abb. 1-32: Prozessphasen, Prozessschritte und Prozessziele im Personalmanagement

1.4.2 Wertorientiertes Personalmanagement

Mit der Analyse der Wertschöpfungskette ist zugleich auch die Grundlage für ein *wertorientiertes Personalmanagement* gelegt. Es steht für eine betont quantitative Ausrichtung der *Aktionsparameter*, der *Prozesse* und der *Werttreiber* des Personalsektors am Unternehmenserfolg.

- **Aktionsparameter** sind Stellschrauben, die dem Management zur Verbesserung der Effizienz und Effektivität innerhalb eines Aktionsfeldes zur Verfügung stehen. Im Vordergrund steht also die aktive Beeinflussung erfolgswirksamer Personalmaßnahmen im Sinne der angestrebten Aktionsfeldziele.

- **Prozesse** im Personalsektor sind durch Vielfalt und Vielzahl gekennzeichnet. Gleichwohl stellen die oben als Aktionsfelder bezeichneten Prozessschritte die strategisch und im Hinblick auf die Entwicklung des Unternehmenswertes wichtigsten Prozesse dar.
- **Werttreiber** sind betriebswirtschaftliche Größen, die einen messbaren ökonomischen Nutzen für den Unternehmenserfolg liefern. Sie operationalisieren Aktionsparameter und Prozesse in messbaren Größen und beeinflussen unmittelbar den Wert des Unternehmens [vgl. DGFP 2004, S. 27].

Das inhaltliche Rahmenkonzept des wertorientierten Personalmanagements geht von den Aktionsparametern aus, ordnet diesen die betreffenden Prozesse zu und zeigt für jeden Prozess die jeweils relevanten Werttreiber auf.

In Abbildung 1-33 sind die konzeptionellen Zusammenhänge zwischen Aktionsparameter, Prozesse und Werttreiber dargestellt.

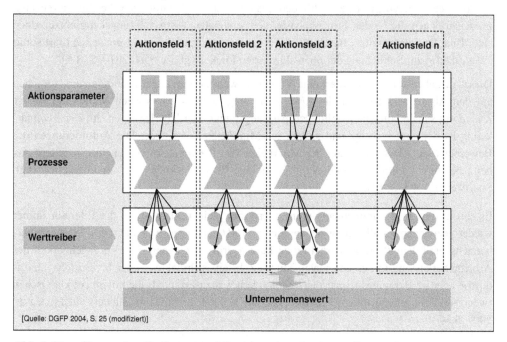

Abb. 1-33: Konzeptionelle Zusammenhänge im wertorientierten Personalmanagement

Da die einzelnen Branchen-, Markt- und Umfeldbedingungen für jedes Unternehmen unterschiedlich sind, kann es auch kein einheitliches Standardkonzept für das wertorientierte Personalmanagement geben. Jedes Unternehmen muss daher sein eigenes wertorientiertes Konzept für den Personalsektor entwickeln. Im Rahmen dieser Ausarbeitung werden für alle Prozessschritte (= Aktionsfelder) der Personalgewinnung und Personalbetreuung entsprechende Aktionsparameter und Werttreiber beispielhaft vorgestellt [vgl. DGFP 2004, S. 30 ff.].

1.4.3 Analogien zum klassischen Marketing

Beide Teilziele der personalen Wertschöpfungskette, also die Personalgewinnung und die Personalbindung, lassen sich nur dann erreichen, wenn es dem Personalmanagement gelingt, die Vorteile des eigenen Unternehmens auf die Bedürfnisse vorhandener und potentieller Mitarbeiter (Bewerber) auszurichten. Die Bestimmungsfaktoren dieser Vorteile sind neben dem Leistungsportfolio, den besonderen Fähigkeiten, dem Know-how und der Innovationskraft auch die Unternehmenskultur, kurzum: das **Akquisitionspotenzial** des Unternehmens.

Das Akquisitionspotenzial ist der Vorteil, den das Unternehmen gegenüber dem Wettbewerb hat. Dieser **Wettbewerbsvorteil** (an sich) ist aber letztlich ohne Bedeutung. Entscheidend ist vielmehr, dass der Wettbewerbsvorteil auch von den Bewerbern (innerhalb der Prozesskette *Personalbeschaffung*) und von den eigenen Mitarbeitern (innerhalb der Prozesskette *Personalbetreuung*) wahrgenommen wird. Erst die Akzeptanz im Bewerbermarkt und bei den Mitarbeitern sichert die Gewinnung bedarfsgerechter Bewerbungen einerseits und die Bindung wertvoller personaler Ressourcen andererseits. Genau diese Lücke zwischen dem Wettbewerbsvorteil *an sich* und dem vom Bewerbermarkt und den eigenen Mitarbeitern **honorierten Wettbewerbsvorteil** gilt es zu schließen. Damit sind gleichzeitig auch die Pole aufgezeigt, zwischen denen die beiden Prozessphasen der personalen Wertschöpfungskette einzuordnen sind. Eine Optimierung des Beschaffungsprozesses und des Betreuungsprozesses führt somit zwangsläufig zur Schließung der oben skizzierten Lücke [vgl. LIPPOLD 2010, S. 3 f.].

Diese Aufgabenstellung erfordert eine Vorgehensweise, die in enger Analogie zum Vorgehen auf den Absatzmärkten steht. Im *Absatz*marketing (also im klassischen Marketing) ist der *Kunde* mit seinen Nutzenvorstellungen Ausgangspunkt aller Überlegungen. Im *Personal*marketing ist der gegenwärtige und zukünftige Mitarbeiter der Kunde. Die Anforderungen der Bewerber (engl. *Applicant*) und der Mitarbeiter (engl. *Employee*) an den (potenziellen) Arbeitgeber (engl. *Employer*) bilden die Grundlage für ein gezieltes Personalmarketing [vgl. SIMON et al. 1995, S. 64].

Es soll in diesem Zusammenhang nicht unerwähnt bleiben, dass die in der Literatur immer wieder gezogenen Parallelen zwischen dem *Produkt*marketing (besonders des Konsumgüterbereichs) und dem *Personal*marketing zu kurz gegriffen scheinen. Die Vergleichbarkeit der Arbeitgeberleistung mit einer Dienstleistung (z. B. eines Projektes in der Investitionsgüterindustrie oder im Beratungsbereich) ist deutlich höher anzusetzen, als die mit einem klassischen (wenig erklärungsbedürftigen) Produkt [vgl. BECK 2008, S. 14 f. mit Hinweis auf PETKOVIC 2007, S. 47 ff.].

Zielführend ist vielmehr die umfassende **Definition des Marketings** als

> „Prozess im Wirtschafts- und Sozialgefüge, durch den Einzelpersonen und Gruppen ihre Bedürfnisse und Wünsche befriedigen, in dem sie Produkte und andere Austauschobjekte von Wert (…) anbieten und miteinander tauschen" [KOTLER et al. 2011, S. 39].

Damit ist es möglich, sowohl unternehmensexterne als auch unternehmensinterne Austauschprozesse zu betrachten, die neben rein wirtschaftlichen Tatbeständen auch soziale Tauschvorgänge umfassen [vgl. SCHAMBERGER 2006, S. 9 f.].

1.4 Einführung in die Personalmarketing-Gleichung

Aufgrund dieses erweiterten Grundverständnisses liegt es nahe, den Marketinggedanken auf den Personalbereich und damit die Konzepte des (Absatz-)Marketings auf den externen und internen Stellenmarkt zu übertragen [vgl. LIPPOLD 2010, S. 4 f.].

Aus den beiden Teilzielen der personalen Wertschöpfungskette (Personalgewinnung und Personalbindung) lassen sich zwei *Zielfunktionen* ableiten, eine zur Optimierung der Prozesskette *Personalbeschaffung* und eine zur Optimierung der Prozesskette *Personalbetreuung*. Dieser Optimierungsansatz lässt sich in seiner Gesamtheit auch – analog zur Marketing-Gleichung im Absatzmarketing [vgl. LIPPOLD 2012, S. 31 ff.] – als (zweigeteilte) *Personalmarketing-Gleichung* darstellen:

(1) Für den **Personalbeschaffungsprozess**:

> *Vom Bewerber honorierter Wettbewerbsvorteil = Wettbewerbsvorteil (an sich) + Bewerbernutzen + Bewerbervorteil + Bewerberwahrnehmung + Bewerbervertrauen + Bewerberakzeptanz*

(2) Für den **Personalbetreuungsprozess**:

> *Vom Mitarbeiter honorierter Wettbewerbsvorteil = Wettbewerbsvorteil (an sich) + Gerechtigkeit + Wertschätzung + Fairness + Forderung/Förderung + Erleichterung*

Dabei geht es nicht um eine mathematisch-deterministische Auslegung dieses Begriffs. Angestrebt ist vielmehr der Gedanke eines herzustellenden *Gleichgewichts* (und Identität) zwischen dem Wettbewerbsvorteil an sich und dem vom Bewerber bzw. Mitarbeiter honorierten Wettbewerbsvorteil. Mit anderen Worten, hinter dieser Begriffsbildung steht die These, dass das Gleichgewicht durch die Addition der einzelnen, an Bewerber- bzw. Bindungskriterien ausgerichteten Aktionsfelder erreicht werden kann.

Zur Veranschaulichung dieser Gleichgewichtsbeziehungen dienen die in Abbildung 1-34 und 1-35 vorgenommenen Darstellungen in Form einer Personalmarketing-„Waage".

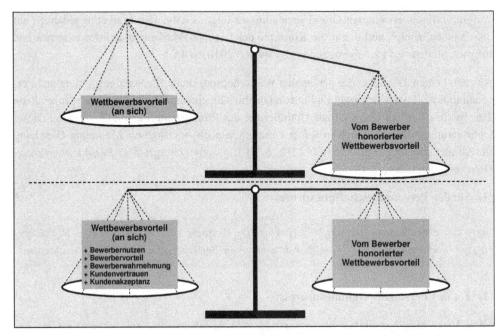

Abb. 1-34: Die Personalmarketing-„Waage" für den Personalbeschaffungsprozess

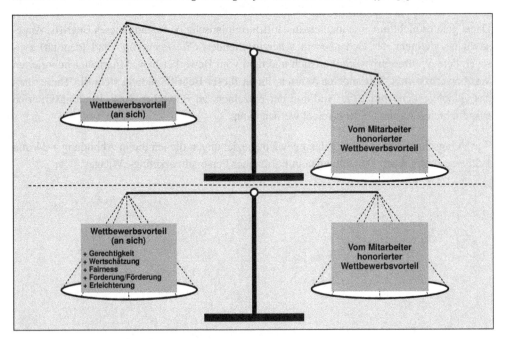

Abb. 1-35: Die Personalmarketing-„Waage" für den Personalbetreuungsprozess

Abbildung 1-36 veranschaulicht darüber hinaus den ganzheitlichen Ansatz der Personalmarketing-Gleichung, indem sie die einzelnen Aktionsfelder in einen zeitlichen und inhaltlichen Wirkungszusammenhang stellt.

1.4 Einführung in die Personalmarketing-Gleichung

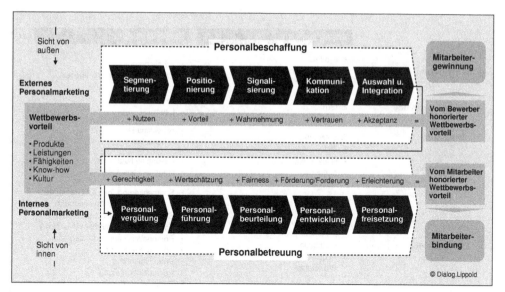

Abb. 1-36: Die Personalmarketing-Gleichung im Überblick

In dem Bewusstsein, dass sich der Arbeitsmarkt zu einem *Käufermarkt* für hoch qualifizierte Fach- und Nachwuchskräfte gewandelt hat, besteht der Grundgedanke des hier skizzierten Personalmarketings darin, das Unternehmen als Arbeitgeber samt Produkt *Arbeitsplatz* an gegenwärtige und zukünftige Mitarbeiter zu „verkaufen".

Damit dies erfolgreich gelingt, sollte man sich immer wieder die Analogien zwischen Absatzmarketing und Personalmarketing – wie in Abbildung 1-37 synoptisch dargestellt – vor Augen führen [vgl. auch SCHAMBERGER 2006, S. 11].

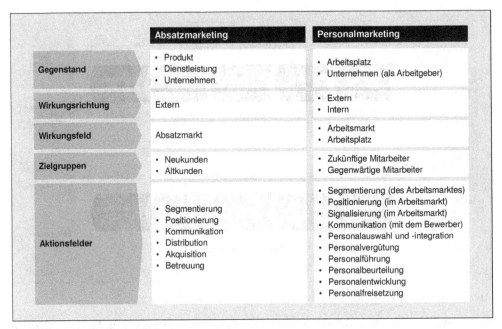

Abb. 1-37: Vergleich zwischen Absatzmarketing und Personalmarketing

1.4.4 Struktur und grundlegende Orientierung des Lehrbuchs

Das Vorgehensmodell der Personalmarketing-Gleichung gibt zugleich den Aufbau und die grundlegende Orientierung dieses Lehrbuchs vor. Es untergliedert sich in vier Kapitel (siehe Abbildung 1-38).

Das *erste Kapitel* behandelt die **konzeptionellen Grundlagen** des Personalmarketings und skizziert im Rahmen einer begrifflich-systematischen Grundlegung *(Abschnitt 1.1)* Anforderungen und Selbstverständnis eines modernen Personalmanagements. Es folgt eine kurze Vorstellung wichtiger theoretischer Ansätze mit Relevanz für die Personalwirtschaft *(Abschnitt 1.2)*. Der Schwerpunkt dieses Kapitels liegt auf der Einführung in die Grundlagen der Personalmarketing-Planung *(Abschnitt 1.3)* sowie in die Systematik der Personalmarketing-Gleichung *(Abschnitt 1.4)*.

Das *zweite Kapitel* befasst sich mit der Wertschöpfungskette des Aktionsbereichs **Personalbeschaffung**, dem ersten Teil der (zweigeteilten) Personalmarketing-Gleichung. Hier wird prozessbezogen gezeigt, wie Arbeitsmarktsegmentierung *(Abschnitt 2.1)*, Arbeitsmarktpositionierung *(Abschnitt 2.2)* und Arbeitsmarktsignalisierung *(Abschnitt 2.3)* die Grundlagen einer systematischen Kommunikation mit dem Bewerber *(Abschnitt 2.4)* bilden und letztlich zur gewünschten Personalauswahl und -integration *(Abschnitt 2.5)* führen.

1.4 Einführung in die Personalmarketing-Gleichung

Im *dritten Kapitel* liegt der Fokus auf der Wertschöpfungskette des Aktionsbereichs **Personalbetreuung**, dem zweiten Teil der Personalmarketing-Gleichung. Hier stehen zunächst Anreiz- und Vergütungssysteme *(Abschnitt 3.1)* unter besonderer Berücksichtigung des Gerechtigkeitsaspekts im Vordergrund. *Abschnitt 3.2* befasst sich mit der Führung von Mitarbeitern bzw. Teams. Es folgt eine Einführung in die Systematiken der Mitarbeiterbeurteilung *(Abschnitt 3.3)*. Auf die konzeptionellen Ansätze der Mitarbeiterentwicklung geht *Abschnitt 3.4* ein. Die verschiedenen Varianten der Personalfreisetzung *(Abschnitt 3.5)* bilden den Abschluss dieser Wertschöpfungskette.

Das *vierte Kapitel* behandelt die **organisatorischen Grundlagen** des Personalmarketings. Neben einer Darstellung der grundsätzlichen Organisationsprinzipien *(Abschnitt 4.1)* steht zunächst die Gestaltung der personalen Prozesse *(Abschnitt 4.2)* im Vordergrund. In *Abschnitt 4.3* folgen einige weiterführende Organisationsansätze wie Outsourcing- und Offshoring-Konzepte. Die Möglichkeiten moderner Self Service Center-Konzepte sowie die Erfolgsfaktoren des Change Management schließen das vierte Kapitel ab.

1. Personal-konzeption	1.1 Einleitung		Sachliche und begrifflich-systematische Grundlegung
	1.2 Theoretische Aspekte der Personalwirtschaft		
	1.3 Einführung in die Personalmarketing-Planung		
	1.4 Einführung in die Personalmarketing-Gleichung		

Aktionsbereich	Aktionsfeld	Aktionsparameter	Optimierungs-kriterium
2. Personal-beschaffung	2.1 Segmentierung	Personalneubedarf, Anforderungsprofil, Mikrosegmentierung, Makrosegmentierung	Bewerbernutzen
	2.2 Positionierung	Arbeitgeberauftritt, Arbeitgebermarke, Arbeitgeberattraktivität	Bewerbervorteil
	2.3 Signalisierung	Anzahl Neueinstellungen, Signalisierungsbudget, Signalisierungskanäle und -instrumente	Bewerber-wahrnehmung
	2.4 Kommunikation	Anzahl Kommunikationsmaßnahmen, Intensität Kommunikationsmaßnahmen	Bewerbervertrauen
	2.5 Personalauswahl	Einstellungsinterview, Mitarbeiterintegration	Bewerberakzeptanz
3. Personal-betreuung	3.1 Personalvergütung	Fixe und variable Vergütung, Zusatzleistungen	Gerechtigkeit
	3.2 Personalführung	Führungsverhalten, Führungsstil, Führungskommunikation, Führungsprinzip	Wertschätzung
	3.3 Personalbeurteilung	Beurteilungskriterien, Beurteilungsfeedback	Fairness
	3.4 Personalentwicklung	Aus- und Weiterbildungsbudget, Leadership Development	Forderung und Förderung
	3.5 Personalfreisetzung	Personalflexibilisierung, Entlassungsgespräch	Erleichterung
4. Personal-organisation	4.1 Organisatorische Grundlagen		Organisatorische Grundlegung
	4.2 Organisation des Personalsektors		
	4.3 Auslagerung von Organisationseinheiten		
	4.4 Change Management		

Abb. 1-38: Grundlegende Struktur des Lehrbuchs

Kontroll- und Vertiefungsfragen

(1) Warum ist aus Unternehmenssicht der Arbeitsmarkt für hoch qualifizierte Mitarbeiter ein Käufermarkt und für Geringqualifizierte ein Verkäufermarkt?

(2) An welchen Punkten können Realisierungsdefizite bei der Umsetzung des Personalmarketings festgemacht werden?

(3) Worin besteht der Unterschied zwischen Personalmarketing und Personalmanagement?

(4) In wieweit geht das Konzept des „HR als Business Partner" deutlich über den traditionellen Ansatz des Personalreferenten hinaus?

(5) Welche vier Phasen bzw. Fragestellungen kennzeichnen den Bezugsrahmen für die Personalmarketing-Planung?

(6) Auf welche sozio-kulturellen Einflüsse sollte eine zeitgemäße Personalmarketing-Konzeption mit entsprechenden Maßnahmen und Programmen vorbereitet sein? Welche Programme können dies sein?

(7) Mit welchen Maßnahmen kann sich das Personalmarketing darauf einstellen, dass sich das Internet zunehmend vom reinen Informations- zum „Mitmach-Web" entwickelt?

(8) Inwieweit haben Änderungen der übergeordneten Unternehmensstrategie Auswirkungen auf das Personalmarketing?

(9) Warum sind Personalmarketing-Ziele lediglich Begleit- oder Folgeziele der zentralen Unternehmensziele?

(10) An welchen Faktoren wird die Unternehmenskultur sichtbar?

(11) Aus welchen Komponenten setzt sich die Corporate Identity eines Unternehmens zusammen?

(12) Warum ist die Abgrenzung zwischen der Strategie- und der Prozessebene in der Praxis so schwer durchzuführen?

(13) Warum zählt die personale Wertschöpfungskette nach dem Grundmodell von PORTER zu den Sekundäraktivitäten?

(14) Aus welchen Prozessphasen besteht die personale Wertschöpfungskette?

(15) Welche Faktoren bestimmen den Wettbewerbsvorteil eines Unternehmens „an sich"? Unter welchen Umständen kommt dieser Wettbewerbsvorteil auch tatsächlich zum Tragen?

(16) Aus welchen Komponenten setzt sich die Zielfunktion zur Optimierung der Wertschöpfungskette *Personalbeschaffung* zusammen?

(17) Aus welchen Komponenten setzt sich die Zielfunktion zur Optimierung der Wertschöpfungskette *Personalbetreuung* zusammen?

(18) Worin besteht der Grundgedanke des Personalmarketings unter dem Aspekt eines Käufermarkts?

2. Personalbeschaffung

2.1 Segmentierung des Arbeitsmarktes 68
    2.1.1   Aufgabe und Ziel der Segmentierung 68
    2.1.2   Personalbedarfsplanung 69
    2.1.3   Anforderungsprofil 73
    2.1.4   Personalbeschaffungswege 76
    2.1.5   Analyse des Arbeitsmarktes 78
    2.1.6   Auswahl und Relevanz der Marktsegmente 80
    2.1.7   Segmentbewertung 84
    2.1.8   Optimierung des Bewerbernutzens 86

2.2 Positionierung im Arbeitsmarkt 89
    2.2.1   Aufgabe und Ziel der Positionierung 89
    2.2.2   Angebot und Nachfrage im Arbeitsmarkt 89
    2.2.3   Bewerbernutzen und Bewerbervorteil 91
    2.2.4   Positionierungselemente 93
    2.2.5   Employer Branding 97
    2.2.6   Ableitung von Personalakquisitionsstrategien 101
    2.2.7   Optimierung des Bewerbervorteils 103

2.3 Signalisierung im Arbeitsmarkt 106
    2.3.1   Aufgabe und Ziel der Signalisierung 106
    2.3.2   Signalisierungsmodell 107
    2.3.3   Signalisierungskonzept 109
    2.3.4   Signalisierungsinstrumente 110
    2.3.5   Signalisierungsmedien 119
    2.3.6   Online-Signalisierungsformen 122
    2.3.7   Effektivität und Effizienz von Recruiting-Kanälen 124
    2.3.8   Optimierung der Bewerberwahrnehmung 126

2.4 Kommunikation mit dem Bewerber 129
    2.4.1   Aufgabe und Ziel der Kommunikation 129
    2.4.2   Kommunikationsmaßnahmen 129
    2.4.3   Social Media 136
    2.4.4   Optimierung des Bewerbervertrauens 142

2.5 Personalauswahl und -integration 145
    2.5.1   Aufgabe und Ziel der Personalauswahl und -integration 145
    2.5.2   Prozess der Personalauswahl 145
    2.5.3   Entscheidungssituationen im Auswahlprozess 148
    2.5.4   Gütekriterien des Auswahlverfahrens 151
    2.5.5   Bedeutung der Vorauswahl 152
    2.5.6   Instrumente der Personalauswahl 154
    2.5.7   Unterstützung durch Bewerbermanagementsysteme 162
    2.5.8   Personalintegration 165
    2.5.9   Optimierung der Bewerberakzeptanz 166

Kontroll- und Vertiefungsfragen 170

2. Personalbeschaffung

Für das Jahr 2013 wird erwartet, dass mehr als jede dritte Stelle in Großunternehmen nur schwer besetzbar sein und 5,7 Prozent der Stellen sogar unbesetzt bleiben wird, weil kein geeigneter Kandidat gefunden werden kann. Diese Werte befinden sich seit Jahren auf ähnlichem Niveau und sind somit nicht mit konjunkturellen Schwankungen erklärbar. Sie verdeutlichen, inwieweit der Fachkräftemangel und der demografische Wandel die Wirtschaft belasten [vgl. RECRUITING TRENDS 2013, S. 3].

Um dieser Entwicklung auf dem Arbeitsmarkt entgegenzuwirken, sind Unternehmen zum Umdenken gezwungen und dazu veranlasst, Ihre Personalauswahlprozesse neuzugestalten und auszuweiten. Die Anwendung des ersten Teils der **Personalmarketing-Gleichung**, die durch die Prozesskette *Personalbeschaffung* beschrieben wird, soll dazu ihren Beitrag leisten (siehe Abbildung 2-01).

Die Wirkung der Prozesskette *Personalbeschaffung* ist auf den Arbeitsmarkt und damit (aus Sicht des Unternehmens) nach *außen* gerichtet. Als *externes* Personalmarketing beschäftigt sie sich mit den potentiellen Bewerbern und externen Beobachtern des Unternehmens. Sie soll den Zugang zu diesen Zielgruppen sichern und ein dauerhaftes Interesse am Unternehmen als Arbeitgeber erzeugen. Ziel des externen Personalmarketings ist also, neue geeignete Mitarbeiter für das Unternehmen zu gewinnen [vgl. DGFP 2006, S. 30].

Im Vordergrund des externen Personalmarketings steht daher die **Mitarbeitergewinnung**.

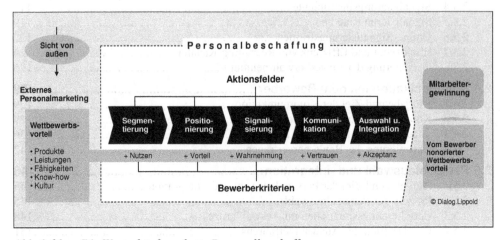

Abb. 2-01: Die Wertschöpfungskette Personalbeschaffung

Die Analogie zum (klassischen) Absatzmarketing wird ganz besonders deutlich an den Aktionsfeldern der Personalbeschaffungskette. Begriffe wie *Positionierung*, *Segmentierung*, *Kommunikation* oder auch *Branding* haben ihren Ursprung und ihre konzeptionellen Grundlagen im klassischen Marketing. Die nachfolgende Übertragung dieser Begriffe auf das Personalmarketing ist deshalb zielführend, weil geeignete Bewerber quasi als Kunden genauso umworben werden müssen wie potentielle Käufer von Produkten und Dienstleistungen.

Dieser Wettbewerb um hoch qualifizierte und leistungsbereite Mitarbeiter lässt sich allerdings nicht dadurch lösen, dass bei Bedarf entsprechendes Personal von Konkurrenten abgeworben wird. Eine sorgfältige Personalauswahl, verbunden mit einer nachhaltigen Personalentwicklung, zeigt zumeist bessere Ergebnisse für den Unternehmenserfolg als die Abwerbung qualifizierter Mitarbeiter von der Konkurrenz. Denn die Wahrscheinlichkeit des Scheiterns abgeworbener Führungskräfte ist oftmals höher als für einen Mitarbeiter aus den eigenen Reihen, der im Rahmen einer systematischen Karriereentwicklung gefordert und gefördert wurde.

Die Zielsetzung erfolgreicher Unternehmen muss also die möglichst frühzeitige Gewinnung leistungsbereiter Nachwuchskräfte mit hohem Potenzial sein. Diese Mitarbeiter müssen sodann weiterentwickelt, motiviert und an das Unternehmen gebunden werden. Allerdings ist hierbei zu beachten, dass besonders qualifizierte Bewerber zumeist die Wahl zwischen Angeboten mehrerer Unternehmen haben und daher sehr selbstbewusst während ihrer Arbeitsplatzwahl auftreten können. Damit stehen sich auf dem Arbeitsmarkt tendenziell zwei gleichberechtigte Partner gegenüber [vgl. LIPPOLD 2010, S. 3; SCHAMBERGER 2006, S. 4].

Im Aktionsfeld *Arbeitsmarktsegmentierung* geht es um das Verständnis für eine bewerberorientierte Durchführung der Segmentierung. Ausgangspunkt ist dabei der Personalbedarf und die daraus abgeleiteten Anforderungsprofile.

Im Aktionsfeld *Arbeitsmarktpositionierung* ist innerhalb der definierten Bewerbersegmente eine klare Differenzierung gegenüber dem Stellenangebot des Wettbewerbs vorzunehmen. Arbeitgeberimage, Arbeitgebermarke und Arbeitgeberattraktivität stehen hierbei im Vordergrund.

Das Aktionsfeld *Signalisierung im Arbeitsmarkt* befasst sich mit der Umsetzung der Positionierungsinhalte in nachhaltige und wahrnehmbare Signalisierungsstrategien, deren Grundlagen aus dem Signalisierungsmodell abgeleitet werden.

Im Aktionsfeld *Kommunikation mit dem Bewerber* wird eine Vielzahl von Kommunikationsmöglichkeiten aufgezeigt, deren Ziel es ist, das Vertrauen zu leistungsfähigen Bewerbern aufzubauen und zu rechtfertigen

Im Aktionsfeld *Personalauswahl und -integration* schließlich wird der Einstellungsprozess vorgestellt und Möglichkeiten zur besseren Integration der neuen Mitarbeiter aufgezeigt.

Ein zusammenfassender Überblick über die wichtigsten *Aktionsparameter*, *Instrumente* und *Werttreiber* rundet jeweils die Beschreibung eines Aktionsfeldes ab.

2.1 Segmentierung des Arbeitsmarktes

2.1.1 Aufgabe und Ziel der Segmentierung

Die Akquisition von geeigneten Mitarbeitern kann nur dann erfolgreich sein, wenn das Unternehmen die Bedürfnisse und Anforderungen dieser Zielgruppe kennt, diesen mit seinem Auftritt gerecht wird und dies auch glaubhaft nach außen kommuniziert. Eine gezielte Ansprache wird dann erleichtert, wenn es gelingt, Kriterien aufzustellen, mit deren Hilfe die geeigneten Mitarbeiter identifiziert und von den sonstigen Bewerbern abgegrenzt werden können.

Im Rahmen des Personalbeschaffungsprozesses ist daher die **Segmentierung des Arbeitsmarktes** das erste wichtige Aktionsfeld für das Personalmarketing. Von besonderer Bedeutung ist dabei das Verständnis für eine *bewerberorientierte* Durchführung der Segmentierung, denn der Beschaffungsprozess sollte grundsätzlich aus Sicht des Bewerbers beginnen. Die Segmentierung hat demnach die Optimierung des *Bewerbernutzens* zum Ziel:

$$Bewerbernutzen = f\,(Segmentierung) \rightarrow optimieren!$$

Der Arbeitsmarkt ist – ebenso wie der Produkt- oder Dienstleistungsmarkt – kein monolithischer Block. Er umfasst mehr Berufe, mehr Berufsgruppen, mehr Berufswelten und mehr berufliche Einsatzfelder als *ein* Unternehmen allein abdecken kann.

Der Bewerbermarkt ist also keine homogene Einheit. Aufgrund der unterschiedlichsten Bewerberanforderungen und -qualifikationen besteht er aus einer Vielzahl von Segmenten. Die Anforderungen, die ein Bewerber an seinen zukünftigen Arbeitgeber stellt, und die Fähigkeiten der Unternehmen, diese Anforderungen zu erfüllen, sind maßgebend für die Bewerberentscheidung und damit für den Erfolg oder Misserfolg eines Unternehmens bei seinen Rekrutierungsbemühungen [vgl. SIMON et al. 1995, S. 64].

Damit wird deutlich, welche Bedeutung die Segmentierung des Arbeitsmarktes für das verantwortliche Personalmanagement hat. Im Vordergrund steht die Analyse der Ziele, Probleme und Nutzenvorstellungen der Bewerber. Es muss Klarheit darüber bestehen, was das Gemeinsame und was das Spezifische dieser Bewerbergruppe im Vergleich zu anderen ist. Die hiermit angesprochene Rasterung des Bewerbermarktes erhöht die Transparenz und damit die Rekrutierungschancen.

Die **Methode der Marktsegmentierung** hat ihren Ursprung im klassischen Marketing. Im Bereich der Personalbeschaffung ist die arbeitsmarktbezogene Segmentierung bislang noch wenig verbreitet [vgl. STOCK-HOMBURG 2013, S. 150 unter Bezugnahme auf WAITE 2007, S. 17].

Abbildung 2-02 gibt einen Überblick über die verschiedenen Stufen und Abhängigkeiten der Segmentierung im Personalbereich. Ausgehend von der Personalbedarfsplanung muss zunächst entschieden werden, ob die gesuchte Stelle/Position mit eigenen Mitarbeitern (intern) oder mit neuen Mitarbeitern (extern) besetzt werden soll. Die externe Besetzung setzt im nächsten Schritt eine Arbeitsmarktsegmentierung voraus. Dieser als Makrosegmentierung bezeichneten Phase, die alle in Frage kommenden Bewerberzielgruppen ins Auge fasst und analysiert, folgt die *zielpersonenorientierte* Mikrosegmentierung. Das Ergebnis der Mikrosegmentierung ist ein konkretes **Anforderungsprofil** der gesuchten Stelle. Das Anforderungsprofil ist wiederum Grundlage für die Maßnahmen in den anschließenden Aktionsfeldern *Positionierung*, *Signalisierung* und *Kommunikation*. Letztlich wird dann das Anforderungsprofil der Position mit dem **Fähigkeits- und Erwartungsprofil** des Bewerbers abgeglichen.

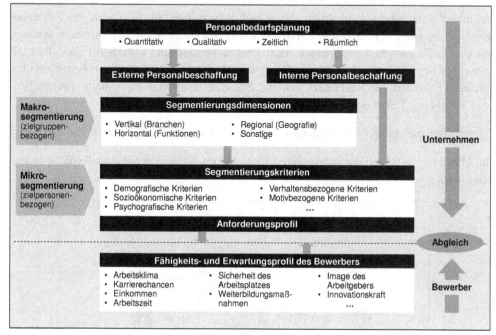

Abb. 2-02: Stufen und Abhängigkeiten in der Arbeitsmarktsegmentierung

2.1.2 Personalbedarfsplanung

Ausgangspunkt und Grundlage der Arbeitsmarktsegmentierung ist die **Personalbedarfsplanung**, die in quantitativer, qualitativer, räumlicher und zeitlicher Hinsicht vorgenommen werden kann. Die Personalbedarfsplanung stellt die Schnittstelle zwischen den anderen Unternehmensplänen und der Personalplanung dar und zielt darauf ab, personelle Über- bzw. Unterkapazitäten mittel- und langfristig zu vermeiden. Die Personalbedarfsplanung ist vielleicht der wichtigste Teil der **Personalplanung** (engl. *Workforce Planning*). Weitere Teilbereiche der Personalplanung sind die Personalentwicklungsplanung, die Personaleinsatzplanung, die Personalfreisetzungsplanung und die Personalkostenplanung [vgl. BARTSCHER et al. 2012, S. 205 f.; JUNG 2006, S. 113].

(1) Quantitative Personalbedarfsplanung

Im ersten Schritt der quantitativen Personalbedarfsplanung ist zu klären, welcher **Soll-Personalbestand** im Planungszeitraum erreicht werden soll. Die Höhe des Soll-Personalbestands hängt in erster Linie von den Zielen des Unternehmens ab (Wachstum, Konsolidierung, Restrukturierung). Die Differenz zum **Ist-Personalbestand** zu Beginn der Planungsperiode ist aber nicht zwangsläufig der Neubedarf an Mitarbeitern, da in der Planungsperiode zusätzliche Abgänge (Pensionierungen, Kündigungen, Elternzeit etc.), aber auch Zugänge (Neueinstellungen, Wehrdienstrückkehrer etc.) zu berücksichtigen sind. Die Differenz zwischen den voraussichtlichen Abgängen und Zugängen wird als **Ersatzbedarf** bezeichnet. Der Ersatzbedarf gibt damit die Anzahl der Mitarbeiter an, die bis zum Ende der Planungsperiode eingestellt werden müssen, um den (Ist-)Personalbestand zu Beginn des Planungszeitraums zu erreichen. Ist dieser Personalbestand niedriger als der Soll-Personalbestand, so entsteht ein **Zusatzbedarf**, dessen Höhe in erster Linie von den Wachstumsambitionen des Unternehmens abhängt. Ist der Saldo zwischen voraussichtlichem Personalbestand und dem Soll-Personalbestand allerdings negativ, so ergibt sich ein **Freistellungsbedarf** (vgl. 3.5.1). Zusatzbedarf und Ersatzbedarf ergeben den **Neubedarf**, d. h. die Anzahl aller im Planungszeitraum einzustellenden Mitarbeiter. Damit errechnet sich der Soll-Personalbestand wie folgt:

> Soll-Personalbestand = Ist-Bestand + Zugänge − Abgänge + Ersatzbedarf + Zusatzbedarf

In Abbildung 2-03 sind die quantitativen Elemente im Kontext der Personalbedarfsplanung dargestellt.

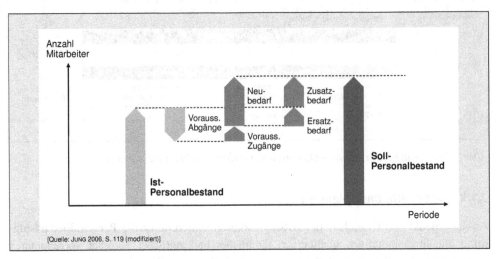

Abb. 2-03: Arten des Personalbedarfs

Besonders wichtig für viele Unternehmen ist in diesem Zusammenhang die Beobachtung und Analyse der **Fluktuation**, die sich in der **Fluktuationsrate** (engl. *Attrition Rate*) ausdrückt:

> Fluktuationsrate = (Abgänge / Durchschnittlicher Personalbestand) × 100 %

Das Ziel der *Fluktuationsanalyse* besteht darin, Gründe und Motive für das Ausscheiden in Erfahrung zu bringen und daraus zielgerichtete Maßnahmen zu entwickeln, um die Fluktuation im Rahmen der betrieblichen Gegebenheiten und die damit verbundenen Kosten zu senken. Die besondere Bedeutung der Fluktuationsrate für den Unternehmenserfolg zeigt das Rechenbeispiel in Insert 2-01.

2.1 Segmentierung des Arbeitsmarktes

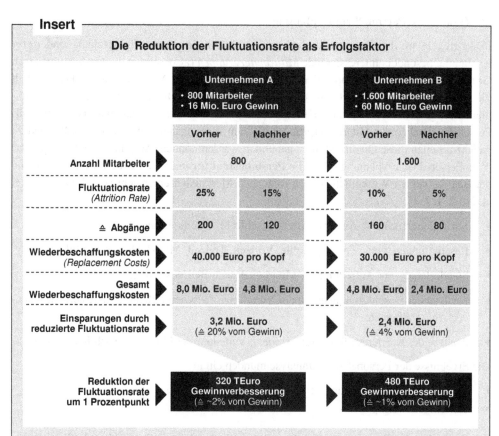

Das Rechenbeispiel zeigt wichtige Unternehmensdaten zweier fiktiver Unternehmensberatungen:

Das **Unternehmen A**, eine Management- und Strategieberatung, beschäftigt 800 Mitarbeiter, erzielt einen Jahresgewinn von 16 Mio. Euro und weist eine Fluktuationsrate von 25 Prozent auf. Die Wiederbeschaffungskosten für einen neuen Berater betragen 40.000 Euro. Damit belaufen sich die Wiederbeschaffungskosten für 200 neue Berater auf insgesamt 8 Mio. Euro, um die Fluktuation auszugleichen. Lässt sich diese Fluktuationsrate von 25 auf 15 Prozent senken, so verringern sich ceteris paribus die Wiederbeschaffungskosten für 120 Berater auf 4,8 Mio. Euro. Damit ließen sich die Rekrutierungskosten allein durch diese Absenkung der Fluktuationsrate um 3,2 Mio. Euro vermindern. Bei einem angenommenen Gewinn von 16 Mio. Euro bedeutet dies eine Gewinnverbesserung für das Consulting-Unternehmen von 20 Prozent. Die Absenkung der Fluktuationsrate um jeweils nur einen Prozentpunkt führt in diesem Fall also zu einer Gewinnverbesserung von zwei Prozent.

Das **Unternehmen B** ist ein IT-Beratungs- und Serviceunternehmen. Es beschäftigt 1.600 Mitarbeiter und erzielt einen Jahresgewinn von 60 Mio. Euro. Das Unternehmen weist eine Fluktuationsrate (engl. *Attrition Rate*) von 10 Prozent auf. Die Wiederbeschaffungskosten für einen neuen IT-Berater betragen 30.000 Euro. Um die Fluktuation ceteris paribus auszugleichen, belaufen sich die Wiederbeschaffungskosten für 160 neue IT-Berater auf insgesamt 4,8 Mio. Euro. Bei einer Absenkung der Fluktuationsrate auf 5 Prozent, lassen sich in dem Fall die Wiederbeschaffungskosten um 2,4 Mio. Euro vermindern. Bei einem angenommenen Gewinn dieses Unternehmens von 60 Mio. Euro p. a. bedeutet diese Reduzierung eine Gewinnverbesserung von vier Prozent. Die Reduktion der Fluktuationsrate um einen Prozentpunkt führt hier also zu einer Gewinnverbesserung von rund einem Prozent.

Fazit: Angesichts der hohen Wiederbeschaffungskosten für hochqualifiziertes Personal kann die Reduktion der Fluktuationsrate ceteris paribus einen sehr beachtlichen Erfolgsfaktor mit unmittelbarem Einfluss auf die Gewinnsituation eines Unternehmens darstellen. Um die Fluktuationsrate nachhaltig abzusenken sind Mitarbeiterbindungsprogramme erforderlich, die sich an den Kriterien Gerechtigkeit, Wertschätzung, Fairness sowie Forderung und Förderung orientieren.

[Quelle: LIPPOLD 2013, S. 427]

Insert 2-01: Rechenbeispiel zur Fluktuationsrate in der Beratungsbranche

(2) Qualitative Personalbedarfsplanung

In der Regel wird die Personalbedarfsplanung nicht für die gesamte Belegschaft, sondern für bestimmte, besonders interessierende *Mitarbeitergruppen* (also Segmente) durchgeführt (z. B. Gruppe der Facharbeiter, Gruppe der Projektleiter, Gruppe der Auszubildenden). Damit erhält die Betrachtung zugleich auch eine qualitative Komponente. Die qualitative Personalbedarfsplanung legt fest, über welche Fähigkeiten, Kenntnisse und Verhaltensweisen der Soll-Personalbestand (einer Mitarbeitergruppe) bis zum Planungshorizont verfügen sollte und zu welchen Stellen diese Qualifikationen gebündelt werden können. Ausgangspunkt der qualitativen Personalbedarfsplanung bildet die **Personalstrukturanalyse**, die die Zusammensetzung der Belegschaft im Wesentlichen nach folgenden Merkmalen untersucht [vgl. BARTSCHER et al. 2012, S. 211]:

- Sozio-demografische Analyse: Alter, Geschlecht, Familienstand;
- Beschäftigungstypus: Festangestellte, Vollzeit, Teilzeit, Mini-Jobber, Auszubildende;
- Standortanalysen: Aufteilung der Mitarbeiter nach Betriebsstätten;
- Analyse der Beschäftigungsgruppen: Verteilung zwischen Arbeiter, Angestellten, leitenden Angestellten etc.
- Analyse der Karrierestufen (engl. *Grades*): Verteilung der Mitarbeiter nach Karrierestufen.

Die Ergebnisse der Personalstrukturanalyse münden ein in

- die Stellenbeschreibung und in
- das Anforderungsprofil.

Die **Stellenbeschreibung** (engl. *Job Description*) liefert Informationen über die Einordnung der Stelle in der Organisationsstruktur, über die Ziele und Aufgaben der Stelle sowie über die Rechte und Pflichten des Stelleninhabers. Die Stellenbeschreibung ist neben der Personalgewinnung auch für die Personalentwicklung und -vergütung von Bedeutung. Gleichzeitig bietet das Stellenprofil ein wichtiges Element für das stellenbezogene Anforderungsprofil. Allerdings hat die Bedeutung der Stellenausschreibung für solche Unternehmen tendenziell abgenommen, die in innovativen Märkten agieren. Angesichts dieser besonderen wirtschaftlichen Dynamik bleibt mittel- und langfristig kaum eine Stelle unverändert, so dass viele Unternehmen ohnehin nicht nachkommen, ihre Stellenbeschreibungen ständig auf dem neuesten Stand zu halten. Auch ist es manchmal zweckmäßig, dass eine ausschließlich sachbezogene Stellenbeschreibung einer mehr auf konkrete Personen bezogene Stellenbildung weicht. Dies kann immer dann sinnvoll sein, wenn vorhandene Stellen weiterentwickelt werden oder spezielle Stellen erst geschaffen werden sollen, nachdem man einen bestimmten potenziellen Stelleninhaber kennengelernt hat. Auf diese Weise lässt sich auch ein Talentpool mit einer speziellen Wissens- und Fähigkeitsausrichtung schaffen, um damit besser auf bestimmte Innovationen vorbereitet zu sein [vgl. BRÖCKERMANN 2007, S. 54 f.; WEUSTER 2004, S. 38].

Die Stellenbeschreibung selbst gibt aber noch keine Auskunft über die benötigten Qualifikationen des potenziellen Stelleninhabers. Die Qualifikationen, d. h. die Anforderungen in Verbindung mit einem Arbeitsplatz, werden erst im Rahmen eines **Anforderungsprofils** (engl.

Job Specification) festgelegt. Aufgrund der hohen Bedeutung des Anforderungsprofils für den Personalbeschaffungsprozess wird hierauf im Rahmen des nächsten Abschnitts gesondert eingegangen (siehe 2.1.3).

(3) Zeitliche Personalbedarfsplanung

Je nachdem, welcher Planungshorizont der Personalbedarfsermittlung zugrunde liegt, kann zwischen *kurzfristiger, mittelfristiger* und *langfristiger* Personalbedarfsplanung unterschieden werden [vgl. JUNG 2006, S. 119].

- Die **kurzfristige Personalbedarfsplanung** wird zumeist für ein Jahr (das Folgejahr) aufgestellt, da ein großer Teil der für die Personalplanung benötigten Größen (z. B. Umsatz- und Produktionsziele) für diesen Zeitraum bereits festliegen.

- Die **mittelfristige Personalbedarfsplanung** umfasst i. d. R. einen Zeitraum von drei bis fünf Jahren. In diese Planung gehen meist mehrere *Szenarien* ein, die abhängig von der Entwicklung verschiedener Einflüsse wie Konjunktur-, Technologie- oder Branchenentwicklung aufgestellt werden. Daraus lassen sich dann infolge der Eintrittswahrscheinlichkeit unterschiedlicher Szenarien (*„Best Case"*, *„Realistic Case"* oder *„Worst Case"*) auch verschiedene mittelfristige Personalplanungsalternativen entwickeln.

- Die **langfristige Personalbedarfsplanung** reicht über fünf Jahre hinaus. Sie hat aufgrund der unsicheren und unvollständigen Informationen über die zukünftige Entwicklung lediglich den Charakter einer *Grob- oder Rahmenplanung*. Sie hat aber eine gewisse Aussagekraft bei der *Führungskräftenachwuchsplanung*.

(4) Räumliche Personalbedarfsplanung

Die räumliche Personalbedarfsplanung legt den (Einsatz-) Ort fest, an dem der neue Mitarbeiter benötigt wird. Besonders bei stark dezentral organisierten Unternehmen mit entsprechend vielen Niederlassungen oder Geschäftsstellen ist die räumliche Dimension der Personalbedarfsplanung von Bedeutung.

2.1.3 Anforderungsprofil

Das Anforderungsprofil beschreibt die Kriterien, die Bewerber erfüllen müssen und sollen. Ein aus einer offenen Stelle oder anderen Überlegungen abgeleitetes Sollprofil ist die entscheidende Grundlage für einen fundierten, zielorientierten Personalbeschaffungsprozess. Allerdings muss berücksichtigt werden, dass gerade die Prozessbeteiligten mit der vermutlich größten methodischen Kompetenz, nämlich Personalleiter, Personalreferenten oder auch externe Personalberater, die zu besetzende Position zumeist nicht aus eigener täglicher Praxis, sondern nur von Beschreibungen her kennen. Im Gegensatz zu den Fachvorgesetzten, die die zu besetzende Stelle oft sehr gut kennen, haben mitentscheidende Personalfachleute häufig nur eine unklare Kenntnis der konkreten Stellenanforderungen. Damit besteht die Gefahr, dass Auswahl- und Einstellentscheidungen nicht selten intuitiv auf der Basis von Sympathie und Antipathie gefällt werden [vgl. WEUSTER 2004, S. 32].

(1) Grenzen des Anforderungsprofils

Das Anforderungsprofil lässt sich in folgende Profilarten unterteilen [vgl. WEUSTER 2004, S. 38 ff.]:

- Mindestprofil
- Höchstprofil
- Idealprofil
- Negativprofil und
- Irrelevanzprofil.

Das **Mindestprofil** beschreibt durch Musskriterien („Knock-out-Kriterien") die Grenze zu unterqualifizierten Bewerbern. Soweit es sich dabei um Fachwissen handelt, sind es Kenntnisse, die der Bewerber schon am ersten Arbeitstag besitzen muss. Wird das Mindestprofil zu niedrig angesetzt, steigt die Gefahr, dass sich ungeeignete Personen bewerben und eingestellt werden. Wird es zu hoch angesetzt, werden geeignete Bewerber von einer Bewerbung abgehalten oder abgelehnt. Bei der Festlegung des Mindestprofils stellt sich die grundlegende Entscheidung, welche Wissensinhalte, Fähigkeiten, Fertigkeiten und Eigenschaften schon beim Eintritt vorhanden sein und welche noch vermittelt werden können. Das Mindestprofil dient folglich dazu, konfliktträchtige Fehlbesetzungen zu vermeiden.

Das **Höchstprofil** legt die Grenze zu überqualifizierten Bewerbern fest, ohne dabei objektiv geeignete Bewerber auszuschließen. Überqualifizierung kann bei Arbeitnehmern Unzufriedenheit wegen der Unterforderung, der geringen Verantwortung, der zu gering empfundenen Bezahlung und Entwicklungsmöglichkeiten erzeugen. Außerdem zeigt sich gelegentlich das paradoxe Phänomen, dass überqualifizierte Stelleninhaber die Aufgaben ihrer Stelle weniger gut erledigen, als passend qualifizierte Stelleninhaber.

Das **Idealprofil** hingegen beschreibt den Wunschkandidaten und beinhaltet oft auch Wunschkriterien, von denen abgewichen werden kann, ohne dass dadurch sofort eine Fehlbesetzung gegeben wäre. Sind die Chancen gering, den idealen Bewerber zu finden, kann es durchaus sinnvoll sein, mit einem modifizierten Idealprofil auch oft übersehene Bewerbergruppen ins Auge zu fassen.

Das **Negativprofil** (auch *Tabuprofil*) nennt Merkmale, die Bewerber grundsätzlich nicht aufweisen sollten. Beispiele können Vorstrafen bei Bankangestellten oder bestimmte Krankheiten bei Arbeitnehmern in der Lebensmittelproduktion sein.

Das **Irrelevanzprofil** schließlich beschreibt Merkmale, die für die Besetzung der Stelle nicht von Bedeutung sind. Dazu zählen bspw. das Geschlecht, bestimmte Sprachkenntnisse, schriftliches Ausdrucksvermögen – Merkmale also, die als Anforderungs- oder Auswahlkriterien für eine bestimmte Stelle keine Rolle spielen sollen.

(2) Komponenten des Anforderungsprofils

Eine weitere Unterteilungsmöglichkeit von Anforderungsprofilen bezieht sich auf den Ausbildungs- und Erfahrungshintergrund eines Bewerbers. Danach kann untergliedert werden in [vgl. WEUSTER 2004, S. 40 ff.]:

- Bildungsprofil
- Berufserfahrungsprofil
- Ergänzende Profilkomponenten.

Mit dem **Bildungsprofil** sind schwerpunktmäßig die schulische und universitäre Ausbildung sowie die Berufsausbildung angesprochen. In das Bildungsprofil fließen Komponenten wie Schulausbildung, Berufsausbildung, Hochschulart, Hochschulort, Studienfach und Studienschwerpunkt sowie bestimmte Spezialkenntnisse (z. B. Sprachen) ein.

Das **Berufserfahrungsprofil** bildet jene Erfahrungen, Fähigkeiten und Kompetenzen ab, die während der Berufsausübung erworben wurden. Zum Berufserfahrungsprofil zählen Funktionserfahrung, Branchenerfahrung, Positionserfahrung, Hierarchieerfahrung und Aufgabenerfahrung (Entscheidungsaufgaben, Erfüllungsaufgaben) sowie methodische Erfahrung.

Ergänzende **Profilkomponenten** kommen mehr aus dem persönlichen Bereich (*„Soft skills"*) und können für die Besetzung bestimmter Positionen von erheblicher Bedeutung sein. Beispiele solcher Profilkomponenten sind die Verfügbarkeit externer Kontakte, zeitliche Verfügbarkeit, Mobilität (Reisebereitschaft und Reisefähigkeit).

Abbildung 2-04 zeigt die Komponenten des Anforderungsprofils im Überblick.

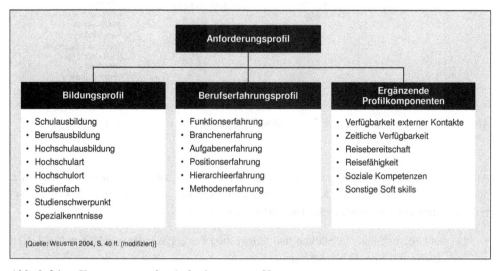

Abb. 2-04:   Komponenten des Anforderungsprofils

2.1.4 Personalbeschaffungswege

Grundsätzlich stehen dem Unternehmen zwei Personalbeschaffungswege zur Bedarfsdeckung zur Verfügung: der *interne* und der *externe* Personalbeschaffungsmarkt. Abbildung 2-05 gibt einen Überblick über die vielfältigen Möglichkeiten der internen und externen Personalgewinnung.

(1) Interne Personalbeschaffung

Die interne Personalgewinnung umfasst alle Aktivitäten, die sich auf die Besetzung von Stellen durch bereits im Unternehmen beschäftigte Führungskräfte und Mitarbeiter beziehen. Die innerbetriebliche Bedarfsdeckung kann mit oder ohne Personalbewegung erfolgen, wobei die *Bedarfsdeckung ohne Personalbewegung* nur dann in Anspruch genommen wird, wenn es sich um einen vorübergehenden Personal(mehr)bedarf handelt. Für das Personalmarketing ist jedoch die *Bedarfsdeckung mit Personalbewegung* bedeutsamer.

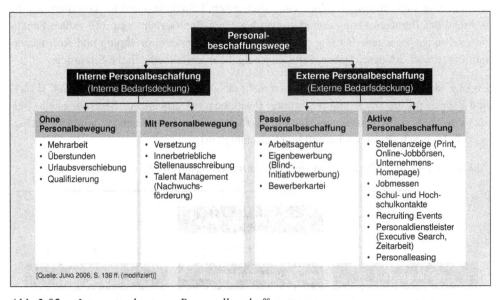

Abb. 2-05: Interne und externe Personalbeschaffungswege

Allgemein gilt der Grundsatz, dass vor einer Stellenbesetzung zunächst geprüft werden sollte, ob und inwieweit *vorhandene* Mitarbeiterpotenziale genutzt werden können, denn die **Vorteile der internen Personalbeschaffung** sind offenkundig:

- Da das Unternehmen die Stärken und Schwächen des eigenen Personals kennt, reduziert sich das Risiko einer Fehlbesetzung.

- Für Mitarbeiter und Führungskräfte, die durch gezielte strategische Personalentwicklung im Hinblick auf ihre Laufbahnplanung zur Bewältigung künftiger Aufgaben geschult werden, bedeutet die interne Stellenbesetzung einen besonderen Anreiz, der zu einer höheren Arbeitszufriedenheit führt.

- Im Gegensatz zur externen Personalbeschaffung ist die interne erheblich weniger zeit- und kostenintensiv.
- Die interne Personalbeschaffung führt nicht zu einer Verschiebung der Gehaltsstruktur des Unternehmens.
- Da die eigenen Mitarbeiter mit den Strukturen und Abläufen vertraut sind, werden die Einarbeitungskosten minimiert.
- Ein Abbau von Personal in anderen Bereichen kann vermieden werden.

Diesen Vorteilen stehen aber auch einige **Nachteile der internen Personalbeschaffung** gegenüber:

- Es besteht die Gefahr, dass die interne Stellenbesetzung die *„Betriebsblindheit"* fördern kann, d. h. Mitarbeiter entwickeln unternehmensspezifische Denk- und Verhaltensweisen, die eine Entwicklung innovativer Ideen bremsen oder behindern können.
- Ebenso besteht die Gefahr der *Veralterung des Wissens* aufgrund fehlender Impulse von außen.
- Bei Mitarbeitern, die nicht für die ausgeschriebene Stelle berücksichtigt wurden, können Unzufriedenheit und Enttäuschung zum Verlust von Arbeitsmotivation *(„innere Kündigung")* und Illoyalität führen.

Angesichts dieser Gegenüberstellung von Vor- und Nachteilen der internen Personalbeschaffung, bei der augenscheinlich die Vorteile überwiegen, sollte der personalpolitische Grundsatz, auf eine Beschaffungspriorität von innen zu setzen, allerdings nicht überzogen werden.

Da die interne Bedarfsdeckung auf anderen Voraussetzungen beruht (u. a. das Vorhandensein gezielter Personalentwicklungsmaßnahmen und großzügiger Fortbildungsangebote) als die Bedarfsdeckung über den externen Personalbeschaffungsmarkt, muss im Einzelfall entsprechend der jeweiligen Situation darüber entschieden werden, welcher Personalbeschaffungsweg den größeren Erfolg verspricht [vgl. JUNG 2006, S. 136].

(2) Externe Personalbeschaffung

Bei der externen Personalgewinnung werden Führungskräfte bzw. Mitarbeiter außerhalb des Unternehmens gesucht. Externe Personalbeschaffung ist vor allem dann von Bedeutung, wenn

- der quantitative Bedarf nicht ausreichend durch intern verfügbare Führungskräfte und Mitarbeiter gedeckt werden kann bzw.
- Fähigkeitspotenziale benötigt werden, die im Unternehmen nicht vorhanden sind und nicht selbst entwickelt werden können.

Ein Großteil der externen Personalbeschaffung befasst sich mit der Anwerbung von *Berufsanfängern*, um langfristig und gezielt Qualifikationen für das Unternehmen aufzubauen. Die externe Personalbeschaffung ist zwar aufwendiger als die interne, aber durch sie steht letztlich ein größeres Bewerberpotenzial zur Verfügung. Vor allem erfahrene Mitarbeiter, die von außen in das Unternehmen kommen, können aufgrund ihres Erfahrungshintergrundes neue Ideen in das Unternehmen hineintragen. Die mangelnde Vertrautheit mit innerbetrieblichen Abläufen birgt allerdings auch den Nachteil, dass sich der neue Mitarbeiter zunächst einarbeiten muss und während dieser Zeit nicht die volle Leistung erbringen kann. Da das Unternehmen und der Bewerber sich gegenseitig nicht kennen, fällt zudem die zuverlässige wechselseitige Beurteilung schwer. Unproblematischer ist dagegen die *Ablehnung* externer Bewerber, da diese keine direkten innerbetrieblichen Folgen nach sich zieht.

Im Folgenden soll der Betrachtungsschwerpunkt bei der Personalgewinnung ausschließlich auf die *externe Personalbeschaffung* und damit auf den *externen Personalbeschaffungsmarkt* gelegt werden, denn letztlich erfordern interne Personalbewegungen auch immer Außenrekrutierungen, damit frei werdende Arbeitsplätze besetzt werden können [vgl. RKW 1990, S. 139].

2.1.5 Analyse des Arbeitsmarktes

Ist die Entscheidung über eine *externe* Besetzung der Stelle gefallen, geht es im nächsten Schritt darum, den **Arbeitsmarkt** im Hinblick auf die relevanten Zielgruppen zu analysieren.

Der Arbeitsmarkt ist der Ort, auf dem Arbeitskraft nachgefragt, angeboten und getauscht wird. Solche Austauschbeziehungen kommen dann zustande, wenn die Austauschpartner – also Bewerber und Unternehmen – jeweils einen individuellen Nutzenzuwachs wahrnehmen. Laut *Anreiz-Beitrags-Theorie* ist dies immer dann der Fall, wenn von beiden Seiten jeweils eine gewisse Gleichwertigkeit von *Anreizen* und *Beiträgen* verspürt wird [vgl. HIMMELREICH 1989, S. 25 ff.].

Für den Bewerber/Kandidaten bedeutet das konkret, dass die angebotenen Anreize, die mit dem (neuen) Arbeitsplatz verbunden sind, die erwarteten zukünftigen Belastungen mindestens kompensieren oder übersteigen. Seitens des Unternehmens ist der Beitrag des Bewerbers/Kandidaten in Form der erwarteten Aufgabenerfüllung mindestens gleich oder höher einzuschätzen als die dafür notwendigerweise zu zahlende Vergütung. Nur wenn gleichzeitig auf Unternehmens- und Kandidatenseite die so beschriebenen Gleichgewichtszustände vorherrschen, kommt ein Arbeitsverhältnis zustande. Andernfalls besteht von der einen und/oder anderen Seite kein Interesse [vgl. RINGLSTETTER/KAISER 2008, S. 250 f.].

In Abbildung 2-06 sind die verschiedenen Varianten beim Zustandekommen von Arbeitsverhältnissen dargestellt.

2.1 Segmentierung des Arbeitsmarktes

Betrachtung des Kandidaten durch das Unternehmen	Betrachtung des Unternehmens durch den Kandidaten	Konsequenzen	Handlungsoptionen für Unternehmen und/oder Kandidaten
Beiträge (des Kandidaten) >= Leistungen (des Unternehmens)	Anreize < Belastungen	**Ungleichgewicht:** Kein Interesse des Kandidaten und daher Suche nach Alternativunternehmen	Erhöhung der Wettbewerbsfähigkeit des Unternehmens auf dem Arbeitsmarkt durch Anreizerhöhung und/oder Belastungssenkung
	Anreize (des Unternehmens) >= Belastungen (des Kandidaten)	**Gleichgewicht:** Beidseitiges Interesse; Arbeitsverhältnis kommt zustande	
Beiträge < Leistungen		**Ungleichgewicht:** Kein Interesse des Unternehmens und daher Suche nach Alternativkandidaten	Erhöhung der Wettbewerbsfähigkeit des Kandidaten auf dem Arbeitsmarkt durch Beitragserhöhung und/oder Leistungssenkung
Beiträge < Leistungen	Anreize < Belastungen	**Beidseitiges Ungleichgewicht:** Beidseitig kein Interesse und jeweils Suche nach Alternativen	Erhöhung der Wettbewerbsfähigkeit auf beiden Seiten (eventuell)

[Quelle: RINGLSTETTER/KAISER 2008, S. 252]

Abb. 2-06: Zustandekommen von Arbeitsverhältnissen

Der Wettbewerb um besonders qualifizierte Bewerber ist umso härter, je knapper und bedeutsamer die Arbeitskraft dieser Bewerber ist und je größer für diese die Auswahl zwischen den Angeboten mehrerer Unternehmen ist. In einer derartigen Wettbewerbssituation sind es u. a. folgende Eckpunkte, die den Arbeitsmarkt aus Sicht des Unternehmens charakterisieren [vgl. RINGLSTETTER/KAISER 2008, S. 252 unter Bezugnahme auf LAMPERT 1994, S. 348]:

- Der Bewerber/Kandidat ist ein potentieller *Kunde* des Unternehmens. Der angebotene Arbeitsplatz ist also das *Produkt*, das es dem potentiellen Mitarbeiter zu „*verkaufen*" gilt.

- Andere Unternehmen, die sich ebenfalls um die Arbeitskraft des Kandidaten bemühen, sind als *Wettbewerber* anzusehen.

- Wird der angebotene Arbeitsplatz gegen eine Arbeitskraft eingetauscht, dann lässt sich deren Qualität nur sehr begrenzt abschätzen.

- Bei einem *Arbeitsplatzwechsel* tritt für den Bewerber eine gewisse *Risikoaversion* auf, d. h. die neue Position muss vom Bewerber signifikant besser eingeschätzt werden als die bisherige.

2.1.6 Auswahl und Relevanz der Marktsegmente

Für das einzelne Unternehmen sind in aller Regel nur bestimmte Ausschnitte des Arbeitsmarktes von Bedeutung. Daher ist es notwendig, zunächst diese Ausschnitte (Segmente) zu bestimmen, in denen das Unternehmen tatsächlich aktiv ist bzw. aktiv werden sollte.

Zur Differenzierung der unterschiedlichen Zielgruppen und Zielpersonen bietet sich – analog zum Absatzmarketing – eine Segmentierung des Arbeitsmarktes in zwei **Segmentierungsstufen** an:

- die **Makrosegmentierung** zur Auswahl und Ansteuerung der relevanten *Segmentierungsdimensionen* und

- die **Mikrosegmentierung** zur Festlegung der relevanten *Segmentierungskriterien*.

(1) Makrosegmentierung

In der Stufe der Makrosegmentierung, die den strategischen Aspekt der Arbeitsmarktsegmentierung beinhaltet, wird der Arbeitsmarkt in seinen verschiedenen Dimensionen betrachtet und in möglichst homogene Segmente aufgeteilt. Die wichtigsten Dimensionen sind:

- **Vertikale Märkte** (Branchen wie die Automobilindustrie (engl. *Automotive*), Chemie, Pharmazeutische Industrie, Banken, Versicherungen, Konsumgüter etc.)

- **Horizontale Märkte** (betriebliche Funktionsbereiche wie Marketing/Vertrieb, Produktion, Logistik, Forschung und Entwicklung etc.)

- **Regionale Märkte** (national, international, global)

- **Sonstige Märkte** (Markt für Hochschulabsolventen, Berufseinsteiger, Führungskräfte etc.).

Wichtig bei der Durchführung der Makrosegmentierung ist, dass sich das suchende Unternehmen nicht nur in ein oder zwei Dimensionen festlegt. Erst eine **mehrdimensionale Arbeitsmarktausrichtung** (wie in Abbildung 2-07 dargestellt), die sich beispielsweise auf eine Branche, auf einen oder zwei betriebliche Funktionsbereiche, auf ein oder zwei regionale Märkte sowie auf Führungskräfte konzentriert, kann der Gefahr einer möglichen Verzettelung der knappen Personalmarketing-Ressourcen vorbeugen. Andererseits kann die mehrdimensionale Segmentierung auch dazu führen, dass das Potenzial eines aus der Schnittmenge mehrerer Dimensionen gewonnenen Arbeitsmarktsegments für eine intensive Bearbeitung nicht ausreicht.

Diese erste (segmentierungsstrategisch ausgelegte) Stufe der Arbeitsmarktanalyse ist deshalb für das suchende Unternehmen von Bedeutung, weil auf diese Weise bereits geeignete Bewerbergruppen identifiziert und von den sonstigen Bewerbern abgegrenzt werden können.

2.1 Segmentierung des Arbeitsmarktes

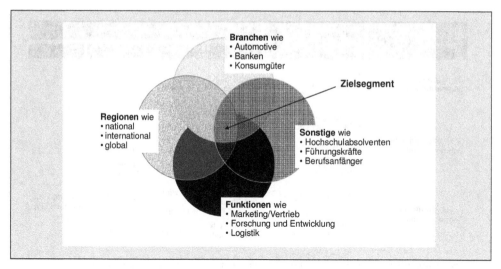

Abb. 2-07: Mehrdimensionale Arbeitsmarktsegmentierung

(2) Mikrosegmentierung

Die darauf folgende (taktisch ausgelegte) Stufe der *Mikrosegmentierung* befasst sich mit den Zielpersonen innerhalb der in der Makrosegmentierung ausgewählten Zielgruppen. Die Mikrosegmentierung basiert auf den Ausprägungen ausgewählter *Segmentierungskriterien* [vgl. HOMBURG/KROHMER 2006, S. 487]:

- **Demografische Kriterien** wie Alter, Geschlecht, Familienstand;

- **Sozioökonomische Kriterien** wie aktuelles Einkommen, Vermögen, Ausbildungsniveau, Branchenerfahrung, aktuelle Position, Berufsgruppe, Stellung im beruflichen Lebenszyklus;

- **Psychografische Kriterien** wie Lebensstil, Einstellungen, Interessen oder auch bedürfnisbezogene Motive;

- **Verhaltensbezogene Kriterien** wie durchschnittliche Betriebszugehörigkeit, Häufigkeit des Arbeitgeberwechsels;

- **Motivbezogene Kriterien** wie monetäre Motive, imagebezogene Motive, arbeitsinhaltliche Motive, karrierebezogene Motive bei der Stellensuche.

Die Segmentierung kann sich auf *eine* Kategorie von Segmentierungskriterien (z. B. verhaltensbezogene Kriterien) beziehen; es können aber auch verschiedene Gruppen von Segmentierungskriterien miteinander kombiniert werden. Die Segmente können sich dann aus scharf abgrenzbaren Zielgruppen oder aus Typen von Bedürfnisträgern zusammensetzen. Eine Typenbildung ist immer dann sinnvoll, wenn eine bedürfnisindividuelle Ansprache einzelner, potentieller Kandidaten aus ökonomischen Gründen nicht durchführbar scheint [vgl. RINGLSTETTER/KAISER 2008, S. 257].

Abbildung 2-08 stellt beispielhafte Segmente für die o. g. Segmentierungskriterien gegenüber.

Segmentierungs-kategorie	Beispielhafte Segmentierungs-kriterien	Beispielhafte Segmente			
		1	2	3	4
Demografische Segmentierung	• Alter • Geschlecht • Familienstand	Junge Internationale	Reife Erfahrene		
Sozioökonomische Segmentierung	• Berufsgruppe • Beruflicher Lebenszyklus • Einkommen • Position • Vermögen • Bildungsniveau	Technische Fachrichtung Schulabgänger Oberes Management	Kaufm. Fachrichtung Hochschulabsolventen Mittleres Management	Berufserfahrene Unteres Management	
Psychografische Segmentierung	• Bedürfnisbezogene Motive • Kognitive Orientierung • Einstellung zur Arbeit • Aufstiegsstreben	„Auf das richtige Pferd setzen"-Typ Optimistisch Extrovertierte	„Viel verdienen, viel riskieren"-Typ Stille Hoffer	„Die Welt retten"-Typ Pessimisten	„Arbeiten, um zu leben"-Typ
Verhaltensbezogene Segmentierung	• Informationsverhalten • Arbeitsverhalten • Verhalten bei der Stellensuche	Informierte Job Hopper	Traditionelle Loyale	Interessierte Loyale	
Motivbezogene Segmentierung	• Monetäre • Imagebezogene • Karrierebezogene • Arbeitsinhaltsbezogene Motive	Imageorientierte	Karriereorientierte	Gehaltsorientierte	Selbstbeweisende

[Quelle: STOCK-HOMBURG 2013, S. 152 f.]

Abb. 2-08: Beispielhafte Segmentierungskriterien und Segmente

Unabhängig vom inhaltlichen Fokus der Segmentierung sind die einzelnen Ausprägungen der Segmentierungskriterien und -dimensionen dahingehend zu prüfen, ob sie folgenden *Segmentierungsanforderungen* genügen [vgl. SCHAMBERGER 2008, S. 50 ff.]:

- **Relevanz**, d. h. die Kriterien müssen zur Bildung und Abgrenzung von Segmenten relevant sein,

- **Operationalität**, d. h. die Segmente müssen messbar, definierbar und identifizierbar sein,

- **Erreichbarkeit**, d. h. die Segmente müssen für Signalisierungsinstrumente zugänglich sein,

- **Zeitliche Stabilität**, d. h. die Kriterien müssen über einen längeren Zeitraum hinweg aussagefähig sein,

- **Wirtschaftlichkeit**, d. h. die Kriterien sollen helfen, Segmente abzugrenzen, deren Bearbeitung sich lohnt.

In Abbildung 2-09 sind die wichtigsten Segmentierungsbegriffe im Zusammenhang dargestellt.

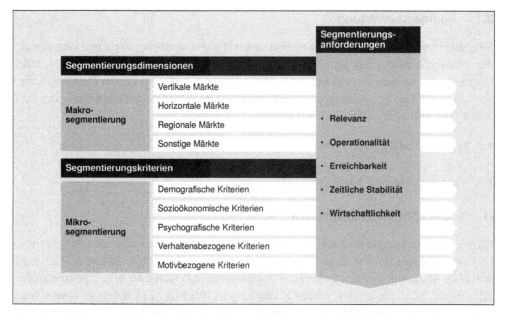

Abb. 2-09: Segmentierungsdimensionen, -kriterien und -anforderungen im Überblick

Die kurze Vorstellung der verschiedenen Segmentierungskriterien macht das „*Dilemma der Segmentierung*" für den Arbeitsmarkt deutlich: Während die Segmentbildung und -abgrenzung mit demografischen und sozioökonomischen Kriterien relativ leicht durchführbar sind, kann hier die Relevanz problematisch sein. Psychografische, verhaltens- und motivbezogene Segmentierungen dagegen weisen eine hohe Relevanz auf, die identifizierten Marktsegmente sind jedoch wesentlich schwerer zugänglich und messbar [zur vergleichbaren Problematik im (klassischen) Absatzmarketing vgl. HOMBURG/KROHMER 2009, S. 468].

Abbildung 2-10 verdeutlicht diesen Sachverhalt.

Anforderungen Kriterien	Relevanz	Operationalität (insb. Messbarkeit)	Erreichbarkeit
Demografische Segmentierung	nicht so hoch	hoch	hoch
Sozioökonomische Segmentierung	nicht so hoch	hoch	hoch
Psychografische Segmentierung	hoch	niedrig	niedrig
Verhaltensbezogene Segmentierung	hoch	niedrig	niedrig
Motivbezogene Segmentierung	hoch	niedrig	niedrig

[Quelle: LIPPOLD 2012, S. 66 unter Bezugnahme auf FRETER 1995, Sp. 1809 f.]

Abb. 2-10: Beurteilung der Segmentierungskriterien

2.1.7 Segmentbewertung

Sind die relevanten Marktsegmente identifiziert und die Bedürfnisse, Ziele und Erwartungen der anzusprechenden Zielgruppe (Bewerber/Kandidat) transparent, stehen Überlegungen des Unternehmens an, welche besonderen Herausforderungen in den jeweiligen Marktsegmenten vorherrschen. Wichtig sind in diesem Zusammenhang folgende Bewertungsdimensionen [vgl. RINGLSTETTER/KAISER 2008, S. 258 ff.]:

- Relatives Marktsegmentvolumen
- Qualifikationssituation
- Wettbewerbsintensität und Vergütungsniveau.

(1) Relatives Marktsegmentvolumen

Das relative Marktsegmentvolumen gibt die Anzahl der arbeitsplatzsuchenden Arbeitnehmer (Arbeitsnachfrage) im Verhältnis zur Anzahl aller angebotenen Arbeitsplätze (Arbeitsangebot) eines Marktsegments an. Dabei kann das quantitative Angebot an Arbeitsplätzen größer, kleiner oder gleich der entsprechenden Nachfrage sein. Wichtig ist in diesem Zusammenhang aber nicht die *statische* Sichtweise, sondern vielmehr die künftige *Entwicklung* des relativen Marktsegmentvolumens. Einflussfaktoren können das Wachstum der Branche, Rationalisierungsmöglichkeiten, Innovationen, demografische Veränderungen, Auswirkungen der Bildungspolitik und vieles andere mehr sein. Bringt man die statische und die dynamische Sichtweise zusammen, so sind drei unterscheidbare Szenarien denkbar [vgl. RINGLSTETTER/KAISER 2008, S. 259]:

- **Konvergenz:** Arbeitsangebot und -nachfrage konvergieren, d. h. eine vorher große Differenz zwischen beiden Größen wird abgebaut.
- **Kontinuität:** Die bestehende Relation zwischen beiden Größen bleibt unverändert.
- **Eskalation:** Die Diskrepanz zwischen Arbeitsangebot und -nachfrage wächst und eskaliert.

(2) Qualifikationssituation

Das Niveau und die Verteilung der spezifischen Qualifikationen eines Marktsegments stellen ebenfalls besondere Anforderungen an personalsuchende Unternehmen. Zur Verdeutlichung soll hier das Marktsegment „Diplomkaufleute als Hochschulabsolventen" herangezogen werden. Grundsätzlich können dabei Überlegungen angestellt werden, ob es mehr oder weniger Diplomkaufleute als Arbeitsplätze gibt und ob das Niveau und sowie die Verteilung der Qualifikationen den nachgefragten Bedarf decken kann.

In Abbildung 2-11 sind einige dieser Möglichkeiten grafisch dargestellt. Danach besteht einerseits die Gefahr, den Mengenbedarf nicht decken zu können (Fall A) und das unternehmerische Qualifikationsniveau zu senken (Fall C). Andererseits besteht aber auch die Chance, eine allgemeine Qualifikationssteigerung zu erreichen (Fall B und D).

2.1 Segmentierung des Arbeitsmarktes

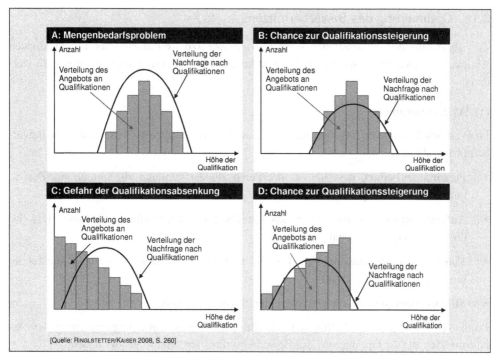

Abb. 2-11: Menge, Niveau und Verteilung von Qualifikationen

(3) Wettbewerbsintensität und Vergütungsniveau

Ein weiterer wichtiger Punkt der Segmentbewertung ist die Intensität des Wettbewerbs in einem Arbeitsmarktsegment. Kennzeichen einer besonderen Rivalität sind Positionskämpfe in Form der Zahlung von Spitzengehältern, Zusatzleistungen oder der Verbesserung von Weiterbildungsmaßnahmen oder Karrierechancen. In der Regel initiieren solche Maßnahmen entsprechende Gegenmaßnahmen bei den Wettbewerbern, so dass letztlich eine Veränderung der Rentabilität aller Wettbewerber die Folge ist [vgl. RINGLSTETTER/KAISER 2008, S. 261].

In der Beratungsbranche hat diese besondere Rivalität dazu geführt, dass sich die Gehälter nahezu aller Karrierestufen in der Höhe zum Teil deutlich von den entsprechenden Gehältern anderer Branchen entfernt haben. Schließlich ist weiterhin zu berücksichtigen, dass insbesondere Führungs- und Führungsnachwuchskräfte nur dann zu einem Arbeitsplatzwechsel zu bewegen sind, wenn das neue Gehalt (und/oder Zusatzleistungen) deutlich über den bisherigen Konditionen liegt. Häufig gilt hierbei das ungeschriebene Gesetz, dass ein Wechsel aus einer gesicherten Position nur dann vorgenommen werden sollte, wenn das neue Gehalt mindestens 20 Prozent über dem bisherigen liegt. Dies hängt nicht zuletzt auch mit der berechtigten Risikoaversion zusammen, da der wechselbereite Kandidat letztlich erst die Probezeit bei seinem neuen Arbeitgeber „überstehen" muss.

2.1.8 Optimierung des Bewerbernutzens

Zur Abrundung des Aktionsfeldes *Segmentierung des Arbeitsmarktes* sollen die wichtigsten Aktionsparameter, Prozesse, Werttreiber und Instrumente im Zusammenhang dargestellt werden.

(1) Aktionsparameter

Im Wesentlichen sind es folgende Aktionsparameter, von denen die Optimierung des Bewerbernutzens abhängt:

- **Personalneubedarf**, der sich aus der Personalbedarfsplanung als Summe aus Zusatz- und Ersatzbedarf ergibt,
- **Anforderungsprofil**, das zusammen mit der Stellenbeschreibung konkrete Hinweise über das gesuchte Personal gibt,
- **Makrosegmentierung**, die der Auswahl und Ansteuerung der relevanten Segmentierungsdimensionen dient und
- **Mikrosegmentierung**, die alle relevanten Segmentierungskriterien festlegt.

Damit erweitert sich die Zielfunktion für die bewerberorientierte Segmentierung des Arbeitsmarktes, die die Optimierung des Bewerbernutzens anstrebt, folgendermaßen:

> *Bewerbernutzen = f (Segmentierung) = f (Personalbedarf, Anforderungsprofil, Makrosegmentierung, Mikrosegmentierung)* → *optimieren!*

(2) Prozesse und instrumentelle Unterstützung

In Abbildung 2-12 ist beispielhaft ein Prozessmodell für das Aktionsfeld *Segmentierung* dargestellt. Die konkrete Ausgestaltung eines Prozessmodells ist von einer Vielzahl von Einflussfaktoren abhängig (Branche, Unternehmensgröße, Aktionsparameter, Art der Werttreiber etc.).

Ein ganz wesentlicher Prozessschritt ist die Segmentbewertung und -auswahl. Hier spielen das relative Segmentvolumen, die Qualifikationssituation sowie die Wettbewerbssituation und das Vergütungsniveau eine wichtige Rolle. Gleichzeitig ist die Identifizierung der relevanten Marktsegmente der Ausgangspunkt für die anschließende Positionierung im Bewerbermarkt.

Die wichtigsten Instrumente des Aktionsfeldes *Segmentierung* sind die Verfahren der Arbeitsmarktforschung und der Personalbedarfsplanung.

2.1 Segmentierung des Arbeitsmarktes

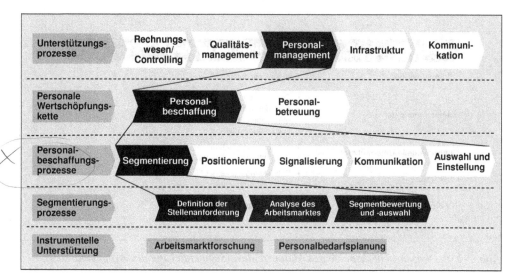

Abb. 2-12: Prozessmodell für das Aktionsfeld „Segmentierung des Arbeitsmarktes"

(3) Werttreiber

Unter dem Gesichtspunkt der **Wertanalyse** lassen sich folgende *Werttreiber* im Zusammenhang mit der Personalbedarfsplanung, die die Voraussetzung für die Arbeitsmarktsegmentierung darstellt, identifizieren [vgl. DGFP 2004, S. 32]:

- **Entwicklungsquote der Gesamtbelegschaft**, d. h. die Ist-Anzahl der Mitarbeiter im Verhältnis zum Soll-Wert. Mit diesem Werttreiber wird die Frage beantwortet, ob das Unternehmen genügend personalbezogene Handlungsoptionen besitzt, um eine Veränderung von Ist auf Soll vollziehen zu können.

- **Kompetenzstufen-Pyramide** (engl. *Skill-Level-Pyramid*), d. h. der Anteil der Mitarbeiter auf einer bestimmten Hierarchiestufe (engl. *Level* oder *Grade*) im Verhältnis zur Gesamtzahl der Mitarbeiter einer Organisationseinheit. Besonders dann, wenn die oberen Hierarchiestufen sehr stark ausgeprägt sind, so dass keine Pyramidenform mehr erkennbar ist, liegen Anzeichen für eine ungesunde Kompetenzstruktur vor. Die Analyse der Skill-Level-Pyramide ist somit gleichzeitig Grundlage für die Arbeitsmarktsegmentierung als erster Schritt der Personalbeschaffung.

(4) Zusammenfassung

In Abbildung 2-13 sind alle wesentlichen Aspekte dieses Aktionsfeldes (wie zugehöriger Aktionsbereich, Aktionsparameter, Instrumente der Segmentierung, Werttreiber sowie das Optimierungskriterium) zusammengefasst.

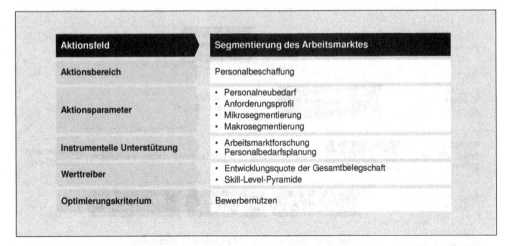

Abb. 2-13: Wesentliche Aspekte des Aktionsfeldes „Segmentierung des Arbeitsmarktes"

2.2 Positionierung im Arbeitsmarkt

2.2.1 Aufgabe und Ziel der Positionierung

Die Wahl der geeigneten Mitarbeiter wird für Unternehmen durch die ansteigende Standardisierung der meisten Prozesse und Systeme innerhalb der eigenen Branche zunehmend zu einem strategischen Wettbewerbsvorteil [vgl. SUTHERLAND et al. 2002, S. 13]. Entsprechend groß ist das Bestreben möglichst qualifiziertes Personal für das eigene Unternehmen zu gewinnen. Jedes Personal suchende Unternehmen tritt in seinen Segmenten in aller Regel gegen einen oder mehrere Wettbewerber an, da – wie bereits erwähnt – besonders qualifizierte Bewerber mit hohem Potenzial i. d. R. zwischen den Angeboten mehrerer potentieller Arbeitgeber auswählen können. In einer solchen Situation kommt der Positionierung des Unternehmens als Arbeitgeber eine zentrale Rolle zu.

Die Positionierung ist das zweite wichtige Aktionsfeld im Personalbeschaffungsprozess und beinhaltet die Optimierung des *Bewerbervorteils*:

$$Bewerbervorteil = f\,(Positionierung) \rightarrow optimieren!$$

Die Positionierung verfolgt die Aufgabe, innerhalb der definierten Bewerbersegmente eine klare Differenzierung gegenüber dem Stellenangebot des Wettbewerbs vorzunehmen. Die Einbeziehung des Wettbewerbs mit seinen Stärken und Schwächen ist demnach ein ganz entscheidendes Merkmal der Positionierung.

2.2.2 Angebot und Nachfrage im Arbeitsmarkt

Dem allgemeinen Verständnis nach treten Unternehmen als Anbieter von Arbeitsplätzen und Bewerber als Nachfrager von Arbeitsplätzen im Arbeitsmarkt auf. Im traditionellen Sprachgebrauch haben sich daraus die Bezeichnungen Arbeitgeber und Arbeitnehmer entwickelt.

Abb. 2-14:   Angebot und Nachfrage im Arbeitsmarkt

Bei genauerer Betrachtung wird aber deutlich, dass Unternehmen und Bewerber gleichzeitig die Rolle des Anbieters und des Nachfragers einnehmen (siehe Abbildung 2-14). Denn neben dem Angebot von Arbeit und den damit verbundenen Komponenten wie Einkommen, Arbeitsplatz und Unternehmenskultur werden von den Unternehmen auch Arbeitsleistung, Kompetenz, Einsatzbereitschaft und Zeit nachgefragt.

Auch der Bewerber befindet sich in einer Doppelrolle. Die klassische Funktion des Bewerbers ist die Nachfrage nach Einkommen, Arbeitszufriedenheit und Selbstverwirklichung. Gleichzeitig ist der Bewerber aber auch Anbieter von Kompetenz, Motivation und Zeit, also Anbieter der von den Unternehmen im Arbeitsmarkt nachgefragten Leistung [vgl. SIMON et al. 1995, 11 f.].

Aus der Perspektive des potentiellen Bewerbers bilden das wahrnehmbare Angebot und die wahrnehmbare Nachfrage eines Unternehmens zusammen die Gesamtheit der Merkmale, die ein Unternehmen von außen als Arbeitgeber definieren. Falls nun ein Entscheidungsspielraum bei der Wahl des zukünftigen Arbeitgebers vorhanden ist, besteht die Funktion der individuellen Unternehmenswahl darin, dass ein Bewerber die Merkmale der verschiedenen Arbeitgeber prüft und dann das Unternehmen wählt, dessen wahrgenommene Merkmale am besten mit den individuellen Anforderungen, die der Bewerber an einen Arbeitgeber stellt, vereinbar sind [vgl. THOMET 2005, S. 7 f.].

Dieser Gedanke kommt im *Konzept des strategischen Dreiecks* zum Ausdruck (Abbildung 2-15). Es setzt die Bewerber, das Unternehmen und seine Wettbewerber als Eckpunkte eines Dreiecks zueinander in Beziehung [vgl. SIMON et al 1995, S. 16].

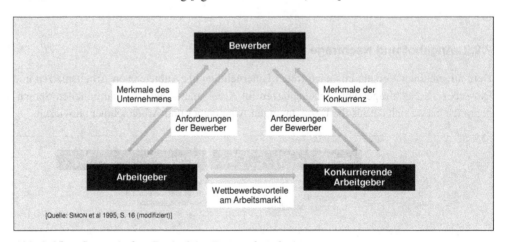

Abb. 2-15:   Strategisches Dreieck im Personalmarketing

In diesem Zusammenhang kommt dem **Informationsverhalten** der Bewerber eine ganz besondere Bedeutung zu. Dabei geht es um die Frage, wo sich Bewerber über einen potenziellen Arbeitgeber informieren. Hier bieten die Daten einer Absolventenbefragung, die das Prüfungs- und Beratungsunternehmen ERNST & YOUNG auf den Kölner Absolventenkongress im Herbst 2012 erhoben hat, einen sehr guten Überblick (siehe Insert 2-02). Dabei verwundert es kaum, dass nahezu alle befragten Studierenden (93 Prozent) die Website eines Unternehmens als gern genutzte Informationsquelle auf der Suche nach ihrem potentiellen Arbeitgeber bewerten.

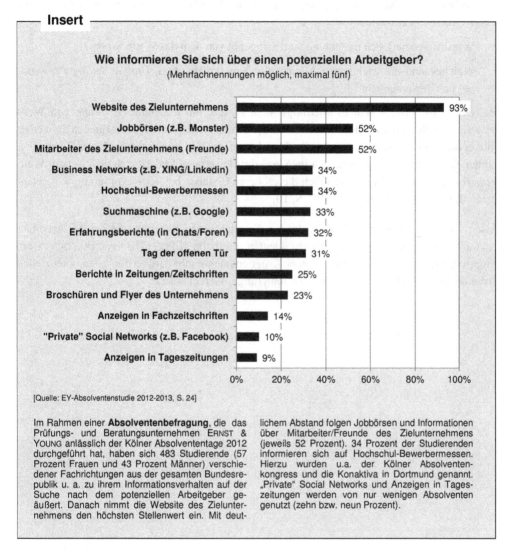

Insert 2-02: Informationsverhalten von Hochschulabsolventen

2.2.3 Bewerbernutzen und Bewerbervorteil

In dieser (Wettbewerbs-)Situation reicht es für das Unternehmen nicht aus, *ausschließlich* nutzenorientiert zu argumentieren. Neben den reinen Bewerber*nutzen* muss vielmehr der Bewerber*vorteil* treten. Das ist der Vorteil, den der Bewerber bei der Annahme des Stellenangebots gegenüber dem (alternativen) Stellenangebot des Wettbewerbers hat.

Wer überlegenen Nutzen *(Bewerbervorteil)* bieten will, muss die Bedürfnisse, Probleme, Ziele und Nutzenvorstellungen des Bewerbers sowie die Vor- und Nachteile bzw. Stärken und Schwächen seines Angebotes gegenüber denen des Wettbewerbs kennen. Die wesentlichen Fragen in diesem Zusammenhang sind:

- Wie differenziert sich das eigene Stellenangebot von dem des Wettbewerbs?
- Welches sind die wichtigsten Alleinstellungsmerkmale (engl. *Unique Selling Proposition*) aus Bewerbersicht?

Bei der Beantwortung geht es allerdings nicht so sehr um die Herausarbeitung von Wettbewerbsvorteilen an sich. Entscheidend sind vielmehr jene Vorteile, die für den Bewerber interessant sind. Vorteile, die diesen Punkt nicht treffen, sind von untergeordneter Bedeutung. Unternehmen, die es verstehen, sich im Sinne der Bewerberanforderungen positiv vom Wettbewerb abzuheben, haben letztendlich die größeren Chancen bei der Rekrutierung von geeigneten Bewerbern [vgl. LIPPOLD 2010, S. 10].

Insert 2-03 gibt einen guten Überblick über die wichtigsten Kriterien, die bei der Arbeitgeberwahl – zumindest für Hochschulabsolventen, die beim Kölner Absolventenkongress befragt wurden – eine Rolle spielen. Dieser Kriterienkatalog gibt darüber für jeden potenziellen Arbeitgeber deutliche Hinweise zur Positionierung im Arbeitsmarkt.

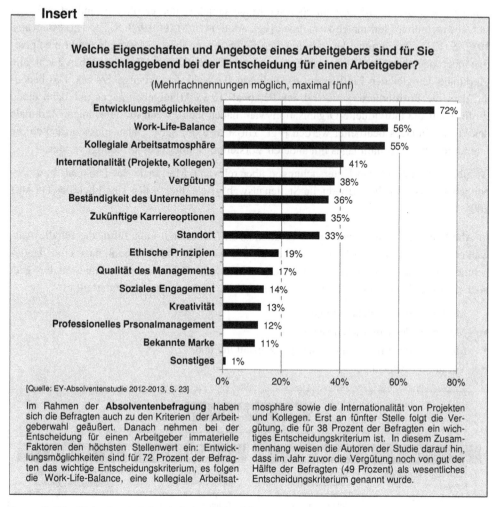

Insert 2-03: Kriterien bei der Arbeitgeberwahl

2.2.4 Positionierungselemente

Die Positionierung schafft also eine klare Differenzierung aus Sicht des Bewerbers. Inhaltlich hat die Positionierung die Aufgabe, die wichtigsten Ausprägungen des Bewerbervorteils herauszuarbeiten. Die Durchführung einer *Stärken-/Schwächenanalyse* sowie einer *Imageanalyse* sind hierbei wesentliche Aktivitäten. Die Kenntnis über das Personal- oder Arbeitgeberimage, das die Anziehungskraft eines Unternehmens auf potentielle Mitarbeiter bestimmt, ist dabei von besonderer Bedeutung.

Das **Personal- oder Arbeitgeberimage** ist ein Vorstellungsbild, das sich Menschen über Unternehmen als (möglichen) Arbeitgeber bilden. Es ist durch die *Interaktion mit dem Unter-*

nehmens- und Branchenimage im höchsten Maße subjektiv und emotional fundiert und setzt sich aus mehreren Merkmalen zusammen [vgl. ASHFORTH/MAEL 1989, S. 24; TROMMSDORFF 1987, S. 121]. Die Summe der individuellen Bewertungen dieser Merkmale ergibt eine positive oder negative Einstellung gegenüber dem Unternehmen. Allerdings üben nicht alle Merkmale den gleichen Einfluss auf die individuelle Wahl des Arbeitgebers aus. Das bedeutet, dass die Positionierung anhand des Personal- bzw. Arbeitgeberimages nur dann einen Einfluss auf die individuelle Organisationswahl haben kann, wenn die relevanten Merkmale des Personalimages bearbeitet werden [vgl. THOMET 2005, S. 3]. Dabei muss zusätzlich die Interaktion des Personalimages mit anderen Vorstellungsbildern berücksichtigt werden.

Es gibt eine Vielzahl von Untersuchungen über relevante Merkmale des Personal- bzw. Arbeitgeberimages für die individuelle Stellenauswahl [siehe hierzu den Überblick bei THOMET 2005, S. 22].

In Abbildung 2-16 ist beispielhaft eine Reihe von Merkmalen aufgeführt, die für die Auswahlentscheidung von Hochschulabsolventen und damit für das Personalimage eines Unternehmens relevant sind [vgl. SCHAMBERGER 2006, S. 66 ff.]. Dieser Merkmalskatalog geht noch deutlich über die in Insert 2-02 genannten Kriterien hinaus und ist unterteilt in

- Merkmale des Branchenimages,
- Merkmale des Unternehmensimages,
- Merkmale des Images der Arbeitsplatzgestaltung und
- Vergütungsmerkmale.

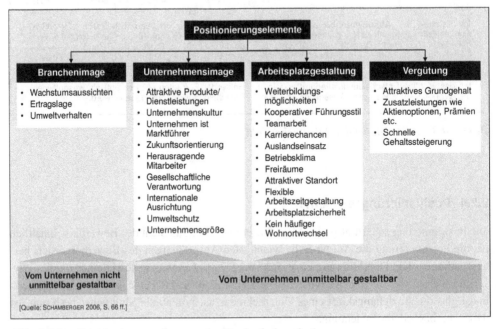

Abb. 2-16:   Positionierungselemente im Hochschulmarketing

(1) Branchenimage

Gerade das Image der Branche, in der sich das Unternehmen befindet, kann wie ein Filter auf die Wahrnehmung des Personalimages einer Organisation wirken [vgl. VOLLMER 1993, S. 193]. Insbesondere bei weniger bekannten Unternehmen hat das Branchenimage einen Einfluss auf das Personalimage und die individuelle Stellenwahl.

Das Branchenimage ist vor allem durch die Wachstumsaussichten, durch die Ertragslage und durch das Umweltverhalten der Unternehmen einer Branche gekennzeichnet. Während ein negatives Branchenimage bereits dazu führen kann, dass ein Unternehmen bei der weiteren Suche nach einem attraktiven Arbeitgeber nicht mehr berücksichtigt wird, kann ein positives Branchenimage vorteilhaft für die Gesamtbeurteilung sein [vgl. TEUFER 1999, S. 146 f.]. Allerdings ist die kurzfristige Verbesserung des Branchenimages durch ein einzelnes Unternehmen nur begrenzt möglich.

(2) Unternehmensimage

Das Positionierungselement *Unternehmensimage* ermöglicht dem Unternehmen, den Nachteil einer evtl. geringeren Branchenattraktivität mit unternehmensbezogenen Kriterien auszugleichen oder ein positives Branchenimage noch weiter zu verstärken.

Hauptkriterien zur Beurteilung des Unternehmensimages sind die Bekanntheit des Unternehmens, seine Wirtschaftskraft sowie die vorherrschende Unternehmenskultur. Die Bekanntheit eines Unternehmens steht in enger Beziehung zum Image und der Bekanntheit seiner Marke(n). Deshalb stehen Unternehmen mit attraktiven Produkten und Dienstleistungen sowie prestigeträchtigen Marken häufig an der Spitze der beliebtesten Arbeitgeber [vgl. SCHAMBERGER 2006, S. 69 und BECK 2008a, S. 33].

(3) Image der Arbeitsplatzgestaltung

Häufig bewerten die Stellensuchenden die Bedingungen des Arbeitsplatzes, also die konkrete Ausgestaltung der zukünftigen Tätigkeit, höher als das Branchen- oder Unternehmensimage.

Im Rahmen der Arbeitsplatzgestaltung sind Kriterien wie Weiterbildungs- und Karrieremöglichkeiten, Führungsstil und Fragen der Vergütung (Kompensation) oder Zusatzleistungen (z. B. Firmenwagen) von Bedeutung für die Wahl des Arbeitgebers. Schließlich spielen „weiche" Faktoren wie die Vereinbarkeit von Privat- und Berufsleben oder ein attraktiver Firmenstandort eine Rolle. Interessant ist in diesem Zusammenhang die Fragestellung, ob die beiden Bewerbergruppen „High Potentials" und „Sonstige Studierende" die einzelnen Merkmale der Arbeitsplatzgestaltung unterschiedlich priorisieren. Eine Antwort auf diese Fragestellung gibt Insert 2-04 [vgl. SCHAMBERGER 2006, S. 70].

(4) Vergütung

Als viertes Positionierungselement soll die Vergütung angeführt werden. Die Vergütung ist der Preis des Arbeitsplatzes und könnte daher auch als Komponente der Arbeitsplatzgestaltung aufgefasst werden. Die Gesamtvergütung, die häufig mit attraktiven Zusatzleistungen wie Aktienoptionen, Prämien oder ähnliches angereichert wird, ist aus der Sicht des potentiellen Kandidaten ein hoher Anreiz, der den einzugehenden Belastungen bei einem Arbeitsplatzwechsel gegenübergestellt wird.

> **Insert**
>
> | Rangfolge High Potentials | Rangfolge Sonstige Studierende |
> |---|---|
> | 1. Gutes Betriebsklima | 1. Gutes Betriebsklima |
> | 2. Weiterbildungsmöglichkeiten | 2. Freiräume für selbstständiges Arbeiten |
> | 3. Freiräume für selbstständiges Arbeiten | 3. Weiterbildungsmöglichkeiten |
> | 4. Kooperativer Führungsstil | 4. Kooperativer Führungsstil |
> | 5. Freiräume, um Ziele zu verwirklichen | 5. Freiräume, um Ziele zu verwirklichen |
> | **6. Karriereplanung** | 6. Unternehmenskultur |
> | 7. Übernahme von Verantwortung | **7. Zukunftsorientierung** |
> | 8. Internationale Ausrichtung | 8. Übernahme von Verantwortung |
> | 9. Auslandseinsatz | 9. Attraktive Vergütung |
> | 10. Unternehmenskultur | 10. Teamarbeit |
> | 11. Attraktive Vergütung | 11. Auslandseinsatz |
> | 12. Teamarbeit | 12. Flexible Arbeitszeitgestaltung |
> | 13. Flexible Arbeitszeitgestaltung | 13. Sicherheit des Arbeitsplatzes |
> | **14. Zukunftsorientierung** | 14. Internationale Ausrichtung |
> | 15. Attraktiver Standort | **15. Karriereplanung** |
>
> [Quelle: SCHAMBERGER 2006, S. 70]
>
> Nahezu alle der oben aufgeführten Merkmale werden bei der Stellenauswahl von den beiden Bewerbergruppen „High Potentials" und „Sonstige Studierende" annähernd gleich gewichtet. Lediglich bei den Merkmalen „Karriereplanung" und „Zukunftsorientierung" zeigt sich ein signifikanter Unterschied: So wird das Merkmal „Karriereplanung" von der Gruppe „High Potentials" auf Rang 6 in der Prioritätenliste eingestuft, während es bei den „Sonstigen Studierenden" mit Rang 15 nur eine untergeordnete Bedeutung einnimmt. Das Merkmal „Zukunftsorientierung" wird dagegen von den „Sonstigen Studierenden" deutlich höher eingestuft, als von den „High Potentials". Hierbei liegt die Vermutung nahe, dass „Zukunftsorientierung" ein hohes Maß an Sicherheit vermittelt, die für die „High Potentials" ganz offensichtlich bei der Arbeitgeberwahl nicht so wichtig ist. Besonders augenfällig ist überdies, dass das Merkmal „Attraktive Vergütung" von beiden Bewerbergruppen relativ weit niedrig eigestuft wird (Priorität 11 bei den „High Potentials" und Priorität 9 bei den „Sonstigen Bewerbern"). Dies macht deutlich, dass bei weitem nicht immer das Gehalt der entscheidende Faktor bei der Stellenauswahl ist. Andererseits werden von den beiden Bewerbergruppen gerade jene Merkmale besonders hoch eingestuft, deren tatsächliches Eintreffen sich erst nach der Einstellung herausstellen wird. Insofern ist es ganz besonders wichtig, dass das vom Bewerber ausgewählte Unternehmen das in ihm gesetzte Vertrauen nicht enttäuscht.

Insert 2-04: Merkmalsrangfolge bei der Wahl des Arbeitsplatzes

2.2.5 Employer Branding

Als unternehmensstrategische Maßnahme mündet die Positionierung ein in die Schaffung einer attraktiven **Arbeitgebermarke** (engl. *Employer Branding*), bei dem Konzepte aus dem Absatzmarketing (besonders der Markenbildung) angewandt werden, um ein Unternehmen als attraktiven Arbeitgeber darzustellen und von anderen Wettbewerbern im Arbeitsmarkt positiv abzuheben (zu positionieren).

Die Arbeitgeberpositionierung als unternehmensstrategische Maßnahme ist also Ausgangspunkt für den Employer Branding-Prozess, der das Ziel verfolgt, eine glaubwürdige und positiv aufgeladene Arbeitgebermarke aufzubauen. Diese soll den Arbeitgeber gleichsam profilieren und von anderen Arbeitgebern differenzieren. Dabei nutzen Unternehmen ihre „Employer Value Proposition" nicht nur für das Rekruting neuer Talente, sondern zunehmend auch um unternehmensintern die Mitarbeiterbindung und -Identifikation zu stärken. Dieser integrative Ansatz hat sich auch in der Employer Branding-Praxis zunehmend herausgebildet und bewährt [vgl. KUNERTH/MOSLEY 2011, S. 19 ff.].

> Employer Branding ist die identitätsbasierte, intern wie extern wirksame Entwicklung und Positionierung eines Unternehmens als glaubwürdiger und attraktiver Arbeitgeber [Definition der DEBA 2007].

Entwicklung, Umsetzung und Messung dieser Positionierungsstrategie zielen dabei auf die nachhaltige Optimierung von Mitarbeitergewinnung und Mitarbeiterbindung einerseits, sowie auf Leistungsbereitschaft, Unternehmenskultur und auf die Verbesserung des Unternehmensimages anderseits [vgl. DEBA 2007].

Bei der Arbeitssuche werden meist folgende Faktoren evaluiert: die Arbeitgeberattraktivität (basierend auf der eigenen Erfahrung mit dem Unternehmen und Erfahrungen, die in der Branche gesammelt wurden), die Klarheit, Glaubwürdigkeit und Konsistenz der Markensignale des potenziellen Arbeitgebers, sein Arbeitgebermarkeninvestment sowie die eigene Wahrnehmung der Produkte oder Dienstleistungen des Arbeitgebers [vgl. WILDEN et al. 2010, S. 56 ff.].

Employer Branding kann den Aufbau der Corporate Brand, also der Unternehmensmarke, unterstützen. Corporate Branding ist jedoch durch die Ansprache aller Stakeholder-Gruppen des Unternehmens weiter gefasst und überwiegend nach außen gerichtet. Auch Produktmarken stehen in Wechselwirkung mit der Arbeitgebermarke, das eher operative Product Branding ist jedoch stärker nachfragegetrieben und an aktuellen externen Erwartungen ausgerichtet [vgl. PETT/THIEME 2012].

Der Employer Branding Prozess besteht im Allgemeinen aus vorbereitenden und strategiebildenden Schritten, die sich dann in interne und externe Prozessschritte aufgliedern. Das Employer Brand Management steuert und prüft den Ressourceneinsatz und Effekte u. a. durch die Entwicklung und den Einsatz eines geeigneten Kennzahlensystems.

In Abbildung 2-17 ist als Beispiel für den die einzelnen Schritte des Employer Branding Prozesses das Modell der DEBA dargestellt.

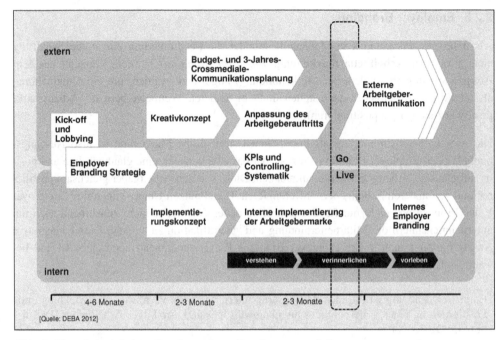

Abb. 2-17: Beispiel eines Employer Branding Prozessmodells

Eine gute Positionierung ermöglicht es, Mitarbeiter und Führungskräfte auf die strategischen Ziele des Unternehmens auszurichten und gleichzeitig ihr Bekenntnis (engl. *Commitment*) zum, sowie ihre Identifikation mit dem Unternehmen zu stärken. Das Ergebnis ist ein höheres Mitarbeiterengagement. In der Summe aller Effekte steigert ein fundierter Employer Branding-Prozess also die Attraktivität und Wettbewerbsfähigkeit eines Arbeitgebers, seine Reputation bei allen Stakeholder-Gruppen und letztlich seinen Unternehmenserfolg insgesamt. Das Ergebnis ist eine wettbewerbsfähige Arbeitgebermarke, deren Bedeutung insbesondere auch von hochqualifizierten Bewerbern sehr hoch eingeschätzt wird (siehe Insert 2-05).

Die Entwicklung einer durchschlagskräftigen Arbeitgeberpositionierung basiert auf Identität, Werten, Kultur und Zielen des Unternehmens. Eine gute Arbeitgeberpositionierung ist damit auch ein zukunftsorientiertes Führungsinstrument – verbunden mit dem Bekenntnis des Managements, die angestrebte Positionierung auch faktisch in Prozessen, Strukturen, Arbeitgeberverhalten und -angebote umzusetzen. Letztlich sind es drei Merkmale, auf die das Employer Branding abzielt:

- Arbeitgeberauftritt,
- Arbeitgebermarke und
- Arbeitgeberattraktivität.

(1) Arbeitgeberauftritt

Der Arbeitgeberauftritt beschreibt die Gesamtheit aller medialen Signale eines Arbeitgebers (Anzeigen, Homepage, Broschüren, Messestand, Raumdesign u. v. m.). Die Gestaltung des Arbeitgeberauftritts sichert einen einheitlichen Gesamteindruck über alle Medien hinweg und sollte mit dem Corporate Design des Unternehmens übereinstimmen. Möglichst jede Maßnahme sollte auf das Konto der Arbeitgebermarke eingezahlt werden.

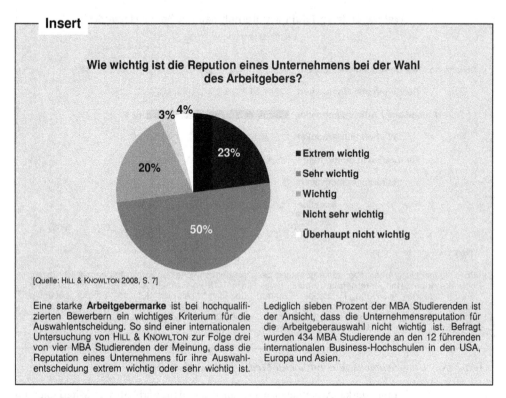

Insert 2-05: *Bedeutung der Unternehmensreputation für MBA Studierende*

(2) Arbeitgebermarke

Ein Unternehmen wird als Arbeitgebermarke wahrgenommen, wenn es ein unverwechselbares inneres Vorstellungsbild erzeugt, das sich bei seinen Zielgruppen dauerhaft festsetzt. Die Voraussetzungen dafür sind eine treffende, zugespitzte Arbeitgeberpositionierung sowie die Unternehmensmarke, mit der die Arbeitgebermarke eng verzahnt sein sollte. Wer eine starke Arbeitgebermarke etabliert und weiterentwickelt, kann der Herausforderung, Talente zu gewinnen und langfristig ans Unternehmen zu binden, leichter begegnen. Niedrigere Kosten in der Anwerbung, Auswahl und Bindung von Mitarbeitern werden mit einem schlagkräftigen Employer Branding in Verbindung gebracht. [Zur Employer-Branding-Strategie in der Praxis siehe insbesondere STEINLE/THIES 2008.] So wirkt die Arbeitgebermarke in den Bewerbermärkten wie ein Filter, der gezielt die passenden Kandidaten anzieht und die anderen fernhält.

Eine weitere Möglichkeit zum Auf- und Ausbau einer Arbeitgebermarke bieten die **netzwerkorientierten Internetplattformen** (engl. *Social Networks*) wie XING, FACEBOOK, TWITTER und LINKEDIN. Insert 2-06 zeigt die Ergebnisse einer Befragung zu den unternehmerischen Zielen in Verbindung mit Social Media.

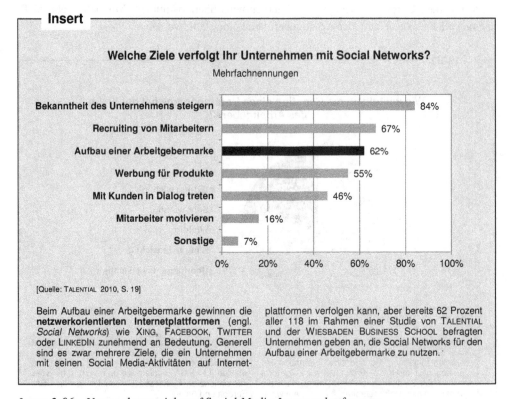

Insert 2-06: Unternehmensziele auf Social Media-Internetplattformen

Positiv wirkt sich eine starke Arbeitgebermarke auch auf den Verbleib der Mitarbeiter im Unternehmen aus. Eine geringere Mitarbeiterfluktuation wiederum sichert eine höhere Rendite der Personalentwicklungsmaßnahmen (engl. *Return on Development*). Employer Branding beugt vor allem auch der Abwanderung von Potenzial- und Leistungsträgern vor. Dieses Phänomen tritt verstärkt auf, sobald die Chancen zum Wechseln zunehmen. Also genau dann, wenn die Konjunktur wieder anspringt.

(3) Arbeitgeberattraktivität

Die Positionierung als Arbeitgebermarke steigert die Anziehungskraft eines Arbeitgebers für Bewerber wie Mitarbeiter. Sie kann sich aus verschiedenen Quellen speisen und führt zu Vorteilen im Wettbewerb der Arbeitgeber um qualifizierte Arbeitskräfte sowie zu einem höheren Mitarbeiterengagement. Arbeitgeberattraktivität ist umso nachhaltiger, je besser das nach außen kommunizierte Bild mit der Unternehmensrealität übereinstimmt – denn Glaubwürdigkeit ist die Voraussetzung für nachhaltige Arbeitgeberattraktivität.

2.2 Positionierung im Arbeitsmarkt

Die **Durchsetzung einer Arbeitgebermarke** im Arbeitsmarkt lebt vom „Mitmachen" aller Verantwortlichen im Unternehmen. Besonders das Top-Management beeinflusst durch sein Verhalten, wie gut eine Employer Branding-Strategie im Unternehmen angenommen wird. Das Management Commitment sorgt dafür, dass die Unternehmer, Vorstände und Geschäftsführer sich selbst als treibende Kraft hinter der Arbeitgebermarke engagieren. Um ihre Führungsrolle darauf abzustimmen (engl. *Leadership Branding*), brauchen sie ein gemeinsames Verständnis der Markenpositionierung.

2.2.6 Ableitung von Personalakquisitionsstrategien

Auf der Basis der oben durchgeführten Segmentbewertung lassen sich die besonderen Herausforderungen in den als relevant identifizierten Segmenten mit speziellen Personalakquisitionsstrategien begegnen (siehe Abbildung 2-18). Aufgrund unterschiedlicher Ausgangssituationen sind im Wesentlichen drei verschiedene Akquisitionsstrategien denkbar [vgl. RINGLSTETTER/KAISER 2008, S. 264 ff. unter Bezugnahme auf KAISER 2004, S. 171 ff.]:

- (Arbeits-)Marktentwicklungsstrategie
- Signalisierungs- bzw. Kommunikationsstrategie
- Wettbewerbsstrategie.

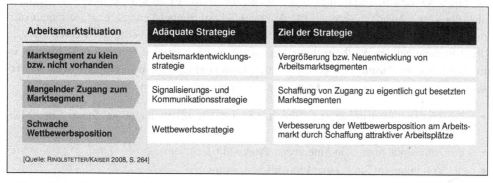

Abb. 2-18:   Ableitung marktadäquater Personalakquisitionsstrategien

(1) Arbeitsmarktentwicklungsstrategie

Die Marktentwicklungsstrategie zielt darauf ab, die Entstehung neuer, relevanter Arbeitsmarktsegmente zu fördern. Die Verfolgung dieser Strategie liegt dann nahe, wenn auf dem gesamten Arbeitsmarkt überhaupt kein oder vielleicht nur ein relevantes Marktsegment besteht, in dem sich dann allerdings nur sehr wenige potentielle Kandidaten befinden. Eine solche direkte Beeinflussung des Arbeitsmarktes kann aber nur dann wirksam sein, wenn große Konzerne oder gemeinschaftliche Aktionen solche kommunikativen Eingriffe auf dem Arbeitsmarkt vornehmen. So hatte bspw. der SIEMENS Konzern aufgrund seines spezifischen Bedarfs an Elektroingenieuren Veränderungen am Arbeitsmarkt bewirken können. Auch die sog. *Exotenprogramme* der Unternehmensberatungen MCKINSEY und BOSTON CONSULTING

GROUP, mit denen Geistes- und Naturwissenschaftler angesprochen wurden, um den stark wachsenden Bedarf an neuen Mitarbeitern zu befriedigen, fallen in diese Strategie-Kategorie. Neben dem teilweise doch erheblichen Entwicklungs- und Kommunikationsaufwand ist vor allem die große Zeitspanne, die während der Entwicklung von Marktsegmenten verstreicht, schwierig zu handhaben.

(2) Signalisierungs- bzw. Kommunikationsstrategie

Die Wahl einer Signalisierungs- bzw. Kommunikationsstrategie liegt dann nahe, wenn zwar ein gut besetztes Marktsegment besteht, der Zugang des Unternehmens zu diesem Segment aber nicht gelingt bzw. schwierig ist. Diese Strategie zielt darauf ab, potentielle Kandidaten zu einer Entscheidung für das Unternehmen zu bewegen, in dem sich das Unternehmen als besonders interessanter und attraktiver Arbeitgeber positioniert und präsentiert. Hier sind insbesondere die Aktionsfelder *Signalisierung* und *Kommunikation* angesprochen. Ohne den Optimierungsmöglichkeiten dieser Aktionsfelder in den Abschnitten 2.3 und 2.4 vorgreifen zu wollen, soll an dieser Stelle aber nochmals betont werden, wie wichtig es ist, dass die suchenden Unternehmen die Bedürfnisse ihrer Kandidaten kennen.

(3) Wettbewerbsstrategie

Die Wettbewerbsstrategie, die deutlich über die Signalisierungs- bzw. Kommunikationsstrategie hinausgeht, sollte dann eingeschlagen werden, wenn ein Unternehmen zwar den Zugang zu einem relevanten Arbeitsmarktsegment hat, die Wettbewerbsposition in diesem Segment aber nur sehr schwach ausgeprägt ist. Während bei der Signalisierungs- bzw. Kommunikationsstrategie die bereits bestehenden Arbeitgebervorteile lediglich vermittelt werden, müssen diese Vorteile bei der Wettbewerbsstrategie überhaupt erst geschaffen werden. Dabei geht es im Wesentlichen darum, sich gegenüber den Konkurrenten in den relevanten Absatzmarktsegmenten zu positionieren. Als **Positionierungselemente** kommen vorrangig in Frage:

- das Unternehmensimage (kombiniert mit dem Branchenimage) im Sinne einer Markendifferenzierung,
- das Arbeitsplatzimage im Sinne einer Produktdifferenzierung,
- die Vergütung im Sinne einer Preisdifferenzierung.

Aus diesen drei Positionierungselementen lassen sich sodann folgende **Positionierungsstrategien** ableiten:

- Arbeitgeberstrategie
- Arbeitsplatzstrategie
- Vergütungsstrategie.

In Abbildung 2-19 sind die wesentlichen Aspekte dieser drei Positionierungsstrategien zusammengefasst.

2.2 Positionierung im Arbeitsmarkt

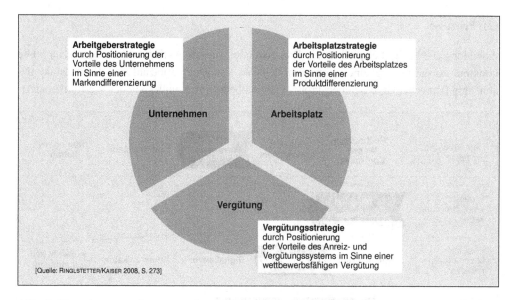

Abb. 2-19:   Ansatzpunkte zur Verbesserung der Wettbewerbsposition

2.2.7 Optimierung des Bewerbervorteils

Zum Schluss des Kapitels sollen die wesentlichen Punkte des Aktionsfeldes *Positionierung im Arbeitsmarkt* zusammengefasst und die wichtigsten Parameter, Prozesse, Instrumente und Werttreiber im Zusammenhang dargestellt werden.

(1) Aktionsparameter

Das Aktionsfeld *Positionierung im Arbeitsmarkt* wird also in hohem Maße von der Gestaltung des Employer Branding bestimmt. Das Employer Branding wiederum setzt sich aus folgenden drei Parametern zusammen:

- **Arbeitgeberauftritt** als Gesamtheit aller medialen Signale eines Arbeitgebers,
- **Arbeitgebermarke** als unverwechselbares Vorstellungsbild beim Bewerber/Arbeitnehmer und
- **Arbeitgeberattraktivität** als spezifische Anziehungskraft für Bewerber und Mitarbeiter.

Damit ergibt sich durch Einsetzen der Positionierungsparameter folgende Optimierung des Bewerbervorteils:

$$Bewerbervorteil = f(Positionierung) = f(Employer\ Branding)$$
$$= f(Arbeitgeberauftritt, Arbeitgebermarke, Arbeitgeberattraktivität) \rightarrow optimieren!$$

(2) Prozesse

Abbildung 2-20 zeigt beispielhaft ein Prozessmodell für das Aktionsfeld *Positionierung*. Die konkrete Ausgestaltung eines Prozessmodells ist von einer Vielzahl von Einflussfaktoren abhängig (Branche, Unternehmensgröße, Personalbedarf, Art- und Tiefe der Werttreiber etc.).

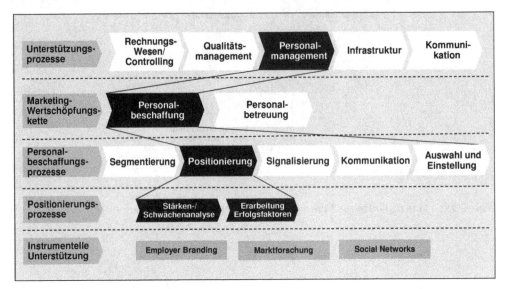

Abb. 2-20: Prozessmodell für das Aktionsfeld „Positionierung im Arbeitsmarkt"

Als instrumentelle Unterstützung der Positionierungsprozesse kommen das Employer Branding, Social Networks sowie die verschiedenen Methoden und Verfahren der Marktforschung in Betracht.

(3) Werttreiber

Folgende *Werttreiber* lassen sich für den Erfolgsfaktor *Arbeitgeberattraktivität* identifizieren [vgl. DGFP 2004, S. 42 f.]:

- Platzierung in einem definierten **Arbeitgeberimage-Ranking**, d. h. wie wird das Unternehmen aus Sicht von bestimmten Bewerberzielgruppen (z. B. Hochschulabsolventen) als möglicher Arbeitgeber im Vergleich zu konkurrierende Unternehmen eingestuft.

- **Erfolgsquote Bewerbungen**, d. h. der Anteil der Bewerbungen, die zu Einstellungen geführt haben, werden ins Verhältnis zu allen Bewerbungen gesetzt. Letztlich ist hier die Frage entscheidend, ob aufgrund des Arbeitgeberimages qualitativ hochwertige Bewerber die jeweils ausgeschriebene Stelle antreten.

(4) Zusammenfassung

In Abbildung 2-21 sind die wichtigsten Aspekte des Aktionsfeldes *Positionierung im Arbeitsmarkt* (wie zugehöriger Aktionsbereich, Aktionsparameter, Instrumente, Werttreiber sowie das Optimierungskriterium) zusammengefasst.

2.2 Positionierung im Arbeitsmarkt

Abb. 2-21: Wesentliche Aspekte des Aktionsfeldes „Positionierung im Arbeitsmarkt"

2.3 Signalisierung im Arbeitsmarkt

2.3.1 Aufgabe und Ziel der Signalisierung

Unter Signalisierung soll im Personalmarketing die Gestaltung des *äußeren* Kommunikationsprozesses eines Unternehmens verstanden werden. Sie besteht in der systematischen Bewusstmachung des Bewerbervorteils und schließt damit unmittelbar an die Ergebnisse der Positionierung an. Die Positionierung gibt der Signalisierung vor, *was* im Markt zu kommunizieren ist. Die Signalisierung wiederum sorgt für die Umsetzung, d. h. *wie* das Was zu kommunizieren ist. Die Signalisierung ist damit das dritte wesentliche Aktionsfeld im Rahmen des Personalbeschaffungsprozesses einer Unternehmensberatung und hat die Optimierung der *Bewerberwahrnehmung* zum Ziel:

Bewerberwahrnehmung = f (Signalisierung) → optimieren!

Signale haben im klassischen (Absatz-)Marketing die Aufgabe, einen Ruf aufzubauen und innovative Produkt- und Leistungsvorteile glaubhaft zu machen. Das gilt in gleicher Weise für das Personalmarketing im Arbeitsmarkt. Unverzichtbare Elemente sind dabei Seriosität, Glaubwürdigkeit und Kompetenz in den Aussagen und Darstellungen. Dazu ist es erforderlich, dass die Signale mehrere Quellen (z. B. Unternehmens-, Stellenanzeigen, Internetauftritt, Recruitingprospekte) haben und in sich konsistent sind. Gleichzeitig muss sich das signalisierende Unternehmen bewusst machen, dass die Signale auch auf mehrere Empfänger mit unterschiedlichen Voraussetzungen und Zielen stoßen [vgl. LIPPOLD 2010, S. 12].

Im Gegensatz zum Aktionsfeld *Kommunikation* (siehe Abschnitt 2.4) befasst sich das Aktionsfeld *Signalisierung* ausschließlich mit den *unpersönlichen* (anonymen) Kommunikationskanälen. Bei der Signalisierung muss es also – im Gegensatz zur Kommunikation – nicht notwendigerweise zu einer Interaktion (zwischen Sender und Empfänger) kommen. Abbildung 2-22 macht diese Unterscheidung deutlich.

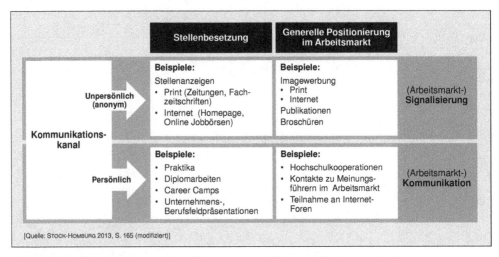

Abb. 2-22: Abgrenzung von Signalisierungs- und Kommunikationsmaßnahmen

2.3.2 Signalisierungsmodell

Um die Empfänger, d. h. die Zielgruppe der Signale, in ihrer unterschiedlichen Konditionierung mit den jeweils richtigen Kommunikationsinhalten anzusprechen, sollte zunächst ein *Signalisierungsmodell* aufgestellt werden. Ein solches Modell stellt die *Struktur* des Signalisierungsprozesses (Ziele, Strategien, Zielgruppe etc.) dar und ist die Grundlage für die zu signalisierenden Inhalte. Die *Signalisierungsinhalte* wiederum bilden in ihrer Gesamtheit das Signalisierungsprogramm, das dann von den *Signalisierungsinstrumenten* (Unternehmenswerbung, PR, Print- und Online-Stellenanzeigen etc.) umgesetzt und an die *Bewerberzielgruppe* herangetragen wird [vgl. LIPPOLD 1998, S. 166 f.].

Die Zusammenhänge zwischen Signalisierungsmodell, -programm und -instrumenten sind in Abbildung 2-23 dargestellt.

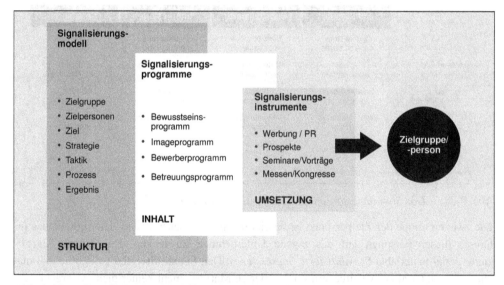

Abb. 2-23: Signalisierungsmodell, -programme und -instrumente

Signalisierungsmodelle im Personalmarketing haben die Aufgabe, den Signalisierungsprozess mit potentiellen Bewerbern und externen Beobachtern eines Unternehmens zu strukturieren und in seiner Komplexität zu vereinfachen. Zur Verdeutlichung dieser Aufgabenstellung dient ein Signalisierungsmodell, das ursprünglich für den Absatzmarkt konzipiert wurde [siehe IBM 1984] und auf den Arbeitsmarkt übertragen wird (Abbildung 2-24).

Im Vordergrund des Signalisierungsmodells, das zugleich eine wichtige Voraussetzung für eine nachhaltige *Employer Branding-Strategie ist,* steht eine *Typologisierung* der Signalempfänger innerhalb der definierten Zielgruppe. Diese Typologisierung ist keine fachbezogene Bestimmung der unterschiedlichen Zielgruppen, wie dies bei der Segmentierung der Fall ist, sondern grenzt die Signalempfänger innerhalb der Zielgruppe nach ihrer Stellung, ihrem Verhältnis und Kenntnisstand gegenüber dem kommunizierenden Arbeitgeber ab. Das Modell unterteilt die gesamte Zielgruppe der potentiellen Bewerber, Mitarbeiter und externen Beobachter in *Indifferente, Sensibilisierte, Interessierte* und *Engagierte* bezüglich ihrer Einstellung zum im Arbeitsmarkt kommunizierenden Unternehmen.

Den größten Teil dieser Zielgruppenzugehörigen (= Zielpersonen) bilden die **Indifferenten**. Sie stehen dem Unternehmen als Arbeitgeber uninformiert und desinteressiert gegenüber. Signalisierungsziel muss es hier sein, die Indifferenten zu sensibilisieren, indem man diesen Zielpersonen beispielsweise die Idee nahebringt, dass bestimmte (neue) Berufe, Berufsbilder oder Berufswelten gute Chancen im Arbeitsmarkt bieten. Angenommen, die Idee sei kommuniziert und die Botschaft angekommen, dann ist das erste Signalisierungsziel *Indifferente sensibilisieren* erreicht, bzw. das kommunizierende Unternehmen hat seinen Beitrag dazu geleistet. Alle Maßnahmen, die diesem ersten Signalisierungsziel dienen, spiegeln sich in einem *Bewusstseinsprogramm* wider.

Zielpersonen	Indifferente	Sensibilisierte	Interessierte	Engagierte
Ziel (=Politik)	Indifferente sensibilisieren	Sensibilisierte interessieren	Interessierte engagieren	Engagierte betreuen
Strategie (=Pläne)	Idee signalisieren	Unternehmen signalisieren	Position/Stelle signalisieren	Entscheidung absichern
Taktik (=Maßnahmen)	Bewusstseinsprogramm	Imageprogramm	Bewerberprogramm	Betreuungsprogramm
Prozess	Wahrnehmungsprozess	Meinungsbildungsprozess	Entscheidungsprozess	Betreuungsprozess
Ergebnis	Aufmerksamkeit	Vertrauen/Glaubwürdigkeit	Einstellungswunsch	Bestätigung

[Quelle: IBM 1984 (modifiziert)]

Abb. 2-24: Das Signalisierungsmodell im Personalmarketing

Die zweite Gruppe der Zielpersonen ist bereits für die Idee sensibilisiert. Hier gilt es, das Interesse dieser Personen auf das eigene Unternehmen zu lenken. Das zweite Signalisierungsziel lautet also *Sensibilisierte interessieren*. Den **Sensibilisierten** ist deutlich zu machen, dass unter allen Arbeitgebern im definierten Marktsegment keiner mehr Vertrauen verdient als das kommunizierende Unternehmen. Die hierzu erforderlichen Signalisierungsmaßnahmen werden in einem *Imageprogramm* zusammengefasst.

Die dritte Gruppe innerhalb des Signalisierungsmodells sind jene Zielpersonen, die bereits konkret am Unternehmen als möglichen Arbeitgeber interessiert sind. Um diese **Interessierten** für das Unternehmen zu *engagieren*, muss der Entscheidungsprozess dahingehend beeinflusst werden, dass sich der Interessent für die ihm angebotene Stelle/Position entscheidet. Die Maßnahmen, die hierzu erforderlich sind, werden in einem *Bewerberprogramm* gebündelt.

Das vierte und letzte Signalisierungsziel richtet sich an die **Engagierten**. Sie sind vielleicht die wichtigste Zielgruppe, weil sie sich aus den eigenen Mitarbeitern zusammensetzt. Die Engagierten tragen entscheidend dazu bei, dass das Unternehmen jetzt und in Zukunft erfolgreich ist. Ziel ist es, das Commitment der Mitarbeiter tagtäglich zu sichern, um Fluktuation und Leistungsdefizite zu vermeiden. Es sind permanent Anstrengungen erforderlich, um die strategisch wichtigen Mitarbeiter und Mitarbeitergruppen zu motivieren und in ihrer Arbeitsplatzentscheidung zu bestätigen. Das Signalisierungsziel für die Kernzielgruppe lautet daher *Engagierte betreuen*. Das hierzu erforderliche Maßnahmenbündel ist das *Betreuungsprogramm*.

In Abbildung 2-24 sind die Zusammenhänge zwischen Zielgruppe bzw. Zielperson, Signalisierungsziel (⇒ Politik), Signalisierungsstrategie (⇒ Pläne) und Signalisierungstaktik (⇒ Maßnahmen) dargestellt.

Anzumerken ist in diesem Zusammenhang, dass das hier vorgestellte Signalisierungsmodell eine sehr hohe Affinität zum Phasenmodell des Präferenz-Managements aufweist. Das **Präferenzmodell** unterscheidet vier Phasen [vgl. BECK 2008a, S. 18 ff.]:

- **Assoziationsphase** mit dem Akteur „Berufseinsteiger" bzw. „künftiger Arbeitskraftanbieter" (vergleichbar mit den „Indifferenten"),
- **Orientierungsphase** mit dem Akteur „anonymer Mitarbeiter" (vergleichbar mit den „Sensibilisierten"),
- **Matchingphase** mit dem Akteur „ potentieller Mitarbeiter" (vergleichbar mit den „Interessierten") und
- **Bindungsphase** mit den Akteuren „aktueller Mitarbeiter" und „ehemaliger Mitarbeiter" (vergleichbar mit den „Engagierten").

2.3.3 Signalisierungskonzept

Das Signalisierungsmodell ist gleichzeitig auch die Grundlage für ein umfassendes, integriertes Signalisierungskonzept des Arbeitgebers. Das Signalisierungskonzept fasst das Ergebnis der Signalisierungsplanung zusammen und bereitet die konkreten Aufgabenstellungen und Verantwortlichkeiten für die Akteure des Personalmarketings auf. Integrierte Signalisierungskonzepte beinhalten Entscheidungen über folgende **Dimensionen** [auf das Personalmarketing übertragen in Anlehnung an MEFFERT 1998, S. 689 ff.]:

- **Objektdimension** (Idee, Unternehmen, Position/Stelle)
- **Zielungsdimension** (personell, zeitlich, räumlich etc.)
- **Instrumentedimension** (Personalbericht, Image-, Stellenanzeige, E-Recruiting etc.)
- **Mediadimension** (Printmedien vs. elektronische Medien)
- **Gestaltungsdimension** (Inhalte, Botschaft)

In Abbildung 2-25 sind die verschiedenen Dimensionen des Signalisierungskonzepts zusammengestellt.

Die Dimensionen des Signalisierungskonzepts geben zugleich auch die Orientierungsgrößen für die **Ressourcenplanung** vor. Das Budget für das Aktionsfeld *Signalisierung* zählt erfahrungsgemäß zu den umfangreichsten Positionen im Personalmarketing. Es orientiert sich in erster Linie am *Soll-Personalbestand* bzw. am *Personal-Neubedarf* (siehe 2.1.2) sowie an den *personalstrategischen Vorgaben und Zielen* (z. B. Umsetzung einer Employer Branding-

Strategie). Erfahrungswerte, die in früheren Budgetprozessen gesammelt worden sind, sowie die Preissituation auf dem Markt für Personalmarketing-Dienstleistungen sind weitere Orientierungsgrößen für die Festlegung des Budgets. Das so ermittelte Soll-Budget wird mit den Budget-Vorgaben der Unternehmensplanung verglichen und kann entweder zu einer Anpassung der Unternehmensplanung oder zu einer Anpassung der Personalmarketing-Planung führen [vgl. DGFP 2006, S. 65 f.].

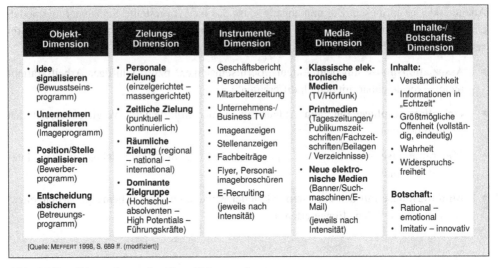

Abb. 2-25: *Dimensionen des Signalisierungskonzepts*

2.3.4 Signalisierungsinstrumente

Zu den Signalisierungsinstrumenten, die auf eine **generelle Positionierung im Arbeitsmarkt** abzielen, zählen in erster Linie die Imagewerbung im Print- und Online-Bereich, die Platzierung von Unternehmens- und Recruitingbroschüren sowie Veröffentlichungen von Fachbeiträgen. Damit übernimmt das *Personalmarketing* im Wesentlichen auch die Signalisierungselemente, die im *Absatzmarketing* verwendet werden: **Geschäftsberichte**, **Imageanzeigen**, **Fachbeiträge** und **Unternehmensbroschüren**. Speziell für die Positionierung im Arbeitsmarkt kommen **Personalberichte, Unternehmens- und Business-TV, Mitarbeiterzeitschriften** sowie **Personalimagebroschüren** hinzu. Diese Instrumente dienen mehr oder weniger dem „Grundrauschen" im Arbeitsmarkt, sie sorgen i. d. R. aber nicht für die zeitnahe Besetzung von vakanten Stellen. Anders sieht es bei **Stellenanzeigen** aus, die sich an den Bewerbermarkt wenden, um unmittelbar für die Besetzung von vakanten Stellen im Unternehmen zu werben.

Im Folgenden sollen mit *Arbeitgeber-Imageanzeigen*, *Stellenanzeigen* und dem *E Recruiting* die wichtigsten Instrumente im Bewerbermarkt vorgestellt werden.

(1) Arbeitgeber-Imageanzeigen

Im Bereich der Arbeitgeber-Imageanzeigen greifen hinsichtlich

- Werbewirkung,
- Werbegestaltung und
- Werbebotschaft

prinzipiell die gleichen Mechanismen wie bei einer Unternehmens- oder Produktanzeige aus dem klassischen Absatzmarketing [siehe hierzu insbesondere LIPPOLD 2012, S. 178].

Hinsichtlich der **Werbewirkung** liefert das sog. *AIDA-Modell* wichtige Anhaltspunkte. Es beschreibt vier Wirkungsstufen der Werbung und unterscheidet diese in *potenzialbezogene* und in *markterfolgsbezogene* Wirkungsziele. In der ersten Stufe muss beim Bewerber *Aufmerksamkeit* (engl. *Attention*) für das Unternehmen erzeugt werden. Danach muss *Interesse* (engl. *Interest*) geweckt werden, so dass in der dritten Stufe das Verlangen (engl. *Desire*) entsteht, zu handeln, d. h. sich mit dem Unternehmen in Verbindung zu setzen (engl. *Action*). Das entscheidende Ziel aller werblichen Aktivitäten ist es somit, durch werbliche Reize Aufmerksamkeit bei der Zielgruppe (also bei den Bewerbern) zu erzeugen, da die Wahrnehmung der Werbebotschaft die Grundvoraussetzung für alle nachgelagerten Stufen der Werbewirkung ist [vgl. BRUHN 2007, S. 174].

Abbildung 2-26 zeigt die Kategorisierung von Werbewirkungszielen anhand des AIDA-Modells.

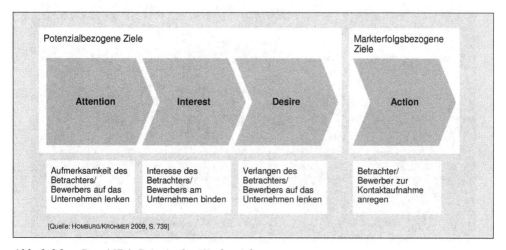

Abb. 2-26: Das AIDA-Prinzip der Werbewirkung

Bei der **Werbegestaltung** ist zwischen Gestaltungsart, Gestaltungsform und Gestaltungsmittel zu unterscheiden. Die *Gestaltungsart* kennzeichnet die *„Handschrift"* der Werbung und betrifft die Art und Weise der grundsätzlichen Werbeansprache. Die Werbegestaltung kann auf eine mehr *rationale*, d. h. sachargumentierende Positionierung oder auf eine mehr *emotionale*, d. h. erlebnisorientierte Positionierung als Arbeitgeber hinzielen (siehe hierzu Insert 2-07).

Die Arbeitgeber-Imageanzeige von MCKINSEY zeichnet sich durch eine emotionale Gestaltungsart in Verbindung mit einem erzählungsorientierten Werbemuster aus. Mit wenig gestalterischen Mitteln wird eine vielschichtige Geschichte erzählt. Diese Anzeige wirbt nicht konkret für eine vakante Stelle, sondern für das Unternehmen als Arbeitgeber insgesamt.

Insert 2-07: Erzählungsorientiertes Werbemuster eine Arbeitgeber-Imageanzeige

Die *Gestaltungsform* beschreibt die inhaltliche Übersetzungs- bzw. Inszenierungsform der Werbebotschaft. Darüber hinaus spielen auch die formalen *Gestaltungsmittel* eine wichtige

Rolle für den unverwechselbaren Unternehmensauftritt. Dazu zählen insbesondere die konstanten Werbemittel (Werbekonstanten) wie Unternehmenslogo, Symbole, (Schlüssel-)Bilder, Slogans und Layouts, die häufig aus den Anzeigen des klassischen Absatzmarketings übernommen werden, um einen hohen Wiedererkennungswert des Unternehmens sicherzustellen [vgl. LIPPOLD 2012, S. 179 ff.].

Zu den wichtigsten (und kreativsten) Aufgaben der Werbegestaltung zählt die Formulierung der **Werbebotschaft**. Von den textlichen Gestaltungselementen verfügt die Überschrift (engl. *Headline*) der Anzeige über die höchste physische Reizqualität. Bei der Vermittlung emotionaler Werbebotschaften steht häufig die *Verwendung von Bildern* im Vordergrund, denn Bilder werden besser erinnert als Wörter. Auch fällt in einer Bild-Text-Anzeige der Blick des Lesers fast immer zuerst auf das Bild. Neben *Bildassoziationen*, *Bildanalogien* und *Bildmetaphern* ist die sog. *Testimonial-Werbung* eine effektive Methode, um eine Botschaft bildlich zu übermitteln. Als Testimonials einer Arbeitgeber-Imageanzeige eignen sich besonders gut glaubwürdige und kompetente Mitarbeiter des Unternehmens. Auf diese Weise sollen bei der Zielgruppe (also bei den Bewerbern) Prozesse ausgelöst werden, die eine Identifikation mit der werbenden Person ermöglichen [vgl. LIPPOLD 2012, S. 184 ff.].

(2) Stellenanzeigen

Im Gegensatz zur Arbeitgeber-Imageanzeige wird mit einer Stellenanzeige unmittelbar für die Besetzung von freien Stellen geworben. In den allermeisten Fällen handelt es sich bei Stellenanzeigen um reine typografische Anzeigen, d. h. es werden i. d. R. keine Bilder verwendet. Im Mittelpunkt stehen die Beschreibung der angebotenen Stelle bzw. Position sowie eine Darstellung des gesuchten Personalprofils.

Schriftklasse	Merkmale	Beispiele
Antiqua	Buchstaben mit unterschiedlichen Strichstärken und **mit** Serifen	Times New Roman, Book Antiqua, Palatino
Egyptienne	Buchstaben mit (nahezu) gleichmäßiger Strichstärke und **mit** kräftigen Serifen	Rockwell, Garamond
Grotesk	Buchstaben mit gleichmäßiger Strichstärke **ohne** Serifen	Arial, Sans Serif, Calibri
Schreibschrift	Schriften, deren Vorlagen verschiedene Schreibwerkzeuge sind	*Monotype Corsiva*
Schreibmaschinenschrift	Schrifttype für Schreibmaschinen und Computer	Courier New

[Quelle: FEMERS 2006, S. 157]

Abb. 2-27: Gängige Schriften und ihre Merkmale

Bei der *typografischen Gestaltung* einer Stellenanzeige geht es insbesondere um die räumliche Aufteilung, die Gliederung von Texten sowie um die Wahl geeigneter Schrifttypen. Die wichtigsten Schriftklassen sind Antiqua und Grotesk. Bei den Antiqua-Schriften haben die Buchstaben *Serifen* und unterschiedliche Strichstärken. Die Buchstaben der Grotesk-Schriften sind *serifenlos* und haben eine gleichmäßige Schriftstärke. Während die Antiqua-Schriftart mehrheitlich für längere Schriften empfohlen wird, eignen sich die Grotesk-Schriften besonders gut für die Beschriftung von Folien mit weniger langen Textteilen. In Abbildung 2-27 sind die wichtigsten Schriftklassen zusammengestellt.

Im Zusammenhang mit der Auswahl der Schrifttypen sind auch die *Schrift-Maße* und die *typografischen Grundbegriffe* von Bedeutung. Abbildung 2-28 liefert einen entsprechenden Überblick in Form eines typografischen Glossars.

Abb. 2-28: Schrift-Maße und typografisches Glossar

Das Signalisierungsinstrument der Stellenanzeige hat durch den Einsatz des Internets zu einem *Paradigmenwechsel* im Personalmarketing geführt. Mittlerweile dominiert das Internet bei der Bewerberansprache die klassischen Instrumente wie Stellenanzeigen in Zeitungen und Zeitschriften deutlich. Insert 2-08 verdeutlicht diese Trendumkehrung.

(3) E-Recruiting

Das E-Recruiting (auch als *E-Cruiting* bezeichnet) als internet- und intranetbasierte Personalbeschaffung und -auswahl hat sich als ein entscheidendes Signalisierungsinstrument im Arbeitsmarkt etabliert. Lediglich noch sieben Prozent der Top 1.000-Unternehmen möchten von ihren Bewerbern eine papierbasierte Bewerbungsmappe per Post erhalten [vgl. RECRUITING TRENDS 2010, S. 17]. Der Wirkungskreis des E-Recruiting reicht von der Personalakquisition in Stellenbörsen bis zur Abwicklung des kompletten Bewerbungsprozesses im Inter-/ oder Intranet.

Vier verschiedene **Recruiting-Kanäle** prägen den Stellenmarkt im Internet [in Anlehnung an WEIDENEDER 2001]:

- Kommerzielle Stellenmärkte im Internet (Jobbörsen)
- Stellenmärkte von Tageszeitungs- und Zeitschriftenverlagen
- Nicht-kommerzielle Initiativen, Verbände, Behörden

2.3 Signalisierung im Arbeitsmarkt

- Unternehmen mit eigenem Internetservice.

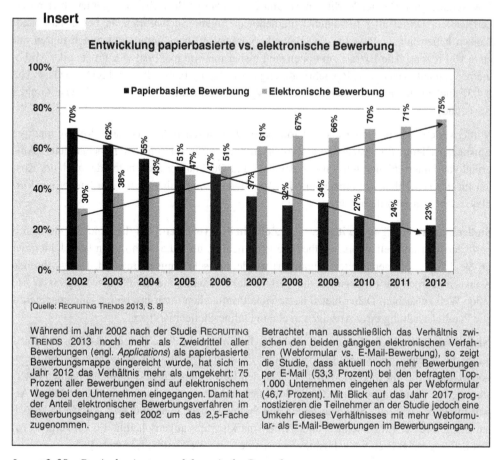

Insert 2-08: *Papierbasierte vs. elektronische Bewerbung*

Kommerzielle Stellenmärkte im Internet (Jobbörsen). Die Anzahl der Internet-Jobbörsen wächst ständig. Neben den bundesweit tätigen Stellenbörsen wie STEPSTONE, MONSTER oder JOBPILOT haben sich auch regionale und branchenspezifische Jobbörsen etabliert. Internet-Stellenbörsen machen Anzeigen mit Hilfe technischer Grundlagen des Internets und Datenbanksystemen einer breiten Öffentlichkeit zugänglich. Internet-Jobbörsen akquirieren Stellenangebote und Bewerber und veröffentlichen diese über einen eigenen Server im Internet. Die Dienstleistung betrifft neben der Einstellung ins World Wide Web, auch die Pflege und teilweise Gestaltung der Daten. Jobbörsen haben aus Kostengründen und Effektivität in der Informationsbereitstellung (24 Stunden, sieben Tage, globale Verfügbarkeit) sowie Schnelligkeit und Funktionalität in der Prozessabwicklung nachhaltige Vorteile im Medienwettbewerb und bei den E-Recruiting-Prozessen erreicht.

Die Funktionalität der webbasierten Vermittlung wird durch Profile, konzentriertes Matching, Kandidaten-Datenbanken und Bewerber-Management-Systeme sukzessiv verbessert [vgl.

RECRUITING TRENDS 2010]. Die erweiterten Funktionalitäten wie die Suche in Lebensläufen, Logoschaltungen, Banner-Verlinkungen und ein fundiertes Bewerbermanagement bieten derzeit nur ein Drittel aller befragten Unternehmen. Eigene Suchaufträge in Lebenslaufdatenbanken haben nur 22 Prozent, eine Bewerbervorauswahl über Onlinefragebögen führen nur etwa 18 Prozent. Alle Extra-Funktionen sind bisher nur von maximal vier Prozent der Mitbewerber geplant. Kostenlose Benachrichtigung per E-Mail gibt es selten und RSS-Feeds (siehe 2.4.3) sind in der Branche noch unüblich [vgl. www.business-wissen.de © b-wise GmbH, Karlsruhe].

Mittlerweile existieren mehr als 500 Jobbörsen im deutschen Arbeitsmarkt. Relativ niedrige Einstiegsbarrieren für spezialisierte Jobbörsen sorgen für zahlreiche Nischenanbieter. Aufgrund von Unterschieden hinsichtlich der Zahl und Qualität der Angebote oder auch der Kosten für das Einstellen von Anzeigen oder Angeboten, empfiehlt sich für den Nutzer ein Vergleich der Online-Stellenmärkte.

Stellenmärkte von Tageszeitungs- und Zeitschriftenverlagen. Auf die zunehmende Dominanz der Internet-Stellenbörsen haben die Printmedien, über die noch in den 90er Jahren der größte Teil der offenen Stellen signalisiert wurde, nur sehr langsam reagiert. Der wachsende Konkurrenzdruck hat mittlerweile die Verlage dazu veranlasst, ebenfalls den Weg ins World Wide Web zu suchen. Daher bieten heute viele Printmedien ihren Inserenten eine unentgeltliche Parallelschaltung ihrer Anzeigen in einem Online-Stellenmarkt an.

Nicht-kommerzielle Initiativen, Verbände, Behörden. In diese Kategorie fallen beispielsweise die Agentur für Arbeit, Lehrstühle und Forschungsinstitute an Universitäten und Fachhochschulen, die mit ihren Bewerber-Börsen den Bewerbungsprozess von Absolventen unterstützen. Die Bundesagentur für Arbeit dominiert mit ihrem neu entwickelten „virtuellen" Arbeitsmarkt in Bezug auf Stellenanzeigen und Stellengesuche mengenmäßig den Markt, jedoch hat die geforderte Einbeziehung aller Arbeitsmarktpartner augenscheinlich noch keinen großen Erfolg gezeigt [vgl. www.business-wissen.de © b-wise GmbH, Karlsruhe].

2.3 Signalisierung im Arbeitsmarkt

Insert

Die Bewerber-Flüsterer
von Matthias Kaufmann

Wer einen Job sucht, geht ins Internet. Für Arbeitgeber heißt das: Dort kann man junge Talente aufgabeln - wenn man es geschickt anstellt. Ein neues Ranking zeigt, welche großen deutschen Unternehmen die beste Figur machen.

Aus der Sicht der Bewerber ist es ganz leicht: Ein Unternehmen muss auf allen möglichen Online-Kanälen informieren, welche Jobs und Perspektiven es bietet. Alle Informationen müssen leicht zu finden sein. Habe ich Fragen, muss es schnell eine Antwort geben, und zwar eine brauchbare, keine Luftblasen. Kommentare und Kritik, etwa auf Facebook-Seiten der Personalabteilungen, sollten ernst genommen werden. Der erste Bewerbungsschritt sollte online möglich sein, ohne dass ich dafür ein Informatikstudium brauche und stundenlang damit beschäftigt bin.

Aus der Sicht der Unternehmen ist das ziemlich schwer: Alle Online-Kanäle - das sind ziemlich viele. Informationen, leicht auffindbar - wir sind doch nicht GOOGLE. Fragen und Kritik - und zwar öffentlich - dafür war bisher die Pressestelle zuständig, und die ist gewohnt, nie etwas Konkretes zu sagen. Und das mit der Online-Bewerbung ist zwar praktisch für die Personalabteilung, aber wieso bewerben sich eigentlich so viele Leute, die unsere bürokratischen Abläufe nicht verstehen? Kurz: Es war schon immer eine heikle Sache, Bewerber und Unternehmen zusammenzubringen. Das Internet ist dabei zwar eine große Hilfe, aber irgendwie werden die Dinge trotzdem nicht einfacher.

Die Entwicklung in diesem Bereich beobachtet die Beratungsfirma POTENTIALPARK, die auf Arbeitgebermarken spezialisiert ist, seit zehn Jahren. Gerade hat sie wieder die Unter-nehmen weltweit gekürt, denen die Online-Kommunikation mit potentiellen Bewerbern am besten gelingt. Sieger in der deutschen Auswahl diesmal: der Medizinkonzern FRESENIUS, der Finanzmulti ALLIANZ und der OTTO-Versand mit all seinen Tochtergesellschaften.

Für die Studie wurden rund 31.000 Studenten befragt, gut 2000 in Deutschland. Von 2400 Online-Auftritten wurden je 200 Funktionen ausgewertet. In Deutschland wurden 463 Auftritte begutachtet, nach Kriterien wie Übersichtlichkeit, Handhabbarkeit, Responsivität oder Vernetzung. Ob nun Siegertreppchen oder nicht: Die Entwicklung ist für die Bewerber eigentlich gut. Denn das Niveau steigt insgesamt. Viele Konzerne, aber auch mittelständische Unternehmen, stecken viel Mühe und Geld in übersichtliche Karriereseiten, in eine flotte Bewerberkommunikation und in eine gelungene Selbstdarstellung bei FACEBOOK, TWITTER & Co.

Inzwischen hat gut die Hälfte der untersuchten Unternehmen eine FACEBOOK-Seite. Gerade die sozialen Netzwerke sind eine große Herausforderung, weil sie den Druck erhöhen, "die Realität hinter den Jobversprechen zu zeigen", sagt Julian Ziesing von POTENTIALPARK. Da kann man freilich viele Fehler machen:

Platz	Firma	Punkte
1	FRESENIUS	71,8
2	ALLIANZ	71,6
3	OTTO	70,3
4	ERNST & YOUNG	67,7
5	DEUTSCHE TELEKOM	66,7
6	BAYER	66,6
7	DEUTSCHE POST DHL	66,1
8	BERTELSMANN	65,9
9	ACCENTURE	64,8
10	PwC	64,7
11	BASF	63,0
12	AUDI	62,2
13	DAIMLER	62,0
14	ROCHE	61,6
15	THYSSENKRUPP	61,6
16	IBM	61,1
17	BMW	59,2
18	PROCTER & GAMBLE	59,0
19	ABB	59,0
20	SMA SOLAR TECHNOLOGY	58,6
21	MERCK KGAA	58,5
22	POSTBANK	58,2
23	SIEMENS	57,2
24	EISMANN	57,1
25	EVONIK	57,1
26	CAPGEMINI	56,9
27	HENKEL	56,8
28	COMMERZBANK	56,8
29	ADIDAS GROUP	56,4
30	CONTINENTAL	56,2

Quelle: POTENTIALPARK OTaC Study

Wer Diskussionen auf den Profilseiten abwürgt, mit PR-Geschwafel langweilt oder eine statische Seite anbietet, vermittelt ein langweiliges Bild seiner Firma. Die Konzerne, die am erfolgreichsten kommunizieren, haben solche Fehler teils auch schon gemacht - aber dazugelernt. Das hebt Ziesing ganz besonders hervor: "Es ist typisch, dass sich die Unternehmen mit Versuch und Irrtum einer gelungenen Web-Präsenz annähern. "Das ist die schlechte Nachricht für die Unternehmen: Für den Aufbau einer gelungenen Präsenz vergehen oft Jahre. Kleiner Trost: Selbst der aktuelle Sieger, FRESENIUS, ist nicht in jedem Bereich top. So hat zum Beispiel THYSSENKRUPP ein besser gelungenes Online-Bewerbungssystem, findet Ziesing. "Aber FRESENIUS ist eben sehr stark auf allen Kanälen."

[Quelle: SPIEGEL-Online, 09.02.2012]

Insert 2-09: „Die Bewerber-Flüsterer"

Unternehmen mit eigenem Internetservice. Während Unternehmen das Internet zunächst ausschließlich im Absatzmarketing zur Selbstdarstellung bzw. zur Präsentation ihres Produkt- oder Dienstleistungsprogramms nutzten, stellen sie mittlerweile ihren internen Stellenbedarf sowie die eigene Personalarbeit im Internet mit einem eigenen Stellenservice vor.

Insert 2-09 zeigt den derzeitigen Stand der Entwicklung und macht deutlich, dass nahezu alle Firmen heute in den Aufbau einer „karrieregetriebenen" Website genauso viel investieren wie in die Präsentation der Produkte und Dienstleistungen.

Insert 2-10 belegt darüber hinaus, dass die deutschen 1.000 Top-Unternehmen im Jahr 2012 mehr als neun von zehn offenen Stellen über die eigene Unternehmenswebseite kommunizierten.

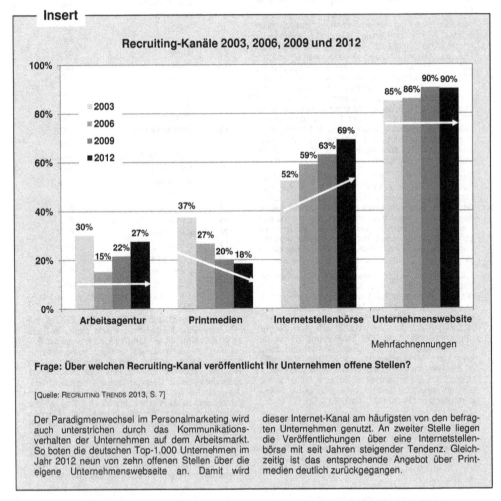

Der Paradigmenwechsel im Personalmarketing wird auch unterstrichen durch das Kommunikationsverhalten der Unternehmen auf dem Arbeitsmarkt. So boten die deutschen Top-1.000 Unternehmen im Jahr 2012 neun von zehn offenen Stellen über die eigene Unternehmenswebseite an. Damit wird dieser Internet-Kanal am häufigsten von den befragten Unternehmen genutzt. An zweiter Stelle liegen die Veröffentlichungen über eine Internetstellenbörse mit seit Jahren steigender Tendenz. Gleichzeitig ist das entsprechende Angebot über Printmedien deutlich zurückgegangen.

Insert 2-10: Veröffentlichte offene Stellen nach Recruiting-Kanälen 2003 bis 2012

In diesem Zusammenhang kommt dem Aufbau und der Gestaltung einer funktionierenden HR-Website eine besonders wichtige Bedeutung zu. Für die Beurteilung von (Personal-)Websites bietet die **CUBE-Formel** hilfreiche Anhaltspunkte. Diese Formel steht – ähnlich dem AIDA-Modell für die generelle Werbewirkung – für die Analyse folgender Aspekte:

- **C**ontent (d. h. ein informatorischer und ständig aktualisierter Inhalt der Website),
- **U**sability (d. h. die Handhabbarkeit bzw. intuitive Erschließung der Stellenangebote),
- **B**randing (d. h. der Aufbau einer klaren Identität des Arbeitgeberunternehmens) und
- **E**motion (d. h. der Besuch einer Website muss Spaß machen).

Insert 2-11 zeigt die Gestaltung einer Karriereseite des Stuttgarter Systemhauses CENIT AG.

2.3.5 Signalisierungsmedien

Neben der Instrumentedimension sind die Fragen der Mediadimension, also die Auswahl geeigneter **Werbeträger** von Bedeutung. Für das Personalmarketing kommen in erster Linie Printmedien und Online-Medien als Werbeträger in Betracht. Weitere Medien wie Fernsehen, Radio, Kino oder Außenwerbung (also die klassischen elektronischen Medien) werden nahezu ausschließlich im Absatzmarketing eingesetzt und sind für das Personalmarketing kaum relevant.

(1) Printmedien

Unter den Printmedien sind **Zeitungen** und **Zeitschriften** sowie **Verzeichnis-Medien** (Kompendien und Fachbücher) für das Personalmarketing von Bedeutung. Zeitungen werden vorwiegend nach der Erscheinungshäufigkeit (täglich/wöchentlich) und nach dem Verbreitungsgebiet (regional/überregional) differenziert. In Deutschland existieren rund 380 Zeitungen, darunter 32 Wochen- bzw. Sonntagszeitungen. Die etwa 2.000 deutschen Zeitschriftentitel werden in Publikums- und in Fachzeitschriften unterteilt. Während Publikumszeitschriften einen gewissen Unterhaltungscharakter aufweisen und sehr breite, aber auch sehr spezielle Lesergruppen ansprechen, dienen die meist periodisch erscheinenden Fachzeitschriften eher der Vermittlung von Informationen und Wissen. Zeitschriften eignen sich u. a. aufgrund der besseren Druckqualität eher zur Vermittlung emotionaler Sachverhalte als Zeitungen. Zum Aufbau eines (flächendeckenden) Arbeitgeberimages werden bevorzugt überregionale Tageszeitungen und Publikumszeitschriften belegt [vgl. HOMBURG/KROHMER 2009, S. 765].

Das *Werbemittel* der Printmedien sind Anzeigen, deren Formate und Platzierungsmöglichkeiten vielfältig sind. Standardanzeigen sind zumeist schwarz-weiß oder vierfarbig. Die Platzierung kann auf der Titelseite, der Rückseite oder im Textteil erfolgen. Der Anzeigenpreis berücksichtigt sowohl die Größe bzw. das Format, die Platzierung und entsprechende Farbaufschläge.

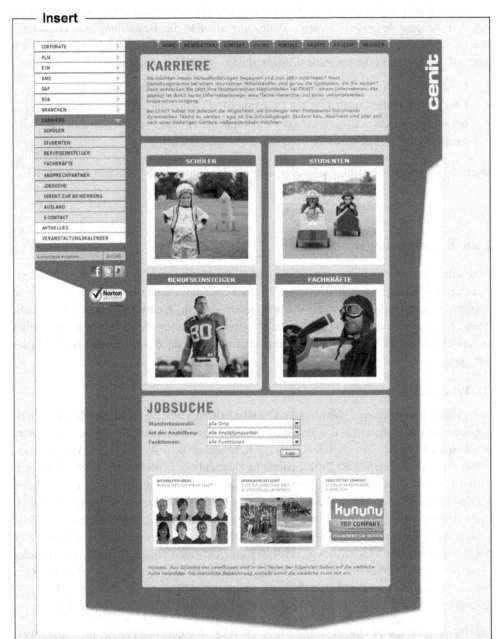

Als Beispiel für die **Karriereseite** eines mittelständischen Unternehmens ist hier der Internetauftritt des Systemhauses CENIT dargestellt. Die Seite ist so aufgebaut, dass der interessierte Bewerber die Stellenangebote nach verschiedenen Kriterien auswählen kann:

- nach dem Einsatzort (z. B. bundesweit, Stuttgart, Düsseldorf etc.)
- nach der Art der Anstellung (z. B. Einstiegspositionen, Positionen mit Berufserfahrung, Aushilfen)
- nach Funktionen (z. B. als Berater, als Vertriebsmitarbeiter, als Softwareentwickler etc.).

Zudem sind auf dieser Karriereseite gleichzeitig Links zu den Sozialen Netzwerken (z. B. FACEBOOK) aufgenommen.

Insert 2-11: Die Karriereseite des Systemhauses CENIT

Abbildung 2-29 enthält eine Übersicht über die wichtigsten Printmedien bzw. Werbeträger für das Personalmarketing.

Zeitungen	Zeitschriften (Magazine)	Verzeichnis-Medien

• **Regionale Tageszeitungen** (Wilhelmshavener Zeitung, Nordsee-Zeitung)
• **Überregionale Tageszeitungen** (Bild, FAZ)
• **Wochenzeitungen** (Die Zeit, Bayernkurier)
• **Sonntagszeitungen** (WamS, BamS)
	• **Publikumszeitschriften**
	  – General-Interest-Zeitschriften (Spiegel, Stern)
	  – Special-Interest-Zeitschriften (Reise, Lifestyle, Sport, Auto, Wohnen, Teenager, Frauen)
	• **Fachzeitschriften** (Architektur, Literatur, Betriebswirtschaft, Kultur, Technik)
		• **Bücher**
		• **Kompendien**
		• **Jahrbücher**
		• **Lexika**

Abb. 2-29:   Relevante Printmedien für das Personalmarketing

(2) Online-Medien

Der Online-Werbemarkt verzeichnet – im Gegensatz zu den klassischen Werbeformen – seit Jahren kontinuierlich hohe Zuwachsraten. Ein unmittelbarer Vergleich der Marktanteile von Print- und Online-Medien zeigt, dass sich bei annähernd gleichem Marktvolumen die Marktanteile der Online-Medien sukzessive zu Lasten der Print-Medien verschieben (siehe Insert 2-12).

Da der Siegeszug der Online-Medien schon seit längerer Zeit absehbar ist, sind die Anbieter von Tageszeitungen und Publikumszeitschriften dazu übergegangen, neben ihrem Printmedium auch ein aktuelles Online-Angebot vorzuhalten. In diesem Zusammenhang wird auch von einem **Kannibalisierungseffekt** gesprochen, der die Substitutionsbeziehung zwischen verschiedenen Angeboten eines Unternehmens der Medienbranche charakterisiert [vgl. LIPPOLD 2012, S. 212 f.].

Hauptvorteile der Internet-Werbung sind die guten Individualisierungsmöglichkeiten und die exakte Erfolgskontrolle in Form von Klickraten. Hinzu kommt, dass der Internet-Nutzer die Möglichkeit zur direkten Interaktion mit dem stellensuchenden Unternehmen wahrnehmen kann (siehe hierzu auch Abschnitt 2.4.3).

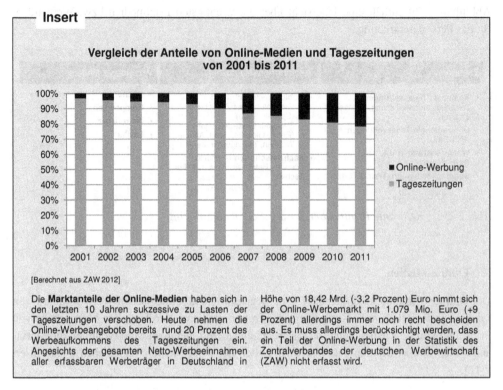

Insert 2-12: Marktanteilsverschiebungen zwischen Tageszeitungen und Online-Medien

2.3.6 Online-Signalisierungsformen

Das Internet bietet eine nahezu unüberschaubare Anzahl unterschiedlicher **Signalisierungsformen** und **-formate**, da den gestalterischen Fähigkeiten der Web-Designer praktisch keine Grenzen gesetzt sind. Die wichtigsten Online-Signalisierungsformen für das Personalmarketing sind

- die Banner-Werbung und
- das Suchmaschinen-Marketing.

Die **Banner-Werbung** ist die klassische Signalisierungsform in der Online-Werbung. Sie bietet verschiedene Formate für den Werbenden an (siehe Insert 2-13).

Da die Internet-Recherche in Suchmaschinen häufig die Basis für Online-Bewerbungen ist, verbinden die Arbeitgeberunternehmen ihr Online-Angebot und ihre Website mit Suchbegriffen, die für ihr Angebot relevant sind.

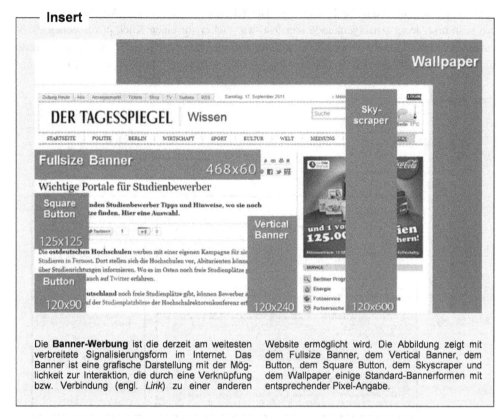

Insert 2-13: Beispiele für Standard-Bannerformate mit Pixel-Angabe

Diese als **Suchmaschinen-Marketing** (engl. *Search Engine Marketing – SEM*) bezeichnete Online-Signalisierungsform schließt Streuverluste weitgehend aus. Das Suchmaschinen-Marketing ist in zwei Bereiche unterteilt:

- Suchmaschinen-Optimierung (engl. *Search Engine Optimization – SEO*)
- Suchmaschinen-Werbung (engl. *Search Engine Advertising – SEA*)

Mit der **Suchmaschinen-Optimierung** zielt das Unternehmen darauf ab, die eigene Website möglichst weit vorne in den „organischen" Suchergebnissen zu platzieren. Dadurch wird in der Regel eine Steigerung der Besucherfrequenz und der entsprechend nachgelagerten Maßnahme (Kontaktaufnahme mit dem Arbeitgeberunternehmen) angestrebt. Dabei wird versucht, die eigene Website den Algorithmen der Suchmaschinen bestmöglich anzupassen. Allerdings werden diese Algorithmen und deren genaue Zusammensetzung, die laufend optimiert bzw. verändert werden, von den Suchmaschinen nicht bekannt gegeben [Quelle: MARKETING.CH 2011].

Mit **Suchmaschinen-Werbung** sind sämtliche Werbemöglichkeiten gemeint, die Suchmaschinen gegen Bezahlung anbieten. Dazu räumen die meisten Suchmaschinen oberhalb und rechts der Suchergebnisse die Möglichkeit ein, Textanzeigen zu platzieren. Berechnet werden jeweils nur die Klicks auf die Textanzeige. Der Klickpreis wird in einer Art Auktionsverfahren bestimmt: Jeder Anzeigenkunde legt fest, wie viel er für einen Klick pro Suchbegriff zu zahlen bereit ist. Je mehr Mitbewerber sich für den gleichen Suchbegriff interessieren, desto höher gehen die Gebote und desto teurer wird der Klick [Quelle: MARKETING.CH 2011].

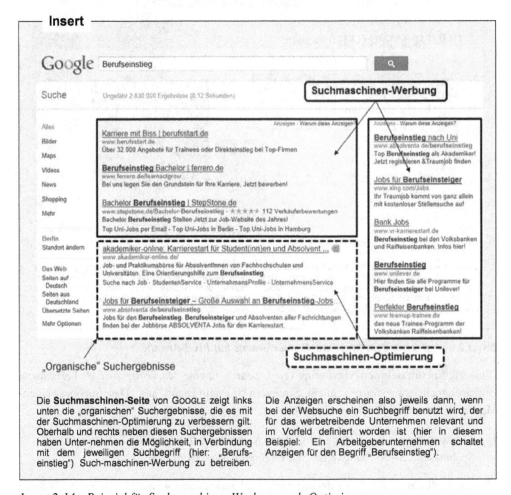

Insert 2-14: Beispiel für Suchmaschinen-Werbung und -Optimierung

Insert 2-14 zeigt beispielhaft eine Suchmaschinen-Seite von GOOGLE mit entsprechenden Textanzeigen oberhalb und rechts der „organischen" Suchergebnisse.

2.3.7 Effektivität und Effizienz von Recruiting-Kanälen

Eine gute Zusammenfassung der vorangegangenen Abschnitte bietet die Analyse von Effektivität und Effizienz der wichtigsten Recruiting-Kanäle. Auch hier bieten die Ergebnisse der „RECRUITING TRENDS 2012" gute Anhaltspunkte (siehe Insert 2-15). Die Rubrik **Effektivität** wird dabei durch den Zufriedenheitsgrad mit den über verschiedene Recruiting-Kanäle eingestellten Kandidaten dargestellt, die Effizienz anhand des Kosten-/Nutzenverhältnisses analysiert.

Insert 2-15: *Effektivität und Effizienz von Recruiting-Kanälen*

Fragt man schließlich danach, über welche Recruiting-Kanäle die meisten Einstellungen generiert werden, so dominieren eindeutig die Einstellungen über die Internet-Stellenbörsen. Insert 2-16 zeigt die Anteile der über die verschiedenen Recruiting-Kanäle generierten Einstellungen im Überblick.

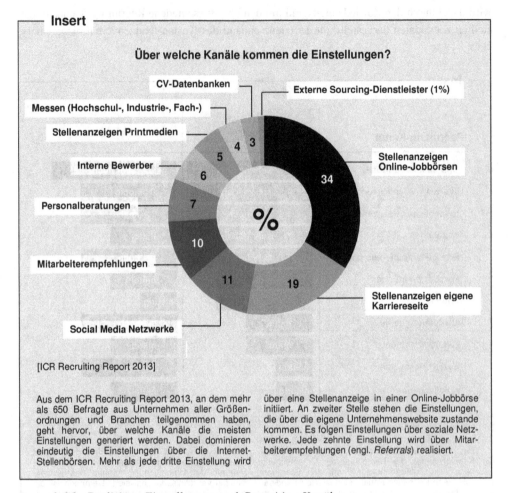

Insert 2-16: Realisierte Einstellungen nach Recruiting-Kanälen

2.3.8 Optimierung der Bewerberwahrnehmung

Zur Abrundung des Kapitels sollen die einzelnen Schritte des Aktionsfeldes *Signalisierung im Arbeitsmarkt* zusammengefasst und die wichtigsten Parameter, Prozesse, Instrumente und Werttreiber im Zusammenhang dargestellt werden.

(1) Aktionsparameter

Die Optimierung der Bewerberwahrnehmung lässt sich als Funktion der Signalisierung im Bewerbermarkt darstellen. Die Signalisierung wiederum setzt sich im Wesentlichen – wie oben dargestellt – aus folgenden Parametern zusammen:

- Anzahl **Neueinstellungen** (aus der Personalbedarfsplanung),
- Höhe des **Signalisierungsbudgets** (aus der Unternehmensplanung),
- Anzahl genutzter **Signalisierungskanäle** und
- Anzahl genutzter **Signalisierungsinstrumente**.

Damit ergibt sich für die Bewerberwahrnehmung folgender erweiterter Optimierungsansatz:

Bewerberwahrnehmung = f (Signalisierung) = f (Anzahl Neueinstellungen, Höhe des Signalisierungsbudgets, Anzahl genutzter Signalisierungskanäle, Anzahl genutzter Signalisierungsinstrumente) → *optimieren!*

(2) Prozesse

In Abbildung 2-30 ist bespielhaft ein Prozessmodell für das Aktionsfeld Signalisierung im Arbeitsmarkt dargestellt. Die konkrete Ausgestaltung eines Prozessmodells ist von einer Vielzahl von Einflussfaktoren abhängig (Branche, Unternehmensgröße, Art der Werttreiber etc.).

Zur instrumentellen Unterstützung kommen das Signalisierungs- bzw. Präferenzmodell sowie das E-Recruiting mit seinen verschiedenen Recruitingkanälen in Betracht.

(3) Werttreiber

Als *Werttreiber* in diesem Aktionsfeld können u. a. genannt werden [vgl. DGFP 2004, S. 43]:

- **Bewerbungskanalquote**, d. h. der Anteil der Bewerbungen nach definierten Signalisierungskanälen, im Verhältnis zu allen Bewerbungen. Hierbei geht es um die Frage, ob es dem Unternehmen gelingt, dass die Bewerber ihre Unterlagen vornehmlich über die vom Unternehmen bevorzugten Signalisierungskanäle einreichen.

- **Qualität der Bewerbungen**, d. h. der Anteil der Bewerbungen, die den formalen Stellenanforderungen entsprechen, im Verhältnis zu allen anderen Bewerbungen. In diesem Zusammenhang wird in Erfahrung gebracht, ob den Bewerbern ein realistisches Bild von den Stellenanforderungen vermittelt wurde.

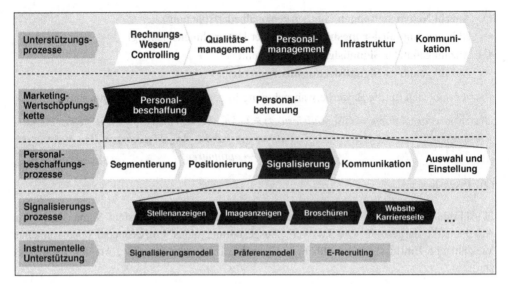

Abb. 2-30: Prozessmodell für das Aktionsfeld „Signalisierung im Arbeitsmarkt"

(4) Zusammenfassung

In Abbildung 2-31 sind alle wesentlichen Aspekte des Aktionsfeldes *Signalisierung im Arbeitsmarkt* (wie zugehöriger Aktionsbereich, Aktionsparameter, Instrumente, Werttreiber sowie das Optimierungskriterium) zusammengefasst.

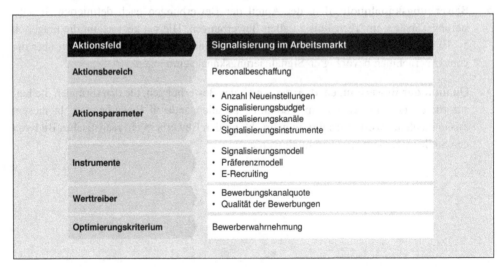

Abb. 2-31: Wesentliche Aspekte des Aktionsfeldes „Signalisierung im Arbeitsmarkt"

2.4 Kommunikation mit dem Bewerber

2.4.1 Aufgabe und Ziel der Kommunikation

Das Aktionsfeld *Kommunikation* dient als Weichenstellung für den Entscheidungsprozess des Bewerbers und ist das vierte Aktionsfeld im Rahmen des Personalbeschaffungsprozesses. Ziel der Kommunikation ist der Einstellungswunsch des Bewerbers und der Aufbau eines Vertrauensverhältnisses. Bei der Kommunikation geht es somit um die Optimierung des *Bewerbervertrauens:*

$$Bewerbervertrauen = f\,(Kommunikation) \rightarrow optimieren!$$

Während die *Signalisierungs*instrumente nur in eine Richtung wirken, betonen die *Kommunikations*instrumente den Dialog. Es geht im Aktionsfeld *Kommunikation* also um den **persönlichen Kontakt** des Unternehmens mit dem Bewerber. Die hier für die Aktionsfelder verwendeten Begriffe *Signalisierung* und *Kommunikation* sind nicht trennscharf. Häufig wird die Signalisierung auch als *unpersönliche* Kommunikation bezeichnet [vgl. auch SIMON et al. 1995, S. 175 ff.].

2.4.2 Kommunikationsmaßnahmen

Für die (persönliche) Kommunikation gibt es – ebenso wie für die (unpersönliche) Signalisierung – ein ganzes Bündel von Maßnahmen. Es reicht über das Angebot von Praktika und Werkstudententätigkeiten über Seminare und Vorträge an Hochschulen bis zur Durchführung von Sommerakademien und Career Camps. Insgesamt werden diese Kommunikationsmaßnahmen dem **Hochschulmarketing**, das nicht nur für größere Unternehmen zunehmend an Bedeutung gewinnt, zugerechnet. Immerhin besitzt das Hochschulmarketing für 78 Prozent aller Top-1.000-Unternehmen einen hohen Stellenwert und jedes zweite dieser Unternehmen sponsert Hochschulveranstaltungen [vgl. RECRUITING TRENDS 2010, S. 22].

Eine Bestandsaufnahme des Hochschulmarketings macht deutlich, dass bei der Auswahl und Entwicklung von Kommunikationsmaßnahmen der Kreativität keine Grenzen gesetzt sind. Oft reichen im Wettbewerb um den geeigneten Bewerber die klassischen Wege der Bewerberansprache nicht mehr aus. Entscheidend aber ist in jedem Fall, dass ein glaubwürdiger Dialog im Vordergrund jeglicher Kommunikation steht. Nur über Glaubwürdigkeit lässt sich das notwendige Vertrauen beim Bewerber aufbauen [zu den verschiedenen Kommunikationsmaßnahmen im Hochschulmarketing siehe insbesondere SCHMIDT 2004 sowie STEINMETZ 1997, THOM/FRIEDLI 2004, RIZZARDI 2005, THOMET 2005, SCHAMBERGER 2006, BECK 2008c].

Um die Vielzahl der zur Verfügung stehenden Kommunikationsmöglichkeiten und -maßnahmen in ihrer Bedeutung und in ihrer Wirkung auf das Informationsverhalten der Bewerber beurteilen zu können, bedarf es zunächst einer Strukturierung dieser Maßnahmen nach der **Form der Kommunikation** mit den Bewerbern. Danach sind folgende Maßnahmengruppen zu unterscheiden [vgl. LIPPOLD 2010, S. 14]:

- Maßnahmen der *direkten, individuellen* Kommunikation,
- Maßnahmen der *direkten, kollektiven* Kommunikation,
- Maßnahmen der *indirekten* Kommunikation und
- Maßnahmen der *Internet-*Kommunikation.

In Abbildung 2-32 ist eine Zuordnung der wichtigsten Kommunikationsmaßnahmen im Personalmarketing zu diesen Kommunikationsformen vorgenommen worden. Beachtenswert bei diesem Maßnahmenbündel ist, dass es fast ausschließlich für die Zielgruppe der Hochschulabsolventen bzw. Berufseinsteiger und weniger für erfahrene Berufswechsler oder Führungskräfte geeignet ist. Weiterhin ist zu berücksichtigen, dass die Maßnahmengruppen von den Inhalten her miteinander verwoben sind. Beispielsweise ist mit der Durchführung von Firmenworkshops oder Messeauftritten auch immer eine Präsentation des Arbeitgebers verbunden. Insofern ist eine trennscharfe Zuordnung der Einzelmaßnahmen zu den Maßnahmengruppen nahezu unmöglich.

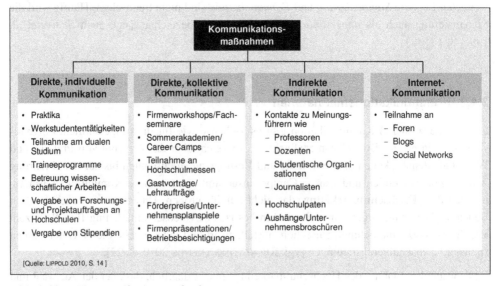

Abb. 2-32: Kommunikationsmaßnahmen

(1) Maßnahmen der direkten, individuellen Kommunikation

Zu den häufigsten Maßnahmen der direkten, individuellen Kommunikation zählt die Vergabe von Praktikumsplätzen. Das **Praktikum** ermöglicht eine frühzeitige Kontaktaufnahme mit interessierten Studierenden und dient dazu, Informationen bezüglich ihres Arbeitseinsatzes, -ergebnisses und -verhaltens zu gewinnen. Durch die zusätzlich gewonnenen Informationen kann der Auswahlprozess teilweise verkürzt oder ganz entfallen, besonders dann, wenn das Praktikum gegen Ende des Studiums absolviert wird. Im Gegenzug ermöglicht es den Studierenden, erste Einblicke in ein Unternehmen und seine Kultur zu erhalten. Diese Einblicke können entscheidend für die Wahl der ersten Arbeitsstelle sein. Zu unterscheiden ist zwischen *vorgeschriebenen* und *freiwilligen Praktika*. Durch die Studienreform (Bologna-Prozess) ist das Praktikum für Bachelor-Studierende obligatorisch geworden, so dass erst die Absolvierung eines weiteren Praktikums als freiwillig einzustufen ist. Um besonders gute Studierende frühzeitig zu binden, bieten (größere) Unternehmen vermehrt strukturierte *Praktikantenförderprogramme* an. Teilnehmer solcher Programme werden oftmals besser bezahlt und sind sehr stark in den normalen betrieblichen Ablauf eingebunden. Die „Generation Praktikum" hat bisweilen aber auch ihre Schattenseiten. So erhalten viele Praktikanten von ihrem Arbeitgeberunternehmen gar keine Vergütung (Praktikantenausbeutung). Ein Praktikum ohne angemessene Vergütung ist keine Eintrittskarte in die Arbeitswelt und für Unternehmen nur eine preiswerte Alternative zur normalen Beschäftigung. In der Politik wird daher teilweise schon ein Mindestlohn für Praktikanten diskutiert.

Eine weitere Möglichkeit, interessierte und leistungsstarke Studierende frühzeitig an sich zu binden, bietet die Teilnahme am **dualen Studium**. Duale Studiengänge haben in den letzten Jahren einen großen Zulauf erfahren. Immer mehr Schulabgänger und Studieninteressenten entscheiden sich für die Kombination aus Praxisphasen im Unternehmen und theoretischen Vorlesungszeiten in einer Uni, Fachhochschule, dualen Hochschule oder Berufsakademie. Ebenso haben auch viele Unternehmen die Vorteile der dualen Studiengänge, die nach einer Grundsatzentscheidung des Bundessozialgerichts generell als sozialversicherungspflichtige Beschäftigungsverhältnisse einzuordnen sind, erkannt und sich für die Einrichtung entsprechender Ausbildungsplätze entschieden. Insert 2-17 zeigt beispielhaft das umfangreiche duale Studienangebot der Prüfungs- und Beratungsgesellschaft PWC im den Bereichen Wirtschaftsprüfung, Steuerberatung und Consulting.

Insert 2-17: Das duale Studienangebot von PWC

Eine frühzeitige Bindung an das Unternehmen kann auch über die **Werkstudententätigkeit** erfolgen. Werkstudenten sind im Normalfall eine über eine längere Zeit angestellte Arbeitskraft. Die übertragenen Aufgaben können unterschiedliche Qualitäten aufweisen. Sie reichen von anspruchsvollen, interessanten Tätigkeiten über Aushilfsarbeiten bis hin zum Kaffeekochen.

Auch **Trainee-Programme** sind für Hochschulabsolventen eine konkrete Einstiegsmöglichkeit, die zudem eine Grundlage für eine erfolgreiche Führungskarriere im betreffenden Unternehmen sein kann. Trainees sind firmenspezifische Nachwuchsförderungen, die heutzutage in vielen Großunternehmen zum festen Bestandteil betrieblicher Personalentwicklung gehören. Die Hochschulabgänger erhalten die Gelegenheit, durch unternehmensspezifische Praxiseinführung verschiedene Einsatzgebiete kennenzulernen.

Die **Betreuung wissenschaftlicher Arbeiten** bietet Unternehmen die Möglichkeit zur gezielten Rekrutierung besonders leistungsfähiger Nachwuchskräfte. Darüber hinaus steht der Wissenstransfer zwischen Hochschule und Praxis im Mittelpunkt einer solchen Maßnahme. Zu den wissenschaftlichen Arbeiten zählen Seminar-, Bachelor-, Master- und Diplomarbeiten. Durch Vergabe eines vom Unternehmen definierten Themas können sich die Studierenden weitgehend selbstständig mit der Problemstellung auseinandersetzen und Gestaltungsempfehlungen abgeben. Der Grad der Unterstützung kann dabei sehr stark variieren.

Auch die Zusammenarbeit mit Hochschulen im Bereich *Forschung und Entwicklung* kann gezielt für das Personalmarketing verwendet werden. Bei Vergabe von **Forschungs- und Projektaufträgen** können Qualitäten der Projektteilnehmer beobachtet werden. Ähnlich wie bei der Betreuung wissenschaftlicher Arbeiten steht vor allem der Wissenstransfer von der Hochschule in das Unternehmen im Vordergrund.

Auch durch die Vergabe von **Stipendien** kann frühzeitig Kontakt zu qualifizierten Studierenden aufgenommen werden. Die Förderung von Wissenschaft und Forschung trägt zum einen zur positiven Imagebildung und zum anderen zur Rekrutierung von geeigneten Absolventen bei. Die Unterstützung kann entweder direkt durch finanzielle Förderung oder indirekt durch Sachleistungen wie Fachbücher erfolgen.

(2) Maßnahmen der direkten, kollektiven Kommunikation

Bei den Maßnahmen der direkten, aber kollektiven Kommunikation steht die Direktansprache von *Personengruppen* und nicht von einzelnen Personen im Vordergrund. Im Rahmen von **Firmenworkshops** oder **Fachseminaren** können Fallbeispiele, Diskussionsrunden oder Präsentationen bei einer vorselektierten Gruppe durchgeführt werden. Dadurch wird ein aktiver Austausch zwischen Unternehmen und Studierenden sichergestellt. Zudem kann eine solche Maßnahme ähnlich wie bei einem *Assessment Center* für eine erste betriebliche Qualifizierung genutzt werden. Die Dauer der Workshops kann dabei von mehreren Stunden bis hin zu einer Woche variieren. Internationale Unternehmensberatungen bieten beispielsweise *Wochenendworkshops, Sommerakademien* oder *Career Camps* für High Potentials zum Thema Consulting an (siehe Insert 2-18).

Insert

Das Career Camp

Brechen Sie aus dem Berufsalltag aus und erleben Sie ein Wochenende mit spannenden Fallstudien. Für zwei Tage übernehmen Sie die Rolle eines Capgemini Consulting Beraters.

Im Team mit anderen herausragenden Young Professionals, die wie Sie über mindestens ein bis zu fünf Jahre Beratungs- und/oder Industrieerfahrung verfügen, bearbeiten Sie konkrete Aufgaben aus der Beratungsumfeld-Praxis. Unterstützen Sie Kunden, komplexe Herausforderungen im CFO-Umfeld zu meistern.

Erarbeiten Sie in diesem Zusammenhang Ihre Strategieempfehlung und präsentieren Sie diese gemeinsam mit Ihrem Team einer Jury.

Zur Rekrutierung leistungsfähiger Young Professionals, die bereits über eine gewisse praktische Erfahrung verfügen, haben sich in der Consultingbranche **Sommerakademien** und **Career Camps** etabliert. Die Teilnehmer bearbeiten im Team konkrete Problemstellungen aus der Praxis und werden dabei von erfahrenen Mitarbeitern des Unternehmens betreut und bewertet. Auf diese Weise verschaffen sich die Teilnehmer erste Einblicke in ein für sie neues Unternehmensumfeld.

Insert 2-18: Einladung zum Career Camp der CAPGEMINI CONSULTING

Eine viel genutzte Möglichkeit der ersten Kontaktaufnahme mit potentiellen Hochschulabsolventen stellen **Hochschulmessen** dar. Durch die Präsenz vor Ort kann sich das Unternehmen als zukünftiger Arbeitgeber präsentieren und so eine effiziente zielgruppengerechte Ansprache ermöglichen. Der Messeauftritt hat demzufolge sowohl eine Image- als auch eine Rekrutierungsfunktion. Zu den typischen Formen der Hochschulmessen zählen eintägige Firmenkontaktveranstaltungen, die von Studentenorganisationen (z. B. AIESEC) auf dem Campus selbst organisiert werden. Darüber hinaus haben sich verschiedene Arten von Hochschulmessen etabliert, die sich vor allem durch den Durchführungsort, den Einsatz von Auswahlverfahren, die Anzahl und Qualifikation der Besucher sowie die Anzahl der teilnehmenden Unternehmen unterscheiden. Anhand bestimmter Kriterien wie Besucherzahl, Besucherqualität, anwesende Konkurrenzunternehmen und der Möglichkeit zur Selbstdarstellung obliegt es dem Unternehmen, die geeigneten Messen auszuwählen.

Neben den hochschuleigenen Messen haben sich **kommerzielle Messen** mit teilweise über 100 Ausstellern durchgesetzt. Hierbei treffen Unternehmen mit eigenen Recruitingständen auf sehr viele Interessenten. Durch die hohe Präsenz der Zielgruppe erhoffen sich jene Arbeitgeber bessere Erfolgschancen, die jährlich größere Kontingente von Hochschulabsolventen einstellen. Mit knapp 12.000 Besuchern und über 500 ausstellenden Unternehmen aller Branchen hat sich die Kölner Messe „Zukunft Personal" als bedeutendste Jobmesse Deutschlands etabliert. Die Besucherzahlen allein sagen jedoch wenig über die Qualität einer Messe aus. Um den Nutzen einer Messebeteiligung zu prüfen, wird unterschieden zwischen dem *Marketingwert* einer Messe, der die Anzahl der Kontakte erfasst, und dem *Selektionswert*, der die Qualität der Kontakte kennzeichnet [vgl. TEETZ 2008, S. 144].

Eine weitere Möglichkeit zur direkten, kollektiven Kontaktaufnahme mit potentiellen Bewerbern sind themenbezogene **Gastvorträge**, zu denen Unternehmensvertreter während der Vorlesungszeiten gerne eingeladen werden. Die Verbindung von Praxis und Lehre sowie die Möglichkeit, das Unternehmen mit seiner Leistungsfähigkeit zu präsentieren, kommen beiden Seiten zugute.

Eine besonders effektive Möglichkeit, Theorie und Praxis zu „verlinken" und damit lebensnahe Wissenschaft zu ermöglichen, ist die Übernahme von **Lehraufträgen** durch Firmenvertreter. Besonders leistungsstarke Studierende können im Rahmen der Vorlesung/Übung frühzeitig identifiziert und angesprochen werden. Bei dieser Kommunikationsmaßnahme steht neben dem Wissenstransfer und der allgemeinen Imagefunktion besonders die Recruitingfunktion im Vordergrund.

Die Ausschreibung von **Förderpreisen** zielt ebenfalls darauf ab, leistungsfähige Studierende zu identifizieren. Die Auszeichnungen erfolgen zumeist durch eine finanzielle Prämierung oder durch die Vergabe von attraktiven Praktikumsplätzen.

Eine Möglichkeit zur praxisbezogenen Themenbearbeitung stellen **Unternehmensplanspiele** dar. Anhand einer konkreten Fragestellung wird versucht, innerhalb eines bestimmten Zeitraumes eine Lösung auszuarbeiten. Planspiele können entweder in der Hochschule, im Unternehmen oder via Internet durchgeführt werden.

Firmenpräsentationen werden vorwiegend im Umfeld von Messeveranstaltungen, bei themenspezifischen Veranstaltungen, in Vorlesungen oder im Rahmen von Betriebsbesichtigungen durchgeführt.

Betriebsbesichtigungen haben zum Ziel, Besucher mit dem Unternehmen bekannt zu machen. Durch die Kombination von Fachvorträgen, Diskussionen und Betriebsbegehungen wird versucht, ein positives Arbeitgeberimage zu verankern.

(3) Maßnahmen der indirekten Kommunikation

Maßnahmen der indirekten Kommunikation haben zumeist die direkte Kommunikation zum Ziel, d. h. sie bereiten die direkte Kontaktaufnahme mit dem Arbeitgeber vor. Eine wichtige Gruppe umfasst dabei **Kontakte zu Meinungsführern** wie z. B. studentische Organisationen, Professoren, Dozenten, Journalisten oder Berufsberatern. Diese wirken als Multiplikatoren und üben einen nicht zu unterschätzenden Einfluss auf potentielle Bewerber aus. Es wird so-

2.4 Kommunikation mit dem Bewerber

gar behauptet, dass diese Kommunikationsform zu den wirkungsvollsten Einflussfaktoren bei der Arbeitgeberwahl zählen [vgl. SCHAMBERGER 2006, S. 71].

Um zielführende Kontakte mit Professoren und Dozenten zu vertiefen, haben Unternehmen mit größeren Einstellungskontingenten **Hochschulpaten** etabliert. Solche Paten, die entweder aus Absolventen der betreffenden Hochschule oder aus Personalreferenten gebildet werden, übernehmen für einen längeren Zeitraum die Betreuung der Ziel-Hochschule.

Zur indirekten Kommunikationsform zählen schließlich die generellen Unternehmensinformationen, die häufig nach Gastvorträgen bzw. nach Unternehmenspräsentationen in Form von **Broschüren** abgegeben werden. Diese werden zum Teil auch in den öffentlichen Auslagen der Hochschulen bereitgestellt. Die Pflege, d. h. die regelmäßige Überprüfung und ggf. der Austausch der Bestände mit aktuellen Dokumentationen wird häufig ebenfalls von Hochschulpaten wahrgenommen. Informationen bezüglich Praktika, Projektarbeiten oder Stellenangeboten werden oft als **Aushänge** am „Schwarzen Brett" publiziert.

Eine nicht so sehr bekannte, dennoch aber sehr durchschlagskräftige Maßnahme der indirekten Kommunikation ist die Durchführung von **Referral-Programmen**. Darunter sind Personalbeschaffungsmaßnahmen zu verstehen, bei denen die Mitarbeiter des eigenen Unternehmens gebeten werden, interessante Kandidaten (z. B. aus ihrem Bekannten- oder Freundeskreis) für bestimmte Positionen vorzuschlagen. Nach erfolgreichem Ablauf der Probezeit des Kandidaten erhält der Mitarbeiter, der den Kandidaten vorgeschlagen hat, eine entsprechende Prämie. Die Rekrutierung über Mitarbeiterempfehlungen hat sich immer dann bewährt, wenn ein Mangel an qualifizierten Mitarbeitern vorherrscht. So konnte CAPGEMINI CONSULTING im Jahr 2007 über 20 Prozent seines Rekrutierungsbedarfs über ein attraktives Referral-Programm abdecken und dadurch einen nicht unbeträchtlichen Teil der Personalbeschaffungskosten einsparen.

(4) Internet-Kommunikation

Die Nutzung des Internets in der Personalbeschaffung beschränkt sich nicht nur auf den Bewerbungseingang und die Bewerbungsabwicklung sowie auf die Veröffentlichung von Stellenanzeigen auf der unternehmenseigenen Homepage oder in Jobbörsen (siehe E-Recruiting, 2.3.4). Seitdem Foren, Blogs und Social Networks bestehen, haben sich sowohl für Unternehmen, als auch für Bewerber neue Potenziale eröffnet, wenn es um die Suche nach Informationen über die jeweils andere Seite geht.

Die Kommunikation verlagert sich also zunehmend vom privaten in den öffentlichen Raum. Zusammengefasst wird diese Entwicklung unter dem Schlagwort **Web 2.0**, dessen spezifische Anwendungsformen (Applikationen) für das Personalmarketing mehr und mehr an Bedeutung gewinnen.

Im Einzelnen stehen dem Personalmarketing folgende Anwendungsformen der Web 2.0-Entwicklung zur Verfügung [vgl. JÄGER 2008, S. 57 f. und JÄGER et al. 2007, S. 10]:

- **Blogs** (Kurzbezeichnung für **Weblogs**) sind eine Art *Online-Tagebücher*, in denen Personen zu persönlichen und fachlichen Themen Texte und Bilder veröffentlichen.

- **Wikis und Nachschlagewerke** sind Enzyklopädien wie WIKIPEDIA, die von den Nutzern selbst erstellt, korrigiert und weiterentwickelt werden.

- **Beziehungsnetzwerke** (engl. *Social Networks*) sind Webanwendungen wie FACEBOOK, XING oder LINKEDIN, die es ermöglichen, persönliche Profile anzulegen und diese miteinander zu verknüpfen, um Beziehungen zwischen Personen abzubilden und somit „Kontakte zweiten Grades" herzustellen.

- **Podcasts** sind selbstproduzierte Audioaufnahmen, die auf dem Computer direkt gehört oder auf ein tragbares Gerät (z. B. APPLE iPod) überspielt werden können.

- **RSS Feed** (Kurzbezeichnung für *Really Simple Syndication*) ist eine Abonnementfunktion, die neue Inhalte aus ausgewählten Blogs, Podcasts und anderen Informationsquellen direkt in den Browser oder an das E-Mail-Programm des Nutzers sendet.

Im Mittelpunkt dieser Aufzählung stehen die Beziehungsnetzwerke, die aufgrund ihrer besonderen Bedeutung für das Personalmarketing im Folgenden näher beleuchtet werden sollen.

2.4.3 Social Media

Die ständig wachsende Bedeutung von sozialen Netzwerken lässt sich an folgenden Fakten festmachen [vgl. TALENTIAL 2010, S. 4]:

- Zweidrittel aller weltweiten Internet-Nutzer besuchen täglich Social Networks (so sind alleine 200 Millionen User rund um die Uhr in FACEBOOK eingeloggt).

- Die durchschnittliche Verweildauer in Beziehungsnetzwerken wächst dreimal so schnell wie die durchschnittliche Internet-Rate.

- Die Anzahl der FACEBOOK-Teilnehmer wächst täglich um 700.000 User.

- Mehr als drei Milliarden Fotos werden jeden Monat auf FACEBOOK hochgeladen.

- Mehr als 100 Millionen Videos werden täglich auf YOUTUBE gesehen.

Um die Auswirkungen dieses Phänomens für das Personalmarketing einordnen zu können, ist es erforderlich, die Nutzung von Social Media durch die Bewerber einerseits und durch die Unternehmen als Arbeitgeber andererseits zu analysieren. Neben Bewerber und Unternehmen kommt aber noch eine dritte Zielgruppe für das Personalmarketing hinzu: die eigenen Mitarbeiter.

(1) Nutzung von Social Media-Kanälen durch Bewerber

Eine Eingrenzung der Netzwerk-User auf die für das Personalmarketing relevanten Bewerberzielgruppen zeigt deutliche Unterschiede beim Nutzungsgrad der Social Media-Kanäle. Insert 2-19 liefert eine Übersicht über die unterschiedlichen Nutzungsgrade nach Bewerbergruppen. So liegen bei den Bewerbergruppen mit weniger als drei Jahren Berufserfahrung

2.4 Kommunikation mit dem Bewerber

FACEBOOK und die VZ-Netzwerke in der Beliebtheitsskala deutlich vorn, während bei den Bewerbern mit mehr als drei Jahren Berufserfahrung das Netzwerk XING am beliebtesten ist.

Generell lässt sich sagen, dass sich die Bewerber/Kandidaten bei der beruflichen Nutzung noch in der Findungsphase befinden. Einerseits wollen sie Unternehmen ungern Einblicke in ihre private Sphäre geben, andererseits lieben sie die persönliche Ansprache [vgl. PETRY/SCHRECKENBACH 2010].

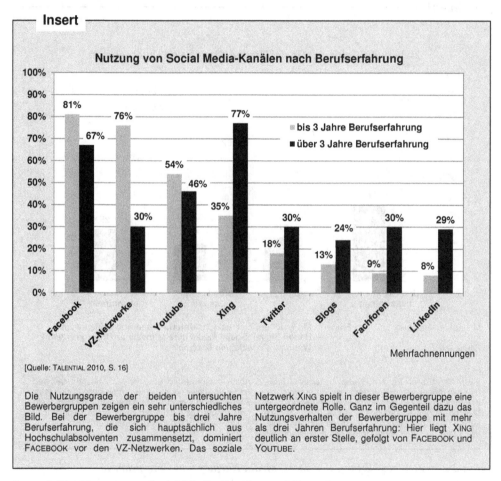

Insert 2-19: Nutzung von Social Media-Kanälen nach Bewerbergruppen

(2) Nutzung von Social Media-Kanälen durch Unternehmen

Wie haben sich die Unternehmen auf den Social Media-Boom eingestellt? In welcher Form nehmen sie an diesem Medium teil? Welche Ziele verfolgen sie mit einer Teilnahme? Gibt es bereits Erfolge auf Seiten der Unternehmen mit Social Media? Die Studie von TALENTIAL [2010] hat sich zum Thema „Nutzung von Social Media im Employer Branding und im Online-Recruiting" mit diesen und ähnlichen Fragen auseinandergesetzt (siehe Insert 2-20).

Auch hier lässt sich feststellen, dass das Thema – obwohl bereits viele Unternehmen mit Social Media aktiv sind – mehrheitlich noch in den Kinderschuhen steckt. Social Media ist kein Event mit einem klar definierten Ende wie bspw. eine Messe, sondern ein kontinuierlicher Kommunikationsprozess zwischen den Beteiligten. Daher ist es auch so schwierig, hier eine nachhaltige Kommunikationsstrategie mit entsprechenden Kommunikationsverantwortlichen aufzubauen [vgl. PETRY/SCHRECKENBACH 2010].

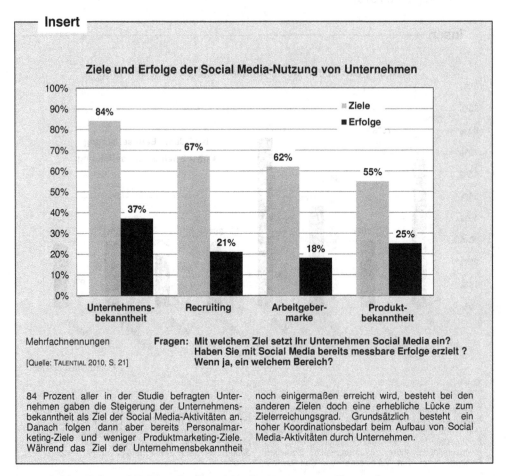

Insert 2-20: Ziele und Erfolge der Social Media-Nutzung von Unternehmen

Die Frage, die sich unmittelbar an die generellen Ziele und Zielerreichungsgrad der Social Media-Nutzung anschließt, befasst sich mit der Nutzung und Bedeutung von Netzwerkplattformen zur Informationssuche über Bewerber/Kandidaten.

Insert 2-21 zeigt, inwieweit die deutschen Top-1.000-Unternehmen, die an der Studie RECRUITING TRENDS 2010 teilgenommen haben, derartige Web 2.0-Netzwerkplattformen und

2.4 Kommunikation mit dem Bewerber

Suchmaschinen nutzen und wie sie deren Bedeutung einschätzen. In Insert 2-22 ist zudem am Beispiel der LUFTHANSA die unternehmensweite Nutzung einer FACEBOOK-Seite dargestellt.

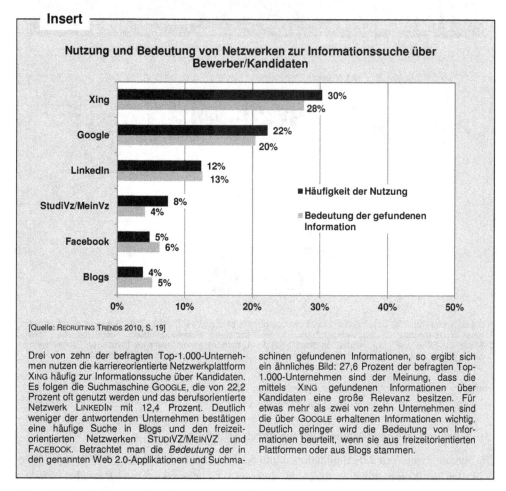

Drei von zehn der befragten Top-1.000-Unternehmen nutzen die karriereorientierte Netzwerkplattform XING häufig zur Informationssuche über Kandidaten. Es folgen die Suchmaschine GOOGLE, die von 22,2 Prozent oft genutzt werden und das berufsorientierte Netzwerk LINKEDIN mit 12,4 Prozent. Deutlich weniger der antwortenden Unternehmen bestätigen eine häufige Suche in Blogs und den freizeitorientierten Netzwerken STUDIVZ/MEINVZ und FACEBOOK. Betrachtet man die *Bedeutung* der in den genannten Web 2.0-Applikationen und Suchmaschinen gefundenen Informationen, so ergibt sich ein ähnliches Bild: 27,6 Prozent der befragten Top-1.000-Unternehmen sind der Meinung, dass die mittels XING gefundenen Informationen über Kandidaten eine große Relevanz besitzen. Für etwas mehr als zwei von zehn Unternehmen sind die über GOOGLE erhaltenen Informationen wichtig. Deutlich geringer wird die Bedeutung von Informationen beurteilt, wenn sie aus freizeitorientierten Plattformen oder aus Blogs stammen.

Insert 2-21: Nutzung und Bedeutung von Netzwerkplattformen zur Informationssuche über Kandidaten

Es ist selbstverständlich der Albtraum für jeden Bewerber, wenn sein neuer Job zum Greifen nahe scheint und dann doch eine Absage aufgrund eines peinlichen Fotos auf Facebook kommt. Tatsächlich nutzen immer mehr Personaler die sozialen Netzwerke, um sich über potenzielle Mitarbeiter zu informieren. Doch das eigentliche Potenzial des Web 2.0 liegt nicht in kompromittierenden Fakten, sondern in der Möglichkeit, von Mensch zu Mensch mit zukünftigen Kandidaten zu kommunizieren.

Insert 2-22: Die FACEBOOK-Seite der LUFTHANSA

(3) Nutzung von Social Media-Kanälen durch Mitarbeiter

Die Nutzung von Web 2.0-Applikationen und Suchmaschinen haben aber nicht nur die Möglichkeiten der Kommunikation durch das Internet für Unternehmen und Bewerber, sondern auch für die eigenen **Mitarbeiter** des Unternehmens erheblich erweitert. Diese können ihre Meinungen nun auch fernab von Presse- und Unternehmensmedien oder Kommunikationsabteilungen veröffentlichen.

Auch das Personalmanagement hat ganz offensichtlich erkannt, wie wichtig die Nutzung neuer Medien ist, um die interne Zusammenarbeit und die Verbindung der Mitarbeiter mit ihrer eigenen Organisation (engl. *Connectivity*) zu verbessern.

In Insert 2-23 ist die Einschätzung von Unternehmen zu der Frage widergegeben, wie wichtig die Nutzung neuer Medien eingestuft wird, um die Konnektivität der Mitarbeiter in der eigenen Organisation zu erhalten und zu verbessern.

2.4 Kommunikation mit dem Bewerber

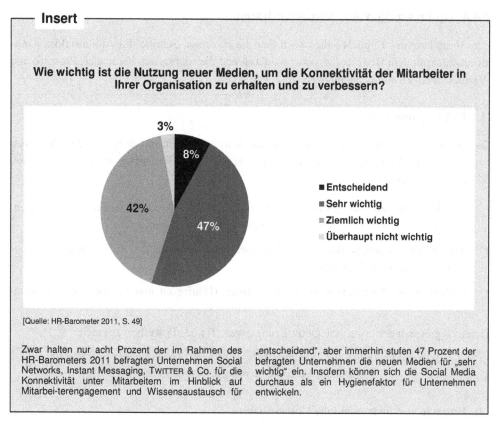

> **Insert**
>
> Zwar halten nur acht Prozent der im Rahmen des HR-Barometers 2011 befragten Unternehmen Social Networks, Instant Messaging, TWITTER & Co. für die Konnektivität unter Mitarbeitern im Hinblick auf Mitarbei-terengagement und Wissensaustausch für „entscheidend", aber immerhin stufen 47 Prozent der befragten Unternehmen die neuen Medien für „sehr wichtig" ein. Insofern können sich die Social Media durchaus als ein Hygienefaktor für Unternehmen entwickeln.

Insert 2-23: Wichtigkeit neuer Medien für die Konnektivität der Mitarbeiter

Zukünftig werden also immer mehr Mitarbeiter freiwillig oder unfreiwillig zu Botschaftern ihres Unternehmens bzw. der Unternehmensmarke. Auf diese (weitgehend unkontrollierbaren) Kommunikationswege müssen sich Arbeitgeber einstellen und vorbereiten. Employer Branding wächst also auch „von innen heraus".

Es ist also zu kurz gesprungen, wenn sich Unternehmen ausschließlich bei der Zielgruppe der potentiellen Bewerber positionieren. Auch andere Zielgruppen wie Mitarbeiter, Analysten, Kunden, Journalisten, Lieferanten, Alumni und sonstige Interessierte (also die *Stakeholder* eines Unternehmens) sind daran interessiert, wie sich das Unternehmen als Arbeitgeber präsentiert oder sich sozial engagiert. Hier müssen also PR-Arbeit und HR-Arbeit Hand in Hand gehen, auch (oder gerade!) wenn ein Arbeitgeber schon längst keine vollständige Kontrolle mehr darüber hat, was über ihn veröffentlicht wird [vgl. JÄGER 2008, S. 64 f.].

2.4.4 Optimierung des Bewerbervertrauens

Zur Abrundung des Kapitels sollen auch hier die einzelnen Schritte des Aktionsfeldes Kommunikation mit dem Bewerber zusammengefasst und die wichtigsten Parameter, Prozesse und Werttreiber im Zusammenhang dargestellt werden.

(1) Aktionsparameter

Das Bewerbervertrauen wird als Funktion der Kommunikation mit dem Bewerber beschrieben. Um dieses Vertrauen zu optimieren, müssen folgende Parameter der Kommunikation berücksichtigt werden:

- **Art der Kommunikationsmaßnahmen** (d. h. Praktika, Traineeprogramme, Stipendien, Lehraufträge, Teilnahme an Hochschulmessen, Social Networks etc.)
- **Anzahl der Kommunikationsmaßnahmen** (d. h. Anzahl der Praktikumsplätze, der Traineeprogramme, Stipendien etc.)
- **Intensität der Kommunikationsmaßnahmen** (Häufigkeit und Frequenz der Maßnahmen).

Daraus ergibt sich der erweiterte Optimierungsansatz für das Bewerbervertrauen:

$$Bewerbervertrauen = f(Kommunikation) = f(Art, Anzahl\ und\ Intensität\ der\ Kommunikationsmaßnahmen \rightarrow optimieren!$$

(2) Prozesse und instrumentelle Unterstützung

In Abbildung 2-33 ist beispielhaft ein Prozessmodell für das Aktionsfeld *Kommunikation mit dem Bewerber* dargestellt. Die konkrete Ausgestaltung eines Prozessmodells ist auch hier von einer Vielzahl von Einflussfaktoren abhängig (Branche, Unternehmensgröße, Anforderungsprofile, Auswahl und Anzahl der Kommunikationsmaßnahmen, Art der Werttreiber etc.).

2.4 Kommunikation mit dem Bewerber

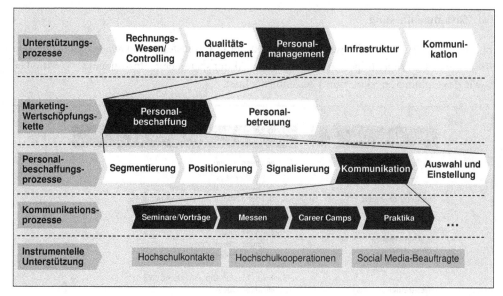

Abb. 2-33: Prozessmodell für das Aktionsfeld „Kommunikation mit dem Bewerber"

Als instrumentelle Unterstützung der Kommunikationsprozesse kommen im weitesten Sinne Hochschulkontakte, Hochschulkooperationen sowie die Institutionalisierung von Social Media-Beauftragten in Betracht.

(3) Werttreiber

Zu den *Werttreibern* des Aktionsfeldes *Kommunikation* zählen u. a. [vgl. DGFP 2004, S. 439]:

- **Bachelor-/Master-/Diplomandenquote**, d. h. der Anteil der Hochschulabsolventen an allen Mitarbeitern in definierten Organisationseinheiten (z. B. FuE-Bereich). Hier geht es um die Frage, ob das Unternehmen in wichtigen Teilbereichen mit genügend Nachwuchsführungskräften ausgestattet ist.

- **Praktikantenquote**, d. h. das Verhältnis der Anzahl der Praktikanten zur Gesamtmitarbeiterzahl. Hier liegt deshalb ein Werttreiber vor, weil sich der zum Teil recht aufwändige Auswahlprozess durch die Vergabe von Praktikumsplätzen und der anschließenden unbefristeten Übernahme der leistungsfähigsten Praktikanten stark verkürzen lässt.

- **Auswahlqualität High Potentials**, d. h. die Anzahl der High Potentials, bei denen die Potenzialeinschätzung der Auswahl- und Einstellungsverfahren nach einem Jahr durch die Potenzialbewertung der Führungskraft bestätigt wird. Hierbei wird in Erfahrung gebracht, ob die High Potential-Bewertungen in der Auswahlphase den späteren Bewertungen der Führungskräfte entsprechen.

(4) Zusammenfassung

In Abbildung 2-34 sind die wichtigsten Punkte des Aktionsfeldes *Kommunikation mit dem Bewerber* (wie zugehöriger Aktionsbereich, Aktionsparameter, Instrumente, Werttreiber sowie das Optimierungskriterium) zusammengefasst.

Aktionsfeld	Kommunikation mit dem Bewerber
Aktionsbereich	Personalbeschaffung
Aktionsparameter	• Art der Kommunikationsmaßnahmen • Anzahl der Kommunikationsmaßnahmen • Intensität der Kommunikationsmaßnahmen
Instrumentelle Unterstützung	• Hochschulkontakte • Hochschulkooperationen • Social Media-Beauftragte
Werttreiber	• Bachelor-/Master-/Diplomanden-Quote • Praktikanten-Quote • Auswahlqualität der High Potentials
Optimierungskriterium	Bewerbervertrauen

Abb. 2-34: Wesentliche Aspekte des Aktionsfeldes „Kommunikation mit dem Bewerber"

2.5 Personalauswahl und -integration

2.5.1 Aufgabe und Ziel der Personalauswahl und -integration

Das fünfte und letzte Aktionsfeld im Rahmen der personalbeschaffungsorientierten Prozesskette ist die *Auswahl und Einstellung* des Bewerbers. Bei diesem Aktionsfeld geht es um die Optimierung der Bewerberakzeptanz:

$$Bewerberakzeptanz = f(Auswahl\ und\ Integration) \rightarrow optimieren!$$

Ziel der Personal*auswahl* ist es, den geeignetsten Kandidaten für die vakante Stelle/Position zu finden. Ziel der Personal*integration* ist es, dem neuen Mitarbeiter die Einarbeitung in die Anforderungen des Unternehmens zu erleichtern. Während die Personalauswahl noch eindeutig der Personalbeschaffungskette zuzuordnen ist, bildet die Personalintegration die Nahtstelle zwischen der Personalbeschaffungskette und der Personalbetreuungskette.

2.5.2 Prozess der Personalauswahl

Gleich ob es sich um eine Bewerbung, die auf eine offene Stelle gezielt abhebt *(gezielte Bewerbung)*, um eine unaufgeforderte Bewerbung *(Initiativbewerbung)* oder um eine Bewerbung handelt, die sich auf eine Empfehlung bezieht *(Empfehlungsbewerbung)*, in jedem Fall sollte das Unternehmen jede Bewerbung in seine Bewerberdatei (Bewerbungspool) aufnehmen und über den Bewerbungszeitraum hinweg sammeln [vgl. BRÖCKERMANN 2007, S. 96].

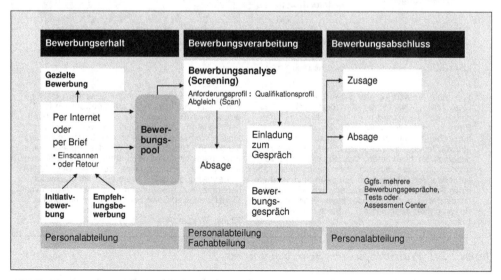

Abb. 2-35: Personalauswahlprozess (Schema)

Im Anschluss daran erfolgt eine Bewerbungsanalyse (Bewerberscreening) mit dem Ziel, den bzw. die besten Kandidaten zu einem Vorstellungsgespräch, das ggf. mit einem Eignungstest oder Assessment Center kombiniert wird, einzuladen. Zielsetzung des Vorstellungsgesprächs ist es, die *Könnens- und Wollenskomponenten* des Bewerbers im Hinblick auf die vakante Stelle zu betrachten. Das Interview dient darüber hinaus der Klärung von Details aus dem Lebenslauf. Letztlich soll im Einstellungsinterview festgestellt werden, ob der Bewerber auch tatsächlich zum Unternehmen passt, wobei emotionale Komponenten, aber auch rein äußerliche Merkmale durchaus eine Rolle spielen. Das Einstellungsinterview soll auch die Bewerber über das Unternehmen selbst, über die Anforderungen der vakanten Stelle und die Einsatzgebiete informieren. Ist die endgültige Personalauswahlentscheidung (nach einem finalen Abgleich des Anforderungsprofils mit dem Eignungsprofil des Bewerbers) getroffen, folgen Zusage und Vertragsunterzeichnung.

Der hier beispielhaft skizzierte Personalauswahlprozess ist in Abbildung 2-35 schematisch dargestellt. Darüber hinaus zeigt Insert 2-24 beispielhaft konkrete Zahlen beim Bewerbungsprozess einer Unternehmensberatung.

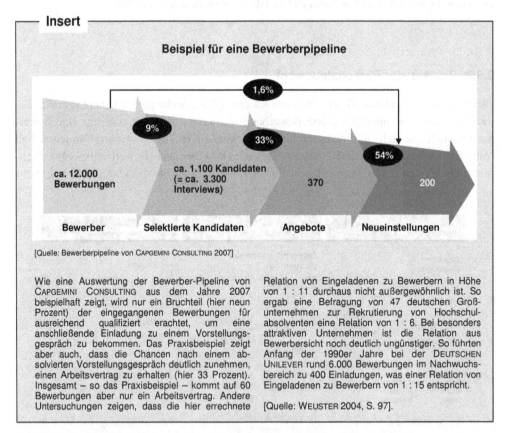

Insert 2-24: Praxisbeispiel zum Bewerbungsprozess

Einige sehr radikale, aber durchaus ernst zu nehmende Empfehlung für den Personalauswahlauswahlprozess speziell von Führungs- und Führungsnachwuchskräften sind in Insert 2-25 (etwas verkürzt) wiedergegeben. Der Autor dieser Empfehlungen ist Partner und Geschäftsführer bei dem internationalen Beratungsunternehmen ACCENTURE.

Insert

Radikalkur in der Personalauswahl
von *Thorsten Schumacher*

Ein Schlagwort hat Geschichte gemacht: „War for talents" ist ein Begriff, der zugleich Entschlossenheit, martialische Nachdrücklichkeit und Siegeswillen ausstrahlt. Doch ein realistischer Blick in den Alltag des Personalgeschäfts lässt einen häufig erschaudern. Die Personalauswahl befindet sich – so die Auffassung des Autors – in zu vielen Unternehmen in einem schlechten Zustand. Die folgenden sieben Empfehlungen stellen die Praxis der Personalauswahl auf den Kopf. Wer sie beherzigt, wird nach Meinung des Autors eine weitgehend unentdeckte Quelle für Leistungs- und Wettbewerbsfähigkeit in der Personalbeschaffung erschließen.

1. Empfehlung: **Glaubwürdigkeit statt Übertreibung**

Fragt man die Personalrecruiter nach den Eigenschaften, die eine Führungskraft auf sich vereinigen sollte, so hören sich die Antworten regelmäßig wie das „Einmaleins zum Universalgenie" an, zum Beispiel: unternehmerisch denken, teamorientiert, emphatisch, sensibel, durchsetzungsstark, entscheidungsfreudig, visionär, kommunikativ, begeisterungsfähig, begeisternd, sozial ausgerichtet, multikulturell. Die in den Personalabteilungen vorherrschende Meinung, dass Top-Leute eine Mischung aus Nobelpreisträger für Mathematik, Oberstleutnant und Show-Master sein müssten, ist allerdings nicht nur auf Führungskräfte beschränkt, sondern auch bei Hochschulabsolventen liegt die Latte für den Wunschkandidaten ziemlich hoch: 25 Jahre, hat in zwei Ländern studiert, diverse Praktika absolviert, spricht natürlich verhandlungssicheres Englisch (99 Prozent der Absolventen haben noch nie eine Verhandlung in englischer Sprache führen können), ist in verschiedenen Institutionen sozial, kulturell oder sonst wie engagiert und hat natürlich eine erste zwei- bis dreijährige berufliche Praxis erfolgreich hinter sich gebracht. Drehen wir mal den Spieß herum. Für mich scheinen diejenigen Unternehmen glaubwürdig, die diese Immer-schneller-höher-weiter-Spirale nicht mitmachen und ambitionierte, aber eben auch realistische Erwartungen formulieren.

2. Empfehlung: **Assignments statt Stellen**

Die Personalauswahl wird in der Praxis auf Basis einer falschen Fragestellung durchgeführt. Diese lautet: Welcher Kandidat passt am besten zu der offenen Stelle und der dazugehörigen Stellenbeschreibung? Ich habe in meiner Arbeit kaum etwas finden können, das so überflüssig und nichtssagend ist wie Stellenbeschreibungen. Schon der Begriff ist vielsagend: eine Stelle steht, ist unbeweglich, starr und statisch. Entsprechend sind auch die Stellenbeschreibungen statisch und zudem unverständlich. Statt dessen empfehle ich, den Blick auf Assigments zu lenken. Also: welche spezifische Aufgabe stellt sich für den nächsten überschaubaren Zeithorizont und welche Ergebnisse sind zu erwarten?

3. Empfehlung: **An Stärken orientieren**

Wenn die Mitarbeiter ihre individuellen Stärken nicht zur Geltung bringen können, hat dies vier fatale Folgen: die Stärken werden relativ schwächer, die Motivation geht in den Keller, Zynismus droht um sich zu greifen, und schließlich verlassen die besten Leute das Unternehmen. Die hiermit einhergehenden Kosten sind „verdeckt"; ihre Größenordnung wird in den meisten Fällen unterschätzt oder gar nicht erkannt. Für eine Umkehr der betrieblichen Praxis lautet die Leitfrage: „Was fällt Ihnen leicht?" Die wesentliche Gestaltungsaufgabe besteht darin, vorhandene Aufgaben mit individuellen Stärken weitgehend zur Deckung zu bringen.

4. Empfehlung: **Kanten statt Rundungen**

Statt Leute mit ausgeprägten Stärken für Führungsaufgaben einzusetzen, werden die Kandidaten mit den geringsten Schwächen ausgewählt. So sind die Unternehmen voller „abgerundeten Persönlichkeiten" – dermaßen abgerundet, dass keine Idee und kein wirksamer Vorschlag an einer Kante hängenbleiben. Mittelmäßigkeit ist programmiert. Entscheiden Sie sich auch und gerade in der Personalauswahl für Vielfalt statt Konformität.

5. Empfehlung: **Performance statt Potentiale**

Potentiale, die bei der Besetzung von Führungsaufgaben eifrig aufgespürt werden, sind zunächst nur vage Erwartungen; Hoffnungen auf Leistungen, die der Kandidat später einmal erbringen könnte. Oder auch nicht. Woraus aber wird das abgeleitet? Konzentrieren Sie sich bei der Auswahl für Führungsaufgaben auf die tatsächlichen Leistungen, die der Kandidat bisher erbracht hat, und überlassen Sie die Potentialeinschätzung Ihren Wettbewerbern. Achten Sie dabei auf die (maximal zwei Prozent) Bewerber, die einen Lebenslauf schreiben, der Ergebnisse und nicht Positionen in den Mittelpunkt stellen. Dies sind die besonders wirksamen Führungskräfte.

6. Empfehlung: **Einstellungen statt Sachkenntnisse**

Immer noch werden in der Mehrzahl der Auswahlverfahren die falschen Fragen gestellt. Gefragt wird nach den fachlichen Fähigkeiten des Bewerbers. Seine Sachkompetenz, die inhaltliche Überzeugung stehen im Mittelpunkt. Darauf kommt es jedoch primär nicht an. Wichtiger als Sachkenntnisse sind Einstellungen, Sensibilitäten, Verhaltensmuster und Prägungen, Grundannahmen und innere Einstellungen, insbesondere zur Selbstverantwortung. Hierdurch entscheidet sich, ob die Führungskraft einen substantiellen Beitrag zur Weiterentwicklung des Unternehmens liefern wird.

7. Empfehlung: **Professionelle Auswahl statt Reparaturzirkus Personalentwicklung**

Schichten Sie Geld und Zeit um von der Personalentwicklung hin zur Personalauswahl. Investieren Sie mehr Zeit und Geld in die Auswahl Ihres wichtigsten Assets. Je erfolgreicher eine Organisation bei der Personalauswahl ist, desto weniger Zeit, Energie und Geld ist für spätere, oft mühsame Maßnahmen für Personalentwicklung, Trainings, Anpassungsmaßnahmen, Umorganisationen oder, nicht selten, vorzeitigen Trennungen erforderlich.

[Quelle: FAZ vom 14.08.2006, S. 18]

Insert 2-25: „Radikalkur in der Personalauswahl"

2.5.3 Entscheidungssituationen im Auswahlprozess

Jede Personalauswahl – und dies gilt sowohl für die Vorauswahl als auch für die Endauswahl z. B. im Einstellungsgespräch – stellt ein Unternehmen vor eine Entscheidungssituation, in der grundsätzlich zwei richtige und zwei falsche Entscheidungen möglich sind (siehe Abbildung 2-36). Dabei ist allerdings nur ex post, also nach erfolgter Auswahl überprüfbar, ob sich das Unternehmen in seiner Wahl für geeignete oder ungeeignete Bewerber entschieden hat. Ob bei der Vorauswahl geeignete Bewerber fälschlicherweise aussortiert wurden, ist nicht feststellbar. Unternehmen haben die Möglichkeit, die Wahrscheinlichkeit richtige Entscheidungen zu treffen zu erhöhen, beziehungsweise falsche Entscheidungen einzuschränken. Die Wahrscheinlichkeit ist nach WEUSTER [2004, S. 1 ff.] insbesondere abhängig von

- der Basisrate,
- der Bedarfsquote,
- der Akzeptanzquote und von
- der eignungsdiagnostischen Leistungsfähigkeit des eingesetzten Verfahrens.

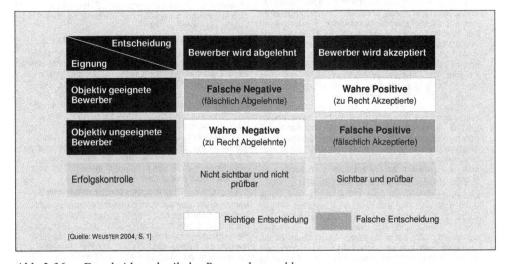

Abb. 2-36: Entscheidungslogik der Personalauswahl

(1) Basisrate

Die **Basisrate** (auch als *Grundrate* bezeichnet) gibt den Anteil der objektiv geeigneten Bewerber an der Gesamtzahl der Bewerber an. Welche Kriterien wiederum als geeignet gelten, werden vorher vom Personalverantwortlichen im Anforderungsprofil festgelegt. Wenn hohe Anforderungen ungeeignete Bewerber abschrecken, kann davon ausgegangen werden, dass ein anspruchsvolles Anforderungsprofil zu einer niedrigeren Basisquote führt. Umgekehrt führt ein niedriges Anforderungsprofil zu einer hohen Basisquote. Das Risiko einer Fehlbesetzung verringert sich also durch eine hohe Basisrate. Ein attraktives Arbeitgeberimage und eine präzise Ansprache der Zielgruppe führen i. d. R. zu einer höheren Basisquote und damit auch zu einer gesenkten Wahrscheinlichkeit einer Fehlentscheidung, da die Zahl interessierter Bewerber deutlich höher als im gegenteiligen Fall ist [vgl. WEUSTER 2004, S. 1 f.].

Die Basisrate ist somit ein *Werttreiber* im Personalauswahlprozess, der sich allerdings in der Praxis kaum ermitteln lässt, da bei einer Vielzahl an Bewerbern diejenigen, die schon in der Vorauswahl abgelehnt werden, im Normalfall nicht auf ihre Eignung geprüft werden. Wird bspw. angenommen, dass die Examensnote ein objektives Kriterium für die Leistungsbeurteilung darstellt und wird diese als ausschließliches Kriterium für eine Vorauswahl festgelegt, so ist nicht überprüfbar, ob Kandidaten unterhalb der geforderten (Examens-) Note nicht ebenso für die besetzende Position geeignet gewesen wären. Die Basisrate bezieht sich folglich nur auf den Teil der Bewerber, der sich nach der Vorauswahl einer Eignungsdiagnostik, denkbar in Form eines Assessment-Centers, einer Arbeitsprobe oder dem Bewerberinterview, unterziehen.

(2) Bedarfsquote

Die **Bedarfsquote** (auch *Selektionsquote* genannt) gibt das Verhältnis der zu besetzenden Stellen zur Gesamtzahl der Bewerber wieder. Häufig handelt es sich um lediglich *eine* zu besetzende Stelle, insbesondere dann, wenn das Unternehmen nach Fach- oder Führungspersonal sucht. Ist die Bewerberanzahl auf diese Stelle hoch, fällt die Bedarfsquote (eine freie Stelle zu x Bewerbern) entsprechend niedrig aus. Auch wenn häufig eine hohe Bewerberanzahl auf freie Stellen zu beobachten ist, darf nicht grundsätzlich von einer geringen Bedarfsquote ausgegangen werden. So kommt es durchaus vor, dass in Unternehmen der betriebliche Bedarf das Bewerberangebot übertrifft und somit die Bedarfsquote hoch ausfällt. Dies ist bspw. dann der Fall, wenn in einem Unternehmen eine kurzfristige Markteinführung von Produkten bevorsteht. Folge der unmittelbar benötigten Arbeitnehmer und der damit einhergehenden gestiegenen Nachfrage hiernach sind eine hohe Bedarfsquote. Ein Nachfrageüberhang an Bewerbern kann aber auch auf diverse weitere Gründe zurückzuführen sein. Häufig kann es saisonbedingt kurzfristig zu hohen Bedarfsquoten kommen oder aber es herrscht auf regionalen oder fachspezifischen Teilarbeitsmärkten ein längerfristig beobachtbarer Arbeitskräftemangel. Vieles deutet darauf hin, dass sich die für Unternehmen derzeit günstige Bedarfsquote in Deutschland aufgrund der demografischen Entwicklung mit dem Rückgang des Anteils von Personen im erwerbsfähigen Alter verschlechtern wird. Insbesondere im Bereich der Forschung und Entwicklung sowie in der Informationstechnologie ist derzeitig ein Mangel an Kandidaten festzustellen. Unternehmensberatungen, Informatik- und Hightech-Unternehmen haben nicht selten mit einem Experten-Engpass zu kämpfen, der sich in einer hohen Bedarfsquote widerspiegeln lassen müsste. Eine hohe Bedarfsquote liegt typischerweise auch immer bei High Potentials vor [vgl. WEUSTER 2004, S. 2].

Die Kombination von Basis- und Bedarfsquote beeinflussen im Zusammenspiel die Wahrscheinlichkeit von richtigen Entscheidungen und Fehlentscheidungen in der Personalauswahl. Für Personalverantwortliche erweist es sich als günstig, wenn eine niedrige Bedarfsquote auf eine hohe Basisrate trifft. Der entgegengesetzte Fall, eine hohe Bedarfsquote bei einer geringen Basisquote, sprich die Zahl der zu besetzende Stellen übertrifft die Zahl der geeigneten

Bewerber, erweist sich als ungünstig. Hier ist die Wahrscheinlichkeit einer Fehlentscheidung erhöht.

(3) Akzeptanzquote

Die **Akzeptanzquote** gibt das Verhältnis der aufgrund der Endauswahl als geeignet akzeptierten Bewerber zur Gesamtzahl der Bewerber an. Die Kennzahl beschreibt somit die Relation zwischen den wahren und falschen Positiven zur Gesamtzahl der Bewerber. Wird ein vollkommenes Auswahlverfahren unterstellt, müsste die Basisrate der Akzeptanzquote entsprechen. Aufgrund der Tatsache, dass in einem Auswahlverfahren aus den oben dargelegten Gründen nicht alle geeigneten Bewerber teilnehmen, ist diese Deckung zwischen Akzeptanz- und Basisquote nicht gegeben [vgl. WEUSTER 2004, S. 4 f.].

Bei einem sukzessiven Auswahlprozess kann die Akzeptanzquote ähnlich der Basisrate für die einzelnen Schritte ermittelt werden. Wird angenommen, dass die Vorauswahl von Unternehmen zunächst nach der Examensnote erfolgt und diese ein objektives Kriterium für die Leistungsfähigkeitsbeurteilung darstellt, kann davon ausgegangen werden, dass niedrige Anforderungen an die Examensnote zur der vermehrten Einstellung von falschen Positiven führt.

Sehr niedrige Anforderungen	Angemessene Anforderungen	Hohe Anforderungen	Überhöhte Anforderungen
Hohe Akzeptanzquote	Richtige Akzeptanzquote	Niedrige Akzeptanzquote	Sehr niedrige Akzeptanzquote
Tendenz zur Fehlbesetzung durch fälschlich Akzeptierte	Richtige Besetzung wahrscheinlich	Tendenz zu fälschlich Abgelehnten	Starke Tendenz zu Fehlurteilen durch fälschlich Abgelehnte sowie evtl. durch Einstellung Überqualifizierter

[Quelle: WEUSTER 2004, S. 3]

Abb. 2-37: Anforderungsniveau, Akzeptanzquote, Fehlertendenz

Folglich werden Kandidaten eingestellt, die zwar der Anforderung der Examensnoten entsprechen, objektiv jedoch ungeeignet für die Stelle sind. Dem entgegengesetzt führen hohe Anforderungen zu einer erhöhten Wahrscheinlichkeit Bewerber fälschlicherweise abzulehnen, da sie die geforderte Examensnote zwar nicht aufweisen, aber dennoch geeignet für die Stelle wären. Zu hohe Anforderung führen demnach nicht nur zu fälschlich abgelehnten Kandidaten, sondern ebenso zur Einstellung von Kandidaten, die für die Stelle überqualifiziert sind. Ziel eines Auswahlverfahrens sollte jedoch sein, den optimalen Bewerber aus einer Vielzahl an Bewerbern auszuwählen. In jedem Falle ist zu vermeiden, einen über- oder unterqualifizierten Bewerber auf die zu besetzende Stelle einzustellen.

Neben der Basisrate, der Bedarfsquote und der Akzeptanzquote lassen sich im Zusammenhang mit dem Personalauswahlprozess noch die **Fehlerquote**, die **Einstellquote** und die **Erfolgsquote** ermitteln (zur detaillierten Beschreibung und Bedeutung dieser Kennziffern als *Werttreiber* siehe Abschnitt 2.5.8).

2.5.4 Gütekriterien des Auswahlverfahrens

Prinzipiell birgt jedes Auswahlverfahren die Gefahr von Fehlentscheidungen. Aufgrund der Unterschiedlichkeit der Bewerber sollt die Bewertung – wie bei jedem Messverfahren – objektiv, reliabel und valide sein. Objektiv heißt, dass die Ergebnisse unabhängig von der Person des Messenden sind. Reliabilität bedeutet Messgenauigkeit und Validität sagt aus, dass auch das gemessen wird, was das Verfahren zu messen vorgibt.

(1) Objektivität

Objektiv ist ein Verfahren der Personalauswahl, wenn dieses unabhängig von den Beurteilern zu vergleichbaren, aussagekräftigen und fundierten Ergebnissen kommt. Verschiedene Entscheidungsträger bzw. Beurteiler müssten bei gleichen Bewerbern zu den gleichen oder annähernd gleichen Ergebnissen hinsichtlich der Eignung und Eignungsrangfolge kommen. Das Ergebnis sollte stets nachvollziehbar und verständlich bleiben. Bleiben Faktoren bezüglich der Bestimmung der Eignung nicht nachvollziehbar beziehungsweise intransparent, führt dies zwangsläufig zu einer erhöhten Frustration des abgelehnten Bewerbers und möglicherweise zu einem Negativimage für das Unternehmen selbst. Gerade im Hinblick auf eine Vielzahl von Bewerbern ist die *Basisquote* von erhöhter Relevanz, da bei der Endauswahl eines geeigneten Bewerbers objektive Kriterien ein geeignetes Mittel darstellen, um ein sicheres, aber vor allen Dingen nachvollziehbares Ergebnis zu erlangen.

(2) Reliabilität

Unter **Reliabilität** oder **Zuverlässigkeit** wird die Genauigkeit eines Testverfahrens verstanden. Instrumente und Kriterien der Personalauswahl, die in ihrer Aussagekraft über geeignete Kandidaten zu sehr von der Realität abweichen, werden als unzuverlässig und damit unreliabel charakterisiert. Werden Messungen beziehungsweise Tests mit vergleichbaren, aber nicht identischen Instrumenten vorgenommen, ist von beeinflussbaren oder von schwankungsintensiven Testergebnissen auszugehen. Grundsätzlich stellt sich die Frage, inwieweit die Verlässlichkeit eines Tests durch die teilnehmenden Bewerber in seiner Zuverlässigkeit und der damit einhergehenden Aussagekraft beeinflussbar wird. Durch die Teilnahme von Bewerbern, die verstärkt versuchen, auf das Messergebnis durch Eindrucksmanagement (engl. *Impression Management*) zu ihren Gunsten einzuwirken, ist es grundsätzlich möglich, dass Testergebnisse an Reliabilität verlieren. Dies ist insbesondere bei der Durchführung unstrukturierter Vorstellungsgespräche der Fall, die dem Bewerber sehr viel reaktiven Verhaltensspielraum gewähren und somit die Testergebnisse beeinflussen und damit die Reliabilität des Interviews verringern [vgl. MARTIN 2001, S. 141].

An dieser Stelle sollte betont werden, dass bei einer Messung und anschließender Wertung durch einzelne Personalverantwortliche, die Reliabilität der Messung von der hinreichenden Objektivität der Messinstrumente beziehungsweise Kriterien abhängt. Gerade bei der Vorauswahl ist dieser Zusammenhang zwischen Objektivität und Reliabilität des Auswahlverfahrens von immenser Bedeutung. Bei der Vorauswahl durch eine Zeugnisanalyse sind Objektivität und Reliabilität nicht mehr zu trennen, da der Personalverantwortliche selbst das Messinstrument darstellt. In diesem Fall ist die Objektivität kein eigenständiges Kriterium, sondern Bedingung der Reliabilität.

(3) Validität

Die Validität (oder auch Tauglichkeit genannt) misst bei einem Auswahlverfahren, inwieweit der Zweck, nämlich die Eignung beziehungsweise die geeignete Person, für die zu besetzende Stelle anhand der im Test aufgestellten Kriterien auch tatsächlich zu ermitteln ist. Ist die Objektivität oder die Reliabilität eines Verfahrens gering, so kann auch die Validität nicht hoch sein, andersherum ist es durchaus möglich, dass Verfahren mit hoher Objektivität und hoher Reliabilität wenig oder gar nicht valide sind. Ein solcher Fall liegt zum Beispiel vor, wenn Fertigkeiten, die objektiv und mit Zuverlässigkeit gemessen werden können, in einem Verfahren abgeprüft werden, diese aber bei der späteren Arbeitsstelle gar nicht erfüllt werden müssen. Im Umkehrschluss ist deshalb festzuhalten, dass Objektivität und Reliabilität zwar notwendige, nicht aber hinreichende Bedingungen für die Bestimmung der Effektivität des Auswahlverfahrens sind [vgl. WEUSTER 2004, S. 17].

Die Bestimmung der Validität eines Auswahlverfahrens wird sowohl durch die Schwäche der Auswahlinstrumente selbst, als aus auch durch die Schwäche der Bewertungskriterien beeinflusst. Bezüglich der Auswahlkriterien gibt es exakte oder gut messbare Größen. Objektiv feststellbare Größen bei der Personalauswahl sind zum Beispiel Abschlussgrade, Ausbildungen und Arbeitszeugnisse. Hingegen sind Motivation, Qualität und Umfang der Praxiserfahrung, aber auch *Soft Skills* wie die soziale Kompetenz eines Bewerbers bei der üblichen Vorauswahl oder in einem Vorstellungsgespräch nur unzureichend bestimmbar.

2.5.5 Bedeutung der Vorauswahl

Vor einem Auswahlverfahren ist die grundlegende Frage zu beantworten, wie man aus der Fülle an eingegangenen Bewerbungen die richtigen Kandidaten für das Auswahlverfahren ermittelt und welche Kriterien hierfür herangezogen werden. Die Vorauswahl ist ein sukzessiver Entscheidungsprozess, bei dem es darum geht, den optimalen Bewerber mit möglichst klar definierten Auswahlinstrumenten, die den oben erläuterten Ansprüchen der Objektivität, Reliabilität und Validität entsprechen, auszuwählen. Die Vorauswahl der eingeladenen Bewerber, die sich in einem Auswahlverfahren behaupten sollen, ist für die Besetzung der ausgeschriebenen Stelle von immenser Bedeutung. Ein Unternehmen ist aufgrund der hohen Personalkosten stets bestrebt denjenigen Bewerber auszusuchen, der von seinem Leistungsprofil dem Anforderungsprofil am besten entspricht und folglich den maximalen Mehrwert für das Unternehmen liefert. Jedoch ist gerade bei der Vorauswahl an Bewerbern die Schwierigkeit gegeben, bei Vorsortierung und Mengenreduzierung der sich bewerbenden Personen eine weiterhin überschaubare und sinnvoll prüfbare Anzahl an Bewerbern zu selektieren.

Folgendes Beispiel soll dies verdeutlichen: Ein Unternehmen lädt von 100 eingehenden Bewerbungen nur zehn Bewerber ein, so gehen die 90 nicht eingeladenen Bewerber im Prozess der Personalauswahl dem Unternehmen in der Regel unwiederbringlich verloren. Nur eine sorgfältige Vorauswahl kann das Risiko einer Fehleinschätzung beziehungsweise Fehlbesetzung reduzieren. Im Idealfall werden nur geeignete Bewerber eingeladen, so dass bei der Neuauswahl der zu besetzenden Stelle eine Fehlbesetzung a priori ausgeschlossen ist [vgl. KRÜGER 2002, S. 194].

Die Vorauswahl erfolgt oftmals nach dem bekannten Muster der sogenannten ABC-Analyse. Vorliegende Bewerbungen werden nach bestimmten in Kategorien in die Gruppen A, B und C eingeteilt. A Bewerber erscheinen dem Personalmanagement nach Durchsicht der vorliegenden Unterlagen als „gut geeignet", B erscheinen als „mit Abstrichen geeignet" und C als offensichtlich „ungeeignet". Fraglich ist, durch welche Erwägungen die ABC-Analyse zustande kommt und inwiefern im Rahmen der Optimierung die Vorauswahl verbessert werden kann. Zudem wird eine Reduzierung der Bewerber auf eine realistisch prüfbare Anzahl von Bewerbungsunterlagen häufig an Assistenten und Sekretärinnen delegiert, die am weiteren Auswahlverfahren nicht beteiligt und folglich für das Endergebnis auch nicht verantwortlich sind [vgl. WEUSTER 2004, S. 98].

Dieser Mangel an Verantwortung der Vorauswahlverantwortlichen führt naturgemäß zu einer geringen persönlichen Motivation für eine valide Vorauswahl. So kann es passieren, dass innerhalb von wenigen Sekunden entschieden wird, ob Bewerber weiter beachtet oder abgelehnt werden. Sicherlich gehen den Unternehmen viele geeignete Bewerber verloren, die nur aufgrund formeller Kriterien nicht in die engere Auswahl der Personalentscheider gekommen sind. Inwiefern Bewerberunterlagen bei einem solch geringen Zeitaufwand in der Vorauswahl nach objektiven Kriterien analysiert werden können, ist fraglich [vgl. SCHMITT/WERTH 1998, S. 16 ff.].

Insert 2-26 zeigt sehr deutlich, dass die Zeit, die Bewerber in die Erstellung ihrer Bewerbungsunterlagen stecken, in keinem Verhältnis zu der von den Personalverantwortlichen eingesetzten Zeit für die Durchsicht der Bewerbungsunterlagen steht. So wird für die Hälfte aller Bewerbungen nicht mehr als vier Minuten zur Durchsicht einer Online- oder Papier-basierten Bewerbung aufgewendet.

Des Weiteren darf unterstellt werden, dass die Vorauswahl unvermeidlich durch sachfremde Überlegungen oder gar Vorurteile des Verantwortlichen beeinflusst wird, da jede Entscheidung subjektiv durch Erfahrungswerte mitgeprägt ist. Es ist deshalb zu empfehlen, die Verantwortung der Personalvorauswahl in die Hände mehrerer Personen zu legen, welche diese unabhängig voneinander vornehmen. Dabei sollte vorher eine Vereinheitlichung der Vorgehensweise festgelegt werden. In der Praxis ist die Verantwortlichkeit des Personalauswahlprozesses zwischen Personal- und Fachabteilung aufgeteilt. Üblicherweise nimmt die Personalabteilung eine erste grobe Sichtung vor, in der offensichtlich ungeeignete Kandidaten aussortiert werden und leitet diese dann an die entsprechende Fachabteilung weiter. Dabei steigt der Einfluss der Personalabteilung auf die Vorauswahl mit der Unternehmensgröße. Bei der Einladungsentscheidung allerdings dominiert die Fachabteilung das Entscheidungsergebnis [vgl. WEUSTER 2004, S. 99].

Insert 2-26: Durchschnittlich verwendete Zeit für Durchsicht einer Bewerbungsunterlage

2.5.6 Instrumente der Personalauswahl

Im Wesentlichen sind es drei Ausleseschwerpunkte, die die Grundlage für die Entscheidung bei der Auswahl externer Bewerber bilden [vgl. JUNG 2006, S. 154]:

- die detaillierte Prüfung der *Bewerbungsunterlagen* (Vorauswahl, Screening),
- die Durchführung von *Bewerbungsgesprächen* sowie ggf.
- die Durchführung von *Einstellungstests*.

(1) Bewerbungsunterlagen

Bewerbungsunterlagen – unabhängig davon, ob sie schriftlich oder via Internet eingereicht werden – sind der Türöffner für das Vorstellungsgespräch. Kaum ein Unternehmen oder eine Organisation wird einen Bewerber ausschließlich aufgrund seiner Bewerbungsunterlagen einstellen. Durch die Analyse der Bewerbungsunterlagen wird versucht, anhand von biografischen Daten eine Vorhersage des zukünftigen Arbeitsverhaltens auf der Basis vergangenen Verhaltens zu erreichen. Diese Einschätzung ist dann die Grundlage für eine Einladung zum Vorstellungsgespräch.

Die formalen Bewerbungsunterlagen umfassen üblicherweise folgende Dokumente:

- Bewerbungsanschreiben
- Bewerbungsfoto (nur im deutschsprachigen Raum)
- Lebenslauf (i. d. R. tabellarisch)
- Schul- und Ausbildungszeugnisse
- Arbeitszeugnisse
- Leistungsnachweise (Zertifikate)

Weitere Dokumente wie Personalfragebogen, Referenzen oder Arbeitsproben sind nicht immer erforderlich. Das Bewerbungsschreiben, der Lebenslauf sowie beigefügte Arbeitszeugnisse haben dabei die größte Aussagekraft.

Das **Anschreiben** sollte nicht mehr als eine Seite umfassen und die Motivation bzw. Beweggründe der Bewerbung nachvollziehbar widergeben. Es ist darauf zu achten, dass die Formalien (Adresse, Anrede) korrekt sowie Satzbau und Rechtschreibung fehlerfrei sind. Mit der Analyse des **Lebenslaufs** sollen Informationen über die bisherigen Tätigkeitsfelder des Bewerbers und dem damit verbundenen Erfolg eingeholt werden. Daher muss der Lebenslauf einen logischen und zeitlichen Überblick über die persönliche und berufliche Entwicklung des Bewerbers geben. **Schul- und Ausbildungszeugnisse** sind – neben Auslandspraktika und Sprachkenntnissen – besonders bei Hochschulabsolventen ein wichtiges Selektionskriterium. **Arbeitszeugnisse** können Hinweise auf das Arbeitsverhalten des Bewerbers enthalten und lassen bestimmte Schlüsse auf die Eigenschaften des Bewerbers zu.

Das **Screening**, d. h. die strukturierte Analyse der Bewerbungsunterlagen liefert erste Anhaltspunkte über die fachliche und persönliche Eignung des Bewerbers und sollte die in Abbildung 2-39 aufgeführten Aspekte enthalten. Dieser Profilabgleich wird heutzutage zumeist anhand von Online-Formularen durchgeführt (Online-Profilabgleich). Einem sorgfältig durchgeführten Screening der Bewerbungsunterlagen kommt auch deshalb eine besondere Bedeutung zu, weil hier regelmäßig das größte Einsparungspotenzial im Zuge des im Allgemeinen sehr zeit- und kostenaufwendigen Personalauswahlprozesses zu finden ist. Daher verwundert es kaum, dass besonders die leicht quantifizierbaren Auswahlkriterien wie Schul- und Examensnoten die dominierende Rolle beim Screening spielen und somit gute oder sehr gute Noten als „Eintrittskarte" zum Vorstellungsgespräch dienen.

Dies hat allerdings den Nachteil, dass „weiche" Kriterien wie Persönlichkeit, Kommunikationsfähigkeit, Motivation und Kreativität, die (erst) im Rahmen des Vorstellungsgesprächs eine Hauptrolle spielen (siehe auch Insert 2-22) und letztlich die entscheidenden Kriterien für einen „guten" Kandidaten sind, in der Vorauswahl zwangsläufig unter den Tisch fallen.

Formale Aspekte
- Ist die Bewerbung ordentlich und übersichtlich angelegt?
- Ist die Bewerbung fehlerfrei und vollständig?
- Sind Art und Umfang der Bewerbung für die zu besetzende Position angemessen?

Anschreiben und Lebenslauf
- Geht aus dem Anschreiben die Motivation für die zu besetzende Position hervor?
- Sind die verschiedenen Tätigkeiten im Lebenslauf lückenlos belegt?
- Ist der Arbeitgeberwechsel nachvollziehbar?

Erforderliche Ausbildung
- Welche Qualifikation weisen die Zeugnisse aus?
- Welche Praktika wurden absolviert?
- Wurde ein ausbildungsbedingter Auslandsaufenthalt absolviert?

Erforderliche anforderungsspezifische Kenntnisse
- Welche Sprachkenntnisse liegen vor?
- Welche Fachkenntnisse (branchen-, funktions-, IT-bezogen) liegen vor?
- Welche Zusatzausbildungen, Lehrgänge etc. liegen vor?

Schul- und Studienleistungen
- Welche Fächer wurden in der schulischen Ausbildung belegt?
- Welche Fächer(kombinatonen) wurden im Studium vertieft?
- Welches Thema wurde in der Studienarbeit (Dissertation, Master-, Bachelorarbeit) behandelt?

Arbeitszeugnisse und Referenzen
- Welche Tätigkeiten nahm der Bewerber bislang wahr?
- Wie wurde die bisherige Arbeitsleistung bewertet?
- Wie wurde der Bewerber als Person bewertet?

Ergänzende anforderungsspezifische Aspekte und offengebliebene Fragen
- Werden für das Vorstellungsgespräch vorgemerkt

[Quelle: STOCK-HOMBURG 2013, S. 175 f. und SCHULER 2000, S. 80 (modifiziert)]

Abb. 2-39: Schema zur Auswertung von Bewerbungsunterlagen

Überhaupt ist der „Tunnelblick" vieler Personalreferenten auf die Noten vielfach weder gerechtfertigt noch zielführend für das personalsuchende Unternehmen. Natürlich sind (Abschluss-)Noten nicht unwichtig, sie aber als *einzige* Eintrittskarte zum persönlichen Vorstellungsgespräch zu missbrauchen, ist häufig kurzsichtig und wenig dienlich, um die richtigen Kandidaten für die ausgeschriebene Stelle zu bekommen. Sportliche Bestleistungen, ein selbstfinanziertes Studium, ein Engagement als Schul- oder Studierendensprecher, Praktika oder Auslandsaufenthalte, die allesamt vielleicht zu einer etwas schlechteren Durchschnittsnote, aber auch zur Entwicklung der individuellen Persönlichkeit beigetragen haben, sollten den Unternehmen doch mindestens genau so viel Wert sein, wie die Noten mit der „Eins vor dem Komma". Persönlichkeit kann man nicht lernen, Sprachen oder Mathematik sehr wohl. In diesem Sinne ist auch das Ranking der Einstellungskriterien von Top-Arbeitgebern in Insert 2-22 zu interpretieren.

Es ist sicherlich legitim, dass jedes Unternehmen nur die Besten, also die sog. High Potentials einstellen möchte. Doch wer sind die Besten? Und vor allem: Wer sind die Besten für das jeweilige Unternehmen? Und schließlich: Wozu braucht man High Potentials? Eine distanzierte und durchaus kritische Einstellung gegenüber den High Potentials zeigt HEINRICH

2.5 Personalauswahl und -integration

WOTTAWA, der diese Zielgruppe mit den Condottieri, den italienischen Söldnerführern des späten Mittelalters, vergleicht (siehe Insert 2-27).

Insert

High Potentials – Die Condottieri unserer Zeit
von Hermann Wottawa

Condottieri sind Söldnerführer, die von den italienischen Stadtstaaten im späten Mittelalter beschäftigt wurden. Sie waren berüchtigt für ihre Launen, wechselten oft die Seiten für bessere Bezahlung und dies nicht nur vor, sondern auch mitten in der Schlacht. Aufgrund ihres Einflusses und ihrer Macht begannen sie, ihren Arbeitgebern die Bedingungen zu diktieren – waren aber dennoch enorm begehrt und unverzichtbar. Sind High Potentials die »Condottieri« unserer Zeit?

Am Anfang steht die Überlegung, wofür wir High Potentials brauchen. Als spätere Führungskraft? In der F&E-Abteilung? Als Top-Vertriebler? Und braucht man tatsächlich einen High Potential, der absolute Spitze ist oder »nur« einen guten Leistungsträger? High Potentials dienen häufig der Selbst-aufwertung („Je mehr High Potentials ich habe, desto besser und angesehener bin ich selber"), sie dienen dem Image („Bei uns arbeiten nur die Besten") oder sie dienen der Risikominimierung („Wenn ich nur die Besten einstelle, kann mir nichts passieren"). Ob das aber wirklich so ist, muss doch zumindest in Frage gestellt werden. High Potentials können zwar enorm fit sein bei der Erreichung bestimmter Ziele (auch in schwierigen Fällen), aber sie wirken häufig souveräner und stabiler als sie wirklich sind. Viele hatten in ihrem ganzen Leben bezüglich Ausbildung und Beruf nie Misserfolge, waren immer ganz selbstverständlich die Besten und haben in diesem Kontext selten Grenzen erlebt, die ihnen andere gesetzt haben. Es ist nicht leicht, auf dieser Basis eine reife, gefestigte Persönlichkeit zu werden. Das kann dazu führen, dass es bei einer echten Krise zu Überreaktionen kommt.

Einer der erfolgreichsten Condottieri, Cesare Borgia, ist beim Tod seines Vaters, der auch sein »Arbeitgeber« war, psychisch zusammengebrochen und hatte in kürzester Zeit keine Erfolge mehr. Manche High Potentials haben auch Akzeptanzprobleme bei schwächeren Kollegen. Sie werden von diesen oft geachtet und vielleicht auch gefürchtet, aber seltener geliebt. Sie haben eine sehr spezielle Persönlichkeit und brauchen dafür eine sensible Führung, um voll motiviert zu sein. High Potentials sind zuweilen geschickte Manipulatoren und wenig mitarbeiterorientiert. Sie haben kaum Mitleid mit schwächeren Vorgesetzten und sind – besonders auch aus finanziellen Gründen – durchaus bereit, schnell zum Konkurrenten des Arbeitgebers zu wechseln. Ein besonderes Problem ist aber, dass die Investitionen in die Beziehung zum Unternehmen bei High Potentials für eine dauerhafte Bindung häufig fehlen. Oft beginnt das schon bei der Bewerbung: Nicht der High Potential investiert um die Stelle zu bekommen, sondern das Unternehmen, um den High Potential zu rekrutieren.

Cesare Borgia

Das steigert zwar die spätere Loyalität des Unternehmens zu diesem Mitarbeiter, aber nicht umgekehrt. Und das setzt sich fort: Immer wieder investiert das Unternehmen, weniger der High Potential. Bei so wenig emotionaler Bindung ist das nächste attraktive Angebot eines Headhunters herzlich willkommen. Schon die Condottieri waren gerade dann besonders geachtet und angesehen, wenn sie oft den »Arbeitgeber« wechselten, auch dann, wenn dieser sie gerade dringend gebraucht hätte. Wir erleben ähnliche Vorgänge nicht selten in der Wirtschaft. High Potentials sind etwas Wunderschönes und können viel für das Unternehmen leisten, aber ihre Pflege und Führung ist oft schwieriger, als man denkt. Kurzum: High Potentials sind sehr nützlich, aber ihr Beitrag zum Output des Unternehmens wird häufig überschätzt. Daher sollte man das große Potenzial der vielen „guten, normalen" Mitarbeiter nicht vernachlässigen und dort die Instrumente der Potenzialerkennung und Förderung ansetzen.

[Quelle: WOTTAWA 2008 – gekürzte Fassung]

Insert 2-27: High Potentials – die Condottieri unserer Zeit

(2) Das Bewerbungsgespräch

Das Bewerbungsgespräch (oder Vorstellungsgespräch oder Einstellungsinterview) ist das am meisten verbreitete Instrument der Personalauswahl. Mit dem Bewerbungsgespräch werden mehrere Ziele verfolgt:

Das Unternehmen wird versuchen, die Einstellungen, Zielvorstellungen und Werte des Bewerbers kennenzulernen und ggf. offengebliebenen Fragen aus den Bewerbungsunterlagen nachzugehen. Hier geht es vor allem darum, über die offensichtlichen Eigenschaften des bzw. der Kandidaten wie Ausbildung, Noten, Erfahrung und Wissen hinaus möglichst tief in jene Eigenschaften einzutauchen, die das Unternehmen erst später zu spüren bekommt. Dies sind u. a. so wichtige Eigenschaften wie Interessen, Talente, Werte, Gewissenhaftigkeit, Teamorientierung, Intelligenz, Motivation, Loyalität und Lernfähigkeit. Das Einstellungsgespräch ist dabei mit einem *Eisberg* zu vergleichen: Bestimmte Eigenschaften des Kandidaten sind offensichtlich, die Mehrzahl der Eigenschaften liegt aber unter der Oberfläche (siehe Abbildung 2-40). Die Aussagefähigkeit von Interviews lässt sich durch Steigerung des Strukturierungsgrades sowie durch die Schulung und den Einsatz mehrerer Interviewer erhöhen. Auch ist es durchaus üblich, mehrere Interviews mit unterschiedlichen Gesprächspartnern (auch an verschiedenen Tagen und Orten) durchzuführen. Selbst bei Einstiegspositionen für Hochschulabsolventen sind durchschnittlich drei Bewerbungsgespräche üblich.

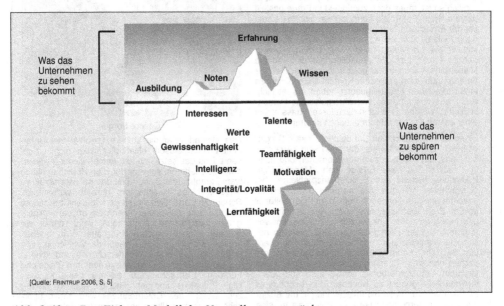

Abb. 2-40: Das Eisberg-Modell des Vorstellungsgesprächs

Die Gesprächsanteile beim Bewerbungsgespräch liegen zu etwa 80 Prozent beim Bewerber und lediglich zu 20 Prozent beim potenziellen Arbeitgeber. Übliche Fragen seitens des Arbeitsgebers sind:

- „Wie sind Sie auf unser Unternehmen gestoßen?"
- „Warum haben Sie sich gerade bei unserem Unternehmen beworben?"

- „Was spricht Sie bei der ausgeschriebenen Stelle/Position besonders an?"
- „Warum sind gerade Sie für die Stelle/Position besonders geeignet?"
- „Warum wollen Sie den Arbeitsplatz wechseln?"
- „Wie gehen Sie mit Stresssituationen um?"
- „Welche Stärken (bzw. Schwächen) schreiben Ihnen Freunde zu?"
- „Was war Ihr bislang größter beruflicher Erfolg/Misserfolg?"
- „Welche Gehaltsvorstellungen haben Sie?"
- „Wie hoch ist Ihre Bereitschaft, einen Teil Ihres Einkommens als variablen Teil zu akzeptieren?"
- „Welche Hobbys betreiben Sie?"

Allerdings gibt es auch Fragestellungen, die vom Gesetzgeber als nicht zulässig angesehen werden. Hierzu zählen Fragen nach Vorstrafen, Vermögensverhältnissen, Heiratsabsichten, Vorliegen einer Schwangerschaft sowie Fragen zur Konfessions-, Gewerkschafts- oder Parteizugehörigkeit [vgl. BARTSCHER et a. 2012, S. 231].

Ebenso wird der Bewerber im Vorstellungsgespräch versuchen, sich ein genaues Bild über das Unternehmen, die Arbeitsbedingungen, die Arbeitsplatzgestaltung sowie über Entwicklungsmöglichkeiten zu machen. Da der besonders qualifizierte Bewerber zumeist die Wahl zwischen Angeboten mehrerer Unternehmen hat, erwartet er konkrete und glaubwürdige Antworten auf seine Fragen [vgl. JUNG 2006, S. 168].

Während bei der Analyse der Bewerbungsunterlagen also generell mehr „harte" (also quantitative) Auswahlkriterien im Vordergrund stehen, sind es beim Bewerbungsgespräch überwiegend „weiche" (also qualitative) Faktoren. Dies belegt auch eine Umfrage des Researchunternehmens CRF INSTITUTE bei den Top-Arbeitgebern Deutschlands (siehe Insert 2-28).

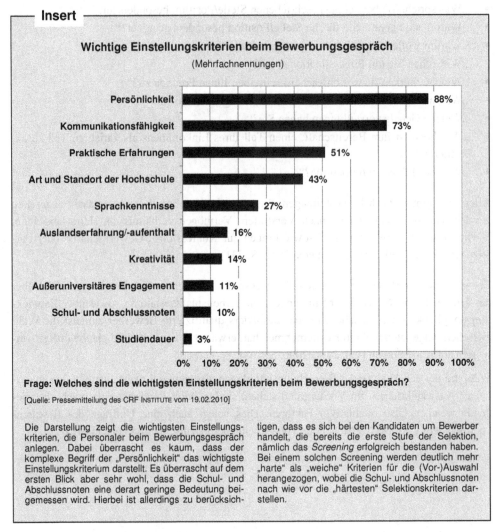

Insert 2-28: Top 10-Einstellungskriterien bei Hochschulabsolventen und Young Professionals

(3) Einstellungstests

Mit der Einstellung von neuen Mitarbeitern sind erhebliche Investitionen verbunden. Da die Ergebnisse des Vorstellungsgesprächs u. U. nicht die notwendige Entscheidungssicherheit beispielsweise über Fragen der Einordnungsfähigkeit in ein Team oder Fragen der Persönlichkeitsentwicklung gewährleisten, führen Unternehmen Testverfahren durch, die eine bessere Bewerberbeurteilung erlauben sollen. Allerdings ist die Durchführung von Testverfahren rechtlich nur zulässig, wenn der Bewerber über Inhalt und Reichweite des Tests unterrichtet wurde, seine Zustimmung gegeben hat und sich der Test ausschließlich auf die Anforderungen des betreffenden Arbeitsplatzes bezieht [vgl. BRÖCKERMANN 2007, S. 134].

Generell lassen sich im Personalmarketing zwei Arten von Eignungstests einsetzen: *Persönlichkeitstests* und *Leistungstests* [vgl. JUNG 2006, S. 172 ff.]:

- Mit **Persönlichkeitstests** soll bestimmt werden, welche charakteristischen Fähigkeiten, Einstellungen und Persönlichkeitsmerkmale bei den Bewerbern vorhanden sind. Bei der Personalauswahl ist darauf zu achten, dass die erhobenen Merkmale auch tatsächlich in Beziehung zu der zu besetzenden Position stehen und sie tatsächlich den Anforderungen der zu besetzenden Position entsprechen. Allgemein ist bei der Verwendung von psychologischen Tests eine zwar hohe Vergleichbarkeit unter den einzelnen Bewerbern gegeben, praktische Erfahrungen zeigen allerdings nur eine eingeschränkte Eignung bei der gezielten Bewerberauswahl.

- Ziel von **Leistungstests** ist es, Aussagen über einzelne Fähigkeiten von Bewerbern zu ermitteln. Hierunter sind Verfahren zu fassen, die Urteils- und Denkvermögen, Sprachbeherrschung, Rechengewandtheit oder Raumvorstellung (Intelligenztests) aber auch Reaktionszeiten, Konzentrationsvermögen oder Geschicklichkeit messen. Leistungstests haben sich besonders dort bewährt, wenn es sich um Auswahltests für spezielle Tätigkeiten handelt.

(4) Assessment Center

Ein besonders differenziertes Auswahlverfahren, in dem mehrere eignungsdiagnostische Instrumente und Techniken bzw. Aufgaben zusammengestellt und das vornehmlich bei Hochschulabsolventen, Nachwuchsführungskräften und Führungspersonal eingesetzt wird, ist das **Assessment Center** (kurz auch als *AC* bezeichnet). Das Assessment Center hat sich (mit unterschiedlicher Intensität) in nahezu allen namhaften Unternehmen etabliert, wenn auch teilweise unter alternativen Bezeichnungen wie *Personalauswahlverfahren*, *Recruiting Center*, *Bewerbertag*, *Potenzialanalyse-Tag*, *Development Center* oder *Personal Decision Day*. Teilnehmern an einem Assessment Center traut man die fachliche Bewältigung des neuen Aufgabenbereichs zu. Nun möchte der potenzielle Arbeitgeber erfahren, ob der Teilnehmer sein Wissen auch anwenden kann und die notwendige soziale Kompetenz für den neuen Job mitbringt (engl. *Soft Skills*). Darunter fallen vor allem zwischenmenschliche, analytische und administrative Fähigkeiten sowie das Leistungsverhalten [vgl. HAGMANN/HAGMANN 2011, S. 9 ff.].

In Abbildung 2-41 sind die jeweiligen Kriterien bzw. Ausprägungen dieser Soft Skills, die in einem Assessment Center beurteilt bzw. bewertet (engl. *to assess*) werden sollen.

Die Teilnehmer eines Assessment Center müssen zahlreiche Aufgaben und Übungen absolvieren und Prüfungen erfolgreich bestehen, damit auch alle notwendigen Qualifikationen abgefragt werden können. Die Teilnehmer werden dabei von mehreren Beobachtern (Verhältnis 2:1) beurteilt. Verhaltensorientierung, Methodenvielfalt, Mehrfachbeurteilung und Anforderungsbezogenheit sind Aspekte, die ein Assessment Center zur aufwendigsten und anspruchsvollsten Form des Gruppengesprächs machen. Eingesetzt wird das Verfahren auch für die (interne) Personalbeurteilung, Laufbahnplanung, Potenzialbeurteilung und Trainingsbedarfsanalyse. Individuelle Arbeitsproben, Gruppendiskussion mit oder ohne Rollenvorgabe, Präsentationen, Rollenspiele, Fallstudien, Schätzaufgaben, Postkorbübungen, Planspiele, Konstruktionsübungen, Selbst- und Fremdeinschätzung, Interviews sowie Fähigkeits- und Leistungstests sind häufig eingesetzte Bausteine im Assessment Center. Nicht zuletzt aufgrund dieser Vielfalt von Bewertungsbausteinen gilt das Assessment Center als eines der schwierigsten, härtesten und gefürchtetsten Personalauswahlverfahren. Zwischenzeitlich existiert eine Vielzahl fundierter Literatur, so dass sich Bewerber gezielt und solide auf ein Assessment Center vorbereiten können.

Trotz aller Weiterentwicklung und zahlreicher psychologischer Begleitstudien steht das Assessment Center weiterhin in der Kritik. Dabei werden aber nicht das Auswahlverfahren und die eingesetzten Bewertungsbausteine an sich kritisiert. Beanstandet wird vielmehr, dass das Verfahren die in ihm gesetzte Erwartung nicht erfüllt und somit eine Trefferquote und Sicherheit bei der Auswahl suggeriert, die nicht unbedingt zutreffen muss [vgl. HAGMANN/HAGMANN 2011, S. 9].

Abb. 2-41: Wichtige Schlüsselqualifikationen im Assessment Center

2.5.7 Unterstützung durch Bewerbermanagementsysteme

Bewerber erwarten heutzutage nutzerfreundliche Suchmöglichkeiten nach Stellenangeboten auf der Karriereseite der Unternehmen, in den Internet-Jobbörsen oder in den einschlägigen sozialen Medien. Im Vordergrund stehen dabei einfache Bewerbungsmöglichkeiten, eine Eingangsbestätigung sowie eine jederzeitige Auskunftsmöglichkeit, wie es denn um ihre Bewerbung steht. Um diesen externen Anforderungen der Bewerber einerseits und den internen Anforderungen an die Messung der Prozessqualität andererseits gerecht zu werden, setzen viele Unternehmen verstärkt IT-gestützte Systeme für das Bewerbermanagement ein. Dabei werden unterschiedliche Verfahrensweisen verwendet. Insert 2-29 liefert den entsprechenden Überblick.

2.5 Personalauswahl und -integration

> **Insert**
>
>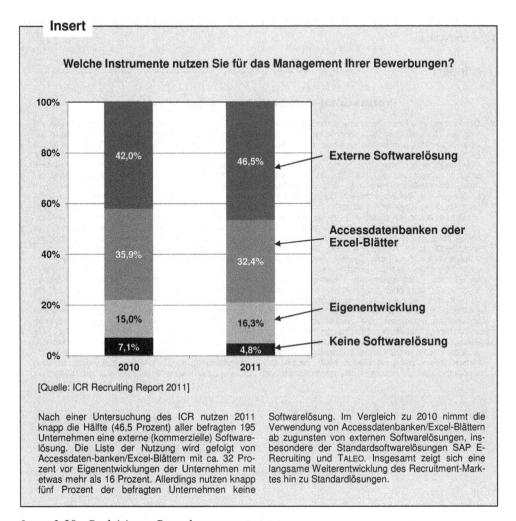
>
> Nach einer Untersuchung des ICR nutzen 2011 knapp die Hälfte (46,5 Prozent) aller befragten 195 Unternehmen eine externe (kommerzielle) Softwarelösung. Die Liste der Nutzung wird gefolgt von Accessdaten-banken/Excel-Blättern mit ca. 32 Prozent vor Eigenentwicklungen der Unternehmen mit etwas mehr als 16 Prozent. Allerdings nutzen knapp fünf Prozent der befragten Unternehmen keine Softwarelösung. Im Vergleich zu 2010 nimmt die Verwendung von Accessdatenbanken/Excel-Blättern ab zugunsten von externen Softwarelösungen, insbesondere der Standardsoftwarelösungen SAP E-Recruiting und TALEO. Insgesamt zeigt sich eine langsame Weiterentwicklung des Recruitment-Marktes hin zu Standardlösungen.

Insert 2-29: Praktiziertes Bewerbermanagement

Zur Untersuchung des **Wertbeitrages** von Bewerbermanagementsystemen wurden Personalverantwortliche der 1.000 größten Unternehmen in Deutschland befragt. Die Ergebnisse der 2009 durchgeführten Analysen hinsichtlich der Performancedimensionen *Zeit*, *Kosten* und *Qualität* zeigen, dass durch den Einsatz dieser Systeme primär **Zeitreduktionen** innerhalb einzelner Prozessabschnitte der Personalbeschaffung und eine **Kostenreduktion** für die interne Bearbeitung von Bewerbungen erreicht werden. Eine Verbesserung der Qualität der eingestellten Wunschkandidaten kann hingegen nicht realisiert werden. Auch die Unternehmensgröße hat keinen Einfluss auf den Wertbeitrag der Bewerbermanagementsysteme. Die Autoren der Studie, an der Personalverantwortliche aus 110 Unternehmen teilnahmen, konstatieren zusammenfassend, *„dass die bisher eingesetzten Informationssysteme in der Personalrekrutierung durch eine Automatisierung von routinemäßigen Tätigkeiten in der Personalabteilung helfen, zeitliche und finanzielle Ressourcen für die strategische Personalarbeit frei zu setzen. Sie leisten indes keinen direkten Beitrag für strategische Aufgaben"* [ECKARDT et al. 2012, S. 88]. Insert 2-30 zeigt einen beispielhaften Prozessablauf für ein Bewerbermanagementsystem.

--- Insert ---

Prozessablauf eines Bewerbermanagementsystems

Der Prozess des Bewerbermanagements folgt innerhalb des Systems dem folgenden Ablauf: Die Fachabteilung meldet den Bedarf an einem neuen Mitarbeiter über eine Schnittstelle des Systems an die Personalabteilung und stößt somit den Personalbeschaffungsprozess an. Die Personalanforderung muss anschließend genehmigt und die Anforderungen an den Bewerber zwischen Fach- und Personalabteilung abgestimmt werden. Entsprechende Stellenprofile können hierzu in einer Datenbank gespeichert werden, um diese bei zukünftigen ähnlichen Vakanzen wieder verwenden zu können. Anschließend kann basierend auf den Stellenanforderungen durch das System eine Stellenanzeige generiert werden und diese über entsprechende Schnittstellen im Karrierebereich der eigenen Webseite oder in einer Internet-Stellenbörse veröffentlicht werden. Weitere Schnittstellen zu Printmedien und der Arbeitsagentur sind beispielsweise umsetzbar. Die Nutzer des Systems sollten per Mausklick entscheiden können, in welchen Kanälen eine Anzeige geschaltet wird und je nach Bedarf weitere Kanäle hinzufügen können. Neben dieser passiven Suche nach neuen Mitarbeitern bieten sich interne Kandidatendatenbanken oder Lebenslaufdatenbanken von Internet-Stellenbörsen für eine aktive Suche nach Bewerbern an. Über Schnittstellen zu externen Systemen sowie über das System selbst können die Recruiter nach Kandidaten suchen und diese direkt ansprechen. Nach Veröffentlichung der Stellenanzeige oder der direkten Ansprache durch den Recruiter bewerben sich Kandidaten über einen der drei Bewerbungskanäle bei dem betreffenden Unternehmen. Dabei kann das Online-Bewerbungsformular, welches durch das System bereitgestellt wird, die dort eingegeben Daten direkt zur weiteren Verwendung speichern. Die Vorauswahl kann im Anschluss auch IT-basiert durchgeführt werden. Dabei kann das System eingehende Bewerbungen hinsichtlich der in der Stellenausschreibung definierten Kriterien bewerten und für den Recruiter eine Liste der am besten geeigneten Bewerbungen erstellen. Der Recruiter trifft im Anschluss in enger Zusammenarbeit mit der Fachabteilung die endgültige Auswahlentscheidung und führt Selektionsschritte wie Vorstellungsgespräche durch. Diese prozessorientierte Sichtweise verdeutlicht, wie ein System als IT-Dienstleistung (englisch: IT Service) unterstützend in den Personalbeschaffungsprozess eingreifen kann.

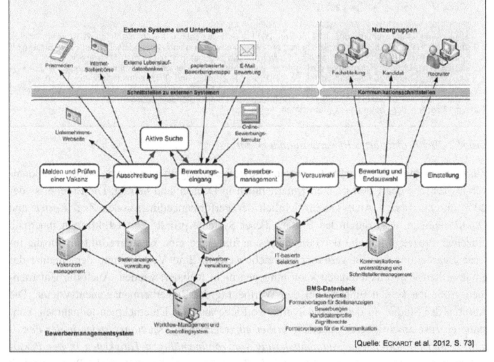

[Quelle: ECKARDT et al. 2012, S. 73]

Insert 2-30: Beispielhafter Prozessablauf für ein Bewerbermanagementsystem

2.5.8 Personalintegration

Der Übergang zwischen den Phasen der Personalbeschaffungskette und der Phasen der Personalbetreuungskette wird durch die *Personalintegration* gekennzeichnet. Hier treffen Bewerber und Unternehmen nach einem positiv verlaufenen Auswahlprozess aufeinander, um das geschlossene Arbeitsverhältnis in eine für beide Seiten gedeihliche Zusammenarbeit umzusetzen. Die Personalintegration beschreibt die Einarbeitung des Mitarbeiters in die Anforderungen des Unternehmens. Sie ist ein wesentlicher Erfolgsfaktor dafür, dass der Neueinsteiger von Beginn an die an ihn gestellten Erwartungen erfüllt. Gleichzeitig erwartet aber auch der Mitarbeiter, dass seine im oben skizzierten Auswahl- und Entscheidungsprozess (Abbildung 2-38) aufgebaute Erwartungshaltung gefestigt wird. Die Erfahrungen der Integrationsphase entscheiden sehr häufig über die zukünftige Einstellung (Loyalität) zum Unternehmen und prägen den weiteren Werdegang als Mitarbeiter. Daher sollte dem Neueinsteiger gerade in der ersten Zeit ein hohes Maß an Aufmerksamkeit geschenkt werden [vgl. DGFP 2006, S. 80].

Wie Erfahrungen in der Praxis immer wieder zeigen, lässt sich bei vielen Unternehmen gerade in der Integrationsphase ein großes Verbesserungspotenzial erkennen. Hier geht es vor allem darum, der besonderen Situation des neuen Mitarbeiters an seinem "ersten Tag" gerecht zu werden. Da der neue Mitarbeiter in aller Regel mehrere Optionen bei der Wahl seines Arbeitgebers hatte, wird er Zweifel hegen, ob er die richtige Entscheidung getroffen hat. Dieses in der Sozialpsychologie als **kognitive Dissonanz** bezeichnete Phänomen tritt immer dann verstärkt auf, je wichtiger die Entscheidung, je ähnlicher die Alternativen, je dringlicher der Entschluss und je niedriger der Informationsstand bei den Entscheidungsträgern ist. Somit kommt dem Arbeitgeber die Aufgabe zu, alle Anstrengungen zu unternehmen, um die kognitive Dissonanz des Mitarbeiters aufzulösen bzw. zu beseitigen. Unzufriedene und enttäuschte Neueinsteiger neigen dazu, das Unternehmen bereits in der Probezeit zu verlassen und dadurch hohe Fluktuationskosten zu verursachen [vgl. DGFP 2006, S. 80].

Typische Einführungsmaßnahmen, um den Grundstein für eine zukünftige und nachhaltige Mitarbeiterbindung zu legen, sind *Einarbeitungspläne*, *Einführungsseminare* und *Mentorenprogramme*.

Die Vorbereitung und Aushändigung eines **Einarbeitungsplans**, der Termine mit wichtigen Gesprächspartnern, bestehende Arbeitsabläufe, Organigramme, Informationen über Standorte und Abteilungen etc. enthält, sollte für jeden neuen Arbeitgeber obligatorisch sein.

Eine der wirksamsten Maßnahmen ist es, den neuen Mitarbeiter am ersten Tag nicht direkt an seinen neuen Arbeitsplatz „zu setzen", sondern ihn im Rahmen eines **Einführungsseminars** zusammen mit anderen neuen Mitarbeitern willkommen zu heißen und über die besonderen Vorzüge des Unternehmens nachhaltig zu informieren. Das speziell für neue Mitarbeiter ausgerichtete Einführungsseminar wird von international orientierten Unternehmen sehr häufig als **Onboarding** bezeichnet. Ein solches Onboarding kann durchaus mehrere Tage umfassen und sollte von der Geschäftsleitung und dem Personalmanagement begleitet werden. Es vermittelt Kontakte über die Grenzen der eigenen Abteilung hinaus und fördert ein besseres Verständnis der Zusammenhänge von Personen und Prozesse im Unternehmen. Die neuen Mitarbeiter erfahren dadurch eine besondere Anerkennung, werden in ihrer Auswahlentscheidung bestärkt und für die weitere Arbeitsphase motiviert.

In Abbildung 2-42 sind die einzelnen Phasen und Vorzüge einer motivierenden Einarbeitung und Einführung neuer Mitarbeiter dargestellt.

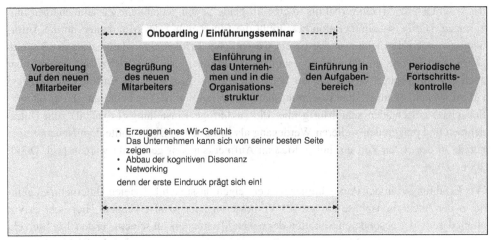

Abb. 2-42: Prozess der Einführung und Einarbeitung neuer Mitarbeiter

Im Anschluss an das Onboarding ist es sinnvoll, dem Neueinsteiger einen Paten (Mentor) an die Seite zu stellen, der die Einarbeitungszeit systematisch begleitet und bei Fragen und Problemen entsprechende Hilfestellung leistet. Ein **Mentorenprogramm** sollte mindestens bis zum Ablauf der Probezeit befristet sein.

Erkennt das Unternehmen oder der neue Mitarbeiter, dass die Erwartungshaltungen nicht erfüllt worden sind bzw. der Mitarbeiter nicht für die Stelle geeignet ist, so ermöglicht die Probezeit eine sinnvolle Vereinfachung des Trennungsverfahrens [vgl. JUNG 2006, S. 183].

2.5.9 Optimierung der Bewerberakzeptanz

Zur Abrundung des Kapitels sollen die einzelnen Schritte des Aktionsfeldes Personalauswahl und -integration zusammengefasst und die wichtigsten Parameter, Prozesse und Werttreiber im Zusammenhang dargestellt werden.

(1) Aktionsparameter

Die Auswahl und Integration des Bewerbers als fünftes und letztes Aktionsfeld im Rahmen der personalbeschaffungsorientierten Prozesskette sieht die Optimierung der Bewerberakzeptanz als Zielsetzung vor. Die wesentlichen Parameter dieses Aktionsfeldes sind:

- Quantität und Qualität der **Einstellungsinterviews** und die
- **Mitarbeiterintegration**.

2.5 Personalauswahl und -integration

Damit ergibt sich für die Optimierung der Bewerberakzeptanz folgende Erweiterung:

Bewerberakzeptanz = f (Auswahl und Integration) = f (Quantität und Qualität der Einstellungsinterviews, Mitarbeiterintegration) → optimieren!

(2) Prozesse und instrumentelle Unterstützung

In Abbildung 2-43 ist beispielhaft ein Prozessmodell für das Aktionsfeld *Personalauswahl und -integration* dargestellt. Die konkrete Ausgestaltung eines Prozessmodells ist wiederum von einer Vielzahl von Einflussfaktoren abhängig (Branche, Unternehmensgröße, Einführungsprogramme, Art der Werttreiber etc.).

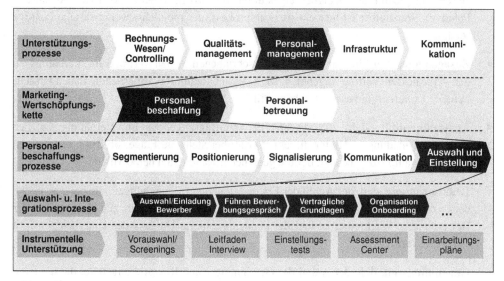

Abb. 2-43: Prozessmodell für das Aktionsfeld „Personalauswahl und -integration"

Als instrumentelle Unterstützung des Personalauswahl- und Integrationsprozesses kommen Vorauswahl/Screenings, Interviewerleitfaden, Einstellungstests, Assessment Center sowie Einarbeitungspläne in Betracht.

(3) Werttreiber

Die Werttreiber des Aktionsfeldes *Personalauswahl und -integration* lassen sich in die Werttreiber für den Personalauswahlprozess und in die Werttreiber für den Integrationsprozess unterteilen.

Zu den wichtigsten Werttreibern für den **Auswahlprozess** zählen [vgl. WEUSTER 2004, S. 4 f. und DGFP 2004, S. 43]:

- **Akzeptanzquote**, d. h. die Anzahl der in der Vorauswahl (Akzeptanzquote I) bzw. in der Endauswahl (Akzeptanzquote II) als geeignet akzeptierten Bewerber zur Gesamtzahl aller Bewerber. Hier geht es darum, durch *angemessene* Anforderungen die *richtige* Akzeptanzquote zu erzielen. Sind die Anforderungen zu niedrig angesetzt, ergibt sich eine hohe Akzeptanzquote und damit die Tendenz zur Fehlbesetzung durch fälschlich Akzeptierte. Sind die Anforderungen zu hoch, ist die Akzeptanzquote zu niedrig und damit besteht die Tendenz zu fälschlich Abgelehnten oder zur Einstellung von Überqualifizierten.

- **Fehlerquote**, d. h. die Anzahl der falschen Positiven und falschen Negativen zur Gesamtzahl der Bewerber. Werttreiber ist hier eine Verringerung der Fehlerquote, die zu einer höheren Effektivität und Effizienz des Auswahlprozesses führt.

- **Erfolgsquote**, d. h. die Anzahl der geeigneten Bewerber (wahre Positive) im Verhältnis zu den insgesamt als geeignet eigestuften Bewerbern (wahre Positive und falsche Positive). Werttreiber ist hier ein Auswahlprozess, der möglichst wenig falsche Positive selektiert.

- **Zusagequote**, d. h. die Anzahl der unterschriebenen Arbeitsverträge im Verhältnis zu den verschickten Vertragsangeboten. M. a. W., bekommt das Unternehmen auch tatsächlich alle Bewerber, die es verpflichten will.

- **Auswahlqualität**, d. h. die Anzahl der Vertragsangebote im Verhältnis zu den Gesprächseinladungen. Hinter diesem Werttreiber steht die Frage, ob das Unternehmen einen Auswahlprozess besitzt, der die geeigneten Kandidaten herausfiltert.

- **Reaktionsquote**, d. h. der Anteil der Erstreaktionen auf Bewerbungen, die beispw. in den ersten drei Tagen nach Bewerbungseingang erfolgen, im Verhältnis zur Gesamtzahl aller Bewerbungen. Werttreiber ist hier der kundenorientierte Umgang des Unternehmens mit seinen Bewerbern.

- **Gewinnungszeit**, d. h. der Anteil der Gewinnungs- und Rekrutierungsfälle, die in einem definierten Zeitraum von der Bedarfsäußerung bis zur Einstellung abgewickelt werden, im Verhältnis zu allen Gewinnungs- und Rekrutierungsfällen. Damit soll in Erfahrung gebracht werden, ob das Unternehmen in der Lage ist, Vakanzen zeitnah zu besetzen.

Eine weitere Kennzahl für den Personalauswahlprozess ist die **Einstellquote**, die die Anzahl der eingestellten Bewerber im Verhältnis zur Gesamtzahl der Bewerber angibt. Allerdings kann die Enstellquote ebenso wie die **Basisrate** (Basisquote) und die **Bedarfsquote** nicht zu den Werttreiber gezählt werden. Bei diesen Kennzahlen handelt es sich eher um deskriptive Größen, die die Größenverhältnisse eines Auswahlprozesses beschreiben, ohne jedoch einen Hebel für die Verbesserung von Effektivität und/oder Effizienz der Auswahl zu bieten.

Ein weiterer wichtiger Werttreiber für den Auswahlprozess ist schließlich die Nutzung eines **Bewerbermanagementsystems**, dessen Wertbeitrag

- bei der Veröffentlichung von Stellenanzeigen im Internet,
- im Bewerbungseingang,
- im Bewerbermanagement und Selektion sowie
- bei Kennzahlen zur Steuerung und Kontrolle des Auswahlprozesses

unbestritten ist.

Als Werttreiber für den **Integrationsprozess** verbleibt die

- **Probezeitquote**, d. h. die Anzahl der Neueinstellungen, die das Unternehmen während der Probezeit verlassen, im Vergleich zur Gesamtzahl der Mitarbeiter. Je kleiner der Quotient ist, umso höher ist der Effekt als Werttreiber. Die Einstellung eines fälschlich Akzeptierten oder auch eines über- oder unterforderten neuen Mitarbeiters führt in aller Regel zu, dass dieser Mitarbeiter das Unternehmen innerhalb der Probezeit wieder verlässt. Daher weisen gerade neu eingestellte Mitarbeiter eine besonders hohe Fluktionsrate auf. Eine Verringerung der Probezeitquote ist daher ein echter Werttreiber, der zu entsprechenden Kosteneinsparungen führen kann.

(4) Zusammenfassung

In Abbildung 2-44 sind wesentliche Aspekte des Aktionsfeldes *Personalauswahl und -einstellung* (wie zugehöriger Aktionsbereich, Aktionsparameter, Instrumente, Werttreiber sowie das Optimierungskriterium) zusammengefasst.

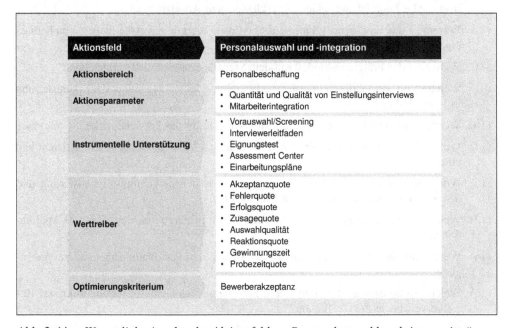

Abb. 2-44: Wesentliche Aspekte des Aktionsfeldes „Personalauswahl und -integration"

Kontroll- und Vertiefungsfragen

(1) Innerhalb eines Jahres hat das Softwarehaus „Smart soft" 45 Abgänge zu verzeichnen. Der Mitarbeiterbestand betrug am Jahresanfang 820 und am Jahresende 980. Wie hoch ist die Fluktuationsrate (engl. *Attrition rate*)? Wie viele Mitarbeiter hat das Softwarehaus in dem Jahr neu eingestellt?

(2) Ein mittelständisches Maschinenbauunternehmen strebt zum Ende des Jahres einen Soll-Personalbestand von 3.200 Mitarbeitern an. Der Ist-Personalbestand beträgt Anfang des Jahres 2.800 Mitarbeiter. Im Laufe des Jahres wird mit 50 Abgängen und 20 Zugängen gerechnet. Wie hoch sind der Ersatzbedarf, der Zusatzbedarf und der Neubedarf?

(3) In welchen Stufen sollte eine professionelle Segmentierung des Arbeitsmarktes angegangen werden?

(4) Welche Aktionsparameter stehen dem Personalmanagement zur Optimierung des Bewerbernutzens zur Verfügung?

(5) Worin besteht der Unterschied zwischen Bewerbernutzen und Bewerbervorteil?

(6) Erläutern Sie das Konzept des strategischen Dreiecks im Personalmarketing. Worin liegt der besondere Unterschied zum (klassischen) Absatzmarketing?

(7) Warum ist das Employer Branding für die Positionierung des Arbeitgebers von herausragender Bedeutung?

(8) Warum ist das Präferenz-Modell mit dem Signalisierungsmodell vergleichbar?

(9) Welche Vorteile hat die Signalisierung in Online-Medien gegenüber der Signalisierung in Print-Medien?

(10) Welche beiden Online-Signalisierungsformen sind für das Personalmarketing relevant?

(11) Welche Kommunikationsmaßnahmen sind für den Arbeitgeber besonders effizient und effektiv?

(12) Worin besteht der wesentliche Unterschied zwischen der Online-Signalisierung und den Social Media-Aktivitäten eines Unternehmens?

(13) Welche Interessengruppen des Arbeitsmarktes profitieren von den Web 2.0-Applikationen?

(14) Welche Instrumente der Personalauswahl stehen dem Personalmanagement zur Verfügung?

(15) Welche Aktionsparameter stehen dem Personalmanagement zur Optimierung des Bewerbervertrauens zur Verfügung?

(16) Diskutieren Sie die Chancen einer Initiativbewerbung im Vergleich zu einer Empfehlungsbewerbung und zu einer gezielten Bewerbung.

(17) Warum besteht bei vielen Unternehmen besonders in der Integrationsphase ein großes Verbesserungspotenzial?

(18) Welche Vorteile hat ein Onboarding?

(19) Bei welchen Bewerbern ist die kognitive Dissonanz nach der Entscheidung für den neuen Arbeitgeber i. d. R. besonders groß?

3. Personalbetreuung

3.1 Personalvergütung 174
- 3.1.1 Aufgabe und Ziel der Personalvergütung 174
- 3.1.2 Betriebliche Anreizsysteme 176
- 3.1.3 Gestaltung der Personalvergütung 178
- 3.1.4 Aspekte der Entgeltgerechtigkeit 184
- 3.1.5 Anforderungsgerechtigkeit 187
- 3.1.6 Marktgerechtigkeit 188
- 3.1.7 Leistungsgerechtigkeit 189
- 3.1.8 Optimierung der Gerechtigkeit 194

3.2 Personalführung 198
- 3.2.1 Aufgabe und Ziel der Personalführung 198
- 3.2.2 Führungsprozess 201
- 3.2.3 Führungsaufgaben 203
- 3.2.4 Führungsansätze und -theorien 209
- 3.2.5 Eigenschaftsorientierte Führungsansätze 212
- 3.2.6 Verhaltensorientierte Führungsansätze 216
- 3.2.7 Situative Führungsansätze 220
- 3.2.8 Führungsinstrumente 228
- 3.2.9 Optimierung der Wertschätzung 232

3.3 Personalbeurteilung 235
- 3.3.1 Aufgabe und Ziel der Personalbeurteilung 235
- 3.3.2 Beteiligte und Formen der Personalbeurteilung 236
- 3.3.3 Beurteilungsfehler 237
- 3.3.4 Kriterien der Personalbeurteilung 240
- 3.3.5 Das Beurteilungsfeedback 247
- 3.3.6 Optimierung der Fairness 248

3.4 Personalentwicklung 251
- 3.4.1 Aufgabe und Ziel der Personalentwicklung 251
- 3.4.2 Qualifikation und Kompetenzmanagement 253
- 3.4.3 Personalentwicklungsmethoden 255
- 3.4.4 Führungskräfteentwicklung 260
- 3.4.5 Genderspezifische Personalentwicklung 263
- 3.4.6 Controlling der Personalentwicklung 264
- 3.4.7 Optimierung der Forderung und Förderung 265

3.5 Personalfreisetzung 269
- 3.5.1 Aufgabe und Ziel der Personalfreisetzung 269
- 3.5.2 Rahmenbedingungen der Personalfreisetzung 269
- 3.5.3 Personalfreisetzung ohne Personalabbau 272
- 3.5.4 Personalfreisetzung mit Personalabbau 276
- 3.5.5 Die Kündigung 280
- 3.5.6 Entlassungsgespräch und Austrittsinterview 283
- 3.5.7 Optimierung der Erleichterung 285

Kontroll- und Vertiefungsfragen 288

3. Personalbetreuung

Die Prozesskette *Personalbetreuung* beschreibt den zweiten Teil der Personalmarketing-Gleichung (siehe Abbildung 3-01). Ihre Wirkung ist (aus Sicht des Unternehmens) nach *innen* gerichtet. Als *internes* Personalmarketing beschäftigt sie sich mit den unternehmensinternen Zielgruppen. Das sind alle Mitarbeitergruppen mit ihren spezifischen Eignungen, Motiven und Interessen. Vor allem geht es dabei um die strategisch wichtigen Mitarbeiter und Mitarbeitergruppen, die in hohem Maße dazu beitragen (sollen), dass das Unternehmen jetzt und in Zukunft erfolgreich ist.

Ziel des internen Personalmarketings ist es, das Commitment der Mitarbeiter und insbesondere der strategisch relevanten Mitarbeitergruppen zu sichern, um Fluktuation und Leistungsdefizite zu vermeiden [vgl. DGFP 2006, S. 32]. Im Vordergrund des internen Personalmarketings steht daher die **Mitarbeiterbindung** (engl. *Retention*).

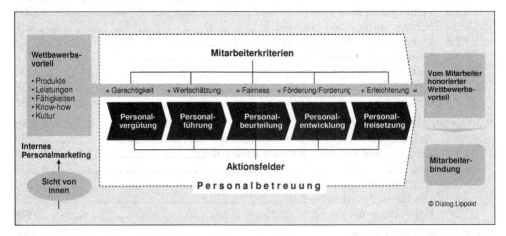

Abb. 3-01: Die Wertschöpfungskette Personalbetreuung

Bestandteile der Wertschöpfungskette *Personalbetreuung* sind die Aktionsfelder Personalvergütung, -führung, -beurteilung, -entwicklung sowie -freisetzung. Es bestehen teilweise erhebliche Interdependenzen zwischen diesen Aktionsfeldern. Dies wird besonders deutlich am Instrument der *Zielvereinbarung*, das sich wie ein roter Faden durch nahezu alle Aktionsfelder der Wertkette *Personalbetreuung* zieht.

Das Aktionsfeld *Personalvergütung* wird als Teil eines umfassenden Anreiz- und Vergütungssystems behandelt, das die Wirkungszusammenhänge zwischen Motiven und materiellen sowie immateriellen Anreizen unter dem Aspekt der Gerechtigkeit verdeutlicht. Im Mittelpunkt stehen dabei die für die Gehaltsfindung relevanten Gerechtigkeitsprinzipien Anforderung, Markt und Leistung.

Das Aktionsfeld *Personalführung* wird als ein *Prozess* betrachtet, dessen Umsetzung inhaltlich durch die Wahrnehmung von Führungsaufgaben und in der Art und Weise durch den Führungsstil und das Führungsverhalten erfolgt. Darüber hinaus werden Aspekte zur Führungskommunikation sowie zu Führungsprinzipien vertieft. Im Vordergrund dieses Aktionsfeldes steht die Optimierung der Wertschätzung.

Das Aktionsfeld *Personalbeurteilung* befasst sich mit dem Beurteilungsprozess, den Prozessbeteiligten und den Kriterien der Beurteilung von Führungskräften und Mitarbeitern. Hinweise zu möglichen Beurteilungsfehlern und zur Bedeutung des Beurteilungsfeedbacks sind ebenfalls Bestandteile dieses Aktionsfeldes, das die Optimierung der Fairness zum Ziel hat.

Das Aktionsfeld *Personalentwicklung* mit seinen vielfältigen Ausprägungen und Maßnahmen ist die zentrale Zukunftsinvestition des Personalmanagements. Hier stehen neben dem Kompetenzmanagement vor allem das Leadership Management sowie die Vorstellung einiger Personalentwicklungsmethoden im Vordergrund der Betrachtung. Die Personalentwicklung hat die Optimierung der Forderung und Förderung der Mitarbeiter zum Ziel.

Im Aktionsfeld *Personalfreisetzung* schließlich werden Möglichkeiten zur Personalflexibilisierung insgesamt und konkrete Personalfreisetzungsmaßnahmen vorgestellt. Einen besonderen Schwerpunkt nehmen die Kündigung, das Entlassungsgespräch und das Austrittsinterview ein.

Ein zusammenfassender Überblick über die wichtigsten *Aktionsparameter*, *Instrumente* und *Werttreiber* rundet jeweils die Beschreibung eines Aktionsfeldes ab.

3.1 Personalvergütung

3.1.1 Aufgabe und Ziel der Personalvergütung

Der zweite Teil der zweigeteilten Personalmarketing-Gleichung, der auf die Personalbetreuung abzielt, beginnt mit der Bereitstellung von markt-, anforderungs- und leistungsgerechten **Anreiz- und Vergütungssystemen** (engl. *Compensation & Benefits*). Die zu zahlende Vergütung als materielle Gegenleistung für die Arbeitsleistung seiner Mitarbeiter ist für das Unternehmen ein *Kostenfaktor*. Für den Arbeitnehmer ist die ausgezahlte Vergütung *Einkommen*, aber zugleich ein Leistungsanreiz. Leistungsfördernd ist die Vergütung aber nur dann, wenn sie vom Arbeitnehmer als *gerecht* empfunden wird.

Das Aktionsfeld *Personalvergütung* ist das erste Aktionsfeld der Prozesskette *Personalbetreuung* und hat die Optimierung der *Gerechtigkeit* als Zielfunktion:

$$Gerechtigkeit = f(Personalvergütung) \rightarrow optimieren!$$

Nicht wenige Personalverantwortliche stellen das *Entgelt* – besonders unter dem Aspekt der Mitarbeiterbindung – als den entscheidenden Baustein des betrieblichen Anreiz- und Vergütungssystems heraus. Eine solch eindimensionale Betrachtung wird den unterschiedlichen Verhaltensmotiven der Mitarbeiter jedoch nicht gerecht. Eine Untersuchung von TOWERS PERRIN zeigt, dass der entscheidende *Bindungsfaktor* augenscheinlich nicht so sehr die finanziellen (also materiellen) Anreize, sondern mehr die immateriellen Anreize wie Kommunikation von Karrieremöglichkeiten, Reputation des Arbeitgebers, ausreichende Entscheidungsfreiheit, Trainingsangebot, Work-Life-Balance u. ä. sind [vgl. TOWERS PERRIN 2007].

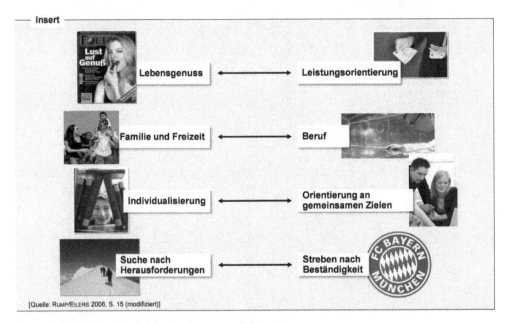

Insert 3-01: Spannungsfelder im Wertewandel

3.1 Personalvergütung

Damit ist zugleich auch das Dreieck zwischen technisch organisatorischem Wandel, demografischer Entwicklung und die als **Wertewandel** bezeichneten Wertverschiebungen angesprochen. Bei Führungsnachwuchskräften bzw. jüngeren Mitarbeitern ist eine Eindeutigkeit der Werteorientierung (noch) nicht zu beobachten. Sie bewegen sich eher in Spannungsfeldern wie in Insert 3-01 dargestellt. Dies untermauern auch die entsprechenden Ergebnisse der EY-Absolventenbefragung von 2012. So gehören Familie und Freunde einerseits und Erfolg und Karriere andererseits zu den wichtigsten Werten der befragten Studienteilnehmer (siehe Insert 3-02).

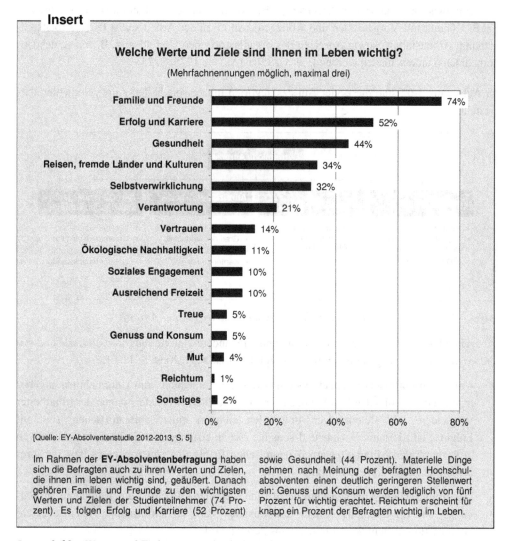

Insert 3-02: Werte und Ziele von Hochschulabsolventen

Betriebliche Anreizsysteme sollten diesen Spannungsfeldern, in denen sich die Mitarbeiter bewegen, möglichst gerecht werden. Es liegt daher nahe, sich zunächst mit den Grundlagen betrieblicher Anreizsysteme auseinanderzusetzen.

3.1.2 Betriebliche Anreizsysteme

Im Vordergrund betrieblicher Anreizsysteme liegt die bewusste Gestaltung von Arbeitsbedingungen, die zur Erreichung betrieblicher Ziele dienen. Anreizsysteme sind damit Bestandteil jeder Managementkonzeption und setzen die Rahmenbedingungen zur Motivation der Mitarbeiter [vgl. BECKER, F. G. 2009, S. 1].

(1) Elemente von Anreizsystemen

Es kann zwischen finanziellen Anreizen (z. B. fixe und variable Entgelte), sozialen Anreizen (z. B. Kontakt mit Vorgesetzten und Kollegen), Anreizen der Arbeit selbst (z. B. Arbeitsumgebung, Arbeitsinhalt) sowie Anreizen des organisatorischen Umfeldes (z. B. Image des Unternehmens) unterschieden werden [vgl. VON ROSENSTIEL 1975, S. 231].

In Abbildung 3-02 sind diese vier Anreizkategorien mit beispielhaften Anreizelementen dargestellt.

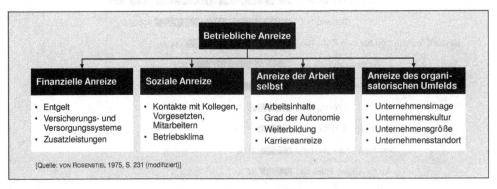

Abb. 3-02: Kategorien und beispielhafte Elemente betrieblicher Anreize

Ausgehend von diesen Anreizkategorien kann eine andere Unterteilung in *materielle* und *immaterielle* Anreize vorgenommen werden [vgl. BECKER, F. G. 2009, S. 11 f.]:

- Unter dem **materiellen Anreizsystem** wird die Summe aller vom Unternehmen angebotenen und zu zahlenden Belohnungen für die erbrachten Arbeitsleistungen der Mitarbeiter verstanden. Die Belohnungen unterteilen sich in einen obligatorischen Teil mit Lohn/Gehalt, Urlaub, Sozial- und sonstige Nebenleistungen sowie in einen fakultativen Teil, durch den Mitarbeiter am ökonomischen Erfolg des Unternehmens bzw. an ihrer persönlichen Leistung teilnimmt.

- Das **immaterielle Anreizsystem** betrifft jene Anreize, die durch die Teilnahme am Planungs- und Entscheidungssystem, am Karrieresystem, am Informationssystem oder am Organisationssystem des Unternehmens gesetzt wird.

Abbildung 3-03 liefert die entsprechende Übersicht.

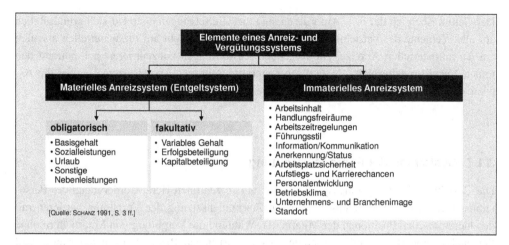

Abb. 3-03: Elemente eines Anreiz- und Vergütungssystems

(2) Anforderungen an Anreizsysteme

Bei der Gestaltung und Zielsetzung betrieblicher Anreizsysteme sollten folgende Anforderungen berücksichtigt werden [vgl. LOCHER 2002, S. 19 ff.]:

- **Leistungsorientierung.** Anreizsysteme sind leistungsorientiert, wenn sich Leistungsunterschiede auch in der Vergütung niederschlagen. Sind allerdings Leistungsergebnisse vornehmlich auf unternehmensinterne oder -externe Rahmenbedingungen zurückzuführen, so kann von diesen Resultaten allein nicht auf das Leistungsverhalten des Mitarbeiters geschlossen werden.

- **Gerechtigkeit.** Anreizsysteme sind so zu konzipieren, dass sie von den Mitarbeitern als gerecht wahrgenommen werden. Gelingt dies nicht, so ist mit entsprechender Demotivation und geringerer Leistungsbereitschaft der Mitarbeiter zu rechnen.

- **Transparenz.** Anreizsysteme sind transparent, wenn ihre Ausgestaltung für die Mitarbeiter nachvollziehbar, durchschaubar und in ihren Konsequenzen vorhersehbar ist. Transparenz führt zu einer objektiveren Vergabe von Belohnungen, so dass sich die Mitarbeiter gerecht behandelt fühlen.

- **Wirtschaftlichkeit.** Anreizsysteme genügen dem Postulat der Wirtschaftlichkeit, wenn die verursachten Kosten geringer sind als die erzielten Erträge. Mit anderen Worten, jedes Unternehmen muss sich sein Anreizsystem „leisten" können.

- **Integration.** Anreizsysteme müssen sich an den Unternehmenszielen orientierten und mit den anderen Führungssubsystemen in ein konsistentes Gesamtsystem integriert sein.

- **Individualität.** Anreizsysteme sind individualisiert, wenn den unterschiedlichen Bedürfnis- und Motivstrukturen der Mitarbeiter systematisch Rechnung getragen wird.

Der Geltungsbereich der o. a. Anforderungen bzw. Zielsetzungen erstreckt sich grundsätzlich auf alle Elemente des betrieblichen Anreizsystems, also sowohl auf die materiellen als auch auf die immateriellen Anreize. Die folgenden Ausführungen konzentrieren sich nun auf den reinen **Vergütungsbereich**, also auf die materielle Seite der Anreizsysteme, wobei die Aspekte der *Gerechtigkeit* und *Individualität* einen besonderen Schwerpunkt bilden.

3.1.3 Gestaltung der Personalvergütung

Die Gestaltung des Vergütungssystems zählt zu den zentralen Herausforderungen des Personalmanagements. Die Regelungen über die Zusammensetzung der Vergütung variieren mit den hierarchischen Positionen der Mitarbeiter. Während die Vergütung von Mitarbeitern ohne Personalverantwortung häufig gesetzlichen oder tariflichen Bestimmungen unterliegt, wird die Vergütung von Führungskräften in der Regel einzelvertraglich ausgehandelt. Dementsprechend verfügen Unternehmen bei der Gestaltung der Vergütung von Führungskräften einen deutlich größeren Spielraum [vgl. STOCK-HOMBURG 2013, S. 401 und EVERS 2009, S. 519].

(1) Funktionen der Personalvergütung

Ein effektives und effizientes Vergütungssystem sollte folgenden Funktionen gerecht werden [vgl. STOCK-HOMBURG 2013, S. 401 f. und LOCHER 2002, S. 17 ff.]:

- **Sicherungsfunktion.** Hauptsächlich das Festgehalt (fixe Basisvergütung) trägt zur Sicherstellung der Grundversorgung des Mitarbeiters bei.
- **Motivationsfunktion.** Besonders den variablen Vergütungsbestandteilen wird ein hohes Motivationspotenzial beigemessen.
- **Steuerungsfunktion.** Diese Funktion hat die Aufgabe, das Leistungsverhalten der Mitarbeiter auf bestimmte Ziele des Unternehmens (z. B. besondere Produkt- oder Bereichsziele) auszurichten. Als Steuerungsfunktion eignen sich die Ziele für die variablen Gehaltsanteile.
- **Leistungssteigerungsfunktion.** Stärkere Anreize können dazu führen, dass Mitarbeiter insgesamt ihre Leistung steigern.
- **Selektionsfunktion.** Bei relativ hohen variablen Gehaltsbestandteilen werden tendenziell leistungsorientiertere und risikofreudigere Mitarbeiter angesprochen. Oftmals bewirken solche stark leistungs- bzw. erfolgsabhängigen Gehälter eine Selbstselektion (engl. *Self Selection*), die dazu führt, dass bestimmte Stellen nur mit besonders risikofreudigen Mitarbeitern besetzt sind.
- **Bindungsfunktion.** Ein als fair und attraktiv wahrgenommenes Vergütungssystem schafft immer auch Anreize für Führungskräfte und Mitarbeiter, im Unternehmen zu verbleiben.

- **Kooperationsförderungsfunktion.** Ein Vergütungssystem, das kooperative Verhaltensweisen (wie z. B. Teamarbeit) besonders honoriert, trägt zur Förderung der Zusammenarbeit bei.

Der Wirkungsgrad der hier aufgezeigten Funktionen kann durch eine entsprechende Zusammensetzung und Ausgestaltung der *Komponenten* des Vergütungssystems beeinflusst werden.

(2) Komponenten der Personalvergütung

Die Gesamtvergütung (engl. *Total Compensation*) eines Mitarbeiters setzt sich aus folgenden grundlegenden Komponenten zusammen:

- Fixe Vergütung,
- Variable Vergütung und
- Zusatzleistungen.

Eine Systematisierung dieser Komponenten liefert Abbildung 3-04.

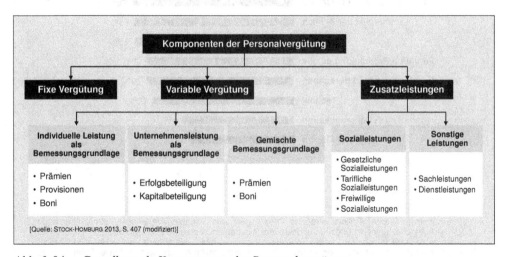

Abb. 3-04:   Grundlegende Komponenten der Personalvergütung

Fixe Vergütung. Die fixe Vergütung wird als Basisvergütung regelmäßig ausgezahlt und orientiert sich an den Anforderungen des Arbeitsplatzes sowie an der internen Wertigkeit, d. h. an der Bedeutung und am Wertschöpfungsbeitrag der Position. Sie stellt eine Mindestvergütung sicher und bildet somit das *Garantieeinkommen* für den Arbeitnehmer.

Variable Vergütung. Im Gegensatz zur fixen ist die variable Vergütung eine Einkommenskomponente, die von den individuellen Leistungen der Arbeitnehmer bzw. dem Unternehmenserfolg abhängt. Dieser Vergütungsbestandteil wird also nur unter der Voraussetzung ausgezahlt, dass bestimmte *Ergebnisse* erbracht werden.

Immer mehr Unternehmen gehen dazu über, einen Teil des unternehmerischen Risikos auf die Mitarbeiter zu verlagern. Vor allem im Management-Bereich setzt sich die erfolgsabhängige

Vergütung zunehmend durch. So zeigen die Ergebnisse einer Online-Befragung des MANAGER MAGAZINS aus dem Jahre 2009, dass die variable Vergütung auf dem Vormarsch in nahezu allen Funktionsbereichen auf dem Vormarsch ist (siehe dazu Insert 3-03).

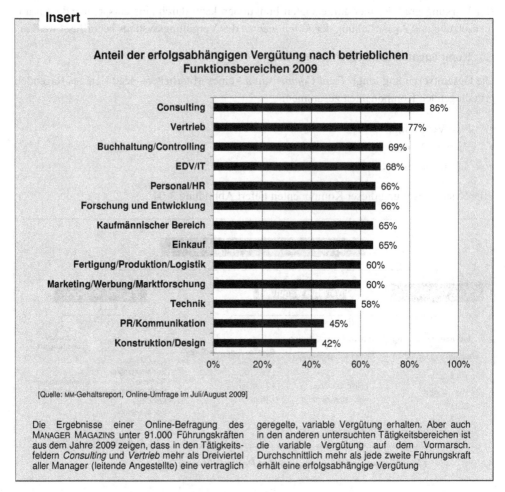

Insert 3-03: Variable Gehaltsanteile nach Funktionsbereichen

Die variable Vergütung von Führungskräften und Mitarbeitern zählt aber nach wie vor zu den intensiv diskutierten Bereichen der Personalvergütung. In Abbildung 3-05 sind die Chancen und Risiken der variablen Vergütung für Unternehmen und Mitarbeiter gegenübergestellt. Wirkungsweise, Ausgestaltung und Bemessungsgrundlagen variabler Vergütungsbestandteile werden in 3.1.7 vertieft.

3.1 Personalvergütung

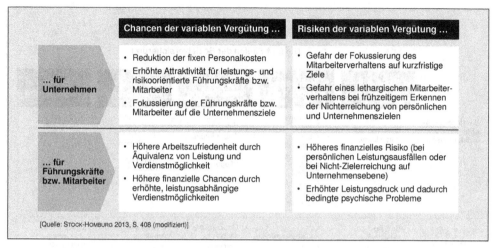

Abb. 3-05: Chancen und Risiken der variablen Vergütung

Zusatzleistungen. Diese dritte Komponente der Personalvergütung lässt sich in Sozialleistungen und sonstige Leistungen unterteilen. Zu den *gesetzlichen Sozialleistungen*, die vom Gesetzgeber unter dem Sammelbegriff der **Sozialversicherung** zusammengefasst werden, zählen die Unfall-, Kranken-, Pflege-, Arbeitslosen- und Rentenversicherung. Während die Beiträge zur Unfallversicherung allein vom Arbeitgeber getragen werden, wird die Finanzierung der übrigen Sozialversicherungen jeweils zur Hälfte vom Arbeitgeber und Arbeitnehmer getragen. Abbildung 3-06 liefert einen groben Überblick über die Leistungen und Träger der Sozialversicherungen.

Tarifliche Sozialleistungen verpflichten Unternehmen zu bestimmten Zahlungen, die in Tarifverträgen geregelt sind. Darüber hinaus können Unternehmen noch bestimmte *freiwillige Sozialleistungen* (z. B. für die Altersvorsorge, Ausbildungszuschüsse, Jubiläumsgelder, Umzugsgeld) gewähren.

Sonstige Zusatzleistungen (wie z. B. Firmenwagen, Sabbaticals, Kinderbetreuung, Firmenhandy, Laptop, individuelle Urlaubsregelungen oder Aktien-Optionsprogramme) werden von Unternehmen als freiwillige Gehaltsnebenleistungen (engl. *Fringe Benefits*) vorwiegend zur Gewinnung und Bindung von Führungskräften eingesetzt. Bei der Führungskräfteentlohnung kommt diesen – zumeist nicht monetären – Vergütungsbestandteilen eine wichtige Rolle zu. Sie sollen die Bindung der Führungskraft an das Unternehmen erhöhen. Bei bestimmten Sachleistungen ist eine steuerliche Relevanz zu berücksichtigen. So stellt ein privat genutzter Firmenwagen einen geldwerten Vorteil war und muss vom Nutzer steuerlich berücksichtigt werden.

Unter den sonstigen Zusatzleistungen wird in jüngerer Zeit das **Sabbatical** besonders diskutiert (siehe Insert 3-04). Hierbei handelt es sich um eine mehrmonatige, teilweise sogar über ein Jahr hinausgehende Unterbrechung der Berufstätigkeit [vgl. SCHOLZ 2011, S. 323].

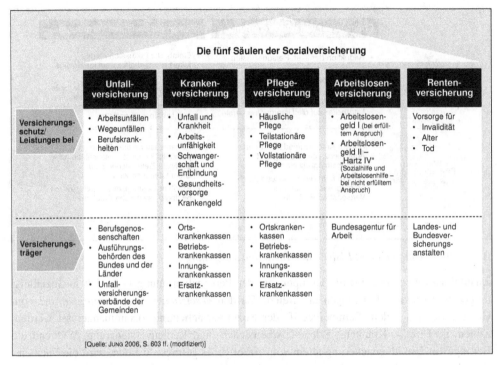

Abb. 3-06: Die fünf Säulen der Sozialversicherung

Im Zusammenhang mit den freiwilligen Sozialleistungen hat sich mit dem **Cafeteria-System** ein Konzept etabliert, das dem einzelnen Mitarbeiter innerhalb eines vom Arbeitgeber vorgegebenen Budgets erlaubt, zwischen verschiedenen Zusatzleistungen gemäß seinen eigenen Bedürfnissen auszuwählen, ähnlich der Menüauswahl in einer Cafeteria [vgl. EDINGER 2002, S. 7].

Das Cafeteria-System besteht aus

- einem *Wahlbudget*, das sich häufig an dem Betrag orientiert, das das Unternehmen bislang für freiwillige Sozialleistungen ausgegeben hat,

- einem *Wahlangebot* mit mehreren Alternativen (z. B. Firmenwagen, Gewinnbeteiligung, Arbeitgeberdarlehen, Kindergartenplatz, Fortbildung, Urlaubstage u. ä.) und aus

- einer periodischen *Wahlmöglichkeit*, da sich die Bedürfnisse des Mitarbeiters im Zeitablauf ändern können [vgl. JUNG 2006, S. 901 f.].

Während das Cafeteria-System dem Mitarbeiter eine individuelle Abdeckung seiner Wünsche ermöglicht, entsteht für das Unternehmen ein nicht unerheblicher administrativer Aufwand (Kommunikation, Beratung, IT-Unterstützung). Auch kann die Unverfallbarkeit bestimmter Leistungen in wirtschaftlich angespannten Situationen zu Problemen führen [vgl. JUNG 2006, S. 903].

> **Insert**
>
> **Sabbatical**
>
> ## So bekommen Sie die Auszeit vom Job durch
>
> Eine Weltreise oder ein Buch schreiben: Der Wunsch nach einer Auszeit vom Job ist bei deutschen Arbeitnehmern weit verbreitet. Und gar nicht so schwer umzusetzen – wenn Sie einige Dinge beachten. *Von Harald Czycholl*
>
> Unternehmen müssen sich heute anstrengen, um ihre Leistungsträger nicht an die Konkurrenz zu verlieren. Fachkräfte sind Mangelware und entsprechend begehrt. Die gefragten Mitarbeiter können ein besseres Gehalt aushandeln – oder mal zurückschalten und mit dem Arbeitgeber eine Auszeit aushandeln. Viele Firmen reagieren auf diese Entwicklung, indem sie von sich aus Sabbatical-Modelle einführen. Sie ermöglichen Auszeiten von zwei, vier oder sechs Monaten. Der Arbeitsvertrag bleibt dabei bestehen, die Mitarbeiter erhalten auch während der Auszeit ihr Gehalt. Ermöglicht wird das durch eine Ansparphase, die der Auszeit vorangestellt wird: In dieser Phase werden Teile des Gehalts auf ein Zeitwertkonto angespart, um die Auszeit zu ermöglichen. Der eingebrachte Betrag wird verzinst und ist gegen Insolvenz abgesichert.
>
> Eine Weltreise machen, ein Buch schreiben oder das Kind beim Schulstart begleiten: Für eine befristete berufliche Pause kann es viele Gründe geben. Einer Forsa-Umfrage im Auftrag des Bildungsministeriums zufolge sehnen sich 57 Prozent aller Arbeitnehmer nach einer solchen Auszeit. Gut zwei Drittel von ihnen möchten demnach die Pause nutzen, um mehr Zeit mit der Familie zu verbringen.
>
> Auch unter Führungskräften ist der Wunsch nach einem Timeout verbreitet: Zwei Drittel der Manager träumen laut einer Studie der Personalberatung Heidrick & Struggles davon, für einige Monate die Seele baumeln zu lassen. Doch oft bleibt das Sabbatical ein Traum: Viele schrecken aus Angst vor beruflichen Nachteilen davor zurück. Damit die Berufspause Realität werden kann, ist eine umfassende Vorbereitung notwendig.
>
> Obwohl der Arbeitnehmer grundsätzlich kein Recht auf ein Sabbatical hat, haben die Arbeitgeber durchaus Eigeninteressen, ihren Mitarbeitern eine Auszeit zu ermöglichen – und zwar nicht nur, um im Kampf um Fachkräfte zu punkten. Der Arbeitnehmer schenkt dem Arbeitgeber auch einen Mitarbeiter, der mit neuer Energie und Schaffenskraft zurückkehrt.
>
> Damit Arbeitgeber und Arbeitnehmer auf der sicheren Seite sind, sollte eine schriftliche Sabbatical-Vereinbarung getroffen werden. Kernelement einer solchen Vereinbarung ist die Regelung der Sabbatical-Dauer sowie der Umstände der Rückkehr. In den Konstellationen, in denen der Arbeitgeber während des Sabbaticals weiter Gehalt bekommt, sollte zudem geregelt werden, dass der Mitarbeiter in dieser Zeit nicht zur Arbeit verpflichtet ist, das Arbeitsverhältnis aber ansonsten – etwa für die Berücksichtigung von Betriebszugehörigkeitszeiten – weiterläuft.
>
> Es gibt verschiedene Arbeitszeit- und Lohnmodelle, die die Gestaltung eines Sabbaticals ermöglichen. Besonders beliebt ist die Teilzeitvariante. Dabei wird etwa für drei Jahre Teilzeit vereinbart, der Mitarbeiter arbeitet jedoch Vollzeit weiter und erwirtschaftet sich so Monat für Monat ein Zeitguthaben. Dieses nutzt er am Ende der Teilzeit für sein Sabbatical, während gleichzeitig das reduzierte Gehalt weiterläuft. Anschließend kehrt er auf seine Vollzeitstelle zurück. Die gleiche Grundidee zur Finanzierung eines Sabbaticals liegt einem befristeten Lohnverzicht zugrunde: Der Mitarbeiter arbeitet voll, bekommt aber nur einen Teil seines Gehalts ausgezahlt. Der Rest fließt auf ein Zeitwertkonto, auf dem sich dann mit der Zeit ein Guthaben ansammelt, das für die Gehaltsfortzahlung während der Auszeit genutzt wird. Dabei wird als Arbeitgeberbrutto eingezahlt, die eingezahlten Beträge sind weder steuer- noch sozialversicherungspflichtig.
>
> Auch Überstunden und ungenutzte Urlaubstage können per Zeitwertkonto gesammelt und für das Sabbatical herangezogen werden. Eine interessante Variante für junge Eltern: Wer seinen Anspruch auf Elternzeit nicht voll ausschöpft, etwa weil er früher als erhofft einen Krippenplatz bekommen hat, kann den Restanspruch für ein Sabbatical nutzen. Vorausgesetzt, der Arbeitgeber stimmt zu, können so auch die gesamten zwölf Monate Elternzeit auf einen späteren Zeitpunkt gelegt werden – jedoch höchstens bis zum achten Geburtstag des Kindes. Der Vorteil all dieser Modelle liegt zum einen darin, dass man trotz Berufspause auf ein stabiles Einkommen zählen kann. Außerdem geht auch die soziale Absicherung nicht verloren: Die Beiträge zur gesetzlichen Renten-, Pflege- und Krankenversicherung laufen ununterbrochen weiter.
>
> [Quelle: Welt.de, 06.07.13]

Insert 3-04: Sabbatical – „So bekommen Sie die Auszeit vom Job durch"

Die häufigste Ausprägung des Cafeteria-Modells in deutschen Unternehmen sind sogenannte **Flexible Benefits**. Flexible Benefits-Programme sind Pläne, in deren Rahmen die Mitarbeiter aus einem Angebot verschiedener Zusatzleistungen oder durch Gehaltsumwandlung bestimmte Zusatzleistungskomponenten oder -niveaus auswählen können. Betriebliche Altersvorsorge, Hinterbliebenenrente, Todesfallkapital, Berufsunfähigkeitsleistungen, Firmenwagen oder Extraurlaub sind die häufigsten Zusatzleistungen im Rahmen von Flexible Benefits-Programmen [vgl. RAUSER TOWERS PERRIN 2006, S. 3 und 17 f.].

Eine besonders attraktive Variante der Zusatzleistungen ist das Modell der **Deferred Compensation**, bei dem der Arbeitnehmer auf einen Teil seiner Gesamtvergütung zugunsten einer Altersvorsorgezusage verzichtet. Die aufgeschobene Auszahlung unterliegt damit nicht der sofortigen Versteuerung. Der angesammelte Betrag wird erst bei Eintritt in den Ruhestand besteuert. Als Durchführungsweg bietet sich für den Arbeitgeber die Pensionskasse, der Pensionsfonds oder die Direktversicherung an. Deferred Compensation bietet sowohl dem Arbeitgeber als auch dem Arbeitnehmer erhebliche Vorteile. Für das Unternehmen eröffnen sich neue Möglichkeiten im Rahmen seines Anreiz- und Vergütungssystems, ohne dass zusätzliche Kosten entstehen. Im Gegenteil, durch die aufgeschobene Auszahlung entsteht ein zusätzlicher Innenliquiditätseffekt. Für den Arbeitnehmer senkt sich die heutige Steuerlast, denn der Umwandlungsbetrag reduziert in voller Höhe sein steuerpflichtiges Einkommen. So werden Vergütungsbestandteile aus der Phase des aktiven Berufslebens, die zumeist durch eine höhere Besteuerung gekennzeichnet ist, in das Rentenalter verlagert, wo die Steuerlast üblicherweise geringer ist. Hinzu kommt, dass der Arbeitnehmer seine Ruhestands- bzw. Risikovorsorge entscheidend verbessern kann [vgl. JUNG 2006, S. 903].

3.1.4 Aspekte der Entgeltgerechtigkeit

Bei der Konzeption von Vergütungssystemen, die sowohl Unternehmens- als auch Mitarbeiterinteressen berücksichtigen sollte, steht ein Kriterium im Vordergrund, das als Grundvoraussetzung für die Akzeptanz bei den Mitarbeitern gilt: *Gerechtigkeit*. Die „faire Vergütung im Vergleich zu Kollegen" zählt zu den Top-3-Treibern der Mitarbeiterbindung und ist zweifellos der entscheidende Hygienefaktor aller Anreiz- und Vergütungssysteme [vgl. TOWERS PERRIN 2007].

Bei Fragen der Vergütung empfindet der Mitarbeiter sein Gehalt ganz subjektiv als gerecht oder auch ungerecht. Eine Aussage über die *absolute* Gerechtigkeit einer Vergütung kann nicht getroffen werden, lediglich eine Aussage über die *relative* Gerechtigkeit (im Vergleich zu den Kollegen, zum Branchendurchschnitt, zur Leistung, zum Alter oder auch zur Ausbildung) ist sinnvoll [vgl. TOKARSKI 2008, S.63].

Demnach wird die Vergütung dann als angemessen betrachtet, wenn sie als gerecht und ausgewogen wahrgenommen wird (siehe in diesem Zusammenhang auch die „gerechtigkeitstheoretischen" Überlegungen in Abschnitt 1.2.3). Um ein in diesem Sinne *gerechtes* Vergütungssystem zu gestalten, bedarf es der Klärung, wie Gerechtigkeitsempfindungen von Beschäftigten im Allgemeinen und Führungskräften im Besonderen zustande kommen und wie sich diese auf das Arbeitsverhältnis auswirken. Dazu wird im ersten Schritt auf die verschiedenen Gerechtigkeits*prinzipien* Bezug genommen und anschließend den drei Gerechtigkeits*dimensionen* gegenübergestellt.

(1) Gerechtigkeitsprinzipien

Die verschiedenen Komponenten der Entgeltgerechtigkeit, die in Abbildung 3-07 dargestellt sind, werden auch als Gerechtigkeitsprinzipien bezeichnet. Folgende Prinzipien werden in der Praxis verwendet [vgl. GÖBEL 2006, S. 210 ff.]:

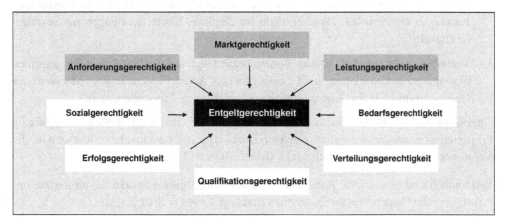

Abb. 3-07: Komponenten der Entgeltgerechtigkeit

- **Anforderungsgerechtigkeit.** Die Vergütung richtet sich nach den Anforderungen, die mit einer bestimmten Stelle verbunden sind. Gerecht erscheint, bei höheren Anforderungen eine höhere Vergütung zu zahlen und vergleichbare Anforderungen auch gleich zu vergüten.

- **Marktgerechtigkeit.** Die Vergütung ändert sich mit der Nachfrage nach bestimmten Arbeitsleistungen. Gerecht erscheint, diejenigen besser zu vergüten, deren Arbeitsleistungen besonders stark nachgefragt werden. Dies führt zu unterschiedlichen Vergütungsstrukturen verschiedener Branchen und Berufe.

- **Leistungsgerechtigkeit.** Die Vergütung bezieht sich auf die individuelle Leistung einerseits (*individuelle* Leistungsgerechtigkeit) und auf die Unternehmensleistung andererseits (*kollektive* Leistungsgerechtigkeit). Gerecht erscheint, bei Mehrleistung eine höhere Vergütung zu zahlen und gleiche Leistung gleich zu vergüten.

- **Qualifikationsgerechtigkeit.** Dieses Prinzip berücksichtigt das Leistungsvermögen (Potenzial) eines Mitarbeiters, auch wenn es derzeit an seinem Arbeitsplatz nicht eingesetzt wird. Als gerecht gilt, Personen mit höherer Qualifikation auch eine höhere Vergütung zu zahlen bzw. bei gleicher Qualifikation gleich zu vergüten.

- **Erfolgsgerechtigkeit.** Die Höhe der Vergütung hängt vom wirtschaftlichen Erfolg des Unternehmens ab. Dieses Prinzip überschneidet sich zum Teil mit der Leistungsgerechtigkeit, die neben der individuellen Leistung des Mitarbeiters auch die Unternehmensleistung (und damit den Unternehmenserfolg) mit einschließt.

- **Sozialgerechtigkeit.** Bei diesem Prinzip geht es um die Verteilung der Einkommenschancen in der Gesellschaft im Hinblick auf soziale Gesichtspunkte wie Alter, Familienstand etc.
- **Bedarfsgerechtigkeit.** Die Vergütung richtet sich nach dem persönlichen Bedarf des Arbeitnehmers. Als gerecht gilt, denjenigen besser zu vergüten, der beispielsweise eine Familie zu ernähren hat. Dieses Prinzip hat deutliche Überschneidungen zur Sozialgerechtigkeit.
- **Verteilungsgerechtigkeit.** Dieses Prinzip bezieht sich auf die Frage nach der gerechten Verteilung von Lohnsumme und Gewinn. Welcher Anteil vom erarbeiteten Mehrwert des Unternehmens steht den Kapitaleignern und welcher den Arbeitnehmern zu?

Angesichts dieser Vielzahl von teilweise widersprüchlichen und nicht überschneidungsfreien Prinzipien ist es nahezu unmöglich, einen allgemein als gerecht empfundenen Maßstab für die Vergütungsdifferenzierung zu finden [vgl. GÖBEL 2006, S. 211].

Letztendlich sind es aber drei **Kernprinzipien der Entgeltgerechtigkeit**, die für die Zusammensetzung der Gehaltsstruktur maßgeblich sind [vgl. LIPPOLD 2010, S. 18]:

- **Anforderungsgerechtigkeit** (im Hinblick auf die Qualität, Schwierigkeitsgrad oder Verantwortungsbereich der jeweiligen Position/Stelle),
- **Marktgerechtigkeit** (im Hinblick auf die Vergütungsstruktur der Branche bzw. des Wettbewerbs) sowie
- **Leistungsgerechtigkeit** (im Hinblick auf die Leistung der Führungskraft einerseits und des Unternehmens andererseits).

(2) Gerechtigkeitsdimensionen

Diesen Gerechtigkeits*prinzipien* stehen sogenannte Gerechtigkeits*dimensionen* gegenüber, die sich mit den konkreten Austauschbeziehungen zwischen Personen und Organisationen befassen (siehe hierzu Abschnitt 1.2.3):

- **Distributive Gerechtigkeit** als wahrgenommene Gerechtigkeit bzw. Angemessenheit des materiellen Ergebnisses einer Austauschbeziehung (Beispiel: Festlegen der Gehaltsstruktur, Leisten von Bonuszahlungen bzw. Prämien)
- **Prozedurale Gerechtigkeit** als wahrgenommene Gerechtigkeit bzw. Angemessenheit der Abläufe und Praktiken in einer Austauschbeziehung (Beispiel: Transparent machen von Vergütungsstufen)
- **Interaktionale Gerechtigkeit** als wahrgenommene Gerechtigkeit bzw. Angemessenheit im zwischenmenschlichen Umgang mit dem Austauschpartner (Beispiel: Persönliches Überzeugen der Führungskraft vom gewählten Vergütungsmodell).

Werden die Gerechtigkeitsdimensionen den drei Gerechtigkeitsprinzipien gegenüber gestellt, so ergibt sich eine 3 x 3-Matrix. In Abbildung 3-08 ist diese Matrix mit beispielhaften Ansatzpunkten vervollständigt. Wie die Erfahrungen aus der Praxis zeigen, erfüllen viele Unternehmen die distributive und teilweise auch die prozedurale Gerechtigkeitsdimension. Die interaktionale Gerechtigkeit, d. h. das Aushandeln bestimmter Vergütungselemente wird bislang noch wenig praktiziert [vgl. BRIETZE/LIPPOLD 2011, S. 231 ff.].

Prinzip \ Dimension	Interaktionale Gerechtigkeit	Prozedurale Gerechtigkeit	Distributive Gerechtigkeit
Anforderungs-gerechtigkeit	Aushandeln der jeweils passenden Karrierestufe	Transparent machen von Karrierestufen	Festlegen der generellen Karrierestufen
Marktgerechtigkeit	Aushandeln der jeweils passenden Gehalts-strukturelemente	Transparent machen von Gehaltsbandbreiten	Festlegen der generellen Gehaltsstruktur
Leistungs-gerechtigkeit	Aushandeln der jeweils passenden Zielvereinbarung	Transparent machen des Review-Prozesses	Leisten von Bonuszahlungen/ Prämien

[Quelle: BRIETZE/LIPPOLD 2011, S.231]

Abb. 3-08:   Gegenüberstellung von Gerechtigkeitsdimensionen und -prinzipien

3.1.5 Anforderungsgerechtigkeit

Der erste Schritt der Gehaltsfindung bezieht sich auf die *Anforderungsgerechtigkeit*. Sie orientiert sich an den Anforderungen der Position (Ausbildung, Erfahrung, Kompetenz, Verantwortung etc.). Aus diesem Grund haben viele Unternehmen ein **Karrierestufen-Modell** (engl. *Grading System*) aus Rollen und Kompetenzen entwickelt, das jeder Karrierestufe (engl. *Grade*) ein bestimmtes Zieleinkommen (100%-Gehalt) zuordnet. Das Grading-System dient einerseits der grundsätzlichen Einstufung des Mitarbeiters in Abhängigkeit vom Anforderungsgrad seiner Position/Rolle und andererseits zur Festlegung des (relativen) variablen Gehaltsbestandteils, d. h. je größer die Anforderung an die Position/Rolle und damit die Verantwortung des Mitarbeiters ist, desto höher ist der variable Gehaltsanteil.

In Abbildung 3-09 ist ein sechsstufiges Karriere-Modell am Beispiel des Marketingbereichs dargestellt. Jeweils eine Rolle/Position ist dabei einem Grade zugeordnet. Grundlage der Zuordnung ist ein rollenbezogenes **Kompetenzmodell** (engl. *Competency Model*), in dem die erforderlichen fachlichen, sozialen und methodischen Qualifikationen, Fähigkeiten und Erfahrungen für jede Karrierestufe aufgeführt sind. Wie aus dem beispielhaften Grading-System weiter zu entnehmen ist, wird für jede Karrierestufe eine Aufteilung des Zielgehalts (100%) in Fixgehalt und variables Gehalt vorgenommen.

Ein solches Karrierestufen-Modell bildet den Orientierungsrahmen sowohl für die anforderungsgerechte Einstufung der Führungskräfte und Mitarbeiter als auch für die entsprechende Entgeltfindung. Darüber hinaus zeigt es den Beschäftigten zugleich die Entwicklungsmöglichkeiten im Rahmen der persönlichen Laufbahnplanung.

Grade (Karrierestufe)	Rolle/Position	Anteil Fixgehalt am 100%-Zieleinkommen	Anteil variables Gehalt am 100%-Zieleinkommen
6	Marketing Vorstand	60 %	40 %
5	Marketing Direktor	70 %	30 %
4	Marketing Manager	75 %	25 %
3	Marketing Professional	80 %	20 %
2	Marketing Specialist	85 %	15 %
1	Marketing Analyst	90 %	10 %

Abb. 3-09: Rollenbezogenes Karrierestufen-Modell am Beispiel des Marketingbereichs

3.1.6 Marktgerechtigkeit

Der zweite Schritt der Gehaltsfindung bezieht sich auf die *Marktgerechtigkeit*. Hier geht es in erster Linie darum, das *relative Vergütungsniveau* im Vergleich zu anderen Unternehmen festzulegen [vgl. BROWN et al. 2003, S. 752]. Es ist in erster Linie an der Vergütungsstruktur der Branche bzw. des Wettbewerbs sowie im internationalen Bereich zusätzlich an Kaufkraftkriterien ausgerichtet.

Grundsätzlich können Unternehmen drei alternative **Vergütungsstrategien** in Bezug auf das Vergütungsniveau wählen [vgl. BROWN et al. 2003, S. 752; TOSI/WERNER 1995, S. 1673]:

- **Benchmarkstrategie.** Diese Strategie ist dadurch gekennzeichnet, dass das gewählte Vergütungsniveau über dem Marktdurchschnitt liegt. Sie bietet sich an, um hoch qualifizierte Führungskräfte und Mitarbeiter zu gewinnen und zu binden.
- **Matchingstrategie.** Bei dieser Strategie entspricht das gewählte Vergütungsniveau dem Markt- bzw. Branchendurchschnitt.
- **Laggingstrategie.** Unternehmen, die diese Strategie wählen, bieten ihren Führungskräften bzw. Mitarbeitern eine Vergütung an, die unterhalb des Marktdurchschnitts liegt.

Die genannten Vergütungsstrategien können für das Unternehmen insgesamt oder nur für bestimmte Bereiche oder Berufsgruppen festgelegt werden. Häufig wird das allgemein festgesetzte Vergütungsniveau in Einzelfällen (z. B. für die Gewinnung bestimmter Spezialisten) modifiziert [vgl. STOCK-HOMBURG 2013, S. 404].

Um grundsätzlich bei der Gewinnung und Bindung strategisch wichtiger Führungskräfte und Mitarbeiter auch außerhalb der allgemein gewählten Vergütungsstrategie entsprechend flexibel reagieren zu können, bietet sich die Gestaltung von **Vergütungsbandbreiten** an. Solche Bandbreiten sind in das unternehmensweite Grading-System eingebettet und eröffnen die

Möglichkeit, jeden Mitarbeiter entsprechend bestimmter Merkmale (z. B. Alter, Erfahrung, Spezialkenntnisse) innerhalb einer Karrierestufe unterschiedlich zu vergüten.

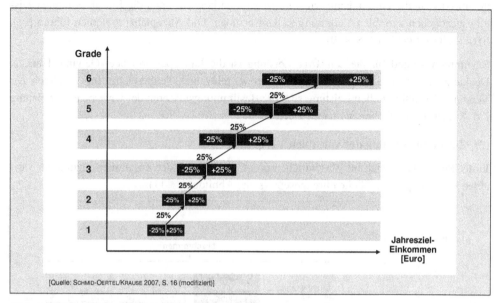

Abb. 3-10: Vergütungsbandbreiten

In Abbildung 3-10 ist ein Vergütungsbandbreiten-System modellhaft dargestellt. Jede Hierarchiestufe ist mit einem Vergütungsband belegt, dessen Grenzen maximal 25 Prozent vom jeweiligen Mittelwert abweichen können. Außerdem liegt die durchschnittliche Vergütung jeder Hierarchiestufe jeweils 25 Prozent über der darunterliegenden Stufe. Ein derart gestaltetes Bandbreiten-System gestattet eine individuell gerechte Positionierung des Mitarbeiters in jedem Grade.

3.1.7 Leistungsgerechtigkeit

Der dritte Schritt der Gehaltsfindung zielt auf die *Leistungsgerechtigkeit* ab. Dieses Gerechtigkeitsprinzip wird vorzugsweise durch die Gestaltung variabler Vergütungskomponenten realisiert.

(1) Bemessungsgrundlagen

Als Bemessungsgrundlagen der variablen Vergütung dienen die individuellen Leistungen des Mitarbeiters und/oder die Unternehmensleistung. Die *individuelle* Leistung wird am Zielerreichungsgrad, am Potenzialabgleich sowie im Mitarbeitervergleich (Kalibrierung) gemessen, wobei die Ergebnisse der Personalbeurteilung (vgl. Abschnitt 3.3) hierzu die Grundlage bilden. Besonders wichtig ist, dass die betroffenen Führungskräfte und Mitarbeiter ihre Leistungen direkt beeinflussen können und diese auch messbar sind. Dies hat in der Praxis dazu geführt, dass vorzugsweise im Vertrieb die individuelle Leistung (z. B. der erzielte Auftragseingang) als Bemessungsgrundlage für die variable Vergütung herangezogen wird. In anderen Funktionsbereichen, in denen die Leistungen der Mitarbeiter und Führungskräfte nur begrenzt quantifiziert und nicht eindeutig zugeordnet werden können, kann die Einführung einer leistungsbezogenen variablen Vergütung zu Umsetzungs- und Akzeptanzproblemen führen [vgl. STOCK-HOMBURG 2013, S. 409].

Bestimmungsgrund für die *kollektive* Leistung ist die Jahresperformance (Gewinn, Umsatz, Deckungsbeitrag o. ä.) des Unternehmens bzw. relevanter Teilbereiche. Im Vergleich zur Messung der individuellen Leistung sind die Bestimmungsfaktoren der Unternehmensleistung i. d. R. deutlich einfacher zu quantifizieren.

(2) Zusammensetzung der variablen Vergütung

In der Praxis haben sich im Wesentlichen drei Grundformen der Zusammensetzung der variablen Vergütungsbestandteile durchgesetzt (siehe Abbildung 3-11):

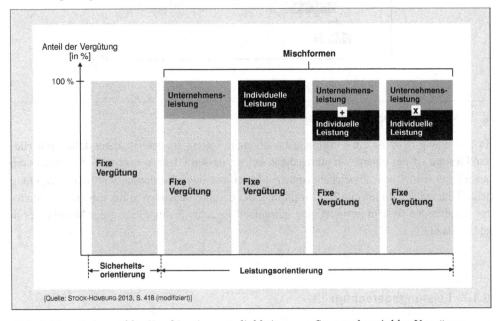

Abb. 3-11: *Ausgewählte Kombinationsmöglichkeiten von fixer und variabler Vergütung*

- Der variable Anteil wird ausschließlich durch die Ergebnisse der **individuellen Leistung** bestimmt.

- Nur die **Leistung des Unternehmens** bzw. relevanter Unternehmensteile wird zur Bestimmung des variablen Anteils herangezogen.

- Es wird sowohl die individuelle Leistung als auch die Unternehmensperformance berücksichtigt. Bei dieser **Mischform** gibt es zwei Varianten, die sich auf die Verknüpfung der beiden variablen Gehaltsanteile beziehen. In der einen Variante werden der individuelle Anteil (auch als *individueller Faktor* (IF) bezeichnet) und der Unternehmensanteil (auch als Unternehmens- oder *Businessfaktor* (BF) bezeichnet) addiert. Bei der zweiten Variante wird der individuelle Faktor mit dem Businessfaktor multiplikativ miteinander verknüpft, so dass unter bestimmten Umständen (z. B. bei vollständiger Schlechtleistung des Unternehmens oder des Mitarbeiters und damit BF=0 bzw. IF=0) kein variables Gehalt ausgezahlt wird.

In diesem Zusammenhang soll erwähnt werden, dass alle drei beschriebenen Varianten eine Deckelung des variablen Anteils bei 200 Prozent vorsehen sollten, d. h. selbst bei einer deutlichen Planüberfüllung des Unternehmens und des Mitarbeiters kann der auszuzahlende variable Anteil demnach das Zweifache seiner (100%-) Zielgröße nicht überschreiten (siehe Abbildung 3-12).

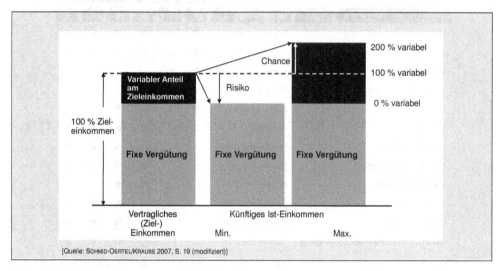

Abb. 3-12:   *Grundsätze der variablen Vergütung*

Die Deckelung der Höhe des auszuzahlenden variablen Anteils ist angesichts der Diskussion um exorbitante Managergehälter von besonderer Bedeutung. Schlechte Bedingungen auf dem Arbeitsmarkt und hohe Konzessionen seitens der Arbeitnehmer auf der einen Seite und rapide steigende Bezüge der Topmanager auf der anderen Seite haben die Prinzipien der Leistungs- und Erfolgsgerechtigkeit in das Blickfeld scharfer Kritik gerückt und zwangsläufig die Frage aufgeworfen, ob die Vergütung der Führungskräfte noch gerecht bzw. gerechtfertigt ist [vgl. BRIETZE/LIPPOLD 2011, S. 230 sowie die umfassende Darstellung von FREIBURG 2005].

(3) Zielarten variabler Vergütung

Ebenso wie das (klassische) Marketing bestrebt ist, den Umsatz durch verstärktes Eingehen auf die individuellen Bedürfnisse der Zielgruppen zu steigern, setzt sich auch im modernen Personalmanagement zunehmend die Erkenntnis durch, dass Vergütungssysteme die Potenziale der Mitarbeiter und Führungskräfte nur dann optimal nutzen, wenn sie individualisiert sind [vgl. LOCHER 2002, S. 1]. Ein Ausdruck dieser Individualisierung sind ausdifferenzierte **Zielkataloge** für Mitarbeiter, die aus mehreren Zielarten pro Grade bestehen. Damit wird den unterschiedlichen Anforderungen, den spezifischen Kenntnissen und Fähigkeiten sowie den individuellen Zielsetzungen der Führungskräfte Rechnung getragen.

Ein modellhaftes Beispiel für die verschiedenen Zielarten in der Beratungsbranche liefert Abbildung 3-13. Danach werden jedem Grade sowohl Unternehmens- als auch persönliche Ziele zugeordnet. Je nach unternehmerischer Zielsetzung lassen sich die Ziele zusätzlich gewichten, wobei durchaus zu berücksichtigen ist, dass mathematische Scheingenauigkeiten den eigentlichen Nutzeffekt überlagern können.

Zielart	Bewertung	Grade (Karrierestufe)					
		6	5	4	3	2	1
Unternehmensziele	Ergebnisziele	●	●	●	●	●	●
Bereichsziele	Ergebnisziele	●	●	●	●	●	●
Strategische Ziele	Persönliche Ziele	●	●				
Verantwortetes Delivery-Volumen	Ergebnisziele	●	●	●			
Sales	Auftragseingang	●	●	●	●		
Delivery	Auslastung			●	●	●	●
Qualität Projekte	Persönliche Ziele			●	●	●	●
Innovation/Konzeption	Persönliche Ziele			●	●	●	●
Führungsverhalten	Persönliche Ziele			●	●		
Teamverhalten	Persönliche Ziele				●	●	●
Kundenverhalten	Persönliche Ziele				●	●	●
Persönliche Kompetenzentwicklung	Persönliche Ziele				●	●	●

[Quelle: PREEN 2009, S. 22] ● Unternehmensziele ● Individuelle Ziele

Abb. 3-13: *Zielkatalog am Beispiel der Beratungsbranche*

(4) Zusammenhang zwischen Leistung und Vergütung

Im Zusammenhang mit der variablen Vergütung als Anreizsystem ist weiterhin die Frage zu klären, in welcher Relation die Vergütung zur Leistung stehen soll. Im Wesentlichen bieten sich Vergütungsmodelle an, die den Zusammenhang zwischen Leistung und Vergütung *linear*, *progressiv*, *degressiv* oder *S-förmig* abbilden. In Abbildung 3-14 sind die vier Grundmodelle veranschaulicht.

Die in der Praxis am häufigsten verwendete Form ist das **lineare Vergütungsmodell**. Bei diesem Modell wird zusätzlich zur fixen Vergütung eine variable Vergütung realisiert, die – sofern sie einen zuvor definierten *Schwellenwert* überschreitet – mit der Leistung linear ansteigt. Der Bereich zwischen Schwellenwert und maximaler Vergütungshöhe wird als *Anreizzone* bezeichnet.

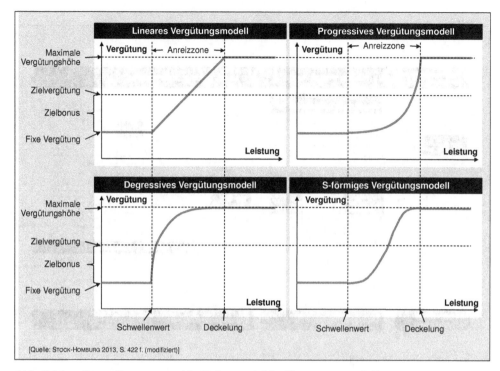

Abb. 3-14: Darstellung unterschiedlicher variabler Vergütungsmodelle

Im **progressiven Vergütungsmodell** befindet sich die Höhe der Vergütung in der Anreizzone zunächst unterhalb der des linearen Modells, um dann überproportional zur Leistung anzusteigen. Ziel des Modells ist es, für besonders leistungsstarke Mitarbeiter zusätzliche Anreize für weitere Leistungssteigerungen zu schaffen.

Beim **degressiven Vergütungsmodell** nimmt der Anstieg der Vergütung pro Leistungseinheit ab, je höher das Leistungsniveau ist. Besonders leistungsfähige Mitarbeiter werden tendenziell benachteiligt, weil sie nur geringfügig besser bezahlt werden als nicht so leistungsstarke Mitarbeiter.

Im unteren Leistungsbereich des **S-förmigen Vergütungsmodells**, das die beiden vorangegangenen Zusammenhänge kombiniert, steigt die Vergütung überproportional, im oberen dagegen unterproportional.

(5) Praxisbeispiel

Als Beispiel für ein praktiziertes Anreizsystem, das die drei Gerechtigkeitsprinzipien (Anforderungs-, Markt- und Leistungsgerechtigkeit) vollumfänglich umgesetzt hat, soll hier abschließend ein Vergütungsmodell vorgestellt werden, das das Beratungsunternehmen CAPGEMINI als „Salary Split Model" weltweit für seine strategischen Geschäftseinheiten *Consulting*, *Technology* und *Outsourcing* eingeführt hat (siehe Insert 3-05).

— Insert —

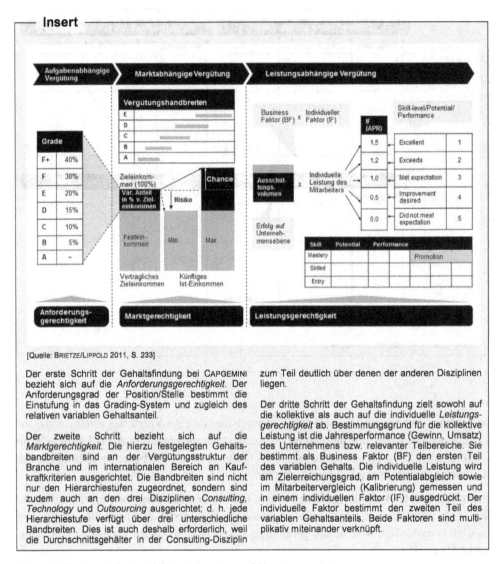

[Quelle: BRIETZE/LIPPOLD 2011, S. 233]

Der erste Schritt der Gehaltsfindung bei CAPGEMINI bezieht sich auf die *Anforderungsgerechtigkeit*. Der Anforderungsgrad der Position/Stelle bestimmt die Einstufung in das Grading-System und zugleich des relativen variablen Gehaltsanteil.

Der zweite Schritt bezieht sich auf die *Marktgerechtigkeit*. Die hierzu festgelegten Gehaltsbandbreiten sind an der Vergütungsstruktur der Branche und im internationalen Bereich an Kaufkraftkriterien ausgerichtet. Die Bandbreiten sind nicht nur den Hierarchiestufen zugeordnet, sondern sind zudem auch an den drei Disziplinen *Consulting*, *Technology* und *Outsourcing* ausgerichtet; d. h. jede Hierarchiestufe verfügt über drei unterschiedliche Bandbreiten. Dies ist auch deshalb erforderlich, weil die Durchschnittsgehälter in der Consulting-Disziplin zum Teil deutlich über denen der anderen Disziplinen liegen.

Der dritte Schritt der Gehaltsfindung zielt sowohl auf die kollektive als auch auf die individuelle *Leistungsgerechtigkeit* ab. Bestimmungsgrund für die kollektive Leistung ist die Jahresperformance (Gewinn, Umsatz) des Unternehmens bzw. relevanter Teilbereiche. Sie bestimmt als Business Faktor (BF) den ersten Teil des variablen Gehalts. Die individuelle Leistung wird am Zielerreichungsgrad, am Potentialabgleich sowie im Mitarbeitervergleich (Kalibrierung) gemessen und in einem individuellen Faktor (IF) ausgedrückt. Der individuelle Faktor bestimmt den zweiten Teil des variablen Gehaltsanteils. Beide Faktoren sind multiplikativ miteinander verknüpft.

Insert 3-05: Praxisbeispiel für ein Anreiz- und Vergütungssystem

3.1.8 Optimierung der Gerechtigkeit

Zur Abrundung des Kapitels sollen die einzelnen Schritte des Aktionsfeldes *Personalvergütung* zusammengefasst und die wichtigsten Parameter, Prozesse und Werttreiber im Zusammenhang dargestellt werden.

(1) Aktionsparameter

(Relative) Gerechtigkeit ist das zentrale Optimierungskriterium des Aktionsfeldes *Personalvergütung*. Insgesamt sind es drei Aktionsparameter, von denen diese Optimierung abhängt:

- **Fixe Vergütung** als Garantieeinkommen, das auf die Anforderungsgerechtigkeit abzielt,
- **Variable Vergütung**, die auf die Markt- und Leistungsgerechtigkeit fokussiert ist, sowie
- **Zusatzleistungen**.

Damit ergibt sich für die Optimierung der Gerechtigkeit folgender, erweiterter Ansatz:

$$Gerechtigkeit = f(Personalvergütung) = f(Fixe\ Vergütung,\ variable\ Vergütung,\ Zusatzleistungen) \rightarrow optimieren!$$

(2) Prozesse und instrumentelle Unterstützung

In Abbildung 3-15 ist beispielhaft ein Prozessmodell für das Aktionsfeld *Personalvergütung* dargestellt. Die konkrete Ausgestaltung eines Prozessmodells ist von einer Vielzahl von Einflussfaktoren abhängig (Branche, Unternehmensgröße, Art des Anreiz- und Vergütungssystems, Art der Werttreiber).

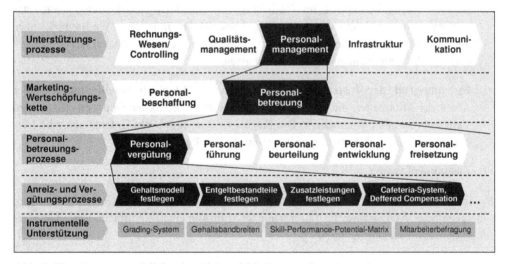

Abb. 3-15: Prozessmodell für das Aktionsfeld „Personalvergütung"

Die wichtigsten Instrumente zur Unterstützung der Anreiz- und Vergütungsprozesse sind ein Hierarchie-Stufensystem (Grading-System), Gehaltsbandbreiten, eine Skill-Performance-Potential-Matrix sowie gfs. die Ergebnisse einer jährlichen Mitarbeiterbefragung über den Zufriedenheitsgrad des Anreiz- und Vergütungssystems.

(3) Werttreiber

Als *Werttreiber* des Aktionsfeldes *Personalvergütung* kommen u. a. in Betracht [vgl. DGFP 2004, S. 44 f.]:

- **Wahrgenommene Vergütungsgerechtigkeit**, d. h. der Anteil der Mitarbeiter, die im Rahmen einer Mitarbeiterbefragung die Vergütung als gerecht und positiv empfinden, im Verhältnis zu allen Mitarbeitern. Werttreiber ist ein gerechtes Vergütungssystem, mit dem das Unternehmen das Commitment der Mitarbeiter sicherstellt.

- **Erfolgsabhängiges Vergütungssystem**, d. h. der Anteil der Mitarbeiter mit variablen Entgeltbestandteilen (leistungsorientiert/erfolgsorientiert) im Verhältniss zu allen Mitarbeitern. Hierbei geht es um die Frage, ob das Unternehmen durch eine erfolgsabhängige Vergütung für relevante Mitarbeiter das Engagement für die Unternehmensentwicklung berücksichtigt.

- **Zielvereinbarungs- und Vergütungsquote für Führungskräfte**, d. h. der Anteil der Führungskäfte mit Zielvereinbarungen und daran gekoppelte variable Vergütung an der Gesamtzahl der Führungskräfte. Mit einem Zielvereinbarungssystem und daran gekoppelte Vergütungsbestandteile beeinflusst das Unternehmen die Strategie- und Zielumsetzung bei den Führungskräften.

- **Variabilität des Entgeltsystems im Führungskräftebereich**, d. h. der Anteil des ausgeschütteten Entgeltvolumens im Verhältnis zum maximal erreichbaren, finanzkennzahlengetriebenen Volumen variabler Entgeltbestandteile. Bei diesem Werttreiber geht es um die Frage, ob das Vergütungssystem die Fähigkeit hat, die Gehälter der Führungskräfte an das Unternehmensergebnis anzupassen.

- **Nutzungsgrad der Instrumente für finanzielle Mitarbeiterbeteiligung**, d. h. der Anteil der Mitarbeiter, die Beteiligungsinstrumente (z. B. Aktien-Optionen) nutzen, im Verhältnis zu allen Mitarbeitern. Die Frage ist demnach, ob das Unternehmen die Mitarbeiter am Unternehmensergebnis bzw. -erfolg beteiligt?

(4) Zusammenfassung

In Abbildung 3-16 sind alle wesentlichen Aspekte des Aktionsfeldes *Personalvergütung* (übergeordneter Aktionsbereich, Aktionsparameter, Instrumente, Werttreiber sowie Optimierungskriterium) zusammengefasst.

3.1 Personalvergütung

Aktionsfeld	Personalvergütung
Aktionsbereich	Personalbetreuung
Aktionsparameter	• Fixe Vergütung • Variable Vergütung • Zusatzleistungen
Instrumentelle Unterstützung	• Grading-System • Gehaltsbandbreiten • Skill-Performance-Potential-Matrix • Zielvereinbarung • Mitarbeiterbefragung
Werttreiber	• Wahrgenommene Vergütungsgerechtigkeit • Erfolgsabhängiges Vergütungssystem • Zielvereinbarungs- und Vergütungsquote • Variabilität des Entgeltsystems • Nutzungsgrad Mitarbeiterbeteiligung
Optimierungskriterium	Gerechtigkeit

Abb. 3-16: Wesentliche Aspekte des Aktionsfeldes „Personalvergütung"

3.2 Personalführung

3.2.1 Aufgabe und Ziel der Personalführung

Das zweite wichtige Aktionsfeld im Personalbetreuungsprozess ist die *Personalführung*. Es hat die Optimierung der *Wertschätzung* zum Ziel:

$$Wertschätzung = f\,(Personalführung) \rightarrow optimieren!$$

Der Führungsbegriff wird häufig gleichgesetzt mit Management und Leitung. Verallgemeinert wird er anstelle von Unternehmensführung oder Mitarbeiterführung verwendet. Hier soll ausschließlich das Führen von Menschen durch Menschen diskutiert und dargestellt werden. Am geeignetsten (und kürzesten) erscheint deshalb die Definition von **Führung** durch VON ROSENSTIEL [2003, S. 4]:

„Führung ist zielbezogene Einflussnahme. Die Geführten sollen dazu bewegt werden, bestimmte Ziele, die sich meist aus den Zielen des Unternehmens ableiten, zu erreichen."

Die grundsätzlichen Aufgaben eines Managers sind es, ein Unternehmen bzw. eine Organisation zu leiten und die Menschen in diesem System zu führen. Der Bereich der Unternehmensführung beinhaltet dabei die „klassischen" sachbezogene Führungs-, Leitungs- und Verwaltungsaufgaben aus der Betriebswirtschaftslehre. Mitarbeiterführung ist dagegen die personenbezogene, verhaltenswissenschaftliche Komponente des Managements, die auch als **Personalführung** (engl. *Leadership*) bezeichnet wird [vgl. STAEHLE 1999, S. 72].

Zumindest theoretisch existieren drei Formen der Mitarbeiterführung: die Führung durch Strukturen (z. B. durch Organigramme, Stellenbeschreibungen oder Anreizsysteme), die Führung durch Menschen und die eigene Führung (Selbstmanagement). Im Rahmen der Mitarbeiterführung gibt es Führer (= Führungskraft) und Geführte (= Mitarbeiter).

Abbildung 3-17 zeigt, wie Führung als Teil des Managements gesehen werden kann und wie dieser Begriff mit anderen Führungsbegriffen zusammenhängt. Grau hinterlegt sind diejenigen Bereiche, die in diesem Lehrbuch behandelt werden.

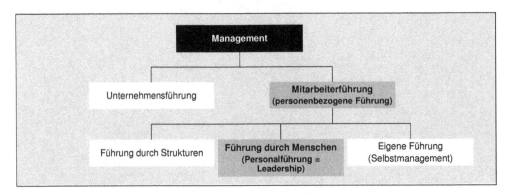

Abb. 3-17: Führungsbegriffe im Kontext

3.2 Personalführung

In der Personalführung zeichnet sich in den letzten Jahren ein Paradigmenwechsel ab. Während bislang Mitarbeiter in erster Linie mit Aufgaben bzw. mit Aufträgen geführt wurden, orientieren sich Führungsentscheidungen heute mehr und mehr an den Ergebnissen. Allerdings verfügen Führungskräfte nicht mehr über alle wichtigen Informationen, um *allein* ergebnisorientierte Entscheidungen treffen zu können. Daher kann das alte Führungsmuster „Führung durch wenige Führungskräfte - Ausführung durch viele Mitarbeiter" nicht mehr funktionieren. Mitarbeiter sollten früh in die Planungs- und Entscheidungsprozesse ihrer Unternehmen eingebunden werden und Handlungsspielraum bekommen. Damit werden die Unternehmensziele zu Zielen der Mitarbeiter [vgl. SCHRÖDER 2002, S. 2].

Dementsprechend verlagern sich die Aufgaben der Führungskräfte im Wesentlichen in drei Richtungen [vgl. DOPPLER/LAUTERBURG 2005, S. 68 f.]:

- **Zukunftssicherung**, d. h. der Vorgesetzte muss die notwendigen Rahmenbedingungen hinsichtlich Infrastruktur und Ressourcen schaffen, damit die Mitarbeiter ihre Aufgaben auch in Zukunft selbständig, effektiv und effizient erfüllen können;
- **Menschenführung**, d. h. die Ausbildung und Betreuung der Mitarbeiter und die Unterstützung bei speziellen Problemen stehen hierbei ebenso im Vordergrund wie die Entwicklung leistungsfähiger Teams und das Führen mit Zielvereinbarungen;
- **Veränderungsmanagement** (engl. *Change Management*), d. h. Koordination von Tagesgeschäft und Projektarbeit, Steuerung des Personaleinsatzes, Bereinigung von Konfliktsituationen, Sicherstellen der internen und externen Kommunikation sowie die sorgfältige Behandlung besonders heikler Personalfälle.

Der damit angesprochene Trend zur **dezentralen Selbststeuerung** der Mitarbeiter trifft bei diesen auf einen fruchtbaren Boden. Zum einen sind viele Mitarbeiter heute beruflich qualifizierter als früher und deshalb in der Lage, dispositive Aufgaben im Sinne einer Ergebnisorientierung zu übernehmen. Zum anderen haben vor allem die Vertreter der jüngeren Generation eine andere Einstellung zu ihrem Beruf: Ein hohes Maß an Selbstständigkeit und Handlungsspielraum gehören zu ihren wichtigsten Motivationsfaktoren [vgl. DOPPLER/LAUTERBURG 2005, S. 67].

Führung als zielbezogene Einflussnahme ist ein **Prozess**, dessen Umsetzung durch die Wahrnehmung von **Führungsaufgaben** (z. B. Zielvereinbarung, Delegation etc.) erfolgt. Die Form bzw. die Art und Weise, in der die Führungsaufgaben von den Führungskräften wahrgenommen werden, wird als **Führungsstil** (z. B. kooperativ) bezeichnet. Führungsstile sind somit *Verhaltensmuster* für Führungssituationen, in denen eine Führungskraft ihre Mitarbeiter führt. **Führungsverhalten** ist dagegen das *aktuelle* Verhalten einer Führungsperson in einer konkreten Führungssituation [vgl. BRÖCKERMANN 2007, S. 343].

In Abbildung 3-18 sind die Zusammenhänge zwischen Führungsprozess, Führungsaufgaben und Führungsstil veranschaulicht.

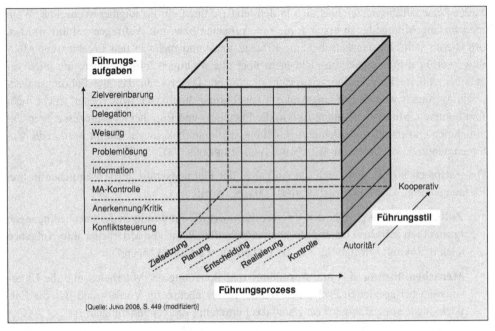

Abb. 3-18: Zusammenhang zwischen Führungsprozess, -aufgaben und -stil

Typische **Führungssituationen** sind durch folgende Merkmale gekennzeichnet [vgl. BERTHEL/BECKER 2007, S. 108; STOCK-HOMBURG 2013, S. 455 f.]:

- In einer Führungssituation befinden sich *mindestens zwei Personen* – die Führungsperson und mindestens ein geführter Mitarbeiter.
- Die Führungssituation ist durch eine *soziale Interaktion* gekennzeichnet, d. h. das Verhalten der Führungskraft und das des Mitarbeiters bedingen sich gegenseitig.
- Die Interaktion ist *asymmetrisch*, d. h. die Führungsperson kann ihren Willen aufgrund unterschiedlicher Machtverteilung leichter durchsetzen.
- Die Einflussnahme durch die Führungskraft ist *zielorientiert*, d. h. die Führungsperson agiert im Sinne der Unternehmensziele.
- Die Interaktion ist *dynamisch*, da Führung permanenten Veränderungen sowohl auf der Unternehmensseite als auch auf Seiten der geführten Mitarbeiter ausgesetzt ist.

Neben Führungsprozess, Führungsaufgaben und Führungsstilen sind die *Führungsinstrumente* zu nennen, die sich in erster Linie auf technische Hilfsmittel oder einfache Prozeduren der Führung beziehen. Im weitesten Sinne lässt sich auch die *Führungskommunikation*, die den Informationsaustausch zwischen Führungskraft und Mitarbeitern betrifft, als Führungsinstrument auffassen. *Führungsprinzipien* kennzeichnen die Art und Weise der Koordination des Verantwortungsbereichs einer Führungskraft. *Führungstheorien* schließlich sind aus der Verhaltensforschung abgeleitete Basisaussagen über die Beziehungen zwischen „Führern" und „Geführten" [vgl. auch SCHOLZ 2011, S. 389].

3.2 Personalführung

Im Folgenden werden diese Begriffe, die unterschiedlich komplex sind und auch unterschiedlich zur Erhellung des Aktionsfelds *Personalführung* beitragen, mit Inhalten und Beispielen hinterlegt.

Zuvor fasst Abbildung 3-19 diese begriffliche Grundlegung zusammen.

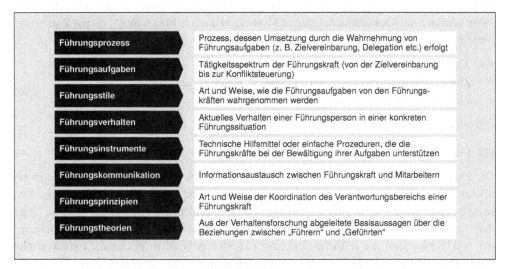

Abb. 3-19: *Begriffliche Grundlegung im Aktionsfeld „Personalführung"*

3.2.2 Führungsprozess

Im Rahmen des Personalführungsprozesses sind folgende Phasen angesprochen, die bei der Wahrnehmung der eigentlichen Führungsaufgaben immer wieder durchlaufen werden müssen [vgl. JUNG 2006, S. 441 ff.]:

- Zielsetzung (engl. *Target Setting*),
- Planung (engl. *Planning*),
- Entscheidung (engl. *Decision*),
- Realisierung (engl. *Realization*) und
- Kontrolle (engl. *Controlling*).

(1) Zielsetzung

Der Mechanismus der Zielsetzung ermöglicht eine Fokussierung der Handlungsthemen, die zum Gegenstand konkreter Pläne gemacht werden sollen [vgl. STEINMANN/SCHREYÖGG 2005, S. 146]. Ziele erzeugen so etwas wie eine „Sogwirkung". Sie helfen Arbeitsabläufe, Arbeitsaufgaben sowie die Zusammenarbeit der Organisationseinheiten und der Mitarbeiter untereinander transparent zu machen.

Mitarbeiter wollen motiviert und wertgeschätzt werden. Freundlichkeit, Engagement, Identifikation, Motivation und Begeisterung lassen sich nicht verordnen. Aber man kann Spielregeln der Kooperation entwickeln, von denen alle Beteiligten profitieren und eine Art „Win-Win-Situation" erzeugen. Hierzu sind Ziele eine entscheidende Voraussetzung [vgl. EYER/ HAUSSMANN 2005, S. 12].

Ziele sollten möglichst konkret, d. h. mess- und überprüfbar sein. Interpretationsfähige Formulierungen, die leicht Leerformel-Charakter annehmen, sollten vermieden werden (Beispiel: „Wir streben nach überdurchschnittlicher Motivation unserer Mitarbeiter"). In der Zielformulierung sollten

- **Zielinhalt** (Was soll erreicht werden?),
- **Zielerreichungsgrad** (Wie viel soll erreicht werden?) und
- **Zielperiode** (Wann soll es erreicht werden?)

enthalten sein [vgl. BECKER, J. 2009, S. 23 f.].

(2) Planung

Die Planung gibt eine Orientierung dessen an, was zu tun ist, um die definierten Ziele zu erreichen. Sie befasst sich mit den Maßnahmen, Mitteln und Wegen zur Zielerreichung. Planung ist kein einmaliger, in sich abgeschlossener Akt, sondern ein rollierender Prozess. Unter den vielfältigen Aspekten der Planung, die sich durch eine starke Analysetätigkeit auszeichnet, soll hier lediglich der zeitliche Gesichtspunkt erwähnt werden. Während die **strategische Planung** den grundsätzlichen und damit zumeist längerfristigen Handlungsrahmen für zentrale Unternehmensentscheidungen vorgibt, zielt die **operative Planung** darauf ab, eine konkrete Orientierung für das Tagesgeschäft zu gewinnen [vgl. STEINMANN/SCHREYÖGG 2005, S. 163].

(3) Entscheidung

In allen Unternehmenseinheiten wird tagtäglich eine Vielzahl von Entscheidungen getroffen. Diese sind nach Inhalt, Häufigkeit und Tragweite sehr unterschiedlich. Zwei Merkmale sind jedoch allen komplexeren Entscheidungen gemeinsam [vgl. JUNG 2006, S. 445 f.]:

- Entscheiden bedeutet die Auswahl aus mehreren **Handlungsalternativen**.
- Entscheidungen werden unter dem Aspekt des **Risikos** getroffen, d. h. es ist i. d. R. nicht genau bekannt, wie sich die verschiedenen Handlungsmöglichkeiten auswirken werden.

Typisch für Entscheidungen im Personalbereich ist zudem, dass diese Entscheidungen nicht *isoliert* getroffen werden, da häufig ein Zusammenhang mit anderen Managementbereichen besteht.

(4) Realisierung

Das Setzen von Zielen, ihre Umsetzung in Pläne und das Treffen der Entscheidungen reichen aber nicht aus, um den Erfolg der Maßnahmen zu gewährleisten. Wichtig ist die praktische **Umsetzung** des Gewollten. Es ist nicht Aufgabe der Führungskräfte, die erforderlichen Aktivitäten zur Zielerreichung selbst auszuführen. Vielmehr geht es in dieser Phase darum, generelle organisatorische Regelungen zu treffen und durch Einwirken auf die Mitarbeiter (z. B.

durch Veranlassen, Unterweisen bzw. Einweisen) dafür zu sorgen, dass der Plan umgesetzt wird [vgl. JUNG 2006, S. 446].

(5) Kontrolle

Erst durch eine Kontrolle der umgesetzten Maßnahmen ist es möglich, dass eine für die Regelung des Unternehmensgeschehens erforderliche **Rückkopplung** (engl. *Feedback*) stattfindet. Die Kontrollfunktion, die Soll-Größen der Planung mit den Ist-Größen der Realisierung vergleicht, gibt Auskunft über den Grad der Zielerreichung.

3.2.3 Führungsaufgaben

Die konkrete Anwendung des Führungsprozesses erfolgt durch die Wahrnehmung der Führungsaufgaben, wie Ziele und Zielvereinbarungen erarbeiten, Mitarbeiter auswählen, beurteilen und entwickeln, Projekte managen, Teams bilden, entwickeln und lenken. Im Zuge einer stärkeren Systematisierung können diese Führungsaufgaben unterteilt werden in die teilweise *formalisierten Sachaufgaben* wie Personalvergütung, Personalbeurteilung oder Personalentwicklung, die in diesem Buch jeweils in eigenen Abschnitten behandelt werden, und den mehr *situations- und personenbezogenen Aufgaben* wie [vgl. JUNG 2006, S. 449 ff.]

- Zielvereinbarung,
- Delegation,
- Weisung,
- Problemlösung,
- Information,
- Mitarbeiterkontrolle,
- Anerkennung und Kritik sowie
- Konfliktsteuerung.

Grundsätzlich sind die Führungsaufgaben eingebettet in die übergelagerten Managementfunktionen eines Unternehmens (Planung, Organisation, Personaleinsatz, Führung und Kontrolle (siehe hierzu auch 4.1.1).

Abbildung 3-20 veranschaulicht den Managementprozess, in den die Personalführungsaufgaben integriert sind, und gibt darüber hinaus einen Überblick über weitere Einzelaufgaben, die den Funktionen zuzuordnen sind.

(1) Zielvereinbarung

Die Zielvereinbarung ist ein besonderer Aspekt des Führungsmodells „Führen mit Zielen" (engl. *Management by Objectives – MbO*). In einem Zielvereinbarungsgespräch werden aus den Unternehmenszielen, den Zielvorstellungen des Vorgesetzten und des einzelnen Mitarbeiters gemeinsame Mitarbeiterziele, deren Zielerreichungsgrad und Maßnahmen zur Zielerreichung vereinbart und schriftlich fixiert. Wichtig ist, dass die Zielvereinbarung nicht aus einem reinen Aufgabenkatalog besteht, sondern vielmehr konkrete Ziele und messbare Ergebnisse enthält. Damit gewinnt jenes Führungsverhalten an Bedeutung, das den (beteiligten) Mitarbeiter in seiner komplexen und vernetzten Arbeitswelt am besten würdigt (wertschätzt) [vgl. LIPPOLD 2010, S. 21].

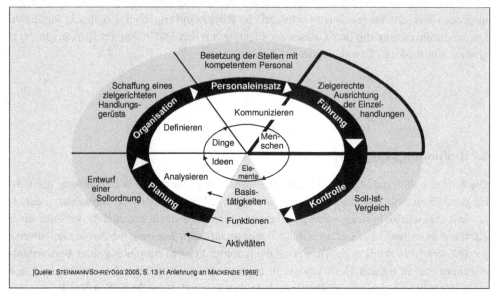

Abb. 3-20: Managementfunktionen

Der Vorteil einer Zielvereinbarung gegenüber einer reinen Zielvorgabe liegt darin, dass der aktiv beteiligte Mitarbeiter einen konkreten Orientierungsrahmen erhält und damit seine Identifikation mit den Zielen seiner Tätigkeit erhöht wird. Nachteilig ist der zweifellos höhere Zeitaufwand [vgl. JUNG 2006, S. 450].

(2) Delegation

Um seine Führungsaufgaben erfüllen zu können, muss ein Vorgesetzter Tätigkeiten mit genau abgegrenzten Befugnissen (Kompetenzen) und Verantwortlichkeiten zur selbständigen Erledigung an geeignete Mitarbeiter übertragen. Die Vorteile der Delegation sind im Wesentlichen [vgl. JUNG 2006, S. 451; STOCK-HOMBURG 2013, S. 546]:

- Zeitersparnis und Entlastung der Führungskraft,
- Vergrößerung des Freiraums der Führungsperson für strategische Fragestellungen,
- Erfüllung der Mitarbeiterbedürfnisse nach Anerkennung und Selbstverwirklichung,
- Nutzung von Kenntnissen, Fähigkeiten und Erfahrungen der Mitarbeiter und
- Ausbau der Fähigkeiten potenzialstarker Mitarbeiter.

Demgegenüber stehen folgende Verhaltensweisen, die ein Delegieren erschweren [vgl. JUNG 2006, S. 451]:

- Geringes Zutrauen der Führungskraft in die Fähigkeiten seiner Mitarbeiter,
- Nichtanerkennung brauchbarer Vorschläge der Mitarbeiter und

- Scheuen des Erklärungsaufwands bei der Übertragung anspruchsvoller Aufgaben.

(3) Weisungen

Um Mitarbeiter zu bestimmten Handlungen zu veranlassen, bedient sich die Führungskraft Weisungen. Diese sollten eindeutig, klar und vollständig sein. Typische Weisungsformen sind [vgl. JUNG 2006, S. 452]:

- **Der Befehl.** Diese Form der Weisung ist heutzutage in den wenigsten Fällen als Mittel zur Führung geeignet. Der Befehl schließt Mitdenken und Eigenverantwortlichkeit aus.
- **Die Anweisung.** Eine Anweisung ist dann erforderlich, wenn genau vorgeschrieben ist, wie eine Arbeit erledigt werden soll. Eine Anweisung wird zumeist schriftlich fixiert.
- **Der Auftrag.** Wesentlich zeitsparender als die Anweisung ist der Auftrag. Hierbei wird dem Mitarbeiter nur ein grober Rahmen vorgegeben, so dass es ihm weitgehend überlassen bleibt, wie und womit er den Auftrag ausführt.

(4) Problemlösung

„Führung durch Anerkennung" ist eine häufig praktizierte Maxime, wenn es darum geht, Führungspositionen zu besetzen. Eine Führungskraft erwirbt sich vor allem dann bei ihren Mitarbeitern Anerkennung, wenn sie neben dem formalen Führungsverhalten auch entsprechende Problemlösungskompetenz nachweisen kann.

Dabei geht es manchmal gar nicht so sehr darum, dass die Führungskraft auftretende Probleme selber löst. Vielmehr muss sie in der Lage sein, Probleme rechtzeitig zu erkennen, ihre Ursachen zu analysieren, sie zu vermeiden bzw. Lösungswege aufzuzeigen, um gemeinsam mit den Mitarbeitern eine Problemlösung zu erarbeiten [vgl. JUNG 2006, S. 454].

(5) Information

Eine der wichtigsten Führungsaufgaben ist es, Mitarbeiter hinreichend mit Informationen zu versorgen, damit sie bereit und in der Lage sind, Mitverantwortung zu übernehmen. Ein guter Mitarbeiter ist zugleich auch immer ein gut informierter Mitarbeiter.

Grundsätzlich ist zu unterscheiden zwischen Informationen, die für die Aufgabenerfüllung erforderlich sind, und aufgabenunabhängigen, aber wünschenswerten Informationen. Die Auswertung vieler Mitarbeiterbefragungen zeigt, dass die Informationsversorgung zu den wichtigsten zu verbessernden Maßnahmen zählen. Fehlende, falsche, unzureichende oder missverständliche Informationen über den (wahren) Geschäftsverlauf oder die Kostensituation führen häufig zu Unverständnis für manch unternehmerische Entscheidung und heizen die „Gerüchteküche" an. Motivations- und Vertrauensverluste sind häufig die Folge [vgl. auch JUNG 2006, S. 456].

Gerade in prekären Situationen ist das Management gut beraten, statt zu dementieren, offen, ehrlich und vertrauensvoll zu informieren. Ein Beispiel hierfür ist der Informationsbrief des NOKIA-Vorstandsvorsitzenden (CEO) STEPHEN ELOG an alle Mitarbeiter des weltgrößten Mobiltelefon-Herstellers (siehe Insert 3-06).

— Insert —

„Wir stehen auf einer brennenden Bohrinsel"

Der Vorstandschef des Handymarktführers schildert die Lage in dramatischen Worten – Auszüge seines Brandbriefs

Hallo zusammen,
es gibt da eine ganz passende Geschichte über einen Mann, der auf einer Bohrinsel in der Nordsee arbeitete. Eines Nachts wird er von einer lauten Explosion aus dem Schlaf gerissen, durch die die gesamte Bohrinsel plötzlich in Brand gerät. Innerhalb weniger Augenblicke ist er von einem Flammenmeer umgeben. Durch den Rauch und die Hitze schafft er es gerade noch, sich einen Weg durch das Chaos zum Rand der Bohrinsel zu bahnen. (...)
Er könnte jetzt auf der Bohrinsel stehen bleiben und von den Flammen verschlungen werden. Oder er könnte sich 30 Meter in die Tiefe ins eiskalte Wasser stürzen. (...) Er springt. (...) Unter normalen Umständen hätte der Mann im Traum nicht daran gedacht, sich ins eiskalte Wasser zu stürzen. Aber das war keine alltägliche Situation – die Bohrinsel stand in Flammen. Der Mann überlebte den Sturz und die See. Nach der Rettung sagte er, eine „brennende Bohrinsel" habe dazu geführt, dass er sein Verhalten radikal geändert habe.
Auch wir stehen auf einer „brennenden Bohrinsel". (...) Und: Bei uns gab es nicht nur eine Explosion – bei uns sammelt sich an mehreren Stellen Glut, die das Feuer, das um uns lodert, nährt. (...)
Apple hat den Markt aufgemischt, indem es das Smartphone neu definiert hat und Entwickler in ein geschlossenes, aber sehr leistungsstarkes Ökosystem lockt. (...) Apple hat gezeigt: Wenn das Design stimmt, dann kaufen die Verbraucher auch ein teures Telefon mit großartigem Nutzererlebnis, und Entwickler erstellen Anwendungen dafür. Sie haben die Spielregeln verändert, und heute herrscht Apple über das Premiumsegment.
Und dann ist da Android (Googles Betriebssystem, d. Red.). Im Zeitraum von nur zwei Jahren hat Android eine Plattform geschaffen, die Anwendungsentwickler, Serviceprovider und Hardwarehersteller attraktiv finden. Angefangen hat Android am oberen Ende, inzwischen gewinnen sie im Mittelfeld hinzu und bewegen sich rasch in Richtung Mobiltelefone für weniger als 100 Euro. Google entwickelt Sogwirkung. (...)
Wir sind zurückgefallen, haben große Trends verpasst und Zeit verloren. (...) 2007 wurde das erste iPhone ausgeliefert, und wir haben immer noch kein Produkt, das dessen Anmutung nahe kommt. Vor etwas mehr als zwei Jahren tauchte Android auf, und diese Woche haben sie uns die Führungsposition bei Smartphone-Verkäufen abgenommen.
Hier bei Nokia verfügen wir über einige brillante Innovationsquellen, aber wir machen Innovationen nicht schnell genug marktfähig. Wir dachten, (das Betriebssystem) Meego könnte eine Plattform für erfolgreiche Smartphones im oberen Marktsegment sein. Stand jetzt werden wir Ende 2011 möglicherweise aber nur ein Meego-Produkt auf dem Markt haben. (...)
Der Krieg der Geräte ist ein Krieg der Ökosysteme geworden, und jedes Ökosystem umfasst nicht nur Hardware und Software, sondern auch Entwickler, Anwendungen, E-Commerce, Werbung, Suchabfragen, soziale Netzwerke, ortsbezogene Dienste, Unified Communications und vieles andere mehr. Unsere Wettbewerber nehmen uns nicht über ihre Geräte Marktanteil ab, sie nehmen ihn uns mit einem kompletten Ökosystem ab. Das heißt, wir müssen entscheiden, wie wir entweder ein Ökosystem bauen, eines verbessern oder einem beitreten. (...)
Wie konnte es so weit kommen? (...) Ich glaube, es hängt zumindest teilweise mit unserer Haltung bei Nokia zusammen. (...) Ich glaube, uns hat es an Verantwortlichkeit und Führungsstärke gemangelt, die den Konzern in diesen aufwühlenden Zeiten ausrichtet und dirigiert. (...) Wir arbeiten intern nicht zusammen. (...)
Wenn wir am 11. Februar die neue Strategie vorstellen, wird es enormer Anstrengungen bedürfen, um unser Unternehmen zu verändern. Die brennende Bohrinsel hat bei dem Mann eine Verhaltensänderung bewirkt. Er tat einen kühnen, mutigen Schritt in eine ungewisse Zukunft. (...) Wir haben jetzt die großartige Gelegenheit, es ihm gleichzutun.

Stephen

ÜBERSETZUNG AUS DEM ENGLISCHEN: KATRIN GÜNTHER

[Quelle: FINANCIAL TIMES DEUTSCHLAND, 10.02.2011]

Insert 3-06: „Wir stehen auf einer brennenden Bohrinsel"

(6) Mitarbeiterkontrolle

Mit der Mitarbeiterkontrolle ist nicht die allgemeine Kontrollfunktion aus dem Führungsprozess (siehe 3.3.3) angesprochen. Hier geht es vielmehr um die Kontrolle der konkreten Umsetzung einer Aufgabe, die dem Mitarbeiter vom Vorgesetzten zugewiesen wurde. In der Regel handelt es sich bei der Mitarbeiterkontrolle um eine **Ergebniskontrolle**, d. h. es wird geprüft, mit welchem qualitativen oder quantitativen Ergebnis der Mitarbeiter die ihm übertragene Aufgabe durchgeführt hat. Eine solche Art der Kontrolle wird von den Mitarbeitern nicht nur hingenommen, sondern im Sinne einer Information und Bestätigung auch gewünscht. Ohne Kontrolle lassen sich Ziele nicht zuverlässig erreichen. Zu viel Kontrolle wird allerdings nicht nur als lästig empfunden, sondern viele Mitarbeiter sehen dahinter auch Misstrauen in ihre Fähigkeiten [vgl. JUNG 2006, S. 457 f.].

(7) Anerkennung und Kritik

Das durch die Mitarbeiterkontrolle gegebene „Feedback" ist daneben auch für die Führungskraft eine gute Möglichkeit, dem Grundbedürfnis des Mitarbeiters nach Anerkennung nachzukommen. Anerkennung ist ein ganz entscheidender Motivationsfaktor – nicht nur im Arbeitsleben. Auf der anderen Seite ist der Vorgesetzte aber auch verpflichtet, die Schlechtleistung seines Mitarbeiters sachlich zu kritisieren, denn ohne Kritik und der daraus folgenden Einsicht ist keine Veränderung möglich [vgl. JUNG 2006, S. 459 ff.].

Damit der Mitarbeiter Fehler einsieht und bereit ist, sein Verhalten zukünftig zu verändern, sollten bei der negativen Kritik einige Regeln eingehalten werden [vgl. JUNG 2006, S. 461 f.]:

- Fehlerhaftes Verhalten sollte möglichst sofort angesprochen werden, da sonst Fehler zur Gewohnheit werden.
- Der Vorgesetzte sollte nicht persönlich werden, sondern ausschließlich die Sache kritisieren (konstruktive Kritik).
- Die Kritik sollte nur „unter vier Augen" ausgesprochen werden, da sonst die Gefahr des „Gesichtsverlusts" besteht.
- Kritik sollte nicht hinter dem Rücken des betroffenen Mitarbeiters ausgeübt werden.

(8) Konfliktsteuerung

„Wo immer es menschliches Leben gibt, gibt es auch Konflikt" [DAHRENDORF 1975, S. 181]. Die Ursachen für Konflikte im Unternehmen können ebenso vielfältig sein wie ihre Gestaltungsformen. Nachteilig können Konflikte sein, wenn sie zur Instabilität führen und das Vertrauen erschüttern. Vorteilhaft sind Konflikte dann, wenn sie Energien und Kreativität freisetzen und zu gewünschten Veränderungen führen [vgl. JUNG 2006, S. 462 f.].

Neben Konflikten zwischen Personen sind in der betrieblichen Praxis vor allem Konflikte zwischen verschiedenen Gruppen (insbesondere Organisationseinheiten) anzutreffen. Konflikte zwischen Organisationseinheiten entstehen häufig nach Fusionen oder Unternehmensübernahmen und können sehr lange andauern. Konfliktursache ist hier das „Aufeinanderprallen" unterschiedlicher Unternehmenskulturen, d. h. Menschen mit unterschiedlichsten Kenntnissen, Fähigkeiten und Werthaltungen treffen aufeinander, so dass Konflikte immer wahrscheinlicher werden. Können solche Konflikte nicht bewältigt werden, führt dies zur Enttäuschung und Frustration bei den Betroffenen. Die Konfliktbewältigung nach Unternehmenszusammenschlüssen ist deshalb besonders wichtig, weil ansonsten die mit einer Fusion gewünschten Synergieeffekte zunichte gemacht werden können.

Es gehört zu den Aufgaben einer Führungskraft, Bedingungen zu schaffen, die zur Konfliktvermeidung beitragen oder eine entsprechende Lösung herbeiführen. Daher ist es wichtig, die Entstehung eines Konfliktes richtig „einordnen" zu können.

Folgende Konflikttypen können auftreten [vgl. SCHULER 2006, S. 626 f.]:

- **Bewertungskonflikt**, d. h. der Wert eines Ziels wird unterschiedlich bewertet;
- **Beurteilungskonflikt**, d. h. die Parteien sind sich über das Ziel einig, aber nicht über den Weg zur Zielerreichung;
- **Verteilungskonflikt**, d. h. die Parteien streiten über die Verteilung knapper Ressourcen (Anreize, Statussymbole, Aufgaben);
- **Beziehungskonflikt**, d. h. eine Partei fühlt sich durch die andere persönlich herabgesetzt oder zurückgewiesen.

In Gruppen kommt es vor allem dann zu Konflikten, wenn die Verantwortlichkeiten und Entscheidungsbefugnisse nicht geklärt sind. Unkoordiniertem Handeln und auch Streit um die Verantwortung für das Scheitern, nachdem das Ziel nicht erreicht wurde, sind in solchen Fällen vorprogrammiert.

Wie sollte die Führungskraft mit Konflikten umgehen? Nach HEDWIG KELLNER gibt es drei Möglichkeiten, dem entstandenen Konflikt zu begegnen:

- **Unterdrücken**, d. h. der Konflikt wird ignoriert oder verdrängt. Es findet also keine Aktion seitens der Führungskraft statt. Diese Form der „Konfliktbewältigung" funktioniert meist nicht, so dass dann eine Eskalation die Folge ist.

- **Lösen**, d. h. der Konflikt wird zur Kenntnis genommen und Aktionen mit dem Ziel der Problemlösung werden ausgeführt. Eine richtige Problemlösung führt nicht zu Folgekonflikten.

- **Akzeptieren**, d. h. der Konflikt wird zur Kenntnis genommen und es finden keine Aktionen statt. Stattdessen wird nach Möglichkeiten gesucht, mit dem Problem zu leben.

In jedem Fall sollte versucht werden, einen Konflikt zu lösen und damit eine Eskalation zu vermeiden. Unterdrücken oder Akzeptieren von Konflikten sind eher selten und für eine langfristige Zusammenarbeit ungeeignet [vgl. KELLNER 2000, S.112 ff.].

Das **Dual-Concern-Modell** von DEAN G. PRUITT und PETER CARNEVALE [1993] geht dagegen von fünf Grundstrategien zur Bewältigung von Konflikten aus. Dabei sind zwei Motive für Konfliktsituationen charakterisierend. Zum einen das Motiv, die eigenen Interessen durchzusetzen (Eigeninteresse) und sich selbst zu behaupten, und zum anderen das Kooperationsmotiv, die Bedürfnisse der anderen Partei ebenfalls zu berücksichtigen. Damit ist die Sichtweise aufgehoben, dass Menschen in Konfliktsituationen immer aus egoistischen Motiven oder vollkommen selbstlos handeln. Abbildung 3-21 zeigt die fünf Alternativen für das Verhalten in Konflikt- bzw. Verhandlungssituationen [vgl. SCHULER 2006, S. 632].

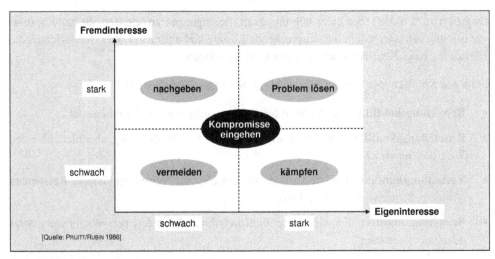

Abb. 3-21: Das Dual-Concern-Modell

Einen Schritt weiter gehen ONNE JANSEN und EWERT VAN DE VLIERT, die an das Dual-Concern-Modell anknüpfen, aber die Strategie „Kämpfen" stärker differenzieren. Damit können letztlich acht Formen des Konfliktverhaltens unterschieden werden (siehe Abbildung 3-22).

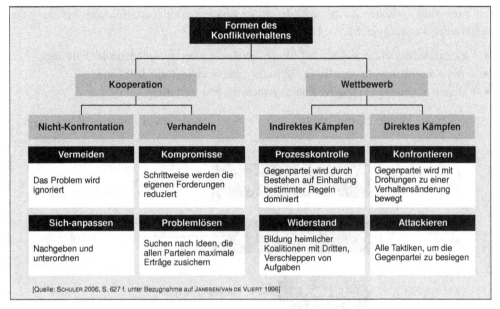

Abb. 3-22:   Formen des Konfliktverhaltens

3.2.4 Führungsansätze und -theorien

Die praktische Bedeutung, wie *Führungserfolg* erklärt und wie gute Führung erreicht werden kann, lässt sich allein an der Vielzahl von jährlich erscheinenden Führungsratgebern erkennen. Allerdings kann auch die Wissenschaft hierzu bislang keine generell gültige Führungstheorie und damit keine allgemein akzeptierte Sichtweise vorlegen. Es gibt weder *die* Führungskraft, noch *den* Führungsstil oder *die* Führungstheorie. Es – zumindest bis heute – nicht möglich, anhand eines Modells das Führungsverhalten allgemeingültig zu erklären.

Es lassen sich im Zeitablauf aber bestimmte Perspektiven in der Entwicklung von Führungstheorien erkennen, die Aussagen über die Bedeutung von Führungseigenschaften, Führungsverhaltensweisen und Führungssituationen im Hinblick auf den **Erfolg** von Führungskräften treffen. Kenntnisse über menschliche und zwischenmenschliche Prozesse sowie über die Mechanismen bestimmter Führungsansätze und -theorien erhöhen die Wahrscheinlichkeit, dass sich eine Führungskraft in einer bestimmten Situation richtig bzw. erfolgreich verhält. Solche Ansätze und -theorien aus verschiedenen Wissenschaften (vor allem der Psychologie und Soziologie) werden im Folgenden kurz vorgestellt.

Die Begriffe *Führungsansatz* und *Führungstheorie* werden in der Fachliteratur mit unterschiedlichen Bedeutungen belegt. Hier wird „Ansatz" als übergeordneter Begriff für Theorien und Modelle gewählt. Er beschreibt ein grundsätzliches Konzept, das den Theorien und Modellen innerhalb eines Ansatzes zugrunde liegt.

Im Kern kann zwischen drei verschiedenen *Strömungen* der Personalführungsforschung unterschieden werden [vgl. STOCK-HOMBURG 2013, S. 457 ff.]:

- eigenschaftsorientierte Ansätze (= Eigenschaftstheorien und -modelle der Führung),
- verhaltensorientierte Ansätze (= Führungsstiltheorien und -modelle) und
- situative Ansätze (= situative Führungstheorien und-modelle).

Abbildung 3-23 liefert einen Überblick über die Schemata der drei Führungsansätze.

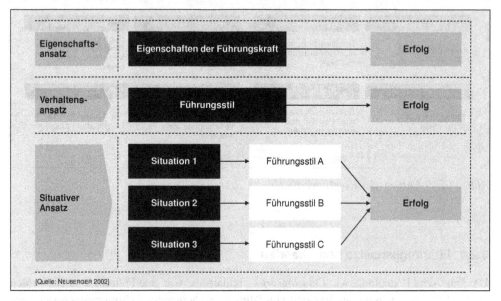

Abb. 3-23: Schema des eigenschafts-, des verhaltens- und des situativen Ansatzes

Eigenschaftsorientierte Führungsansätze stellen die älteste dieser Strömungen dar. Sie gehen davon aus, dass herausragende menschliche Leistungen letztendlich auf die koordinierende Kraft angeborener oder erworbener *Persönlichkeitseigenschaften* zurückzuführen sind. In gleicher Weise wie die Eigenschaftstheorie die Persönlichkeitsmerkmale einer Führungskraft in den Mittelpunkt stellt, werden die Merkmale der Geführten und auch die jeweilige Führungssituation als eher nebensächlich angesehen [vgl. MACHARZINA/WOLF 2010, S. 573].

Verhaltensorientierte Führungsansätze, die in der zeitlichen Entwicklung folgen, haben nicht die Persönlichkeitsmerkmale, sondern das *Verhalten* der Führungsperson im Fokus. Dabei wird unterstellt, dass der Erfolg einer Führungskraft von seinem Verhalten gegenüber den Mitarbeitern abhängt. Im Mittelpunkt der Verhaltenstheorien stehen die Führungsstile.

3.2 Personalführung

Außerdem erlaubt die verhaltensorientierte Perspektive die Annahme, dass Führungsverhalten erlern- und trainierbar ist.

Situative Führungsansätze schreiben den Erfolg einer Führungsperson vornehmlich ihrer *situativen Anpassungsfähigkeit* zu. Diese Ansätze gehen über die ausschließliche Betrachtung von Persönlichkeitsmerkmalen bzw. Verhaltensweisen hinaus, indem sie unterstellen, dass der erfolgreiche Einsatz bestimmter Merkmale bzw. Verhaltensweisen in Abhängigkeit von der jeweiligen Führungssituation variiert. Die situativen Führungstheorien haben sich bis heute unter den theoretisch-konzeptionellen Führungsforschungsansätzen am stärksten durchgesetzt.

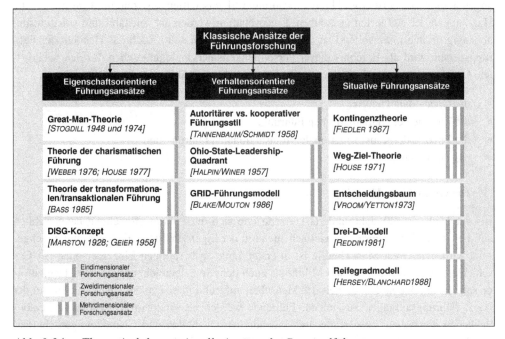

Abb. 3-24: Theoretisch-konzeptionelle Ansätze der Personalführung

Eine weitere Unterteilung der verschiedenen Führungstheorien kann anhand der Anzahl der verwendeten *Kriterien* zur Beschreibung des Führungsverhaltens vorgenommen werden [vgl. BRÖCKERMANN 2007, S. 343 f.]:

- **Eindimensionale Führungsansätze** normieren das Führungsverhalten lediglich nach einem Kriterium, dem Entscheidungsspielraum der Führungskraft.

- **Zweidimensionale Führungsansätze** basieren in der Mehrzahl auf den Kriterien Beziehungsorientierung und Aufgabenorientierung zur Beschreibung des Führungsverhaltens.

- **Mehrdimensionale Führungsansätze** verwenden mehr als zwei Kriterien zur Beschreibung von Führungsstilen.

Abbildung 3-24 gibt einen Überblick über die gängigsten theoretisch-konzeptionellen Ansätze in der Personalführung, die im Folgenden kurz vorgestellt werden sollen.

3.2.5 Eigenschaftsorientierte Führungsansätze

Die Eigenschaftstheorie (engl. *Trait Theory*) ist der historisch älteste Erklärungsansatz der Führung. Er geht in seinem Grundkonzept davon aus, dass Führung und Führungserfolg maßgeblich von den Persönlichkeitseigenschaften der Führungskraft bestimmt werden. Es wird angenommen, dass effektiv Führende bestimmte Eigenschaften besitzen, um Einfluss auf die Handlungen der Geführten auszuüben. Eigenschaften werden als zeitstabil und situationsunabhängig definiert, sie sollen klar feststellbar und messbar sein. Auch das Handeln der Führungsperson wird als Ergebnis dieser Persönlichkeitsmerkmale angesehen. Zu den wichtigsten Ansätzen der eigenschaftsorientierten Führungstheorie zählen:

- die Great-Man-Theorie,
- die Theorie der charismatischen Führung,
- die Theorie der transformationalen/transaktionalen Führung und
- das DISG-Konzept.

(1) Die Great-Man-Theorie

Bis zur Mitte des 20. Jahrhunderts konzentrierte sich die Führungsforschung hauptsächlich auf die Great-Man-Theorie, die vielfach auch mit der Eigenschaftstheorie insgesamt gleichgesetzt wird. Die Great-Man-Theorie ist in erster Linie an berühmten Einzelpersonen der Geschichte, sowohl aus Politik und Militär als auch dem Sozialbereich, ausgerichtet. Demzufolge sei nur eine kleine Minderheit der Menschen aufgrund ihrer Persönlichkeitsstruktur in der Lage, Führungsaufgaben auszuüben. Führende werden als einzigartige, besondere Persönlichkeiten angesehen, ausgestattet mit angeborenen Qualitäten und Charaktereigenschaften, die sie auf natürliche Weise zur Führung befähigten. Im Mittelpunkt des Forschungsinteresses steht daher die Frage, welche dieser Qualitäten und Charaktereigenschaften einen erfolgreichen von einem erfolglosen Führer und was den Führer von den Geführten unterscheidet [vgl. STAEHLE 1999, S. 331 f.].

Aus einer Vielzahl von Studien, in denen unterschiedliche Charaktereigenschaften untersucht wurden und deren Systematisierung auf RALPH STOGDILL [1948 und 1974] zurückgeht, konnten fünf Merkmalsgruppen identifiziert werden, die einen korrelativen Bezug zum Führungserfolg haben [vgl. VON ROSENSTIEL 2003, S. 7 f.]:

- **Befähigung** (Intelligenz, Wachsamkeit, verbale Gewandtheit, Originalität, Urteilskraft);
- **Leistung** (Schulische Leistung, Wissen, sportliche Leistung);
- **Verantwortlichkeit** (Zuverlässigkeit, Initiative, Ausdauer, Aggressivität, Selbstvertrauen, Wunsch, sich auszuzeichnen);

- **Partizipation** (Aktivität, Sozialibilität, Kooperationsbereitschaft, Anpassungsfähigkeit, Humor);
- **Status** (Sozioökonomische Position, Popularität).

Die Sichtweise, dass Führungserfolg lediglich auf die Persönlichkeitsmerkmale des Führers zurückzuführen ist, gilt heute als überholt. Doch trotz aller Kritik genießt dieser Ansatz immer noch große Popularität, da die Grundannahmen der Theorie dem „Elitedenken" vieler Manager entsprechen. Auch ist offensichtlich, dass die Person des Führenden eine sehr wichtige Variable im Führungsprozess darstellt.

(2) Die Theorie der charismatischen Führung

Unter den eigenschaftsorientierten Führungsansätzen wird die Theorie der charismatischen Führung meist zuerst genannt. Sie geht von der Annahme aus, dass die Ausstrahlung einer Führungskraft in hohem Maße das Verhalten der geführten Mitarbeiter beeinflusst. Für MAX WEBER [1976] ist **Charisma** einer der Auslöser für Autorität. Charismatische Führung kann zu außerordentlichen Motivation und zu überdurchschnittlichen Leistungen der Geführten führen. Voraussetzung dafür ist, dass die Führungsperson von den Mitarbeitern als charismatisch erlebt wird [vgl. STOCK-HOMBURG 2013, S. 459].

Folgende Indikatoren der charismatischen Führung können festgestellt werden [vgl. HOUSE 1977, S. 206 ff.]:

- Auf Seiten der Mitarbeiter: absolutes Vertrauen, Akzeptanz, Zuneigung, Folgsamkeit und Loyalität gegenüber der Führungskraft;
- Auf Seiten der Führungskraft: ungewöhnlich ausgeprägte visionäre Kraft, starker Machtwille, Dominanz, Einflussstreben, hohes Selbstbewusstsein und Glaube an die eigenen Werte.

Allerdings sind mit der charismatischen Führung nicht nur Chancen, sondern auch Risiken verbunden. So unterbleibt häufig ein kritisches Hinterfragen der Vision und ihrer Implementation. Charismatische Persönlichkeiten sind in der Lage, fundamentale Veränderungen in Organisationen und Gesellschaften zu bewirken. Diese können zu außergewöhnlichen Erfolgen, aber auch zu Misserfolgen führen. Somit ist ein bewusster, reflektierender Umgang mit dem Phänomen *Charisma* erforderlich [vgl. HAUSER 2000, S. 69].

(3) Die Theorie der transaktionalen/transformationalen Führung

Dieser Forschungsansatz, der ebenfalls zu den eigenschaftsorientierten Führungstheorien zählt, unterscheidet im Kern zwischen zwei Aspekten der Führung: der transaktionalen und der transformationalen Führung. Der transaktionale Ansatz wurde in den 1980er Jahren schrittweise durch Forschungsarbeiten auf transformationaler Basis insbesondere von BERNARD BASS [1985] ergänzt [vgl. STOCK-HOMBURG 2013, S. 463].

Die Idee der *transaktionalen Führung* beruht auf zweiseitigen Nutzenkalkülen zwischen Führungsperson und Mitarbeitern. Führung wird dabei im Wesentlichen als Austauschprozess begriffen. Die Führungskraft hat ein spezifisches Bündel an Zielen, das sie für sich und das Unternehmen verfolgt. Die Aufgabe der Führungskraft besteht nun darin, den Mitarbeitern zu verdeutlichen, welche Leistungen von ihnen erwartet werden und welche Anreize diese im Gegenzug erhalten. Die transaktionale Führung erfolgt im Rahmen dieses Austauschprozesses nach dem Prinzip „Geben und Nehmen" [vgl. SCHOLZ 2011, S. 391 und 403].

Die *transformationale Führung*, die eine starke Nähe zur Theorie der charismatischen Führung aufweist, zielt dagegen auf die Beeinflussung grundlegender Überzeugungen der Geführten ab. Durch charismatisches Verhalten, Inspiration, intellektuelle Stimulation und individuelle Wertschätzung wird der Mitarbeiter dazu gebracht, Dinge völlig neu zu sehen und zu tun, sein Anspruchsniveau und seine Einstellung zu verändern und sich ggf. für höhere Ziele einzusetzen. Die transformationale Führung trägt insbesondere bei Veränderungsprozessen dazu bei, Visionen in Unternehmen zu verankern und erfolgreich umzusetzen [vgl. STOCK-HOMBURG 2013, S. 463 ff.].

Abbildung 3-25 grenzt die transaktionale von der transformationalen Führung ab.

Merkmal \ Facette der Führung	Transaktionale Führung	Transformationale Führung
Koordinationsmechanismen der Führung	• Verträge • Belohnung • Bestrafung	• Begeisterung • Zusammengehörigkeit • Vertrauen • Kreativität
Ziel der Mitarbeitermotivation	Äußere Anreize (extrinsisch)	Die Aufgabe selbst (intrinsisch)
Fokus der Zielerreichung	Eher kurzfristig	Mittel- bis langfristig
Zielinhalte	Materielle Ziele	Ideelle Ziele
Rolle der Führungsperson	Instrukteur	• Lehrer • Coach

[Quelle: STOCK-HOMBURG 2013, S. 464]

Abb. 3-25:   Abgrenzung zwischen transaktionaler und transformationaler Mitarbeiterführung

(4) Das DISG-Konzept

Auf Grundlage der Überlegungen von WILLIAM MARSTON [1928] entwickelte JOHN GEIER [1958] mit dem DISG®-Persönlichkeitsprofil ein Instrument, das sich im Personalmanagement und insbesondere bei der Führungskräftebewertung einer zunehmenden Beliebtheit erfreut [vgl. GAY 2006, S. 17 ff.].

Das DISG-Konzept zeigt persönlichkeitsbedingte Verhaltensweisen erfolgreicher Führungspersonen auf und zählt damit ebenfalls zu den eigenschaftsorientierten Führungstheorien. Dabei wird angenommen, dass die Verhaltenstendenzen einer Führungskraft durch seine Persönlichkeitsstruktur bestimmt werden. Die Persönlichkeitsstruktur (→ Persönlichkeitsprofil) wiederum hängt davon ab, welche Anteile eine Führungskraft an den vier Persönlichkeitsmerkmalen

3.2 Personalführung

- Dominanz,
- Initiative,
- Stetigkeit und
- Gewissenhaftigkeit

aufweist. Die Verhaltenstendenzen selbst werden festgemacht an den beiden Faktoren

- *Wahrnehmung des Umfeldes*, d. h. inwieweit eine Führungsperson die situativen Rahmenbedingungen als angenehm bzw. anstrengend (stressig) empfindet und
- *Reaktion auf das Umfeld*, d. h. inwieweit eine Führungskraft situative Herausforderungen eher bestimmt (aktiv) oder eher zurückhaltend (passiv) annehmen [vgl. GAY 2006, S. 18 f.].

Damit sind zugleich auch die vier Quadranten des DISG-Konzeptes beschrieben (siehe Abbildung 3-26).

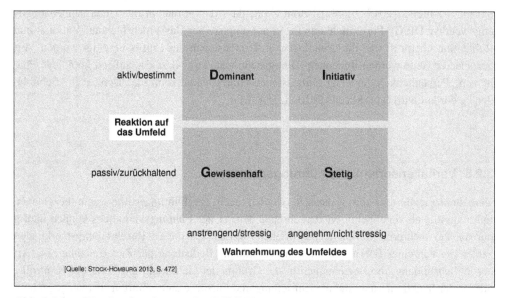

Abb. 3-26: Die vier Quadranten des DISG-Konzeptes

Jedes der vier Persönlichkeitsmerkmale verfügt über Stärken und Schwächen in Bezug auf das Führungsverhalten [vgl. STOCK-HOMBURG 2013, S. 473 ff.]:

- Das Merkmal **Dominanz** zeichnet eine Führungsperson mit hoher Entschlossenheit, Zielorientierung und Aktivität aus. Andererseits haben solche Führungskräfte ein hohes Maß an Ungeduld und nur eine geringe Bereitschaft und Fähigkeit zum Zuhören.

- Eine hohe Ausprägung des Merkmals **Initiative** charakterisiert eine Führungskraft mit positiver Umfeldwahrnehmung, die ihre Mitarbeiter begeistert und sich für sie einsetzt. Auf der anderen Seite konzentrieren sich solche Führungskräfte ungern auf Fakten und Details.

- Führungskräfte mit einer hohen Ausprägung des Merkmals **Stetigkeit** haben ein hohes Sicherheitsbedürfnis, eine hohe Loyalität zum Unternehmen und eine ruhige und freundliche Ausstrahlung. Anderseits werden solche Führungspersonen ungern initiativ und haben nur eine geringe Konfliktbereitschaft.

- Das Merkmal **Gewissenhaftigkeit** charakterisiert Führungskräfte, die gründlich und ausdauernd sind sowie Daten mit hoher Präzision analysieren. Auf der anderen Seite haben solche Führungspersonen nur eine begrenzte Fähigkeit zur Improvisation und eine geringe Umsetzungsgeschwindigkeit aufgrund der Neigung zum Perfektionismus.

Die Anwendung des DISG-Konzepts als Testverfahren im Rahmen der Führungskräftebewertung erfolgt in der Regel durch Selbsteinschätzung der betroffenen Führungsperson. Dabei wird diese gebeten, sich selbst in einer vorgegebenen Situation anhand einer Reihe von kurzen Aussagen einzuschätzen. Anschließend werden die Aussagen anhand eines Lösungsschemas ausgewertet, wobei jede Aussage einem Buchstaben (D, I, S bzw. G) zugeordnet wird.

STOCK-HOMBURG [2013, S. 482] betont zwar, dass das primär in der Unternehmenspraxis angewendete DISG® Persönlichkeits-Profil auf empirischer Basis mehrfach auf Validität und Reliabilität überprüft und die grundlegenden Dimensionen des Profils bestätigt wurden. Auf der anderen Seite werden Bedenken dahingehend geäußert, dass das äußerst komplexe Phänomen „Persönlichkeit" auf vier Dimensionen reduziert und somit das Denken in „Schubladen" gefördert wird [vgl. MYERS 2010, S. 554 ff.].

3.2.6 Verhaltensorientierte Führungsansätze

Verhaltensorientierte Führungsansätze werden auch als Führungsstilkonzepte bezeichnet. Führungsstile als regelmäßig wiederkehrende Muster des Führungsverhaltens können häufig nur anhand mehrerer Merkmale beschrieben werden. Zu diesen Beschreibungsmerkmalen zählen die von einer Führungskraft wahrgenommene Bedeutung der Zielerreichung, die Art der Willensbildung, die Beziehungen in der Gruppe der Geführten, die Form der Kontrolle, die Art der Sanktionierung und die Einstellung und Fürsorge einer Führungsperson gegenüber den Mitarbeitern. Die Führungsstilforschung versucht nun, dass hierin begründete Komplexitätsproblem durch die Bildung von Führungsstiltypen zu vereinfachen [vgl. MACHARZINA/WOLF 2010, S. 580 unter Bezugnahme auf BAUMGARTEN 1977, S. 27].

Unter den verschiedenen Führungsstilkonzepten sollen hier

- das autoritäre vs. kooperative Führungsstil-Konzept,
- der Ohio-State-Leadership-Quadrant und
- das Verhaltensgitter-Modell

vorgestellt werden.

(1) Autoritärer vs. kooperativer Führungsstil

Diese Führungsstil-Klassifikation, die von ROBERT TANNENBAUM und WARREN SCHMIDT [1958] entwickelt wurde, zählt zu den verhaltensorientierten Forschungsansätzen. Autoritär und kooperativer Führungsstil werden als Extrempunkte eines eindimensionalen Kontinuums betrachtet (siehe Abbildung 3-27).

Das **autoritäre Verhalten** ist dadurch gekennzeichnet, dass die Führungskraft den Mitarbeitern die Aufgaben zuweist, dass sie die Art der Aufgabenerfüllung vorschreibt und dass sie den Mitarbeitern keine persönliche Wertschätzung entgegenbringt [vgl. STEINMANN/ SCHREYÖGG 2005, S. 653].

Das **kooperative Verhalten** der Führungskraft dagegen gestattet den Mitarbeitern, ihre Arbeitsaufgaben selbst zu verteilen sowie Aufgabe und Zielsetzung in der Gruppe zu diskutieren. Die Führungskraft bringt allen Mitgliedern der Gruppe eine hohe Wertschätzung entgegen und sich selbst aktiv in das Gruppenleben ein [vgl. STEINMANN/SCHREYÖGG 2005, S. 653].

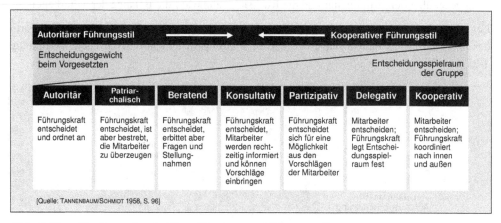

Abb. 3-27:   Eindimensionale Klassifikation von Führungsstilen

Nach Auffassung von TANNENBAUM/SCHMIDT ist grundsätzlich keiner der sieben Führungsstile zu bevorzugen. Je nach Konstellation der Führungssituation ist ein unterschiedlicher Führungsstil erforderlich. Um erfolgreich zu führen, muss die Führungskraft die verschiedenen Einflussfaktoren richtig einschätzen und in der Lage sein, sein Führungsverhalten den jeweiligen Gegebenheiten anzupassen. Wesentlicher Kritikpunkt an diesem Modell ist, dass nur ein Verhaltensmerkmal der Führung, nämlich die Entscheidungspartizipation, berücksichtigt wird [vgl. JUNG 2006, S. 424].

(2) Der Ohio-State-Leadership-Quadrant

Die Erkenntnisse der Ohio-Studien sind in hohem Maße prägend für die Führungsstilforschung. Das Forscherteam der Ohio-State-University um ANDREW HALPIN und BEN WINER [1957] identifizierte zwei unabhängige *Grunddimensionen* des Führungsverhaltens:

- Leistungs- bzw. Aufgabenorientierung *(Initiating Structure)* und
- Mitarbeiter- bzw. Beziehungsorientierung *(Consideration)*.

Der wesentliche Unterschied zu den traditionellen Führungsstiltheorien liegt in einer Abkehr von der Annahme des eindimensionalen Führungsstilkontinuums. Leistungs- bzw. Aufgabenorientierung und Mitarbeiter- bzw. Beziehungsorientierung werden nicht mehr als sich gegenseitig ausschließend betrachtet, sondern als zwei unabhängige Faktoren, die kombinierbar sind und gemeinsam zur Beschreibung von Führungsverhalten dienen. Eine Führungsperson kann demnach gleichzeitig eine hohe Beziehungsorientierung und eine hohe Aufgabenorientierung aufweisen [vgl. HUNGENBERG/WULF 2011, S. 369].

Die Verhaltensdimension *Leistungs- bzw. Aufgabenorientierung* bezieht sich auf die *sachliche* Ebene der Führung. Sie kennzeichnet beispielsweise das Setzen und Kommunizieren klarer Ziele, die Definition und Abgrenzung von Kompetenzen, die sorgfältige Planung der wichtigsten Aufgaben, Ergebniskontrollen oder das Setzen von externen Leistungsanreizen.

Die Verhaltensdimension *Mitarbeiter- bzw. Beziehungsorientierung* betont dagegen die *zwischenmenschliche* Beziehung. Sie charakterisiert den persönlichen Respekt, die Wertschätzung gegenüber dem Mitarbeiter und die Rücksichtnahme auf die Belange der Mitarbeiter.

Legt man die beiden Dimensionen des Führungsverhaltens zu Grunde, so lassen sich in Form des Ohio-State-Quadranten vier grundlegende Führungsstile identifizieren (siehe Abbildung 3-28).

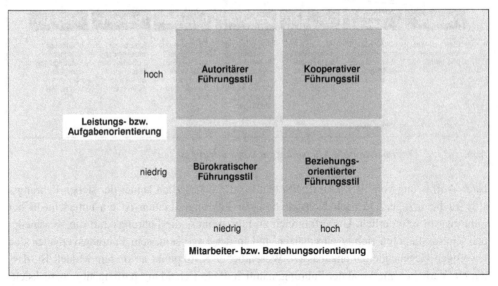

Abb. 3-28: Die Führungsstile des Ohio-State-Quadranten

(3) Das Verhaltensgitter-Modell

Das Verhaltensgitter-Modell (auch als *Managerial Grid* bezeichnet), das 1960 von ROBERT BLAKE und JANE MOUTON im Rahmen eines Führungstrainings für EXXON entwickelt wurde, baut unmittelbar auf den Erkenntnissen der Ohio-Studien auf. Es arbeitet ebenfalls mit den beiden Dimensionen *Aufgabenorientierung* und *Beziehungsorientierung*, wobei diese mit ihren unterschiedlichen Ausprägungen in einem *Verhaltensgitter* auf zwei Achsen erfasst werden. Die eine Achse beschreibt das Bemühen um den Mitarbeiter (Mitarbeiterorientierung

3.2 Personalführung

als sozio-emotionale Orientierung), die andere Achse zeigt das Interesse an der Aufgabe auf (Aufgabenorientierung als sach-rationale Orientierung).

Der prinzipielle Unterschied zum Ohio-Modell besteht darin, dass BLAKE und MOUTON die beiden Dimensionen nicht in zwei, sondern in neun Stufen einteilen. Somit lassen sich theoretisch 81 verschiedenen Führungsstile abbilden. BLAKE und MOUTON konzentrieren sich jedoch auf fünf zentrale Führungsstile: 1.1, 1.9, 5.5, 9.1 und 9.9 [vgl. BLAKE/MOUTON 1964, S. 14 FF.].

Abbildung 3-29 zeigt eine vereinfachte Darstellung dieses Verhaltensgitters.

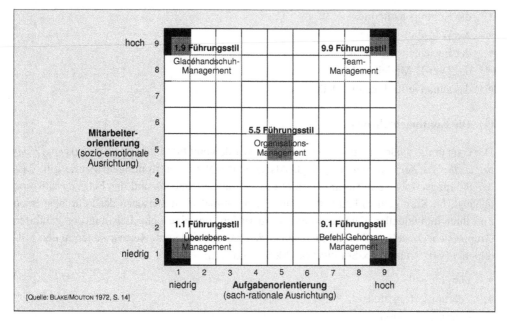

Abb. 3-29: Das Verhaltensgitter (GRID-System)

BLAKE und MOUTON bewerten den Führungsstil 9.1 als nicht sinnvoll, den Führungsstil 5.5 als unpraktisch, den Führungsstil 1.9 als idealistisch und den Führungsstil 1.1 als unmöglich. Erstrebenswert ist ihrer Ansicht nach ausschließlich der Führungsstil 9.9. Die Vorteilhaftigkeit dieses Führungsstils konnte allerdings empirisch nicht nachgewiesen werden.

Wenn auch das Verhaltensgitter auf anschauliche Weise das breite Spektrum von möglichen Führungsverhaltensweisen darstellt, so ist doch die Frage zu stellen, ob der Führungsstil 9,9 überhaupt praktizierbar ist. So lässt sich eher die These vertreten, dass erfolgreiche Personalführung durch einen Führungsstil gekennzeichnet ist, der rechts der Diagonale zwischen den Führungsstilen 1.9 und 9.1 liegt. Ebenso ist grundsätzlich zu fragen, ob zweidimensionale Erklärungsansätze überhaupt in der Lage sind, die Komplexität von Führungsprozessen abzubilden, ohne die situativen Rahmenbedingungen, also die Abhängigkeit von bestimmten Führungssituationen zu berücksichtigen [vgl. STEINMANN/SCHREYÖGG 2005, S. 662 f.; HUNGENBERG/WULFF 2011, S. 371].

3.2.7 Situative Führungsansätze

Die Situationstheorie der Personalführung geht davon aus, dass die Vorteilhaftigkeit des Führungsverhaltens von den jeweiligen situativen Umständen abhängt. Daher – so die Situationstheorie – setzt eine erfolgreiche Personalführung auch immer eine Analyse des Handlungskontexts voraus. Die verschiedenen situativen Ansätze unterscheiden sich nun im Wesentlichen dadurch, welche Faktoren („Situationsvariablen") bei der Gestaltung des Führungsverhaltens zu berücksichtigen sind [vgl. MACHARZINA/WOLF 2010, S. 578 f.].

Folgende Ansätze sollen hier kurz vorgestellt werden:

- die Kontingenztheorie,
- die Weg-Ziel-Theorie,
- der Entscheidungsbaum,
- das Drei-D-Modell und
- das situative Reifegradmodell.

(1) Die Kontingenztheorie

Der erste umfassende situative Führungsansatz wurde von FRED FIEDLER [1967] als sog. *Kontingenztheorie der Führung* vorgelegt. Als Grundannahme der Kontingenztheorie gilt, dass der Führungserfolg vom Zusammenspiel des Führungsverhaltens und der Führungssituation abhängt. Im Kern geht es FIEDLER darum, einen optimalen Fit zwischen der Führungsperson und ihrer individuellen Führungssituation zu finden, um eine hohe Leistung der geführten Gruppe sicherzustellen. Die Kontingenztheorie stellt folgende drei Kernvariablen in den Mittelpunkt [vgl. STEINMANN/SCHREYÖGG 2005, S. 667 ff.]:

- Führungsstil,
- Führungserfolg und
- Führungssituation.

Zur Messung des **Führungsstils** unterscheidet FIEDLER zwischen einem aufgabenbezogenen und einem personenbezogenen Führungsstil. Er nutzt dabei den von ihm entwickelten LPC-Wert *(LPC = Least Preffered Coworker)*, der mit Hilfe eines Fragebogens ermittelt wird. Der Fragebogen, der von den Führungskräften ausgefüllt wird, enthält 16 bipolare Paare von Adjektiven (z. B. das Gegensatzpaar „freundlich – unfreundlich"). Der LPC-Wert ergibt sich dann aus der Summe der Einzelbewertungen. Ein hoher LPC-Wert besagt, dass die betreffende Führungskraft den am wenigsten geschätzten Mitarbeiter noch relativ wohlwollend beurteilt. Eine solch positive Beurteilung gilt als Indikator für einen personenbezogenen Führungsstil. Ein niedriger LPC-Wert, also eine durchgehend negative Bewertung des am wenigsten geschätzten Mitarbeiters, wird als aufgabenorientierter Führungsstil gewertet.

Untersucht man die beiden mittels LPC-Wert gemessenen Führungsstile auf ihre Erfolgsrelevanz, so ergibt sich nach FIEDLER als zweite Kernvariable der **Führungserfolg**. Als Führungserfolg wird die Effektivität der Führung in Bezug auf die Leistungen bzw. Produktivität der geführten Mitarbeiter und deren Zufriedenheit angesehen.

3.2 Personalführung

Zur Operationalisierung der **Führungssituation** führt FIEDLER das Konstrukt „*situationale Günstigkeit*" mit folgenden drei Variablen an:

- *Positionsmacht* (mit den beiden Ausprägungen „stark" und „schwach"), d. h. inwieweit die Führungskraft aufgrund ihrer hierarchischen Position im Unternehmen in der Lage ist, die von ihm geführten Mitarbeiter zu beeinflussen;
- *Aufgabenstruktur* (mit den beiden Ausprägungen „hoch" und „niedrig"), d. h. je höher der Strukturierungsgrad der Aufgabe ist, umso leichter und einfacher lassen sich die Aktivitäten der geführten Mitarbeiter koordinieren und kontrollieren;
- *Beziehung zwischen Führungskraft und geführten Mitarbeitern* (mit den beiden Ausprägungen „gut" und „schlecht"), d. h. je besser das Verhältnis zwischen der Führungsperson und seinen Mitarbeitern auf zwischenmenschlicher Ebene ist, desto leichter ist tendenziell die Führungssituation.

Da alle drei Variablen jeweils zwei Ausprägungen besitzen, ergeben sich aus deren Kombination insgesamt acht mögliche Führungssituationen. Die so ermittelten Führungssituationen lassen sich nun danach systematisieren, inwieweit sie die Aktivitäten einer Führungskraft begünstigen. FIEDLER selbst bezeichnet seinen Ansatz als „*Kontingenztheorie der Führungseffektivität*", weil er die Effekte verschiedener Führungsstile abhängig *(= kontingent)* von den drei situativen Variablen macht [vgl. NEUBERGER 2002, S. 498].

Abbildung 3-30 veranschaulicht das Zusammenwirken von Führungsstil, Führungserfolg und Führungssituation nach der Kontingenztheorie.

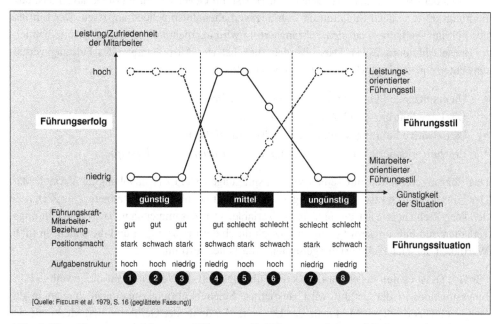

Abb. 3-30: *Zusammenwirken von Führungsstil, Führungserfolg und Führungssituation nach der Kontingenztheorie von FIEDLER*

Der wesentliche Unterschied zu den Annahmen des Ohio-Modells (und damit auch des Verhaltensgitter-Modells) liegt darin, dass in verschiedenen Führungssituationen durchaus unterschiedliche Führungsstile geeignet sind. So sind nach den Annahmen von FIEDLER Führungspersonen in besonders günstigen oder in besonders ungünstigen Situationen mit einem leistungsorientierten Führungsstil erfolgreicher als mit einem mitarbeiterbezogenem Führungsstil. Dagegen erweist sich der mitarbeiterorientierte Führungsstil in Situationen mit mittlerer Günstigkeit als besonders geeignet [vgl. STOCK-HOMBURG 2013, S. 495].

Diese „intuitive Plausibilität" von FIEDLERS Ergebnissen konnte allerdings empirisch nicht bestätigt werden. Neben den Messproblemen werden als weitere Schwächen genannt: der sehr einseitige und eindimensionale LPC-Wert, die selektive (und damit unvollständige) Auswahl der Situationsvariablen und die mangelnde Berücksichtigung des Einflusses des Führungsstils auf die Führungssituation [vgl. HUNGENBERG/WULFF 2011, S. 376 f.].

Gleichwohl kommt FIEDLER das Verdienst zu, eine Grundlage für alle weiteren situativen Führungstheorien gelegt zu haben.

(2) Die Weg-Ziel-Theorie

Die Weg-Ziel-Theorie (engl. *Path-Goal-Theory*), die ebenfalls den situativen Führungsansätzen zuzurechnen ist, geht auf ROBERT HOUSE [1971] zurück. Die Bezeichnung „Weg-Ziel" ist darauf zurückzuführen, dass effektive Führungskräfte durch ihr Führungsverhalten in der Lage sind, den Mitarbeitern bei der Erfüllung ihrer Ziele als Wegbereiter zu dienen und Hindernisse aus dem Weg zu räumen. Dabei geht HOUSE im Gegensatz zu FIEDLER davon aus, dass Führungskräfte je nach Situation ihr Führungsverhalten entsprechend anpassen. Der Einfluss des Führungsverhaltens auf den Führungserfolg wird als mehrstufige Wirkungskette betrachtet (siehe Abbildung 3-31). Dabei werden zunächst vier Ausprägungen des Führungsverhaltens unterschieden [vgl. HUNGENBERG/WULFF 2011, S. 381 f.]:

- Unterstützende Führung (engl. *Supportive Leadership*)
- Direktive Führung (engl. *Directive Leadership*)
- Partizipative Führung (engl. *Participative Leadership*)
- Ergebnisorientierte Führung (engl. *Achievement-oriented Leadership*).

Das Führungsverhalten mit seinen vier Ausprägungen stellt die unabhängige Variable dar. Der Führungserfolg (also die Leistungen und die Zufriedenheit der Mitarbeiter) als Zielgröße der Weg-Ziel-Theorie ist die abhängige Variable. Der Zusammenhang zwischen Führungsverhalten und Führungserfolg wird zusätzlich durch die Erwartungen und die Valenzen (d. h. Wertigkeit der Zielerfüllung) der geführten Mitarbeiter bestimmt.

Für HOUSE ist es nun bedeutsam, dass die Führungskraft ihr Verhalten auf die jeweilige Führungssituation, in der geführt wird, ausrichtet. Solche Führungssituationen können in der Weg-Ziel-Theorie durch Merkmale der Umwelt, Merkmale der Geführten und Merkmale der Aufgabe selbst beeinflusst werden. Konkrete Ausprägungen dieser situativen Variablen können sein [vgl. STOCK/HOMBURG 2008, S. 420 f.]:

- Mangelndes Selbstvertrauen der Mitarbeiter
- Geringe Eindeutigkeit der Aufgaben
- Geringer Grad der Herausforderung durch die Aufgabe
- Ungerechte Belohnungen.

Für jede dieser Situationen gibt HOUSE Empfehlungen für die optimale Führung. So empfiehlt er bspw. bei einer geringen Eindeutigkeit der Aufgabe die direktive Führung, bei der die Erwartungen klar definiert und die Zuständigkeiten eindeutig geregelt werden. Erfolgreiche Führung im Sinne der Weg-Ziel-Theorie setzt also voraus, dass Führungskräfte die Situation und die Rahmenbedingungen analysieren, um das richtige Führungsverhalten danach auszurichten [vgl. STOCK/HOMBURG 2008, S. 420 ff.].

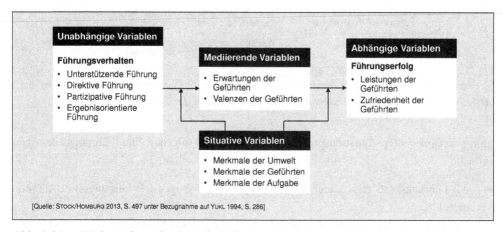

Abb. 3-31: *Wirkungskette der Weg-Ziel-Theorie*

Empirische Untersuchungen konnten nachweisen, dass die partizipative Führung bei komplexen Aufgabenstellungen besonders sinnvoll ist. Darüber hinaus wurden in diesen Untersuchungen die unterstützende und die ergebnisorientierte Führung als universell, d. h. kulturunabhängig einsetzbar identifiziert. Dagegen hängt der Führungserfolg der direktiven und der partizipativen von der jeweiligen Länderkultur ab [vgl. SAGIE/KOSLOWSKI 1994; SCHRIESHEIM et al. 2006; WOFFORD/LISKA 1993].

(3) Der Entscheidungsbaum

Zu den situativen Führungsansätzen zählt auch der 1973 von VICTOR H. VROOM und PHILIP W. YETTON vorgelegte Entscheidungsbaum. Er unterscheidet sich von den meisten anderen theoretischen Ansätzen durch einen stärkeren Anwendungsbezug, da er sich die Schlüsselaktivität einer Führungskraft – nämlich das Entscheidungsverhalten zum Ausgangspunkt nimmt. Das Ergebnis des Ansatzes ist eine Entscheidungslogik, mit deren Hilfe die Führungsperson die gegebene Führungssituation strukturieren und auf dieser Basis den geeigneten Führungsstil bestimmen kann.

Abbildung 3-32 fasst die Merkmale und zugehörigen Filterfragen zur Identifikation der Führungssituation zusammen. Mit Hilfe der sieben Filterfragen, die in den Entscheidungsbaum eingearbeitet werden, kann die Führungsperson ein Profil seiner Entscheidungssituation erstellen.

Situation	Situationsmerkmal	Filterfrage
A	Qualitätsanforderung	Ist die Qualität der Lösung von besonderer Bedeutung?
B	Informationsstand	Besitzt die Führungskraft alle relevanten Informationen?
C	Strukturiertheit des Problems	Ist das Problem strukturiert?
D	Mitarbeiterakzeptanz	Ist die Akzeptanz der Mitarbeiter wichtig für die Durchsetzung?
E	Einstellung der Mitarbeiter zu autoritärer Führung	Würde eine Alleinentscheidung der Führungskraft von den Mitarbeitern akzeptiert?
F	Akzeptanz der Organisationsziele durch die Mitarbeiter	Teilen die Mitarbeiter die Organisationsziele, die mit der Problemlösung erreicht werden sollen?
G	Gruppenkonformität	Wird es bei der Einigung über die vorzuziehende Lösung unter den Mitarbeitern zu Konflikten kommen?

[Quelle: JAGO 1995, Sp. 1063]

Abb. 3-32:   *Merkmale und Filterfragen zur Identifikation der Führungssituation nach VROOM/YETTON*

Den praxisrelevanten Situationsprofilen werden sodann folgende fünf Führungsstile zugeordnet:

- AI: Führungskraft entscheidet allein und gibt Anweisungen (→ Führungsstil „Autokratisch I").
- AII: Führungskraft holt zusätzliche Informationen bei den Mitarbeitern ein und entscheidet dann allein (→ Führungsstil „Autokratisch II").
- BI: Führungskraft bespricht sich getrennt mit den einzelnen Mitarbeitern und fällt dann die Entscheidung (→ Führungsstil „Consultativ I").
- BII: Führungskraft bespricht das Entscheidungsproblem in der Gruppe und fällt dann eine Entscheidung (→ Führungsstil „Consultativ II").
- GII: Führungskraft präsentiert das Entscheidungsproblem der Gruppe, die das Problem diskutiert und anschließend gemeinsam entscheidet (→ Führungsstil „Demokratisch II").

Abbildung 3-33 gibt einen Überblick über den Entscheidungsbaum mit den Beziehungen zwischen Situationsprofilen und Führungsstilen.

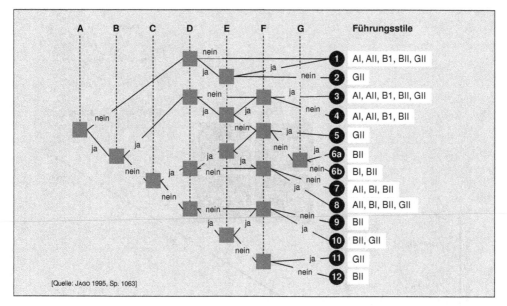

Abb. 3-33: *Entscheidungsbaum nach VROOM/YETTON*

Da sich die fünf Führungsstile nur durch das Maß der Mitarbeiterpartizipation an den Entscheidungen unterscheiden, ist der Entscheidungsbaum von VROOM/YETTON den eindimensionalen Führungstheorien zuzuordnen. Neben der Eindimensionalität des Führungsstils wird auch die „mechanistische" Anlage und der damit verbundene ständige Wechsel zwischen den Führungsstilformen kritisiert [vgl. JUNG 2006, S. 440 f.].

(4) Das Drei-D-Modell

Das sog. Drei-D-Modell wurde von WILLIAM REDDIN [1981] entwickelt und ist ebenfalls den situativen Führungsansätzen zuzuordnen. Das Modell geht von den Dimensionen *Aufgabenorientierung* und *Beziehungsorientierung* und den daraus in der Ohio-Studie abgeleiteten vier Grundführungsstilen aus: Verfahrens-, Beziehungs-, Integrations- und Aufgabenstil. REDDIN ist der Ansicht, dass alle vier Grundstile je nach Situation effizient und erfolgreich sein können. Führungserfolg ist vor allem dann zu erwarten, wenn Führungssituation und Führungsverhalten übereinstimmen. Es ist also die Aufgabe der Führungsperson, zunächst die konkrete Führungssituation zu analysieren und daraufhin den geeigneten Führungsstil zu wählen. Um diese Überlegung deutlich zu machen, führt REDDIN eine dritte Dimension, die *Effektivität* ein.

In Abbildung 3-34 sind die drei Dimensionen des Modells dargestellt.

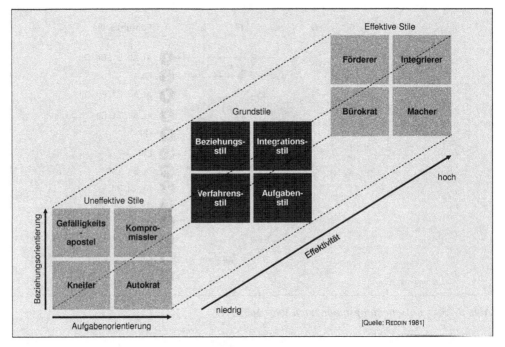

Abb. 3-34: Die drei Dimensionen des Führungsmodells nach REDDIN

Dementsprechend bekommen die vier Grundstile jeweils zwei zusätzliche Ausprägungen – eine mit niedriger und eine mit hoher Effektivität [vgl. SCHOLZ 2011, S. 401 f.]:

- Der **Verfahrensstil** ist durch Regeln, Vorschriften, Methoden und Verfahren gekennzeichnet und bevorzugt stabile Umweltbedingungen. Unter solchen Bedingungen praktiziert der *Bürokrat* (bzw. *Verwalter*) durchaus einen sinnvollen Führungsstil, weil er für einen reibungslosen Ablauf aller Prozesse entlang der fixierten Spielregeln sorgt. In dynamischen Umweltsituationen dagegen beharrt er auf Regeln und Vorschriften und behindert andere. REDDIN bezeichnet daher eine Führungskraft, die in einer solchen Situation den Verfahrensstil anwendet, als *Kneifer*.

- Der **Beziehungsstil** betont die guten Beziehungen zwischen der Führungskraft und seinen Mitarbeitern. In der Ausprägung als *Förderer* motiviert die Führungsperson ihre Mitarbeiter und sorgt für eine vertrauensvolle Atmosphäre. In der Ausprägung als *Gefälligkeitsapostel* geht sie allen Konflikten aus dem Wege und vernachlässigt die Zielerreichung.

- Beim **Aufgabenstil** stehen Leistung und das erreichte Ergebnis im Vordergrund. In der Ausprägung als *Macher* führt die Führungskraft ihre Mitarbeiter durch Erfahrung, Wissen und Initiative. Als *Autokrat* beharrt sie dagegen auf ihre Amtsautorität und überfordert die Mitarbeiter mit allzu ehrgeizigen Zielvorstellungen.

- Der **Integrationsstil** strebt nach einem ausgewogenen Verhältnis der Beziehungs- und der Aufgabenkomponente. In der Ausprägung als *Integrierer* entscheidet und führt die Führungskraft kooperativ, motiviert und fördert ihre Mitarbeiter zielorientiert. Als *Kom-*

promissler dagegen möchte es die Führungsperson allen recht machen, so dass die Bearbeitungszeit steigt und die Mitarbeitermotivation sinkt.

Das Drei-D-Modell von REDDIN verlangt von den Führungskräften, alle vier Führungsstile je nach gegebener Situation anzuwenden. Diese hohe Führungsstilflexibilität setzt ein gezieltes Training voraus.

(5) Das situative Reifegradmodell

Das situative Führungskonzept von HERSEY und BLANCHARD nimmt die Auswahl des geeigneten Führungsstils in Abhängigkeit vom aufgabenrelevanten Reifegrad des Mitarbeiters vor. Ausgangspunkt des Modells sind die zwei Dimensionen *Beziehungsorientierung* und *Aufgabenorientierung*, die mit dem aufgabenrelevanten *Reifegrad* des Mitarbeiters als dritte Dimension verknüpft werden. Daraus ergeben sich vier Führungsstile [vgl. STOCK-HOMBURG 2013, S. 501]:

- **Autoritärer (unterweisender) Führungsstil** („*telling*"). Dieser Führungsstil zeichnet sich durch eine hohe Aufgaben- und niedrige Beziehungsorientierung aus. Der aufgabenrelevante Reifegrad des Mitarbeiters ist gering bis niedrig. Die Führungskraft gibt dem Mitarbeiter eindeutig vor, welche Tätigkeiten dieser entsprechend auszuführen hat.

- **Integrierender (verkaufender) Führungsstil** („*selling*"). Hohe Aufgaben- und hohe Beziehungsorientierung kennzeichnen diesen Führungsstil. Der aufgabenrelevante Reifegrad des Mitarbeiters ist ebenfalls gering bis niedrig. Die Führungsperson berücksichtigt bei der Entscheidungsfindung zwar die Meinung des Mitarbeiters, behält sich aber die letzte Entscheidung vor.

- **Partizipativer Führungsstil** („*participating*"). Dieser Stil verbindet hohe Beziehungsorientierung mit niedriger Aufgabenorientierung. Der aufgabenrelevante Reifegrad des Mitarbeiters in diesem Bereich ist mittel bis hoch. Der Mitarbeiter spielt bei der Entscheidungsfindung und -durchsetzung eine aktive Rolle.

- **Delegationsstil** („*delegating*"). Der delegierende Stil ist gekennzeichnet durch eine niedrige Aufgaben- und Beziehungsorientierung, wobei der aufgabenrelevante Reifegrad in diesem Segment als mittel bis hoch anzusetzen ist. Die Führungskraft überträgt dem Mitarbeiter die Entscheidungsbefugnis und die Verantwortung für die Durchführung.

Die Grundannahme dieses Modells ist, dass mit zunehmendem aufgabenrelevantem Reifegrad des Mitarbeiters der aufgabenorientierte Führungsbedarf abnimmt. So muss beispielsweise einem Mitarbeiter mit hoher Motivation aber mit mäßigen bis geringen aufgabenorientierten Kenntnissen die Aufgabe eher „verkauft", bei geringer Motivation eher angewiesen werden. Für die Führung von hoch motivierten Nachwuchskräften (High Potentials) eignen sich besonders der partizipative und der integrierende Führungsstil. Zur optimalen Führung muss der Vorgesetzte demnach in allen vier Führungsstilen kompetent sein [vgl. JUNG 2006, S. 433 f.].

Hier setzt auch die **Kritik** an diesem Modell an. Zum einen werden die extrem hohen Anforderungen an die Stilflexibilität der Führungskraft als Überforderung angesehen, zum anderen wird bemängelt, dass andere situationsrelevante Faktoren vernachlässigt werden. Positiv wird herausgestellt, dass die Fähigkeiten und Kenntnisse der Mitarbeiter, die in anderen Modellen kaum oder gar nicht einbezogen werden, im Ansatz von HERSEY/BLANCHARD zur Geltung kommen [vgl. JUNG 2006, S. 434].

Abbildung 3-35 veranschaulicht die vier situativen Führungsstile mit ihren Dimensionen.

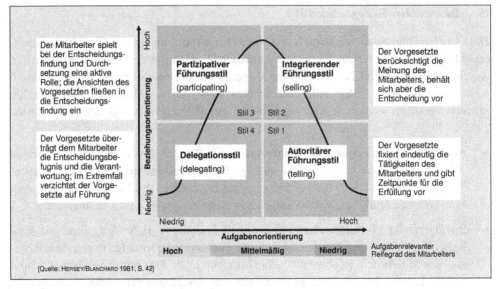

Abb. 3-35: Das situative Führungskonzept von HERSEY/BLANCHARD

3.2.8 Führungsinstrumente

Zu den Führungsinstrumenten zählen die Formen der *Führungskommunikation* sowie die verschiedenen *Führungstechniken*, die unter der Bezeichnung „Management by ..." – Konzepte im deutschen Sprachraum weite Verbreitung gefunden und teilweise auch als *Führungsprinzipien* bezeichnet werden.

(1) Führungskommunikation

Die Kommunikation ist wohl das wichtigste Führungsinstrument. Führungskommunikation zielt darauf ab, den Informationsaustausch zwischen der Führungskraft und ihren Mitarbeitern zu verbessern. Im Gegensatz zur Mitarbeiterinformation (siehe 3.2.2), die nur in eine Richtung wirkt, ist die Kommunikation immer zweiseitig ausgerichtet. Gleichgültig, wie man sich in einer zwischenmenschlichen Situation verhält, ob man spricht oder sich abwendet, es wirkt auf den anderen ein und es findet eine Rückkopplung statt. Untersuchungen belegen, dass wir maßgeblich auch über die Körpersprache, also Gestik, Mimik, Körperhaltung und Bewegungen,

3.2 Personalführung

sowie auch über Aussehen und Kleidung kommunizieren. Kommunikation ist also ein Verhalten, das anderen etwas mitteilt [vgl. JUNG 2006, S. 466; BRÖCKERMANN 2007, S. 365].

Manager müssen permanent kommunizieren, sei es mit Kollegen oder Mitarbeitern, mit wichtigen (Schlüssel-) Kunden (engl. *Key Accounts*), mit Aufsichtsgremien oder Analysten. Kurz gesagt: Kommunikation ist die Kernaufgabe des Managements [vgl. BUSS 2009, S. 246].

Kommunikation in Führungssituationen findet im Wesentlichen mündlich oder schriftlich statt. Zu den Gesprächen als Mittel der **mündlichen Kommunikation** zählen

- das **Mitarbeitergespräch** als Gespräch zwischen Führungskraft und Mitarbeiter unter vier Augen, um wichtige Entscheidungstatbestände oder bedeutsame Vorgänge im Arbeitsablauf zu erörtern und
- die **Besprechung** als Zusammenkunft mit mehreren Mitarbeitern gleichzeitig, um diese Personengruppe im Hinblick auf einen zu erreichenden Zustand zu überzeugen, zu aktivieren und zu motivieren [vgl. JUNG 2006, S. 478 ff.].

In der **schriftlichen Führungskommunikation** hat sich die **E-Mail** als nahezu einziges Kommunikationsmittel durchgesetzt. Ihre leichte Handhabung hat allerdings auch dazu geführt, dass sie zunehmend andere Kommunikationsformen verdrängt. Es ist zu beobachten, dass viele Manager dazu übergegangen sind, nahezu ausschließlich per E-Mail zu kommunizieren („Management by E-Mail"). Hier ist vor allem auch die richtige Dosierung der Informationsmenge angesprochen.

Besonders hinzuweisen ist auf die Unterscheidung zwischen formeller und informeller Kommunikation. Während die **formelle Kommunikation** dem Informations- und Gedankenaustausch hinsichtlich der Aufgabenerfüllung dient, ist die **informelle Kommunikation** an keine Regelung gebunden. Sie wird vornehmlich als Lückenbüßer für Mängel in der formellen Kommunikation benutzt und schlägt sich häufig in der sogenannten „Gerüchteküche" nieder [vgl. BRÖCKERMANN 2007, S. 364].

(2) Führungstechniken

Eine weitere Gruppe von Führungsinstrumenten zielt auf die bessere *Koordination* des Verantwortungsbereichs einer Führungskraft ab. Die wichtigsten Führungstechniken (= Prinzipien) für die Koordination der Personalführung sind:

- Führen durch Ziele (engl. *Management by Objectives – MbO*)
- Führen durch Delegation (engl. *Management by Delegation*) und
- Führen durch Partizipation (engl. *Management by Participation*).

Management by Objectives. Das Führen durch Ziele bzw. **Zielvereinbarungen** ist das bekannteste Führungsprinzip. Auf die Bedeutung der Zielvereinbarung wurde bereits im Zusammenhang mit der Wahrnehmung von Führungsaufgaben eingegangen (vgl. 3.2.2).

Grundgedanke dieses Führungsprinzips ist die Frage: Wie stellt die Führungskraft sicher, dass der geführte Mitarbeiter das Richtige tut *(Effektivität)* und dass er es richtig tut *(Effizienz)*? Voraussetzung beim MbO ist, dass die Mitarbeiter eine Vorstellung von dem haben, was von ihnen erwartet wird. Den Orientierungsrahmen geben Ziele vor, die in einer Zielvereinbarung festgelegt werden.

Beim MbO werden nicht bestimmte Aufgaben, die nach festgelegten Vorschriften zu erledigen sind, sondern grundsätzlich Ziele vorgegeben. Im Sinne einer besseren Umsetzungswahrscheinlichkeit werden die Ziele gemeinsam von Vorgesetzten und Mitarbeitern erarbeitet, nicht jedoch Regelungen darüber getroffen, wie diese Ziele zu erreichen sind. Insgesamt fordert das MbO einen eher kooperativen Führungsstil, da sich Führungskraft und Mitarbeiter gleichzeitig den erarbeiteten Zielen verpflichtet fühlen sollten [vgl. JUNG 2006, S. 501; BRÖCKERMANN 2007, S. 330].

Ziele sollten bestimmten Anforderungen genügen, die im sogenannten SMART-Prinzip verankert sind (Abbildung 3-36).

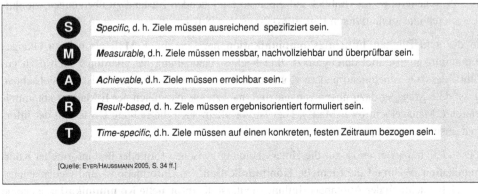

Abb. 3-36: Das SMART-Prinzip

Management by Delegation. Der Grundgedanke des Führens durch Delegation ist die weitgehende Übertragung von Aufgaben, Entscheidungen und Verantwortung auf die Mitarbeiterebene. Die Notwendigkeit dieses Führungsprinzips ergibt sich aus der Überlegung, dass eine Führungsperson unmöglich alle Aufgaben selbst erledigen kann. Dies führt im schlimmsten Fall zum Erlahmen aller Prozesse im Verantwortungsbereich der Führungskraft [vgl. STOCK-HOMBURG 2013, S. 546].

Erfolgreiches Delegieren setzt voraus, dass

- die Aufgaben rechtzeitig an die Mitarbeiter übertragen werden, damit die Aufgabenerfüllung termingerecht sichergestellt werden kann,

- gleichzeitig Verantwortung und Kompetenzen übertragen werden, damit die Mitarbeiter auch über die zur Aufgabendurchführung evtl. benötigten Weisungskompetenzen verfügen,

- die Aufgabenstellung eindeutig und klar formuliert ist und damit Unsicherheiten bei der Aufgabenerfüllung vermieden werden sowie

- alle erforderlichen Informationen bereitgestellt werden, damit die Aufgabenerfüllung vollumfänglich erfolgen kann [vgl. STOCK-HOMBURG 2013, S. 546 f.].

Wesentliche Vorteile dieses Führungsprinzips wurden bereits in 3.2.3 vorgestellt.

Management by Participation. Ein weiteres Führungsinstrument zur besseren Koordination des Verantwortungsbereichs einer Führungskraft ist die Einbindung von Mitarbeitern in den Entscheidungsprozess. Sie dient in erster Linie dazu, weitere Perspektiven der Aufgabenerfüllung zu berücksichtigen sowie die Motivation der Mitarbeiter bei der Umsetzung der Entscheidungen zu erhöhen [vgl. STOCK-HOMBURG 2013, S. 548].

Um diese Vorteile der Partizipation zu gewährleisten, sollten folgende Rahmenbedingungen vorliegen [vgl. STOCK-HOMBURG 2013, S. 550 unter Bezugnahme auf STAEHLE 1999, S. 536]:

- Die Mitarbeiter haben in Bezug auf die Aufgabenstellung gleiche Ziele.
- Die Mitarbeiter sind aufgrund ihrer Kenntnisse und Erfahrungen in der Lage, zur Entscheidungsfindung beizutragen.
- Die Mitarbeiter haben ein hohes Maß an Eigenständigkeit und Selbstbestimmung.

Alle drei aufgeführten Führungsprinzipien sind nicht isoliert zu betrachten, d. h. sie schließen sich nicht gegenseitig aus. Dies zeigt sich besonders am Führungsprinzip *Management by Objectives*, das eine Zusammenarbeit und Partizipation z. B. bei der Zielvereinbarung sowie eine Delegation z. B. bei der Aufgabenerfüllung bewusst vorsieht.

Darüber hinaus gibt es noch eine Reihe anderer, weitgehend selbsterklärender Führungsprinzipien wie

- Führung durch Eingriff in Ausnahmefällen (engl. *Management by Exception – MbE*),
- Management durch Systemsteuerung (engl. *Management by Systems – MbS*),
- Management durch Motivation (engl. *Management by Motivation – MbM*) und
- Management by Walking Around.

Gerade das **Management by Walking Around**, bei dem der häufige direkte Kontakt zwischen der Führungskraft und ihren Mitarbeitern im Vordergrund steht, wird aufgrund der hohen Zeitbelastung des Managements zunehmend vernachlässigt. Dabei zählt dieses Führungsprinzip zu den effektivsten überhaupt, um Mitarbeiter zu guten Leistungen zu motivieren und damit zu den gewünschten Ergebnissen zu kommen.

3.2.9 Optimierung der Wertschätzung

Zum Ende des Kapitels sollen die einzelnen Schritte des Aktionsfeldes *Personalführung* zusammengefasst und die wichtigsten Parameter, Prozesse und Werttreiber im Zusammenhang dargestellt werden.

(1) Aktionsparameter

Wertschätzung (der Mitarbeiter) ist das entscheidende Optimierungskriterium des Aktionsfeldes *Personalführung*. Maßgebend sind dazu folgende Aktionsparameter, von denen diese Optimierung abhängt:

- **Führungsaufgaben** als konkrete Ausgestaltung des Führungsprozesses,
- **Führungsverhalten** als situative Reaktion in bestimmten Führungssituationen,
- **Führungsstil** als Art und Weise wie Führungsaufgaben durch die Führungskraft wahrgenommen werden und
- **Führungsprinzip** zur besseren Koordination des Verantwortungsbereichs einer Führungskraft.

Damit ergibt sich für die Optimierung der Wertschätzung der erweiterte Ansatz:

> *Wertschätzung = f (Personalführung) = f (Führungsaufgaben, Führungsverhalten, Führungsstil, Führungsprinzip) → optimieren!*

(2) Prozesse und instrumentelle Unterstützung

In Abbildung 3-37 ist beispielhaft ein Prozessmodell für das Aktionsfeld *Personalführung* dargestellt. Die konkrete Ausgestaltung eines Prozessmodells ist von einer Vielzahl von Einflussfaktoren abhängig (Branche, Unternehmensgröße, Art des Anreiz- und Vergütungssystems, Art der Werttreiber).

Die wichtigsten Instrumente zur Unterstützung der Personalführung sind grundsätzlich alle Formen der Führungskommunikation, also das Mitarbeitergespräch, die Zielvereinbarung, die (Team-)Besprechung, Feedback-Gespräche, die E-Mail sowie die Ergebnisse einer jährlichen Mitarbeiterbefragung über die Qualität der Personalführung.

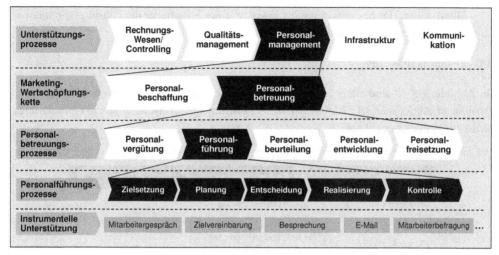

Abb. 3-37: Prozessmodell für das Aktionsfeld „Personalführung"

(3) Werttreiber

Zu den wichtigsten *Werttreibern* im Aktionsfeld der *Personalführung* zählen [vgl. DGFP 2004, S. 46 f.]:

- **Akzeptanzquote der Führungsinstrumente**, d. h. der Anteil der Mitarbeiter, die z. B. im Rahmen der Mitarbeiterbefragung die Führungsinstrumente (Zielvereinbarung, Leistungsbeurteilung, variable Vergütung, Feedback-Gespräch) positiv bewerten, im Verhältnis zu allen Mitarbeitern. Bei diesem Werttreiber geht es um die richtige Anwendung der Führungsinstrumente.

- **Umsetzungsquote der Führungsinstrumente**, d. h. der Anteil der Führungskräfte, die Führungsinstrumente wie Zielvereinbarung, Leistungsbeurteilung und Feedback-Gespräch einsetzen. Hierbei geht es um den konsequenten Einsatz der Führungsinstrumente zur Strategie- und Zielumsetzung des Unternehmens.

- **Führungskräftequote**, d. h. die Anzahl der Führungskräfte-Kandidaten mit definierten Kompetenzen im Verhältnis zur Planzahl. Damit wird in Erfahrung gebracht, ob es dem Unternehmen gelingt, der aktuellen Situation entsprechend Führungsnachwuchs mit den erforderlichen Kompetenzen in ausreichender Anzahl zur Verfügung zu stellen.

- **Führungskräftequalität**, d. h. der Anteil der Mitarbeiter, die im Rahmen einer Mitarbeiterbefragung den direkten Vorgesetzten positiv bewerten, im Verhältnis zu allen Mitarbeitern. Werttreiber sind gute Führungskräfte, die optimale Leistungsbedingungen für die Mitarbeiter sicherstellen.

- **Wahrgenommene Führungskommunikation**, d. h. der Anteil der Mitarbeiter, die im Rahmen einer Mitarbeiterbefragung die Information und Kommunikation durch die Führungskräfte positiv oder neutral (= unkritisch) bewerten, im Verhältnis zu allen

Mitarbeitern. Hierbei geht es um die Frage, wie der Mitarbeiter die Führungskommunikation im Unternehmen beurteilt.

(4) Zusammenfassung

In Abbildung 3-38 sind alle wesentlichen Aspekte des Aktionsfeldes *Personalführung* (übergeordneter Aktionsbereich, Aktionsparameter, Instrumente, Werttreiber sowie Optimierungskriterium) zusammengefasst.

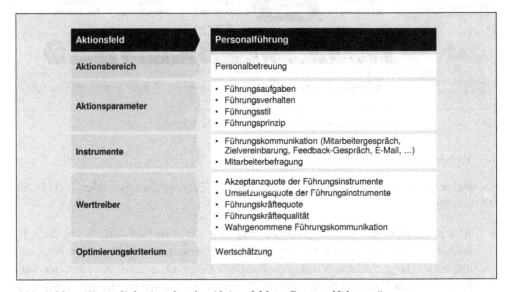

Abb. 3-38: Wesentliche Aspekte des Aktionsfeldes „Personalführung"

3.3 Personalbeurteilung

3.3.1 Aufgabe und Ziel der Personalbeurteilung

Die Personalbeurteilung setzt als drittes Aktionsfeld in der Personalbetreuungsprozesskette auf den beiden Säulen *Leistungsbeurteilung* und *Potenzialbeurteilung* auf. Eine jederzeit *faire* Beurteilung ist das Kriterium. Das Aktionsfeld *Personalbeurteilung* ist also auf die Optimierung der *Fairness* ausgerichtet:

$$Fairness = f\,(Personalbeurteilung) \rightarrow optimieren!$$

Aufgabe und Zielsetzung der Personalbeurteilung ist es, Personalentlohnung, -entwicklung und -einsatz zu objektivieren. Durch eine Beurteilung können die unterschiedlichen Potenziale der Mitarbeiter besser genutzt und aufeinander abgestimmt werden. Schwachstellen innerhalb der Organisation sollen auf diesem Wege aufgedeckt und behoben werden [vgl. KIEFER/KNEBEL 2004, S. 24 ff.].

Durch die systematische Auswertung einer Vielzahl von Beobachtungen und Beurteilungen im Unternehmen lassen sich Erkenntnisse sammeln, die für die verschiedensten Entscheidungen des Personalmanagements erforderlich sind [vgl. JUNG 2006, S. 743 ff.; STEINMANN/SCHREYÖGG 2005, S. 794]:

- Durch die Bereitstellung von Daten über die Leistungen der Mitarbeiter kann ein **leistungsgerechtes Entgelt** ermittelt werden.

- Durch die periodische Beurteilung stehen aktuelle Daten zur Personalstruktur zur Verfügung, die im Rahmen der **Personaleinsatzplanung** verwendet werden können.

- Die Personalbeurteilung liefert relevante Informationen zur Bestimmung des **Fort- und Weiterbildungsbedarfs**.

- Die systematische Personalbeurteilung kann als Instrument zur **Unterstützung des Führungsprozesses** dienen.

- Die Leistungs- und Potenzialbeurteilung (inkl. Beurteilungsfeedback) erhöht die **Motivation und Förderung der individuellen Entwicklung** der Mitarbeiter.

- Hinzu kommt noch die **Informationsfunktion für die Mitarbeiter**, denn nach § 82 II BetrVG können Arbeitnehmer verlangen, dass mit ihnen die Leistungsbeurteilung und die Möglichkeiten der weiteren beruflichen Entwicklung im Unternehmen erörtert werden.

Damit wird deutlich, dass das Aktionsfeld *Personalbeurteilung* eine gewisse Querschnittsfunktion darstellt. So werden die Ergebnisse der Personalbeurteilung zugleich auch für die *Personalgewinnung* (Personalbedarfsplanung, interne Personalbeschaffung) sowie in den Aktionsfeldern *Personalentwicklung*, *Personalfreisetzung*, *Personalvergütung* und *Personalführung* verwendet.

Die Anlässe für die Durchführung einer Personalbeurteilung sind vielfältig. Beurteilungen können u. a. erstellt werden

- bei Jahres-/Halbjahresbeurteilungen,
- nach Ablauf der Probezeit,
- beim Wechsel des Vorgesetzten,
- bei Versetzung sowie
- bei Beendigung des Arbeitsverhältnisses.

Im Rahmen dieser Darstellung soll lediglich auf den (periodischen) Aspekt der Jahres- bzw. Halbjahresbeurteilung eingegangen werden.

3.3.2 Beteiligte und Formen der Personalbeurteilung

Grundsätzlich existieren verschiedene Konstellationen, wer wen beurteilen kann. In Abbildung 3-39 sind die wichtigsten Formen der Personalbeurteilung aufgeführt.

	Beurteilter	Beurteilender
Mitarbeiterbeurteilung	Mitarbeiter	Vorgesetzter, Review-Team
Vorgesetztenbeurteilung	Vorgesetzter	Mitarbeiter
Selbstbeurteilung	Mitarbeiter	Mitarbeiter
Kollegenbeurteilung	Kollege	Kollegen
Beurteilung durch Externe	Beschäftigte	Externe (Berater)
360°-Feedback	Beschäftigte	Interne + Externe

[Quelle: BRÖCKERMANN 2007, S. 223 (modifiziert)]

Abb. 3-39: Zuständigkeiten bei Personalbeurteilungen

Die häufigste Form der Personalbeurteilung ist die **Mitarbeiterbeurteilung**. In der Regel ist der Beurteilende der direkte Vorgesetzte des Beurteilten. Da das aktuelle Arbeitsverhalten Gegenstand der Beurteilung ist, hat i. d. R. nur dieser ausreichende Beurteilungsinformationen. Bei mehreren Vorgesetzten (z. B. in einer Matrixorganisation) kann eine gemeinsame Beurteilung in Betracht gezogen werden. Im Rahmen von Assessments für bestimmte Positionen kann aber auch ein **Review-Team** die Rolle des Beurteilenden einnehmen. Ein solches Review-Team besteht aus Mitarbeitern bzw. Führungskräften, die mindestens eine Hierarchiestufe über der zu beurteilenden Person angesiedelt sind. Zeitweise werden Review-Teams auch aus externen Beratern gebildet, um so ein höheres Maß an Neutralität und Objektivität zu gewährleisten. Neben der Mitarbeiterbeurteilung existieren weitere Formen der Personalbeurteilung:

- **Vorgesetztenbeurteilungen** sind Verfahren, bei denen Mitarbeiter das Arbeits- und Führungsverhalten sowie die Fähigkeiten und Kenntnisse ihrer direkten Vorgesetzten nach qualitativen Beurteilungskriterien bewerten. Vorgesetztenbeurteilungen können konkrete

Hinweise auf notwendige bzw. aus Sicht des Mitarbeiters wünschenswerte Änderungen des Führungsverhaltens geben [vgl. BRÖCKERMANN 2007, S. 224].

- Die **Selbstbeurteilung** wird häufig in Zusammenhang mit der Zeugniserstellung durchgeführt. Der betroffene Mitarbeiter wird gebeten, sein Arbeitszeugnis vorzuformulieren. Die Erstellung eines *Arbeitszeugnisses* ist bei Ausscheiden des betroffenen Mitarbeiters obligatorisch. Sie wird aber auch regelmäßig bei einem *Vorgesetztenwechsel* oder bei *Versetzungen* vorgenommen. Wichtig ist in diesem Zusammenhang die sogenannte *Zeugnissprache*, deren Formulierung an bestimmte Kriterien gebunden ist [zu Formulierungsbeispielen und deren Bedeutung siehe JUNG 2006, S. 792f. und 796 ff.].

- Weniger häufig wird die **Kollegenbeurteilung** praktiziert. Die Beurteilung erfolgt entweder in Beurteilungskonferenzen oder jeder Einzelne gibt seine Beurteilung beim Vorgesetzten ab.

- Manche Unternehmen setzen zur Beurteilung ihrer Mitarbeiter und Führungskräfte auch die Expertise von **Externen** ein. Diese Gruppe von Beurteilenden setzt sich zumeist aus Beratern zusammen, die sich auf Beurteilungsverfahren spezialisiert haben. Die Ergebnisse ermöglichen vor allem im Branchenvergleich ein objektives und neutrales Bild der Beurteilungszielgruppe.

- Eine besondere Form der Beurteilung ist das **360^0-Feedback**, das eine anonyme Beurteilung des Mitarbeiters von verschiedenen Seiten vorsieht. Im Normalfall wird die 360^0-Beurteilung von Führungskräften, Mitarbeitern und Kollegen vorgenommen. Es können aber auch zusätzlich die Beurteilungen von Kunden, Lieferanten oder Dienstleistern in den Beurteilungsprozess einbezogen werden [vgl. SCHOLZ 2011, S. 391].

3.3.3 Beurteilungsfehler

Grundsätzlich sollten alle Beurteilende über Kenntnisse und Erfahrungen in der Personalbeurteilung verfügen. Dadurch lassen sich Beurteilungsfehler zwar nicht vollständig vermeiden, jedoch erheblich reduzieren. Jeder Beurteilende unterliegt einer Reihe von subjektiven Einflüssen, die dazu führen, bestimmte Aspekte stärker oder verfremdet zu sehen und andere eher auszublenden. Diese Wahrnehmungsverzerrungen werden durch *intrapersonelle, interpersonelle* und *sonstige* Einflüsse hervorgerufen (siehe Abbildung 3-40):

(1) Intrapersonelle Einflüsse

Intrapersonelle Einflüsse lassen sich unmittelbar auf den Beurteilenden zurückführen bzw. liegen in der Persönlichkeitsstruktur des Beurteilenden begründet.

Hierzu zählt zunächst die **selektive Wahrnehmung**, bei der der Betreffende aus einer Vielzahl von Informationen nur einen kleinen Ausschnitt bewusst oder unbewusst auswählt und diese zur Grundlage seines Urteils macht.

Vorurteile und Vermutungen beruhen auf positiven oder negativen Erfahrungen, die der Beurteilende mit ähnlichen Personen gemacht hat. Sie überdecken die tatsächlichen Fakten und Zusammenhänge.

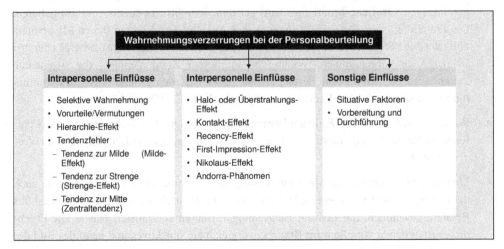

Abb. 3-40: Wahrnehmungsverzerrungen bei der Personalbeurteilung

Der **Hierarchieeffekt** liegt dann vor, wenn die Beurteilung umso besser ausfällt, je höher die hierarchische Position des Beurteilten ist [vgl. STEINMANN/SCHREYÖGG 2005, S. 799].

Beurteiler können durch die **Projektion ihres persönlichen Wertesystems** zu einer Fehleinschätzung gelangen. In diesem Fall übertragen sie Vorstellungen und Erwartungen, die sie bei sich selbst wahrnehmen, unreflektiert auf andere.

Zu den intrapersonellen Einflüssen zählen schließlich noch **Tendenzfehler**, die aus den unterschiedlichen Beurteilungsgewohnheiten des Beurteilenden resultieren (siehe Abbildung 3-41).

- Bei der **Tendenz zur Milde** *(Milde-Effekt)* neigt der Beurteilende dazu, generell keine negativen Aussagen über die Beurteilten zu machen. Der Milde-Effekt tritt empirischen Untersuchungen zur Folge dann verstärkt auf, wenn die Beurteilung für Beförderungszwecke durchgeführt wird [vgl. STEINMANN/SCHREYÖGG 2005, S. 799].

- Im Gegensatz dazu steht die **Tendenz zur Strenge** *(Strenge-Effekt)*, bei der der Beurteilende aufgrund seines sehr hohen individuellen Anspruchsniveaus gute oder sehr gute Leistungen als normal ansieht.

- Eine **Tendenz zur Mitte** *(Zentraltendenz)* liegt dann vor, wenn bei der Beurteilung einer Person positive und negative Extremurteile vermieden werden. Der vorsichtige Beurteilende nimmt eine Maßstabsverschiebung derart vor, dass er überproportional häufig mittlere Urteilswerte über seine Mitarbeiter abgibt.

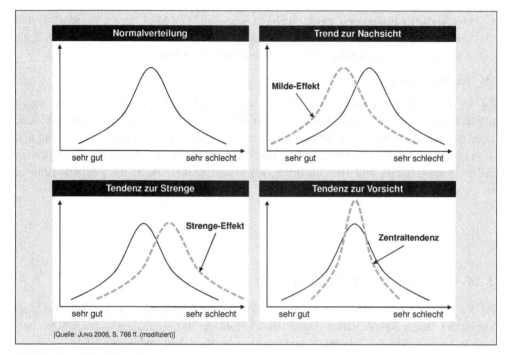

Abb. 3-41: Urteilstendenzen

(2) Interpersonelle Einflüsse

Interpersonelle Einflüsse liegen in der Beziehung zwischen den Beteiligten der Personalbeurteilung begründet und können ebenfalls zu Wahrnehmungsverzerrungen führen. Diese Einflüsse können sich als Sympathie oder Antipathie bemerkbar machen [vgl. JUNG 2006, S. 764 f.].

- Bedeutsam ist der so genannte **Halo- oder Überstrahlungseffekt**, bei dem die beurteilende Person von einer prägnanten Eigenschaft bzw. einem spezifischen Verhalten auf andere Merkmale des Beurteilten schließt.

- Der **Kontakt-Effekt** besagt, dass die Beurteilung eines Mitarbeiters umso besser ausfällt, je häufiger er Kontakt mit dem Beurteilenden hat.

- Der **Recency-Effekt** drückt aus, dass der Beurteilende bei der Bewertung speziell auf Ereignisse, die erst kürzlich stattgefunden haben, abzielt.

- Der **First-Impression-Effekt** drückt aus, dass die in einer Beurteilungsperiode zuerst erhaltenen Informationen bzw. Eindrücke auf den Beurteilenden größere Wirkung erzielen als später erhaltene und von daher unbewusst bei der Bewertung übergewichtet werden.

- Der **Nikolaus-Effekt** geht davon aus, dass der Beurteilte seine Leistung im Hinblick auf den Beurteilungszeitpunkt sukzessiv steigert.

- Das **Andorra-Phänomen**, das nach einem Schauspiel von MAX FRISCH benannt ist, geht von einer gegenseitigen Einflussnahme dahingehend aus, dass der Beurteilte in die Rolle schlüpft, die sein Gegenüber (also der Beurteilende) von ihm erwartet.

(3) Sonstige Einflüsse

Zu den sonstigen Einflüssen, die beim Personalbeurteilungsprozess zu Fehleinschätzungen führen können, zählen situative Einflüsse und Fehler bei der Vorbereitung und Durchführung einer Beurteilung. **Situative Einflüsse** gehen auf die besondere Situation einer Prüfung und die augenblickliche Rolle der Beteiligten zurück. Unzureichende Erfahrung der Beurteilenden bei der **Vorbereitung und Durchführung** sowie unbestimmte Beurteilungskriterien führen zu weiteren Beurteilungsfehlern.

3.3.4 Kriterien der Personalbeurteilung

Zu den vorbereitenden Maßnahmen einer Personalbeurteilung gehört die Auswahl und Festlegung der Beurteilungskriterien. Unter der Vielzahl der zur Verfügung stehenden Beurteilungskriterien lassen sich folgende Hauptgruppen einteilen (siehe Abbildung 3-42):

- Systematisierung nach den Bezugsgrößen,
- Systematisierung nach dem zeitlichen Horizont und
- Systematisierung nach dem Grad der Quantifizierung.

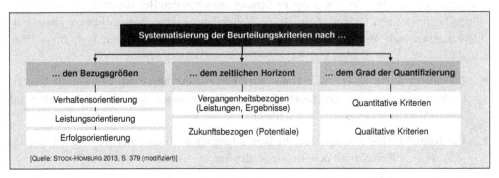

Abb. 3-42: Systematisierung von Kriterien der Personalbeurteilung

(1) Systematisierung nach den Bezugsgrößen

Bei diesem Systematisierungsansatz geht es um die drei Beurteilungsgegenstände Arbeits*verhalten*, Arbeits*leistung* und Arbeits*ergebnis* (siehe Abbildung 3-43).

- Im Mittelpunkt des **verhaltensorientierten Ansatzes** steht die Beurteilung der Persönlichkeit des Mitarbeiters. Es interessieren vor allem die Input-Eigenschaften des Mitarbeiters wie Loyalität, Dominanz, Intelligenz und Kreativität [vgl. STEINMANN/SCHREYÖGG 2005, S. 796].

- Der **leistungsorientierte Ansatz** stellt den Tätigkeitsvollzug, also die Arbeitsleistung des Mitarbeiters in den Mittelpunkt der Beurteilung. Beurteilt wird also nicht die Persönlichkeit, sondern das im Transformationsprozess konkret beobachtete Leistungsvermögen des Mitarbeiters.

- Beim **ergebnisorientierten Ansatz** zählt weder die Persönlichkeit noch das Leistungsvermögen eines Mitarbeiters, entscheidend ist vielmehr das tatsächlich erreichte Ergebnis, d. h. der Output des Transformationsprozesses. Insbesondere das Entscheidungsverhalten von Führungskräften wird heutzutage ausschließlich am erzielten Ergebnis gemessen.

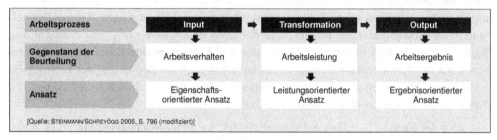

Abb. 3-43: Systematisierungsansätze nach Bezugsgrößen

(2) Systematisierung nach dem zeitlichen Horizont

Bei diesem Systematisierungsansatz geht es um die Frage, ob Mitarbeiter bzw. Führungskräfte mehr an der erreichten Leistung (Ergebnis, Output) oder mehr an ihrem Leistungsvermögen (Potenzial) gemessen werden sollten.

- Die **Leistungs- bzw. Ergebnisbeurteilung** ist vergangenheitsbezogen und berücksichtigt den „Output" des Mitarbeiters. Das Leistungsergebnis, also das Ausmaß der Erreichung der vorgegebenen Ziele, wird bei diesem Verfahren erfasst und bewertet. Sie ist maßgebend bei der Bewertung der Zielerreichung und damit auch zugleich das entscheidende Kriterium für eine gerechte, differenzierte Vergütung [vgl. JUNG 2006, S. 738].

- Die **Potenzialbeurteilung** ist eher zukunftsbezogen und bewertet Qualifikation und Eignung des Mitarbeiters. In die Beurteilung geht vor allem der erwartete zukünftige Beitrag von Führungskräften bzw. Mitarbeitern zur Erreichung der Unternehmensziele [vgl. STOCK-HOMBURG 2013, S. 379].

Werden beide Kriterien miteinander kombiniert, so ergibt sich – wie in Abbildung 3-44 dargestellt – eine **Leistungs-Potenzial-Matrix** (engl. *Performance-Potential-Matrix*). In dieser Portfolio-Matrix werden Mitarbeiter bzw. Führungskräfte entsprechend ihrer Leistungsergebnisse und ihrer Potenziale positioniert.

Besondere Aufmerksamkeit sollte das Personalmanagement den „*Solid Performers*" und den „*Promotable Performers*" widmen. Bei diesen Personengruppen besteht offensichtlich der größte Personalentwicklungsbedarf. Die „*Solid Performers*" erbringen zwar eine gute Leistung im Hinblick auf die an sie gestellten Anforderungen, sie verfügen aber über keine hohe Entwicklungsfähigkeit. „*Promotable Performers*" verfügen über ein hohes Entwicklungspotenzial, das aber durch das bisherige Aufgabengebiet nicht ausgeschöpft wird.

Durch geeignete Entwicklungsmaßnahmen, die einerseits den Bindungswillen erhöhen und andererseits Karrieremöglichkeiten aufzeigen, ließen sich beide Personengruppen entsprechend motivieren. Insgesamt ermöglicht die Leistungs-Potenzial-Matrix eine Analyse der Ist-Situation über die Leistungs- und Potenzialträger im Unternehmen. Vorhandene und zukünftig zu erwartende quantitative und qualitative Ungleichgewichte in der Mitarbeiterstruktur lassen sich auf diese Weise aufzeigen [vgl. KOSUB 2009, S. 112].

Die oben beschriebene Matrix ist auch gleichzeitig Teil umfassender **Performance-Measurement-Systeme**, die zwischenzeitlich Einzug in viele, vor allem größere Unternehmen gehalten haben. In solche Systeme fließen neben den Leistungs- und Potenzialbeurteilungen der Mitarbeiter auch Projekt- und Kundenbeurteilungen sowie eine Vielzahl von Kennziffern (z. B. über Fluktuation, Mitarbeiter- und Kundenzufriedenheit u. ä.) ein. Sie dienen neben der Performance-Messung von Mitarbeitern auch zur Beurteilung der Leistungsfähigkeit von Abteilungen und Unternehmensbereichen [zur grundsätzlichen Ausgestaltung von Performance-Measurement-Systemen siehe GRÜNING 2002].

Als zentrales Element der Personalbeurteilung gilt die **Jahresendbeurteilung** (engl. *Year-End-Review*). Sie ist in vielen Unternehmen Grundlage für die Bestimmung der Höhe des variablen Gehaltsanteils, für evtl. Vergütungserhöhungen sowie für Beförderungen (engl. *Promotions*) im Rahmen des Grading-Systems.

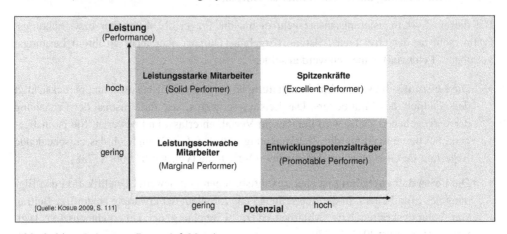

Abb. 3-44: Leistungs-Potenzial-Matrix

Als **Praxisbeispiel** soll hier die Vorgehensweise und Struktur des Year-End-Reviews des Beratungsunternehmens CAPGEMINI angeführt werden. Neben der Performance- und der Potenzialbeurteilung als Soll-Ist-Vergleich wird bei diesem Year-End-Review mit dem sogenannten *Skill-Level*, das die Verweildauer des Mitarbeiters auf einer Karrierestufe (engl. *Time*

3.3 Personalbeurteilung

in Grade) kennzeichnet, noch eine weitere Dimension in der Beurteilungssystematik berücksichtigt. Insert 3-07 gibt einen Überblick über die Funktionsweise dieses Praxisbeispiels mit der Skill-Level/Potential/Performance-Matrix als zentrales Darstellungsmittel.

---- **Insert** ----

Skill-Level	Potential	Performance				
		Low		Normal	High	
		Did not meet expectations	Improvement desired	Met expectations	Exceeds	Excellent
Mastery	High potential			Promotion possible	Lehmann	
	Steady growth	Müller		Schulze	Jansen	
	Steady		Meier Krause	Neumann	Becker	Schmidt
	At risk					
Skilled	High potential			Fischer	Wagner	
	Steady growth		Becker	Baumann		
	Steady			Weber Koch		
	At risk		Schneider			
Entry	High potential					
	Steady growth			Bauer		
	Steady					
	At risk					

Quelle: LIPPOLD 2010, S. 23

Grundlage für den **Jahresendprozess** (engl. *Year End Review*) ist die *Zielvereinbarung*, die Anfang eines jeden Geschäftsjahres zwischen Mitarbeitern und Vorgesetzten verabschiedet wird. Sie orientiert sich an den vorgegebenen Standardzielen pro Grade (Karrierestufe). Diesen Standardzielen liegen – neben individuellen Zielen wie Auslastung, Sales-Beitrag, Delivery-Volumen etc. – vier Verhaltensdimensionen zu Grunde:

- Managementverhalten,
- Führungsverhalten,
- Teamverhalten und
- kundenorientiertes Verhalten.

Die Führungskraft (der Vorgesetzte/Mentor) verdichtet diese Kriterien zu einem Gesamteindruck, der dann im Year-End-Review einem *Peer-Vergleich* gestellt wird. In diesem Peer-Vergleich werden alle Mitarbeiter der gleichen Karrierestufe (Grade) gegeneinander kalibriert (siehe Abbildung).

Dies geschieht anhand einer vorbereiteten Matrixdarstellung mit folgenden drei Dimensionen:

- **Performance** mit den Ausprägungen *„excellent"* (1), *„exceeds"* (2), *„met expectations"* (3), *„improvement desired"* (4) und *„did not meet expectations"* (5),
- **Potential** mit den Ausprägungen *„high potential"* (A), *„steady growth"* (B), *„steady"* (C) und *„at risk"* (D) und
- **Time in Grade** mit den Ausprägungen *„mastery"*, *„skilled"* und *„entry"*.

Nur diejenigen Mitarbeiter, die in dieser Darstellung gleichzeitig den Bereichen Mastery, Performance 1 bis 3 und Potential A und B zugeordnet sind, können befördert und beim nächsten Review im Grade n+1 geführt werden. Bei der Kalibrierung ist ferner darauf zu achten, dass die zu beurteilenden Mitarbeiter hinsichtlich der Performance-Beurteilung *gleichverteilt* eingestuft werden. D. h. der Performance-Wert muss für alle Mitarbeiter im Durchschnitt dem Normal-Wert „Met expectations" (= 3) entsprechen. Die derart vorgenommene Kalibrierung wirkt in drei Richtungen: Sie ist maßgebend für die Berechnung des variablen Gehaltsanteils, für eine evtl. strukturelle Gehaltserhöhung sowie für die Möglichkeit einer Beförderung.

Insert 3-07: Die Skill-Level/Potential/Performance-Matrix von CAPGEMINI

(3) Systematik nach dem Grad der Quantifizierung

Eine weitere Systematisierung kann anhand der Unterscheidung zwischen quantitativen und qualitativen Kriterien erfolgen. **Quantitative Beurteilungsgrößen** sind eindeutig und objektiv messbare Größen. Bei der objektiven Messung werden operationalisierbare und empirisch überprüfbare Indikatoren verwendet, die eindeutig quantifizierbar sind. Beispiele für eine Führungskraft bzw. einen Mitarbeiter im Vertriebsbereich sind:

- Erzieltes (Bereichs-)Ergebnis,
- Anzahl akquirierter Kunden,
- Anzahl durchgeführter Kundenbesuche,
- Erzielter Auftragseingang,
- Erzielter Umsatz,
- Anzahl Reklamationen,
- Fehlzeiten u.v.a.m.

In der Praxis werden Unternehmensziele zunehmend mit der von KAPLAN/NORTON [1992] entwickelten **Balanced Scorecard**, in der quantitativ bewertbare Beurteilungskriterien formuliert werden, systematisiert und dann sukzessive auf Bereichs-, Abteilungs- und Mitarbeiterebene herunter gebrochen.

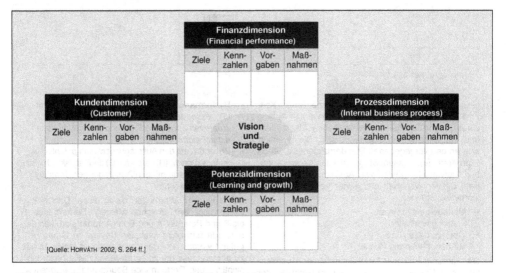

Abb. 3-45: Die vier Dimensionen des Balanced Scorecard

Grundgedanke der Balanced Scorecard ist die Umsetzung von Visionen und Strategien des Unternehmens in operative Maßnahmen. Das dazu entwickelte Kennzahlenraster der Balanced Scorecard umfasst insgesamt vier Dimensionen (siehe Abbildung 3-45):

- Finanzwirtschaftliche Dimension (Sicht des Aktionärs bzw. Investors),
- Kundenbezogene Dimension (Sicht des Kunden),
- Prozessbezogene Dimension (Sicht nach innen auf die Geschäftsprozesse) und
- Potenzialbezogene Dimension (Sicht aus der Lern- und Entwicklungsperspektive).

3.3 Personalbeurteilung

Für den Personalbereich besonders relevant ist die Lern- und Entwicklungsperspektive. Die daraus resultierende Verbindung der klassischen Zielvereinbarung mit der Balanced Scorecard führt zwangsläufig dazu, auch in die Zielvereinbarung verstärkt quantitative Ziele als sogenannte *Key Performance Indicators* (KPIs) zu übernehmen.

Durch die ganzheitliche Zielentwicklung kann jeder einzelne Mitarbeiter seinen Anteil am Erreichen der Team-, Bereichs- und Gesamtunternehmensziele verfolgen. Wenn das strategische Ziel des Unternehmens z. B. die Steigerung der Kundenzufriedenheit ist, könnte ein Servicemitarbeiter als persönliches Ziel die Erhöhung der Anzahl seiner Kundenkontakte ableiten.

Mit dieser Kopplung von Führungs- und Anreizsystemen ist eine wichtige Voraussetzung für die Einführung von variablen, leistungsabhängigen Vergütungsbestandteilen gegeben. In Kombination mit einem garantierten fixen Vergütungsanteil kann der variable Vergütungsanteil die erbrachten Leistungen angemessen honorieren. Die Höhe des variablen Entgeltbestandteils hängt dabei vom Ausmaß ab, mit dem die in der Balanced Scorecard definierten Zielvorgaben bzw. Kennzahlen erreicht werden. Das variable Entgelt ist bei der beschriebenen Vorgehensweise sowohl vom Grad der individuellen Zielerreichung als auch vom Erfolg auf Gruppen- und Unternehmensebene abhängig. Die Kennzahlen der Balanced Scorecard liefern dabei für alle drei Ebenen die entsprechenden Erfolgsindikatoren.

Eine Vielzahl von Untersuchungsmerkmalen bei der Bewertung von Führungskräften und Mitarbeitern bezieht sich auf deren Fähigkeiten und Verhalten. Hierbei handelt es sich um **qualitative Bewertungskriterien**, die sich einer eindeutigen und objektiven Messbarkeit entziehen. Die Beurteilung solcher qualitativen Größen unterliegt subjektiven Einflüssen, d. h. die Bewertung kann von Beurteilendem zu Beurteilendem erheblich variieren [vgl. STOCK-HOMBURG 2013, S. 381].

Mögliche Beurteilungskriterien über das Verhalten von Führungsnachwuchskräften liefert Abbildung 3-46.

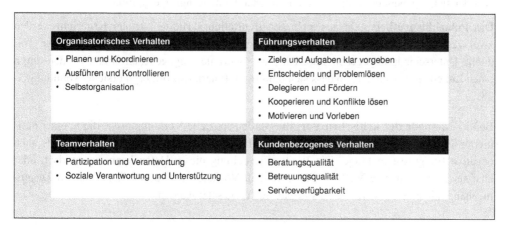

Abb. 3-46: Verhaltensdimensionen von Führungsnachwuchskräften (Beispiel)

Sind die Beurteilungskriterien und deren Ausprägungen festgelegt, so gilt es, für die Bewertung möglichst eindeutige Messvorschriften zu entwickeln. Durch die Vorgabe einer Messvorschrift soll die Vergleichbarkeit der Ergebnisse sichergestellt und gleichzeitig der subjektive Einfluss der Beurteilenden auf das Beurteilungsergebnis minimiert werden. Für diesen Zweck existiert eine Reihe von Verfahren, die unterschiedliche Einsatzgebiete haben und verschiedene Vor- und Nachteile aufweisen:

Eine **Ratingskala** (oder **Einstufungsskala**) gibt in Form von Zahlen, verbalen Beschreibungen oder Beispielen, markierte Abschnitte eines Merkmalkontinuums vor. Bei der Beurteilung wird diejenige Stufe der Ratingskala markiert, die der Ausprägung des Kriteriums bei dem betroffenen Beurteilungsobjekt entspricht. Die Abstände zwischen den Skalenpunkten sind gleich groß. Unter der Voraussetzung einer sorgfältigen Konstruktion und Handhabung stellt die Ratingskala ein wertvolles Instrument dar, das sich in der Praxis vielfach bewährt hat (siehe Abbildung 3-47).

	-2	-1	0	+1	+2
Zustimmung	nein	eher nein	weiß nicht	eher ja	ja
Häufigkeit	nie	selten	gelegentlich	oft	immer
Intensität	gar nicht	kaum	mittelmäßig	ziemlich	außerordentlich
Wahrscheinlichkeit	keinesfalls	wahrscheinlich nicht	vielleicht	ziemlich wahrscheinlich	ganz sicher

Abb. 3-47: Beispiel für Ratingskalen mit unterschiedlichen Merkmalen

Beim **Rangordnungsverfahren** wird bezüglich des interessierenden Kriteriums eine Rangordnung hergestellt. Die Beurteilung erfolgt mit Hilfe der Methode des paarweisen Vergleichs, d. h. alle zu beurteilenden Mitarbeiter werden jeweils mit allen anderen verglichen. Aus der sich ergebenden Matrix wird anschließend eine Rangfolge gebildet.

Das **Polaritätsprofil** besteht aus mehreren Beurteilungskriterien. Jedem Kriterium werden zwei gegensätzliche Eigenschaftsbezeichnungen zugeordnet, zwischen denen diverse graduelle Unterschiede angegeben sind. Die vom Beurteiler angegebenen Grade werden durch einen Linienzug verbunden, so dass sich daraus ein Polaritätsprofil ergibt (siehe Abbildung 3-48).

Bei der **Methode der kritischen Vorfälle** werden spezielle Vorkommnisse, die in einer definierten Periode angefallen sind, gesammelt. Als Vorfälle kommen sowohl positive als auch negative Ereignisse in Frage. Die Weiterverarbeitung dieser Daten kann summarisch oder analytisch erfolgen. Die Methode der kritischen Vorfälle sollte in der Regel nur im Zusammenhang mit anderen Verfahren als Ergänzung eingesetzt werden.

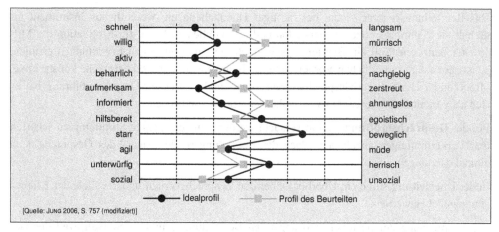

Abb. 3-48: Beispiel eines Polaritätsprofils für das Merkmal „soziales Verhalten"

Beim **Vorgabevergleichsverfahren** werden die Mitarbeiter bezüglich ihrer Zielerreichung beurteilt. Dies geschieht in der Regel mit der Vergabe von Prozentwerten. Die vollständige Erreichung eines vorgegebenen Zieles wird mit einem Wert von 100 Prozent ausgezeichnet (siehe Abbildung 3-49).

Mitarbeiter:	Klaus Möller	Claudia Schmidt	Jens Schulte
Beurteilungskriterium	**Zielerreichung**	**Zielerreichung**	**Zielerreichung**
Organisatorisches Verhalten	110 %	100 %	90 %
Teamverhalten	90 %	120 %	110 %
Führungsverhalten	120 %	130 %	100 %
Kundenbezogenes Verhalten	100 %	110 %	80 %
Gesamtbewertung	**105 %**	**115 %**	**95 %**

Abb. 3-49: Beispiel für ein Vorgabevergleichsverfahren

3.3.5 Das Beurteilungsfeedback

Dem **Feedback-Gespräch** zwischen Mitarbeiter und Vorgesetzten, das sich grundsätzlich an eine Beurteilung anschließen sollte, kommt im Rahmen des gesamten Verfahrens eine erhebliche Bedeutung zu. Auch hierbei steht das Ziel der Personalbeurteilung, nämlich die **Fairness** im Mittelpunkt. Durch das Beurteilungsfeedback erhält der Mitarbeiter diverse Informationen, denen folgende Fragestellungen zu Grunde liegen:

- Was hat der Beurteilende konkret beobachtet?
- Was schließt der Beurteilende daraus?
- Welche Entwicklungspotenziale können daraus abgeleitet werden?

Das Beurteilungsgespräch kann bei richtiger Handhabung ein wesentliches Instrument innerhalb des Führungsprozesses darstellen und in erheblichem Maße zur Motivation der Mitarbeiter beitragen. Soll ein Beurteilungsgespräch die daran gestellten Erwartungen erfüllen, so ist neben einer gründlichen Vorbereitung (z. B. anhand einer Checkliste) eine konstruktive, offene und zielorientierte Gesprächsführung unabdingbar. Bei der Gesprächsführung hat es sich als vorteilhaft erwiesen, gewisse Ablaufstrukturen vorzusehen.

Bei der **Gesprächseröffnung** sollte versucht werden, eine entspannte Stimmung zu schaffen und Verkrampfungen abzubauen. Nach der Begrüßung ist der Anlass des Gesprächs noch einmal darzulegen.

In der **Überleitung** sollte ein Überblick über den Gesprächsverlauf und die Ziele der Besprechung gegeben werden.

Die Besprechung der positiven und negativen Beurteilungen bildet den **Hauptteil** des Gesprächs. Dabei sollte mit den positiven Ergebnissen bzw. Entwicklungen seit der letzten Beurteilung begonnen werden. Die Besprechung negativer Ergebnisse sollte immer auf Grundlage gesicherter und sachlicher Informationen beruhen und für den Beurteilten transparent sein. Schwächen dürfen nicht als unüberwindbar, sondern immer nur in Verbindung mit Förderungsmöglichkeiten dargestellt werden. Als Grundsatz gilt: keine negative Kritik ohne anschließende Handlungsimplikation. Ziel ist es, zwischen den Beteiligten eine Einigung zu erzielen. Gelingt dies nicht, sollte dem Beurteilten die Gelegenheit gegeben werden, seinen Widerspruch, der anschließend in schriftlicher Form in die Personalakte eingeht, zu formulieren.

Am **Schluss** des Gespräches sollten die wesentlichen Ergebnisse und die geplanten Aktionen noch einmal zusammengefasst werden. Der Vorgesetzte sollte darauf achten, das Gespräch einvernehmlich ausklingen zu lassen.

3.3.6 Optimierung der Fairness

In diesem Abschnitt werden die einzelnen Schritte des Aktionsfeldes *Personalbeurteilung* zusammengefasst und die wichtigsten Parameter, Prozesse, Instrumente und Werttreiber im Zusammenhang dargestellt.

(1) Aktionsparameter

Fairness ist das zentrale Optimierungskriterium für das Aktionsfeld *Personalbeurteilung*. Es sind im Wesentlichen zwei Aktionsparameter, die die Optimierung der Fairness bestimmen:

- **Beurteilungskriterien** zur Einordnung von Verhalten, Leistung und Potenzial der Mitarbeiter und
- **Beurteilungsfeedback** zur Motivation der Mitarbeiter.

Damit ergibt sich für die Optimierung der Fairness folgender, erweiterter Ansatz:

Fairness = f (Personalbeurteilung) = f (Beurteilungskriterien, Beurteilungsfeedback)
→ *optimieren!*

(2) Prozesse und instrumentelle Unterstützung

Eine wichtige Voraussetzung dafür, dass die Personalbeurteilungsergebnisse fair und vergleichbar sind, ist die anforderungsgerechte Systematisierung des Beurteilungsprozesses. In Abbildung 3-50 ist ein idealtypischer Beurteilungsprozess dargestellt.

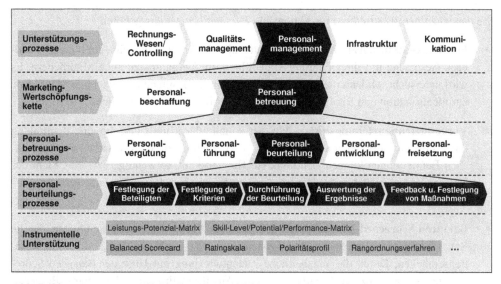

Abb. 3-50: *Prozessmodell für das Aktionsfeld „Personalbeurteilung"*

In der ersten Stufe erfolgt die **Auswahl der Beteiligten** am Beurteilungsprozess. Diese Stufe ist immer dann von Bedeutung, wenn Externe oder mehrere Personen die Rolle des Beurteilenden (engl. *Review Team*) übernehmen. Ansonsten ist der Beurteilende der unmittelbare Vorgesetzte des Beurteilten.

In der zweiten Stufe werden die relevanten **Beurteilungskriterien** festgelegt. Diese sollten weitgehend standardisiert sein und einen unmittelbaren Bezug zur Leistung der beurteilten Person haben. Um die Ausprägungen der ausgewählten Kriterien bei den jeweils zu beurteilenden Personen festzustellen, werden geeignete Messverfahren ausgewählt. Sie dienen der Optimierung menschlicher Urteilsfähigkeit.

Die **Durchführung der Beurteilung** wird in der dritten Stufe vorgenommen. Die Beurteilungen können schriftlich, mündlich oder per Online-Befragung vorgenommen werden.

Die vierte Stufe befasst sich mit der **Auswertung der Beurteilungsergebnisse**. Dem Personalbereich obliegt die Abwicklung des Verfahrens und die Aufbereitung der gewonnenen Daten.

Aus den Beurteilungsergebnissen werden in der fünften Stufe entsprechende **Maßnahmen** abgeleitet. Hierbei kann es sich um die Teilnahme an Personalentwicklungsprogrammen, um Versetzungen oder um Konsequenzen bei der Höhe der variablen Vergütung handeln.

In der letzten Stufe erfolgt ein **Feedback** der Beurteilungsergebnisse an den Beurteilten. Dieses Feedback sollte möglichst zeitnah und in einem persönlichen Gespräch erfolgen [vgl. STOCK-HOMBURG 2013, S. 394 ff.].

(3) Werttreiber

Zu den wichtigen *Werttreibern* im Aktionsfeld *Personalbeurteilung* gehören:

- **Feedback-Gesprächsquote**, d. h. der Anteil aller Mitarbeiter, die ein oder mehrere Feedback-Gespräche mit ihrer Führungskraft führen, im Verhältnis zu allen Mitarbeitern. Es wird untersucht, ob Unternehmen mit dem Feedback-Gespräch eine wichtige Maßnahme zur Identifikation und Bindung erfolgskritischer Mitarbeiter sicherstellen.

- **Vorgesetztenbeurteilungsquote**, d. h. der Anteil aller Mitarbeiter, die eine Beurteilung ihres direkten Vorgesetzten durchführen, im Verhältnis zu allen Mitarbeitern. Aus solchen Beurteilungen können sich konkrete Hinweise auf notwendige bzw. aus Sicht des Mitarbeiters wünschenswerte Änderungen im Sinne eines fairen Führungsverhaltens ergeben.

- **Balanced Scorecard-Einsatzquote**, d. h. der Anteil aller Organisationseinheiten, die die Balanced Scorecard als Beurteilungssystem einsetzen, im Verhältnis zu allen Organisationseinheiten. Durch die ganzheitliche Zielentwicklung mit Hilfe der Balanced Scorecard kann jeder einzelne Mitarbeiter seinen Anteil am Erreichen der Team-, Bereichs- und Gesamtunternehmensziele verfolgen.

In Abbildung 3-51 sind die wichtigsten Punkte des Aktionsfeldes *Personalbeurteilung* (übergeordneter Aktionsbereich, Aktionsparameter, Instrumente, Werttreiber sowie Optimierungskriterium) zusammengefasst.

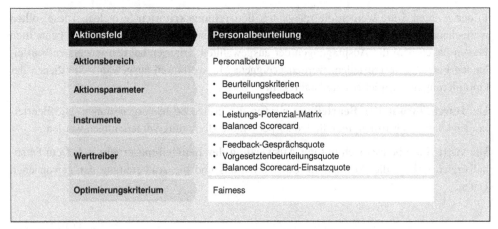

Abb. 3-51:   Wesentliche Aspekte des Aktionsfeldes „Personalbeurteilung"

3.4 Personalentwicklung

3.4.1 Aufgabe und Ziel der Personalentwicklung

Die Qualifizierung von Mitarbeitern und Führungskräften stellt eine zentrale Voraussetzung für Unternehmen dar, um langfristig wettbewerbsfähig zu sein. Mitarbeiter mit *der richtigen* fachlichen Qualifikation und den *richtigen* sozialen und kommunikativen Kompetenzen sowie die Managementqualitäten einer Führungskraft sind wesentliche Erfolgsfaktoren. Da sich die Angebote auf dem Absatzmarkt – zumindest in vielen Dienstleistungsbereichen – immer ähnlicher werden, definieren Unternehmen Alleinstellungsmerkmale und Wettbewerbsvorteile zunehmend über das Personal [vgl. BECKER/SEFFNER 2002, S. 2].

Somit gilt es, die Personalentwicklung und hier speziell die Führungskräfteentwicklung (Leadership Development) als viertes Aktionsfeld im Rahmen der Prozesskette *Personalbindung* im Hinblick auf die *Mitarbeiterforderung und -förderung* zu optimieren:

Forderung und Förderung = f (Personalentwicklung) → optimieren!

Inhalte der Personalentwicklung sind zum einen die Vermittlung von Qualifikationen im Sinne einer unternehmensgerechten *Aus- und Weiterbildung* (⇒ Forderung) und zum anderen Maßnahmen zur Unterstützung der beruflichen Entwicklung und Karriere (⇒ Förderung). Von besonderer Bedeutung ist darüber hinaus die Entwicklung von Führungsnachwuchskräften. Ihre Funktion als Repräsentant, Vorbild, Entscheidungsträger und Meinungsbildner macht die Führungskraft zum Multiplikator in der Personalentwicklung [vgl. STOCK-HOMBURG 2013, S. 206 unter Bezugnahme auf SEIDEL 1993, S. 248].

In Abbildung 3-52 ist der Zusammenhang zwischen Inhalten und generellen Zielen der Personalentwicklung dargestellt.

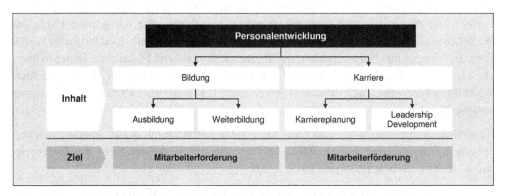

Abb. 3-52: Inhalte und Ziele der Personalentwicklung

Bei Unternehmen lassen sich nach JUNG [2006, S. 250 f.] im Allgemeinen zwei **Ansätze der Personalentwicklung** beobachten. Die eine Vorgehensweise versucht, die aktuellen Arbeitsplatzanforderungen mit den entsprechenden Qualifikationen in Einklang zu bringen. Der zweite (und sicherlich effektivere) Ansatz verfolgt das Ziel, über die gegenwärtigen Anforderungen hinaus flexible Mitarbeiterqualifikationen zu schaffen und eine individuelle Personalentwicklung zu praktizieren. Im Vordergrund steht dabei die Vermittlung weitgehend arbeitsplatzunabhängiger **Schlüsselqualifikationen**, die der Halbwertszeit des Wissens und dem lebenslangen Lernen Rechnung tragen. Abbildung 3-53 stellt die Wertentwicklung verschiedener Wissensarten im Zeitablauf dar. Besonders das berufliche Fachwissen, das Technologiewissen und das IT-Fachwissen veralten sehr schnell, wenn es im Rahmen der Personalentwicklung nicht kontinuierlich aufgefrischt wird [vgl. STOCK-HOMBURG 2013, S. 202 f.].

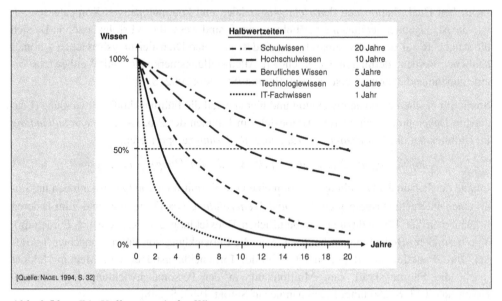

Abb. 3-53: Die Halbwertszeit des Wissens

Die zentrale Aufgabe der Personalentwicklung liegt demnach darin, die Menschen durch Lernen zu befähigen, sich in der dynamischen Welt der Arbeit zurechtzufinden. Nur mit systematisch betriebener Aus- und Weiterbildung kann es gelingen, über die gesamte Dauer des Berufslebens den sich wandelnden Anforderungen gewachsen zu sein. Systematische Förderung der Eignung und Neigung sichert qualifizierte und motivierte Mitarbeiter. Daneben muss der durch die veränderten Bedürfnisse entstandene **Wertewandel** von der Personalentwicklung aufgenommen und die daraus gewonnenen Erkenntnisse in Bildung und Förderung umgesetzt werden.

Sowohl das Unternehmen als auch seine Mitarbeiter verbinden mit der Personalentwicklung jeweils eigene Zielvorstellungen. **Ziele** der Personalentwicklung **aus Sicht des Unternehmens** sind [vgl. STOCK-HOMBURG 2013, S. 209 f.]:

- Verbesserung der Arbeitsleistung von Führungskräften bzw. Mitarbeitern,
- Erhöhung der Anpassungsfähigkeit der Führungskräfte bzw. Mitarbeiter hinsichtlich neuer Anforderungen und neuer Situationen,
- Steigerung von Eigenverantwortlichkeit, Eigeninitiative und Selbständigkeit der Führungskräfte bzw. Mitarbeiter,

- Steigerung der Identifikation und Motivation von Führungskräften und Mitarbeitern,
- Erhöhung der Attraktivität als Arbeitgeber auf dem Arbeitsmarkt.

Mitarbeiterbezogene Ziele der Personalentwicklung sind [vgl. STOCK-HOMBURG 2013, S. 209 f.]:

- Verbesserung der Karriere- und Aufstiegsmöglichkeiten innerhalb und außerhalb des Unternehmens,
- Klarheit über die beruflichen Ziele und Aufstiegsmöglichkeiten im Unternehmen,
- Schaffung von Möglichkeiten, um über das fachliche Wissen hinaus betriebsspezifisches Know-how und Flexibilität zur Bewältigung anstehender Veränderungsprozesse zu erlangen,
- Steigerung der individuellen Mobilität auf dem Arbeitsmarkt,
- Schaffung von Möglichkeiten zur Selbstverwirklichung z. B. unter dem Aspekt der Übernahme von größerer Verantwortung einerseits und der Work-Life-Balance andererseits.

3.4.2 Qualifikation und Kompetenzmanagement

Die oben beschriebenen Ziele der Personalentwicklung können erst dann erreicht werden, wenn die Leistungsanforderungen des Arbeitsplatzes den Qualifikationen des Mitarbeiters entsprechen. Folglich ist eine genaue Kenntnis der Qualifikationen notwendig, um die Mitarbeiter am richtigen Arbeitsplatz einsetzen und gezielte Fördermaßnahmen durchführen zu können.

Da sich die Anforderungen an die funktionelle Flexibilität der Mitarbeiter zunehmend erhöhen, ist neben der fachlichen Qualifizierung ein besonderer Wert auf die Förderung der überfachlichen Qualifizierung zu legen, um die Mitarbeiter mit umfassender Handlungskompetenz auszustatten.

In diesem Zusammenhang kommt dem *Kompetenzmanagement* eine besondere Bedeutung zu. Es ermittelt, steuert und entwickelt Kompetenzen, die heute und in der Zukunft für die Umsetzung der Unternehmensziele benötigt werden. Es legt fest, welche Fähigkeiten und Verhaltensweisen verändert bzw. entwickelt werden sollen. Damit weist das Kompetenzmanagement in zwei Richtungen. Zum einen geht es darum, was das Unternehmen oder die Unternehmenseinheit können muss, um seine/ihre Ziele zu erreichen (organisationale Kompetenz). Zum anderen sind die Fähigkeiten, Kenntnisse und Verhaltensweisen von Personen gefragt, die sie benötigen, um ihre individuellen Anforderungen (im Sinne der gesetzten Ziele) zu bewältigen (rollenbezogene Kompetenz) [vgl. LIPPOLD 2010, S. 25].

Im Allgemeinen werden dabei folgende drei *Kompetenzfelder* angesprochen: *fachliche, soziale und methodische Kompetenzen* (siehe Abbildung 3-54).

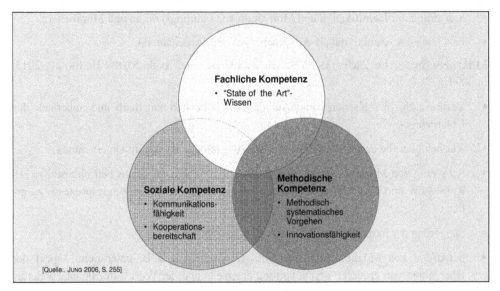

Abb. 3-54: Kompetenzfelder der Personalentwicklung

(1) Fachliche Kompetenz

Unter der fachlichen Kompetenz werden alle Fähigkeiten und Kenntnisse eines Mitarbeiters zusammengefasst, die sich auf ein bestimmtes berufliches Aufgabengebiet beziehen. Hierzu zählen spezifische Produkt-, Produktions- oder Branchenkenntnisse ebenso wie funktionale Kenntnisse im Bereich des Rechnungswesens, des Marketings etc. Die fachliche Kompetenz ist also stark vom jeweiligen beruflichen Umfeld abhängig.

(2) Soziale Kompetenz

Die soziale Kompetenz beschreibt, in wieweit ein Mitarbeiter in der Lage ist, sich in die Organisation durch Kommunikationsfähigkeit und Kooperationsbereitschaft positiv einzubringen. Teamfähigkeit und Einfühlungsvermögen sind weitere Indikatoren für eine hohe Sozialkompetenz, die für die berufliche Entwicklung auf allen Unternehmensebenen von Bedeutung ist.

(3) Methodische Kompetenz

Methodische Kompetenz bezieht sich auf die Fähigkeit, bestimmte Aufgabenstellungen mit einem methodisch-systematischen Vorgehen zu bewältigen. Projektmanagement, Präsentations- und Moderationstechniken aber auch die Fähigkeit, innovative Ideen einzubringen sind beispielhaft für diese Kategorie zu nennen.

Aufbauend auf diesen Feldern entwickeln Unternehmen eigene *Kompetenzmodelle*, die den jeweiligen spezifischen Organisationsanforderungen entsprechen. Ebenso sind die Kompetenzfelder inhaltliche Grundlage für die Darstellung von Rollen, Karrierepfaden und Leadership Development- Programmen.

Die Personalentwicklung greift bei der Ermittlung des Entwicklungsbedarfs zwangsläufig auf die Ergebnisse der Personalbeurteilung zurück. Qualifikations- und Kompetenzdefizite, die in der Beurteilung aufgezeigt werden, sind der Ausgangspunkt für die Entwicklungsziele und -inhalte. Lag bislang in vielen Unternehmen der Schwerpunkt im Bereich der *Ausbildung*, wird heute mehr und mehr dazu übergegangen, der *Weiterbildung* eine höhere Priorität einzuräumen. Zu diesem Zweck gründen vor allem größere Unternehmen eigene Trainingszentren und teilweise sogar eigene Hochschulen [vgl. STEINMANN/SCHREYÖGG 2005, S. 820].

3.4.3 Personalentwicklungsmethoden

Maßnahmen der Personalentwicklung lassen sich nach zeitlicher und räumlicher Nähe zum Arbeitsplatz unterscheiden [vgl. CONRADI 1983]:

- Training-into-the-job (arbeitsplatzvorbereitende Maßnahmen),
- Training-on-the-job (arbeitsplatzbezogene Maßnahmen),
- Training-near-the-job (arbeitsplatznahe Maßnahmen) und
- Training-off-the-job (arbeitsplatzübergreifende Maßnahmen)
- Training-out-of-the-job (austrittsvorbereitende Maßnahmen).

In Abbildung 3-55 sind die wichtigsten Maßnahmen der Personalentwicklung im Überblick dargestellt.

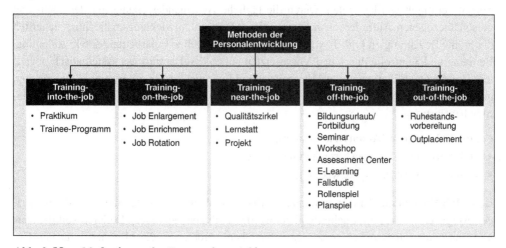

Abb. 3-55: Maßnahmen der Personalentwicklung

(1) Training-into-the-job

Training-into-the-job-Methoden sind nicht der Weiterbildung, sondern der *Ausbildung* des Mitarbeiters zuzuordnen. Es geht also um die erstmalige Qualifikation zur Ausübung einer bestimmten beruflichen Tätigkeit. Die Berufsausbildung erfolgt in Deutschland üblicherweise im **dualen System**. Dies bedeutet, dass die Ausbildungsfunktionen auf den Staat (Berufsschule bzw. Hochschule) einerseits und auf die Unternehmen anderseits aufgeteilt sind. Ziel der beruflichen Erstausbildung im dualen System ist die Vermittlung einer breit angelegten beruflichen Grundbildung im Rahmen eines geordneten Ausbildungsgangs sowie der Erwerb der erforderlichen Berufserfahrungen (vgl. §1 Abs. 3 BBiG). Dem gegenüber finden Praktika oder Trainee-Programme ausschließlich in Betrieben der Wirtschaft statt.

Praktika dienen der Vermittlung praktischer Erfahrungen für den zukünftigen Beruf. Es handelt sich dabei um eine befristete Maßnahme, die zeitlich vor oder während der Berufsausbildung liegt. Der Anreiz für Unternehmen, Praktika anzubieten, besteht u. a. in der Möglichkeit, potentielle Mitarbeiter kennenzulernen und bei Eignung in ein festes Arbeitsverhältnis zu übernehmen (vgl. 2.4.2).

Zielgruppe von **Trainee-Programmen** sind Hochschulabsolventen (Trainees), denen der Übergang von der vorwiegend theoretischen Ausbildung an der Hochschule in die berufliche Erfahrungspraxis erleichtert werden soll. Ein Trainee-Programm erstreckt sich in der Regel über einen Zeitraum zwischen 12 und 24 Monaten. Zielsetzung ist es, den Trainees einen systematischen Überblick über das Unternehmen mit seinen vielseitigen Einsatzmöglichkeiten zu geben (vgl. 2.4.2).

(2) Training-on-the-job

Bei den Personalentwicklungsmethoden am Arbeitsplatz handelt es sich um Weiterbildungsmaßnahmen. Sie sind dadurch gekennzeichnet, dass das Lernfeld des Mitarbeiters zugleich auch sein Funktionsfeld ist, für das ihm entsprechende Kenntnisse, Fähigkeiten und Erfahrungen vermittelt werden sollen. Durch die tägliche Auseinandersetzung mit den sach- und personalbezogenen Anforderungen kommt dieser Personalentwicklungsmaßnahme sicherlich die größte Bedeutung zu [vgl. JUNG 2006, S. 282]. Planmäßige Einarbeitung sowie Anleitung, Beratung und Kontrolle durch den Vorgesetzten sollen den Lernprozess systematisch begleiten. Um die Qualifikationen von Mitarbeitern und Führungskräften zu erweitern, zu vertiefen und deren Leistungsvermögen zu fördern, haben sich folgende Formen der Arbeitsstrukturierung bewährt:

- Job Enlargement (Arbeitserweiterung),
- Job Enrichment (Arbeitsbereicherung) sowie
- Job Rotation (Arbeitsplatzwechsel).

Beim **Job Enlargement** findet eine quantitative Aufgabenerweiterung statt, d. h. die bisherigen Aufgaben werden um qualitativ gleichwertige Aufgaben erweitert. Dadurch soll die starke Unterteilung eines Arbeitsprozesses aufgehoben werden, um die Mitarbeiter für den Gesamtzusammenhang der zu bearbeitenden Aufgaben zu sensibilisieren. Job Enlargement hat seinen Schwerpunkt im produzierenden Bereich [vgl. MENTZEL 2005, S. 173].

Beim **Job Enrichment** werden die bisherigen Aufgaben um qualitativ höherwertige, aber zusammenhängende Arbeitselemente erweitert. Durch die Übernahme anspruchsvollerer Aufgaben erhalten die Mitarbeiter die Möglichkeit, den Gestaltungsspielraum zu erweitern und neue Fähigkeiten zu entwickeln und anzuwenden.

Job Rotation bietet die Gelegenheit, durch einen systematisch geplanten Arbeitsplatzwechsel andere Aufgaben vorübergehend zu übernehmen. Durch die Rotation soll die Mobilität gesteigert, enges Ressortdenken abgebaut und die Sozialkompetenz erhöht werden. Job Rotation beruht auf der Ansicht, ein Mitarbeiter müsse verschiedene Unternehmensaktivitäten kennen, um die Funktionsweise des Gesamtunternehmens besser zu verstehen und ggf. Innovationen zu fördern.

(3) Training-near-the-job

Die wichtigsten Methoden der Weiterbildung, die in unmittelbarer Nähe des Arbeitsplatzes des Mitarbeiters eingesetzt werden, sind

- Qualitätszirkel,
- Lernstatt und
- Projekte.

Qualitätszirkel wurden in Japan als Methode der Qualitätssicherung entwickelt. Sie beruhen auf dem Grundgedanken, dass betriebliche Probleme besonders gut von Mitarbeitern gelöst werden können, die unmittelbar betroffen sind und aufgrund ihrer Erfahrungen und Kenntnisse der Arbeitsabläufe direkten Zugang zur Problemstellung haben. An Qualitätszirkeln nehmen durchschnittlich fünf bis zehn Mitglieder teil. Es werden Problemlösungs- und Kreativitätstechniken eingesetzt, um bspw. kontinuierliche Verbesserungen in der Produktion zu erzielen. Durch die Zusammenarbeit zwischen den einzelnen Mitarbeitern soll gleichzeitig die Zufriedenheit, Identifikation und Qualifikation gesteigert werden. Obwohl die Wurzeln der Qualitätszirkel im produzierenden Bereich liegen, wird diese Methode heute zunehmend auch im administrativen Bereich eingesetzt [vgl. STOCK-HOMBURG 2013, S. 245 ff.].

Hinter dem Begriff **Lernstatt** verbirgt sich der Gedanke des selbstorganisierten Lernens in der Werkstatt. In der Lernstatt werden betriebliche Erfahrungen ausgetauscht und vertieft, das Grundwissen über betriebliche Zusammenhänge erweitert und der Wissensstand auf ein einheitliches Niveau gehoben. Die Lerngruppe setzt sich üblicherweise aus sechs bis acht Teilnehmern eines Arbeitsbereiches zusammen und wird primär in unteren Hierarchieebenen des produzierenden Bereichs eingesetzt [vgl. MENTZEL 2005, S. 214].

Projekte sind komplexe Vorhaben mit begrenzten Ressourcen, die aus Sicht des Unternehmens Aufgaben- bzw. Problemstellungen mit hohem Neuigkeitscharakter für das Unternehmen enthalten. Projektarbeit ist in der Regel abteilungsübergreifend organisiert. Sie stellt daher erhebliche Anforderungen an die Kommunikationsfähigkeit der Teammitglieder. Projektarbeit fördert problemorientiertes Lernen bei der Lösung realer unternehmerischer Probleme.

(4) Training-off-the-job

Zu den arbeitsplatzübergreifenden Personalentwicklungsmaßnahmen zählen im Wesentlichen

- Fortbildung/Bildungsurlaub,
- Seminare,
- Workshops,

- Assessment Center,
- Fallstudien,
- Rollenspiele,
- Planspiele und
- E-Learning.

Ziel der **Fortbildung** ist die Vermittlung von weiterführendem Fachwissen zur Erhöhung der fachlichen Qualifikation. Die Fortbildungsmaßnahme wird in der Regel von externen Bildungsträgern durchgeführt. Sofern eine gesetzliche oder tarifvertragliche Anspruchsgrundlage besteht, ist auch ein **Bildungsurlaub** unter Fortzahlung des Arbeitsentgelts möglich. Der Bildungsurlaub soll der politischen und beruflichen Fortbildung dienen [vgl. JUNG 2006, S. 297].

Seminare sind zeitlich begrenzte Bildungsmaßnahmen von zumeist ein bis zwei Tagen. Bei *internen* Seminaren liegt die Verantwortung für die Zielsetzung, Planung und Durchführung im Unternehmen selbst. Bei *externen* Seminaren können das Unternehmen oder die Teilnehmer keinen unmittelbaren Einfluss auf Zielsetzung und Gestaltung des Seminarinhalts nehmen.

Sinn und Zweck eines **Workshops** ist zumeist die Ideenfindung, der Erfahrungsaustausch sowie die Erarbeitung von Problemlösungen. Workshops dienen vorwiegend der internen Organisations- bzw. Bereichsentwicklung. Sie sollen die Leistungsfähigkeit der Organisation steigern und die Zusammenarbeit verbessern. Die Qualität und Akzeptanz der erarbeiteten Vorschläge und Lösungen hängen in starkem Maße von der Vorbereitung und der Art der Durchführung der Veranstaltung ab. Bei der Durchführung haben sich bestimmte Workshop-Techniken (z. B. Metaplan-Technik) bewährt.

Bei einem **Assessment Center** handelt es sich um eine seminarähnliche Veranstaltung von mindestens eintägiger Dauer, bei der mit den Teilnehmern verschiedenartige Gruppen- und Einzelübungen durchgeführt werden. Diese Übungen stellen realistische Arbeits- und Entscheidungssituationen aus dem Alltag eines Unternehmens dar. Das Assessment Center kann als Personalauswahlinstrument, zur Potenzialermittlung, zur Analyse des individuellen Personalentwicklungsbedarfs und als Förderinstrument verwendet werden (siehe hierzu ausführlich 2.5.3).

Mit Hilfe von **Fallstudien** simuliert eine Gruppe bestimmte Problemsituationen und Anforderungen aus dem betrieblichen Alltag. Die Teilnehmer der Gruppe entwickeln bei der Anwendung der Fallstudie, in der innerhalb einer vorgegebenen Zeit ein Lösungsvorschlag erarbeitet werden soll, analytische Fähigkeiten, die ihnen in der täglichen Praxis das Vorbereiten und Treffen von Entscheidungen erleichtern soll [vgl. JUNG 2006, S. 293].

In **Rollenspielen** werden persönliche oder allgemeine Konflikt- und Entscheidungssituationen simuliert. Die Teilnehmer übernehmen verschiedene Rollen, um Verständnis für unterschiedliche Standpunkte und Verhaltensweisen zu bekommen. Das Rollenspiel wird von den anderen Teilnehmern beobachtet und anschließend im gemeinsamen Gespräch analysiert. Für die Analyse wird häufig eine Videokamera eingesetzt, die den Trainingseffekt erhöht und die Feedback-Analyse deutlich verbessert [vgl. DEHNER/LABITZKE 2007, S. 152 ff.].

Mit Hilfe von **Planspielen**, denen softwaregestützte, komplexe Modellannahmen zugrunde liegen, werden Entscheidungsprozesse mit Hilfe des Computers simuliert. Zu Beginn des Planspiels erhalten alle Teilnehmer Informationen über die Spielregeln sowie über die internen und externen Einflussfaktoren des Modells. Das Planspiel verläuft über mehrere Perioden, so dass die Teilnehmer die Möglichkeit haben, nach der jeweiligen, veränderten Marktsituation ihre Entscheidungen zu treffen. Planspiele ermöglichen eine Sensibilisierung der Teilnehmer für die vielfältigen Wirkungszusammenhänge in einem vernetzten System, wie es jedes Unternehmen darstellt [vgl. JUNG 2006, S. 295].

Als **E-Learning** (engl. *Electronic Learning*) werden alle Lernprozesse bezeichnet, in denen gezielt multimediale und telekommunikative Technologien zum Einsatz kommen. Derzeit dominieren beim E-Learning zwei Lösungstechnologien. Zum einen liegt der Fokus auf Online-Technologien über das Internet und zum anderen auf Offline-Technologien (z. B. Computer Based Training (CBT) auf CD-ROM). Unabhängig vom Technologiekonzept gilt E-Learning als ein Gedankenkonstrukt, das ein didaktisches Konzept mit geeigneten Medien umsetzt. Das E-Learning, das noch vor wenigen Jahren als die Bildungsform der Zukunft galt, hat sich allerdings nicht in dem Maße entwickelt und durchgesetzt, wie dies die Prognosen voraussagten. Die Frage ist, ob dies auf die zu hohen Erwartungen zurückzuführen ist, oder ob das E-Learning die traditionellen Bildungsformen nicht ersetzen, sondern nur unterstützen kann.

(5) Training-out-of-the-Job

Beim Training-out-of-the-Job stehen Qualifizierungsmaßnahmen im Vordergrund, die den Austritt eines Mitarbeiters aus dem Unternehmen vorbereiten. Es kann sich dabei um einen geplanten Austritt – z. B. durch den Übergang in den Ruhestand – oder um einen ungeplanten Austritt handeln (z. B. durch Entlassungen aufgrund einer Werksschließung).

Im Rahmen der **Ruhestandsvorbereitung** sind es vor allem gleitende Ruhestandsregelungen oder Altersteilzeit (siehe 3.5.4), die den Übergang in den Ruhestand erleichtern und ggf. Wissen und Fähigkeiten von ausscheidenden Mitarbeitern für das Unternehmen erhalten sollen.

Beim **Outplacement** steht die Sicherung der Beschäftigungsfähigkeit (engl. *Employability*) der ausscheidenden Mitarbeiter im Vordergrund (siehe auch 3.5.4). Zur beruflichen Neuorientierung stehen Maßnahmen wie bspw. Umschulungen, Aufbau von Kontakten, Vorbereitung auf Vorstellungsgespräche zur Verfügung, die eine Weiterbeschäftigung bei anderen Unternehmen ermöglichen soll. Neben der Hilfestellung bei der Suche nach einem neuen Arbeitgeber, können ausscheidende Mitarbeiter auch bei der Existenzgründung unterstützt werden. Mit den genannten Maßnahmen kann das Unternehmen die Trennungskosten reduzieren, Imageverluste in der Öffentlichkeit vermeiden und negative Wirkungen auf die verbleibenden Mitarbeiter einschränken [vgl. HUNGENBERG/WULF 2011, S. 398 und 410 f.].

3.4.4 Führungskräfteentwicklung

Das Thema *Führungskräfteentwicklung* (engl. *Leadership Development*) steht seit Jahren ganz oben auf der Liste der Top-Themen des Personalmanagements (siehe 1.1.2). Ein besonderes Augenmerk müssen Unternehmen auf die **Karriereplanung** ihrer Führungsnachwuchskräfte legen. Hierbei geht es darum, die persönlichen und beruflichen Ziele der Potenzialträger mit den Interessen des Unternehmens in Einklang zu bringen. Diese Facette der Personalentwicklung zielt somit auf die **Mitarbeiterförderung und -bindung** ab.

Mit dem Begriff *Karriere* wird in erster Linie die *Führungs*laufbahn assoziiert. Der Aufstieg im Rahmen einer Führungskarriere bedeutet in der Regel einen Zuwachs an Kompetenz, Status, Macht und Vergütung in Verbindung mit den einzelnen Karriereschritten. In der Unternehmenspraxis gewinnt zunehmend aber auch die *Fach*karriere an Bedeutung. Aus Unternehmenssicht liegt hierbei der Fokus auf der Förderung und Bindung von Spezialisten [vgl. STOCK-HOMBURG 2013, S. 267 f.].

Bei der Karriereplanung sollte das Unternehmen berücksichtigen, dass Mitarbeiter – gleich ob sie eine Führungs- oder eine Fachlaufbahn anstreben – im Hinblick auf ihre Karriere unterschiedliche Ziele verfolgen können. Eine gute Grundlage für eine zielgerichtete Förderung ist daher eine gute Einschätzung des Unternehmens über die Karriereziele und -motive der betroffenen Nachwuchs- und Führungskräfte. Hilfreich bei der Bewertung kann eine Typologie von Karrieretypen sein. In Abbildung 3-56 ist beispielhaft eine **Typologie weiblicher und männlicher Führungskräfte** aufgeführt. Nach diesem Ansatz werden die *berufliche*, die *persönliche* und die *familiäre Dimension* zur Typenbildung herangezogen.

	Weibliche Führungskräfte	Männliche Führungskräfte
Typ 1	Die Beziehungsorientierte	Der Isolierte
Typ 2	Die Karrierefokussierte	Der immer Erreichbare
Typ 3	Die Familienorientierte	Der konsequent Beziehungsorientierte
Typ 4	Die Unabhängige	Der unterstützte Karriereorientierte

[Quelle: STOCK-HOMBURG 2013, S. 273 ff.]

Abb. 3-56: Karrieretypen weiblicher und männlicher Führungskräfte

Die Führungskräfteentwicklung ist bei vielen Unternehmen in den Mittelpunkt aller Personalentwicklungsmaßnahmen, teilweise sogar des gesamten Personalmarketings gerückt. Ob als *Talents*, *High Potentials* oder als *Leaders of Tomorrow* bezeichnet, nahezu alle größeren und international agierenden Unternehmen entwerfen derzeit Programme, um die Zielgruppe der Führungsnachwuchskräfte adäquat fördern und binden zu können.

In Großunternehmen werden vornehmlich allgemeine Managementtechniken mit den Schwerpunkten Führungsverständnis, -verhalten und -kompetenz (engl. *Management Skills*) vermittelt. In kleinen und mittelständischen Unternehmen dominieren eher funktionsorientierte Themen wie Einkauf (engl. *Procurement*) oder Controlling.

3.4 Personalentwicklung

Eine besondere Bedeutung im Rahmen der Führungskräfteentwicklung kommt dem **Auslandseinsatz** zu. Er wird gewählt, wenn eine Karriere durch den Aufbau internationaler beruflicher Erfahrung angestrebt wird. Im Vordergrund stehen der Erwerb und die Vertiefung von Sprachkenntnissen und das Kennenlernen ausländischer Geschäftspraktiken und Verhaltensweisen. Je nach Zielsetzung kann der Auslandseinsatz zwischen wenigen Wochen und mehreren Jahren dauern.

Im Rahmen der Vermittlung von Führungsverhaltensweisen sind folgende **feedbackbasierte Methoden zur Persönlichkeitsentwicklung** zu nennen:
- Coaching und
- Mentoring.

(1) Coaching

Coaching ist ein Mittel zur Förderung der Entwicklung von Führungskräften und Mitarbeitern und vereinfacht in der Regel dadurch angestoßene Veränderungsprozesse. Es wird auf Basis einer tragfähigen und durch gegenseitige Akzeptanz gekennzeichneten Beratungsbeziehung – gesteuert durch einen dafür qualifizierten *Coach* (m/w) - in mehreren freiwilligen und vertraulichen Sitzungen abgehalten. Der Coach zieht für die einzelnen Sessions diverse Gesprächstechniken und seine professionelle Erfahrung heran, um den *Coachee* (m/w) dabei zu unterstützen, dessen gesetzten Ziele zu erreichen. Klassisches Coaching wird immer als Begleitprozess verstanden. Der Coachee als Partner auf Augenhöhe legt seine Ziele selbst fest und führt Lösungen (Veränderungen) eigenständig herbei. Ein professioneller Coaching-Prozess ist jederzeit transparent zu gestalten. Der Coach bespricht mit dem Coachee die Vorgehensweise, erklärt Techniken und Tools und beendet jede Sitzung mit der Möglichkeit zu beidseitigem Feedback. Ein Coaching kann generell nur dann erfolgreich sein, wenn der Wunsch nach Unterstützung und die Änderungsbereitschaft beim Coachee vorhanden sind.

Ging man in der Vergangenheit überwiegend von defizitär veranlassten Coachings aus (Negativanlass: Behebung einer bestimmten Problemsituation und dadurch Erreichung von gesetzten Leistungsstandards) setzen sich heute verstärkt der Potential- sowie der Präventivansatz durch. Unter dem **Potenzialansatz** versteht man die effektive Nutzung vorhandener, aber noch nicht ausgeschöpfter Potenziale, oder sogar erst deren Entdeckung. Beim **Präventivansatz** des Coachings sollen beispielsweise bestimmte, als störend empfundene Verhaltensweisen oder Situationen in Zukunft vermieden werden. Weiterhin wird Präventiv-Coaching begleitend zum Beförderungsprozess eingesetzt: Hierbei sollen neue Wege und Möglichkeiten aufgezeigt werden, die eigenen Potenziale zu erschließen (z. B. zur Vorbereitung auf die neuen Aufgaben).

Coaching wird so nicht länger als Mittel der „Bestrafung" seitens des Managements und/oder der Personalabteilung eingesetzt, um störendes Verhalten des Mitarbeiters auszumerzen. Heute fragen Führungskräfte und Mitarbeiter Coaching gleichsam als Entwicklungsinstrument und Incentive nach. Management und Personalabteilung wiederum bieten gerne Coaching an, da es individuell und gezielt beim Mitarbeiter ansetzt und kostenseitig überschaubar ist.

Die Begriffe *Coaching*, *Coach* und *Coachee* sind nicht geschützt, so dass hier keine eindeutigen Definitionen herangezogen werden können. Dadurch ist auch Scharlatanen der Weg in den Coaching-Markt geebnet worden. Seit Jahren gibt es Bestrebungen, Begrifflichkeiten und Qualifizierungsmaßnahmen zu schützen und mit Qualitätsstandards zu belegen. Derzeit gibt es in Deutschland mehr als eine Handvoll großer, nennenswerter Coaching-Verbände mit jeweils mehr als 100 Mitgliedern. Diese Verbände verstehen es als ihre primäre Aufgabe, den Begriff *Coaching* zu definieren und den Berufsstand des *Coaches* mit Qualitätskriterien auszukleiden. Management und Personalabteilung haben so die Möglichkeit, geeignete Coaches über einen der bestehenden Verbände zu identifizieren und zu engagieren. Handelt der Auftraggeber im Namen eines größeren Unternehmens, mag es sinnvoll erscheinen, einen eigenen Auswahlprozess zu fahren, um einen firmeneigenen Coaching-Pool mit externen Coaches zu etablieren. Diese werden meist durch Rahmenverträge an den Auftraggeber gebunden und bei Bedarf angefragt. Somit ist sichergestellt, dass nicht nur die gesetzten Qualitätsanforderungen an den Coach gegeben sind, sondern auch, dass die Kulturen und Werte von Auftraggeber und Coach zueinander passen.

(2) Mentoring

Im Gegensatz zum Coaching ist Mentoring geprägt durch seinen losen Beziehungscharakter, d. h. es besteht kein wie auch immer gearteter Vertrag zwischen den Gesprächsparteien. Der *Mentor* zeichnet sich durch einen gewissen Erfahrungsvorsprung gegenüber dem *Mentee* (m/w) aus und berät diesen losgelöst von disziplinarischer Weisungsbefugnis. Für die konkrete Auswahl eines passenden Mentors für einen etwa neu an Bord kommenden Mitarbeiter bedeutet dies, dass der Vorgesetzte nie gleichzeitig auch Mentor sein kann. Der Vorteil an dieser Konstellation liegt darin, dass der Mentee so immer eine Anlaufstelle hat, falls es Probleme oder Herausforderungen gibt, die nicht mit dem Vorgesetzten besprochen werden können oder wollen. Mentoring zeichnet sich vor allem dadurch aus, dass Mentee und Mentor freiwillig miteinander arbeiten. In vielen Konzernen ist es deshalb üblich, dass der Mentee seinen Mentor selbstständig identifiziert. In diesem Fall spricht man vom informellen Mentoring. Beim formellen Mentoring wiederum wird Mitarbeitern – meist juniore oder kürzlich eingestellte – ein Mentor an die Seite gestellt und vorab firmenseitig ausgewählt. Beim Mentoring handelt es sich um einen langfristig angelegten Entwicklungsprozess, im Gegensatz zum klassischen Coaching, das nach einem halben, maximal einem Jahr seinen Abschluss findet. Im Idealfall arbeiten Mentor, Mentee und Vorgesetzter konstruktiv miteinander, tauschen sich aus, beraten sich und bringen das Potenzial des Mentees gemeinsam zur Entfaltung.

Mentoring als unterstützende Lernbeziehung hat das Ziel, Wissen und Erfahrung auszutauschen und weiterzugeben. Ferner hilft Mentoring beim Ausbilden von Führungsqualitäten und der Leistungssteigerung. Die Partnerschaft zwischen Mentor und Mentee ist idealerweise geprägt von professioneller Freundschaft, der Mentee empfindet das Mentoring als geschützten Raum, indem er auch seine Ängste und Nöte preisgeben kann. Nicht zuletzt ist der Mentor aufgerufen, seinem Mentee ein Stück weit den Weg zu ebnen, indem er ihn z. B. seinem persönlichen Netzwerk zuführt oder ihn mit erfahrenen, langjährigen Firmenmitgliedern bekannt macht. Manche Mentoren nehmen auch Einfluss auf die Beurteilung ihrer Mentees, indem sie diese offen „bewerben".

Ein effektiver Mentor zeichnet sich durch einen gewissen Reifegrad und eine bislang erfolgreiche Laufbahn im eigenen Unternehmen aus. Weiterhin sollte er entsprechend auf seine Rolle vorbereitet bzw. geschult worden sein. So ist es in vielen Firmen üblich, regelmäßig Mentorentrainings durchzuführen, um sorgfältig zukünftige Mentoren auszubilden und diesbezüglich einen Qualitätsstandard sicherzustellen. Ist der Mentor mit den oben genannten Attributen ausgestattet, so hat er beste Voraussetzungen, seine Mentees entsprechend zu begleiten, zu vertreten und zu entwickeln.

3.4.5 Genderspezifische Personalentwicklung

Es ist eine Tatsache, dass Frauen aus familiären Gründen beruflich häufiger Abstriche in Bezug auf den eigenen Beruf und die eigene Karriere machen als Männer. Angesichts des Fach- und Führungskräftemangels werden weibliche Arbeitnehmer aber immer wichtiger für die Unternehmen. Um Frauen an das Unternehmen zu binden und besser zu integrieren, sollten Unternehmen neben einer familienfreundlichen Gestaltung der Arbeitszeiten die Qualifizierung der weiblichen Arbeitskräfte stärker beachten. Speziell der Wiedereinstieg nach einem Mutterschafts- und Erziehungsurlaub ins Berufsleben kann durch gezielte Qualifizierungsmaßnahmen während der Berufspause erleichtert werden. Zudem sollte gezielt auf die Förderung der Karriere von weiblichen Arbeitnehmern geachtet werden.

Besonders interessant ist die Erfahrung, dass Qualifizierungs- und andere Personalentwicklungsmaßnahmen, die gezielt auf Frauen und ihre vielfältigen Lebensmuster zugeschnitten sind, sich in aller Regel auch optimal für Männer erweisen. Das Personalentwicklungsmanagement darf und soll sich sogar an den Frauen orientieren, wenn sie für beide Geschlechter Gültigkeit haben sollen. Überhaupt kann durch geschlechtergemischte Fortbildungen die Zusammenarbeit von Frauen und Männern gefördert werden. Weibliche und Teilnehmer können so voneinander lernen und die Unterschiede in den Verhaltens- und Denkweisen können während einer Maßnahme thematisiert und einander näher gebracht werden [vgl. STALDER 1997, S. 22].

Es geht aber nicht nur darum, auf welche Personalentwicklungsmaßnahmen Frauen am besten ansprechen. Vielmehr sollten die Rahmenbedingungen so angepasst werden, dass mehr Frauen die Teilnahme an solchen Maßnahmen ermöglicht wird. So werden Weiterbildungen häufig nicht für Teilzeitstellen angeboten, obwohl gerade diese vielfach von Frauen besetzt sind. Auch werden zumeist nur Führungskräfte oder höhere Facharbeiter in Personalentwicklungsmaßnahmen eingebunden. Auch in diesen Positionen sind Frauen seltener anzutreffen. Fortbildungen, die weit entfernt vom Arbeitsplatz oder Wohnort durchgeführt werden oder gar eine Übernachtung erforderlich machen, sind zumeist Ausschlusskriterien für berufstätige Mütter.

3.4.6 Controlling der Personalentwicklung

Jede Personalentwicklungsmaßnahme stellt eine Investition in Humankapital dar und wie jede Investition bedarf sie der Bewertung und Kontrolle. Insert 3-08 zeigt, wie sich die betrieblichen Weiterbildungskosten in Deutschland durchschnittlich auf den einzelnen Beschäftigten aufteilen.

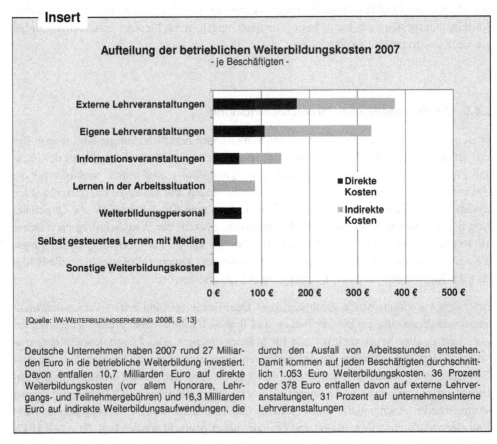

Insert 3-08: Direkte und indirekte Weiterbildungskosten in Deutschland 2007

Unternehmen müssen daran interessiert sein, dass sich diese Personalentwicklungsaktivitäten auch auszahlen. Daraus erwächst für die Verantwortlichen der Personalentwicklung ein Rechtfertigungsdruck, dass die eingeleiteten Maßnahmen auch einen Wertbeitrag für das Unternehmen bringen. Es wird der Beweis für eine konkrete Auswirkung der Maßnahmen auf das Unternehmensergebnis verlangt. Gefragt ist demnach ein Controlling der Personalentwicklungsmaßnahmen.

Das Controlling der Personalentwicklung umfasst eine Planungs-, Bewertungs- und Informationsfunktion, die als Gesamtsystem auf die Koordination und Steuerung der Personalentwicklungsprozesse und damit auf die Zielsetzung des Unternehmens auszurichten sind. Die Aufgabe des Personalentwicklungscontrollings besteht nun darin, die Kosten und den Erfolg der Entwicklungsaktivitäten zu erfassen und darzustellen. Dabei ist zwischen der *ökonomischen* und der *pädagogischen Erfolgskontrolle* zu unterscheiden [vgl. JUNG 2006, S. 303 ff.]:

(1) Ökonomische Erfolgskontrolle

Die ökonomische Erfolgskontrolle befasst sich zum einen mit dem **Kostencontrolling**, das Art und Umfang entstandener Kosten, verursachende Kostenstellen sowie Kostenvergleiche alternativer Personalentwicklungsmaßnahmen darstellt. Zum anderen ist es ausgerichtet auf das **Rentabilitätscontrolling**, bei dem Kosten-Nutzen-Vergleiche, Investitionsrechnungen und Rentabilitätsschätzungen im Vordergrund stehen.

Das Hauptproblem bei der ökonomischen Erfolgskontrolle liegt darin, einen konkreten **Ursache-Wirkungs-Zusammenhang** zwischen den Entwicklungsmaßnahmen und den Erfolgsgrößen zu ermitteln. Besonders schwierig ist darüber hinaus die Erfassung der aus den Bildungsmaßnahmen resultierenden Erlöse, da Investitionen in Mitarbeiter mit individuellen Interessen und Zielen kaum mit Sachinvestitionen vergleichbar sind. Es existieren jedoch erste Ansätze, Investitionsrechnungen für das Humankapital aufzustellen [vgl. JUNG 2006, S. 304].

(2) Pädagogische Erfolgskontrolle

Die pädagogische Erfolgskontrolle befasst sich mit dem **Lernerfolgscontrolling**, das den Umfang übertragener Lernerfolge sowie Qualifikations- und Verhaltensänderungen darzustellen versucht. Besonders problematisch ist dabei die Messbarkeit des Bildungserfolges von dispositiven Tätigkeiten.

Zur pädagogischen Erfolgskontrolle können folgende Messmethoden eingesetzt werden [vgl. JUNG 2006, S. 305 f.]:

- Befragungen (zur Akzeptanzprüfung von Bildungsmaßnahmen mit Hilfe von Beurteilungsbögen),
- Prüfungen und Tests (zur Messung des Wissenszuwachses),
- Erfolgsmessung durch Mitarbeiterbeurteilungen (zur Messung der Veränderung von Verhaltensweisen),
- Direkte Erfolgsmessung am Arbeitsplatz (mit Hilfe von Lernkurven, die mit einer Idealvorgabe verglichen werden) und
- Erfolgsermittlung durch Kennzahlen (wie Umsatz, Fehlzeiten, Fluktuation, Verbesserungsvorschläge etc.).

3.4.7 Optimierung der Forderung und Förderung

In diesem Abschnitt sollen die einzelnen Schritte des Aktionsfeldes Personalentwicklung zusammengefasst und die wichtigsten Parameter, Prozesse, Instrumente und Werttreiber im Zusammenhang dargestellt werden.

(1) Aktionsparameter

Forderung und **Förderung** der Mitarbeiter sind die angestrebten Optimierungskriterien des Aktionsfelds *Personalentwicklung*. Es sind vor allem zwei Aktionsparameter, die diese Optimierung der Forderung und Förderung bestimmen:

- Höhe des **Aus- und Weiterbildungsbudgets**, das maßgebend für die zukünftige Innovationskraft eines Unternehmens ist sowie

- **Leadership Development**, das einen entscheidenden Bindungsfaktor für wertvolle Führungsnachwuchskräfte darstellt.

Damit ergibt sich für die Optimierung der Forderung und Förderung folgender, erweiterter Ansatz:

Forderung und Förderung = f (Personalentwicklung) = f (Aus- und Weiterbildungsbudget, Leadership Development) → optimieren!

(2) Prozesse und instrumentelle Unterstützung

Der Personalentwicklungsprozess beinhaltet vier Phasen [vgl. Steinmann/Schreyögg 2005, S. 821]:

- Ermittlung des **Entwicklungsbedarfs**, d. h. die Bestimmung der Ziele und Inhalte der Personalentwicklung,

- Formulierung geeigneter **Entwicklungsmaßnahmen** einschließlich der Auswahl entsprechender Methoden der Personalentwicklung,

- **Gestaltung und Durchführung** der Entwicklungsmaßnahmen einschließlich Transfersicherung sowie

- **Evaluation** des Entwicklungserfolgs.

Abbildung 3-57 zeigt beispielhaft ein Prozessmodell für das Aktionsfeld Personalentwicklung. Die konkrete Ausgestaltung des Prozessmodells ist von einer Vielzahl von Einflussfaktoren abhängig (Branche, Unternehmensgröße etc.).

Den Unternehmen steht ein weites Spektrum an Methoden der Personalentwicklung zur Verfügung. Hierzu zählen die verschiedenen Trainings, die sich nach dem Lernort in „into-the-job", „on-the-job", „near-the-job", „off-the-job" und „out-of-the-job" einteilen lassen. Zur instrumentellen Unterstützung dienen auch die Ergebnisse der Mitarbeiterbefragung, das Personalcontrolling sowie die Zielvereinbarung, in der der individuelle Trainingsbedarf festgehalten werden sollte.

3.4 Personalentwicklung

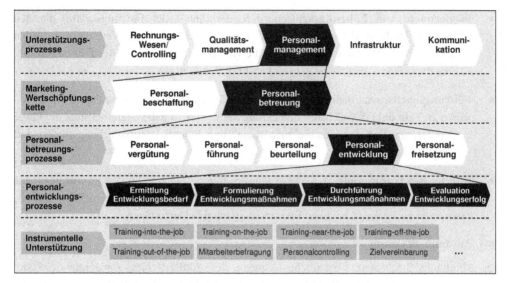

Abb. 3-57: Prozessmodell für das Aktionsfeld „Personalentwicklung"

(3) Werttreiber

Werttreiber des Aktionsfeldes *Personalentwicklung* sind im Wesentlichen [vgl. DGFP 2004, S. 44 ff.]:

- **Wahrgenommene Personalentwicklung**, d. h. der Anteil der Mitarbeiter, die im Rahmen einer Mitarbeiterbefragung die Personalentwicklungsaktivitäten des Unternehmens positiv bewerten, im Vergleich zu allen Mitarbeitern. Untersucht wird, ob das Unternehmen durch gute Personalentwicklungssysteme optimale Entwicklungsmöglichkeiten der Mitarbeiter sicherstellen kann.

- **Bindungsquote der Leistungs-/Potenzialträger**, d. h. die verbleibenden Leistungs- und Potenzialträger nach einem definierten Zeitraum im Verhältnis zu den Leistungs- und Potenzialträgern zu Beginn des Zeitraums. Die Fragestellung ist hierbei, ob es dem Unternehmen gelingt, die Motivation und das Commitment der Leistungs- und Potenzialträger aufrecht zu halten.

- **Umsetzungsquote der Personalentwicklungsmaßnahmen für Führungskräfte und Spezialisten**, d. h. der Anteil der umgesetzten Personalentwicklungsmaßnahmen für Führungskräfte und Spezialisten im Verhältnis zu allen definierten Personalentwicklungsmaßnahmen. Werttreiber sind hier die konsequente und termingerechte Umsetzung aller geplanten Personalentwicklungsmaßnahmen.

- **Mindestverweildauerquote von Führungskräften**, d. h. der Anteil der Führungskräfte, die ihre derzeitige Position seit mehr als drei Jahren und weniger als acht Jahre ausüben, im Verhältnis zu allen Führungskräften. Die Fragestellung hierbei ist, ob das Unternehmen Führungskräfte so einsetzt, dass eine optimale Lernkurve erreicht wird.

- **Förderquote von Führungskräften**, d. h. der Anteil der Führungskräfte, die den definierten Umfang der Weiterbildung pro Jahr erreicht, im Verhältnis zu allen Führungskräften. Werttreiber ist hierbei die Kompetenzentwicklung der Führungskräfte, so dass diese ihre Aufgaben auch in Zukunft erfüllen können.

- **Führungsnachwuchsförderung**, d. h. der Anteil der High Potentials, die zu einem bestimmten Zeitpunkt die nächste Entwicklungsstufe erreicht haben. Hierbei steht die Frage im Vordergrund, ob das Unternehmen seine High Potentials entsprechend fördert und weiterentwickelt.

- **Interne Besetzungsquote**, d. h. der Anteil der intern besetzten Stellen im Vergleich zur Anzahl der extern besetzten Stellen. Es wird untersucht, ob es dem Unternehmen gelingt, Mitarbeiter zu fördern und ihnen Entwicklungsangebote anzubieten.

(4) Zusammenfassung

In Abbildung 3-58 sind wesentliche Aspekte des Aktionsfeldes *Personalentwicklung* (übergeordneter Aktionsbereich, Aktionsparameter, Instrumente, Werttreiber sowie Optimierungskriterium) zusammengefasst.

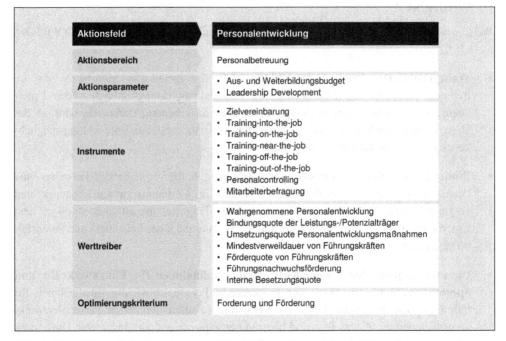

Abb. 3-58: Wesentliche Aspekte des Aktionsfeldes „Personalentwicklung"

3.5 Personalfreisetzung

3.5.1 Aufgabe und Ziel der Personalfreisetzung

Das letzte Aktionsfeld im Rahmen der Wertschöpfungskette *Personalbetreuung* stellt die Personalfreisetzung dar. Ziel der Personalfreisetzung ist es, eine Überkapazität des Personalbestands zu vermeiden bzw. den Personalbestand abzubauen. Auf diese Situation müssen Unternehmen mit einer erhöhten Flexibilität reagieren. Diese Flexibilität erstreckt sich auf den aktuellen Personalbestand, aber auch auf vorhandene Arbeitszeitstrukturen und Vergütungssysteme, auf die Personalqualifikation, auf die Personalorganisation und auf die Personalführung. Erst wenn sich personelle Überdeckungen nicht mit Hilfe innerbetrieblicher Maßnahmen beseitigen lassen, müssen Freisetzungen durch Beendigung bestehender Arbeitsverhältnisse in Betracht gezogen werden.

Die Förderung des freiwilligen Ausscheidens von Mitarbeitern kann sich – zumindest beim Einsatz *positiver* Förderung – als eine Lösung („Erleichterung") im Interesse der betroffenen Mitarbeiter und des Unternehmens erweisen. Daher geht es bei der Personalfreisetzung in erster Linie um die Optimierung der *Erleichterung*.

$$Erleichterung = f\,(Personalfreisetzung) \rightarrow optimieren!$$

Formal gesehen bedeuten Personalfreisetzungen den Abbau einer personellen Überdeckung in quantitativer, qualitativer, örtlicher und zeitlicher Hinsicht. Die Ausgangsinformation einer Personalfreisetzung ist ein negativer Saldo zwischen voraussichtlichem Personalbestand und dem Soll-Personalbestand (vgl. 2.1.2) [vgl. SPRINGER/SAGIRLI 2006, S. 6].

3.5.2 Rahmenbedingungen der Personalfreisetzung

Die Freisetzung personeller Kapazitäten kann verschiedene Ursachen haben. Einige von ihnen lassen sich weitgehend vorhersagen und ermöglichen somit eine frühzeitige und antizipative Planung des Freisetzungsbedarfs. Im Rahmen einer solchen *antizipativen Personalfreisetzung* wird versucht, das Entstehen von Personalüberhängen frühzeitig zu prognostizieren und entsprechende Maßnahmen einzuleiten. So können vorübergehende oder vorhersehbare Absatz- und Produktionsrückgänge verstärkt für Aktivitäten im Bereich der Personalentwicklung sowie für Urlaub oder Betriebsferien genutzt werden. Andere Entwicklungen sind weitgehend unvorhersehbar wie z. B. konjunkturelle Einbrüche und erlauben nur eine *reaktive Planung der Personalfreisetzung* [vgl. SCHOLZ 2011, S. 490].

Eine entsprechende Gegenüberstellung von weitgehend vorhersehbaren bzw. unvorhersehbaren Umständen liefert Abbildung 3-59.

Nicht vorhersehbare Auswirkungen auf die Situation des Arbeitsmarktes hatte die Wirtschaftskrise 2009 auf nahezu alle Branchen und Unternehmen. Die flexible Handhabung der Arbeitszeiten führte nach Einschätzung des *Instituts für Arbeitsmarkt und Berufsforschung* dazu, dass 2009 aufgrund von Kurzarbeit und dem Abbau von Guthaben auf Arbeitszeitkonten rein rechnerisch 1,2 Millionen Beschäftigungsverhältnisse gesichert werden konnten (siehe dazu das Insert 3-09).

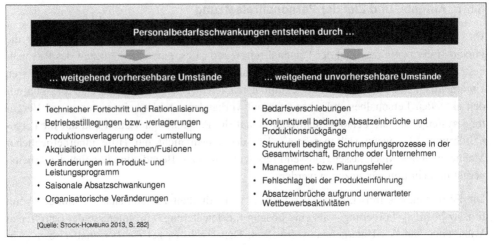

Abb. 3-59: Mögliche Ursachen der Personalfreisetzung

Ursachen für eine Freisetzung lassen sich also auf vorübergehende (z. B. konjunkturell oder saisonal bedingte Bedarfsschwankungen) oder auf dauerhafte Bedarfsrückgänge (z. B. bei Betriebsstilllegungen oder Geschäftsaufgabe) zurückführen.

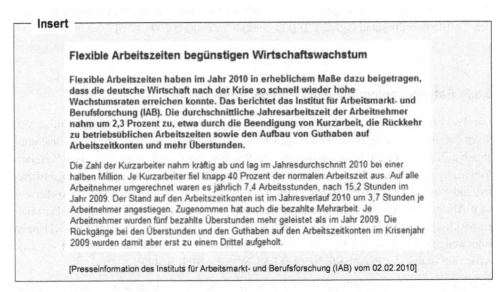

Insert 3-09: „Flexible Arbeitszeiten begünstigen Wirtschaftswachstum"

Neben diesen unternehmens-, branchen- oder technologiebedingten Ursachen existieren grundsätzlich aber auch *mitarbeiterbezogene* Gründe der Personalfreisetzung. Diese Ursachen können im Verhalten oder in der Person (z. B. mangelnde Fähigkeiten) des Mitarbeiters begründet sein [vgl. JUNG 2006, S. 315].

3.5 Personalfreisetzung

Notwendige Maßnahmen der Personalfreisetzung sind in jedem Fall möglichst frühzeitig einzuleiten. Nur so lässt sich eine bestmögliche Anpassung der bestehenden Arbeitsverhältnisse an die veränderten Rahmenbedingungen erreichen. Auf einschneidende Maßnahmen sollte dabei möglichst verzichtet werden. Kann allerdings auf schwerwiegende Einschnitte nicht verzichtet werden, ist auf die sozialverträgliche Ausgestaltung der Freisetzung zu achten, so dass negative Folgen für den betroffenen Arbeitnehmer gemildert werden können. Eine frühzeitige Information der betroffenen Mitarbeiter und des Betriebsrats ist gemäß § 102 BetrVG obligatorisch. Eine ohne Anhörung des Betriebsrats ausgesprochene Kündigung ist unwirksam [vgl. SCHOLZ 2011, S. 496].

Personalfreisetzung ist nicht in jedem Fall gleichzusetzen mit einer Kündigung; sie besagt lediglich, dass ein weiterer Verbleib des Stelleninhabers auf seiner jetzigen Position auszuschließen ist. So sind Personalfreisetzungen auch über die Änderung bestehender Arbeitsrechtsverhältnisse realisierbar. Man kann somit zwischen einer Personalfreisetzung *mit* und *ohne* Personalabbau unterscheiden. Eine Freisetzungsmaßnahme mit Personalabbau ist z. B. die Entlassung von Mitarbeitern. Der Abbau von Überstunden oder die Einführung der Kurzarbeit stellt dagegen eine Maßnahme ohne Bestandsreduktion dar (siehe Abbildung 3-60).

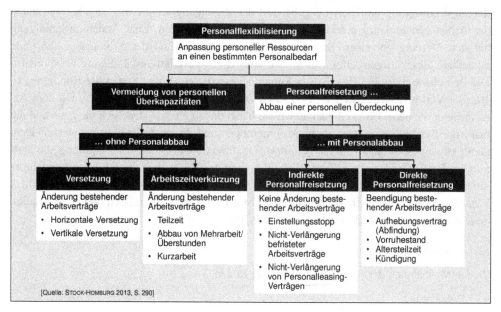

Abb. 3-60:   Maßnahmen zur Personalfreisetzung

3.5.3 Personalfreisetzung ohne Personalabbau

Die beiden zentralen Maßnahmengruppen zur Personalfreisetzung ohne Personalabbau sind

- die *Versetzung* sowie
- die Maßnahmen zur *Arbeitszeitverkürzung*.

(1) Versetzung

Versetzungen innerhalb eines Unternehmens stellen für die aufnehmende Organisationseinheit einen Personalbeschaffungsvorgang und für die abgebende Einheit eine Freisetzung dar. Versetzungen sind zumeist mit Personalentwicklungsmaßnahmen verbunden, die darauf abzielen, Mitarbeiter für andere gleichwertige oder höherwertige Tätigkeiten zu befähigen. Bei Tätigkeiten auf derselben Hierarchieebene handelt es sich um **horizontale Versetzungen**, bei höher- oder minderwertigen Tätigkeiten um **vertikale Versetzungen**, die mit einem hierarchischen Auf- oder Abstieg verbunden sind [vgl. STOCK-HOMBURG 2013, S. 291 unter Bezugnahme auf HENTZE/GRAF 2005, S. 379].

Im Gegensatz zur (Beendigungs-)Kündigung spricht man bei einer Versetzung von einer **Änderungskündigung**, da der Arbeitgeber mit der Kündigung ein Vertragsangebot verbindet, das Arbeitsverhältnis zu geänderten Bedingungen fortzusetzen. Eine Änderungskündigung hat stets Vorrang vor einer (Beendigungs-)Kündigung. Verfügt der Arbeitgeber über eine zumutbare Beschäftigungsmöglichkeit, so kann er eine Änderungskündigung aussprechen. Der Betriebsrat muss in jedem Fall in Kenntnis gesetzt werden und wegen der Kündigung (§ 102 BetrVG) und Neueinstellung (§ 99 BetrVG) sein Einverständnis erklären. Ob dem Arbeitnehmer die neue Tätigkeit zuzumuten ist, hängt davon ab, wie stark sich die neue und die bisherige Beschäftigung nach ihren Anforderungen und Arbeitsbedingungen unterscheiden. Dabei kommt es vor allem auf die geforderte Qualifikation, die Höhe der Vergütung, die Stellung im Betrieb und das gesellschaftliche Ansehen der Tätigkeiten an. Ist der Arbeitnehmer mit der Änderungskündigung nicht einverstanden, will aber sein bisheriges Arbeitsverhältnis behalten, muss er innerhalb der Kündigungsfrist seinen Vorbehalt erklären und beim Arbeitsgericht Klage erheben [vgl. SPRINGER/SAGIRLI 2006, S. 13].

(2) Arbeitszeitverkürzung

Zu den Maßnahmen der Arbeitszeitverkürzung zählen

- Teilzeitarbeit,
- Job Sharing,
- Abrufarbeit,
- Abbau von Mehrarbeit,
- Zeitwertkonten und
- Kurzarbeit.

Die Umwandlung von Vollzeit- in **Teilzeitarbeit** ist – ebenso wie die Versetzung – eine Möglichkeit der Personalfreisetzung ohne direkten Personalabbau. Arbeitnehmer gelten als teilzeitbeschäftigt, wenn ihre regelmäßige Arbeitszeit kürzer ist als die regelmäßige Arbeitszeit vergleichbarer vollzeitbeschäftigter Personen im Unternehmen (§ 2 BeschFG). Das Kün-

3.5 Personalfreisetzung

digungsschutzgesetz ebenso wie die Entgeltfortzahlung im Krankheitsfall gilt für Teilzeitarbeitnehmer wie für Vollzeitbeschäftigte gleichermaßen.

[Quelle: STATISTISCHES BUNDESAMT 2009]

Teilzeit ist ein Wachstumsmarkt. In allen Bereichen der Wirtschaft ist Teilzeitarbeit auf dem Vormarsch. So hat sich die Zahl der Teilzeitbeschäftigten mit weniger als 21 Wochenstunden Arbeitszeit in Deutschland von 3,5 Millionen im Jahr 1998 um 39 Prozent auf 4,9 Millionen Personen im Jahr 2008 erhöht. Hintergründe für den Anstieg sind u. a. der im Jahr 2001 eingeführte Rechtsanspruch von Arbeitnehmern auf Teilzeitarbeit, Maßnahmen zur Förderung der Vereinbarkeit von Familie und Beruf sowie die verschiedenen gesetzlichen Änderungen zur geringfügigen Beschäftigung. Dabei ist die Teilzeitbeschäftigung noch immer eine Domäne der Frauen. Der Anteil der teilzeitbeschäftigten Männer wächst nur langsam: Im Zeitraum von 10 Jahren war ein Anstieg von 10 Prozent (1998) auf 13 Prozent (2008) zu verzeichnen. Wie die obige Abbildung zeigt, sind familiäre Verpflichtungen für die Mehrzahl der Teilzeitbeschäftigten der Hauptgrund für die Ausübung einer Tätigkeit mit reduzierter Arbeitszeit: Über 50 Prozent der Teilzeitbeschäftigten üben eine Teilzeittätigkeit aus, weil sie Kinder oder pflegebedürftige Personen betreuen oder anderen familiären Verpflichtungen nachgehen. Für 23 Prozent der Teilzeitbeschäftigten gilt als Hauptgrund, keine Vollzeittätigkeit gefunden zu haben. Im Vergleich zu 1998 (13 Prozent) hat sich dieser Anteil nahezu verdoppelt. Offenbar ist die Teilzeitarbeit für einen wachsenden Anteil der Teilzeitbeschäftigten eine Notlösung, da diese Teilzeitbeschäftigten eigentlich eine Vollzeittätigkeit anstreben.

Insert 3-10: Gründe zur Ausübung einer Teilzeittätigkeit

Wie Insert 3-10 zeigt, sind familiäre Verpflichtungen der Hauptgrund für eine Teilzeittätigkeit. Darüber hinaus bekommt die Teilzeitbeschäftigung wegen der Diskussion über die *Frauenquote* eine neue Qualität. Für Frauen, die in Führungspositionen drängen, muss die Balance zwischen Beruf und Privatleben (Kindererziehung) verbessert werden. Hier bietet die Teilzeit häufig die einzige Möglichkeit.

Teilzeitarbeit ist ein Mittel für Arbeitgeber, schnell auf unterschiedliche Arbeitsaufkommen zu reagieren. Mit diesen Schwankungen richtig umzugehen, wird immer häufiger zu einer wettbewerbsentscheidenden Frage. Zudem ermöglicht Teilzeitarbeit vielen Arbeitnehmerinnen und Arbeitnehmern, mehr Zeit in der Familie, mit Freunden, Hobbies, ehrenamtlichen Tätigkeiten und sozialem Engagement zu verbringen.

Die Verkürzung der täglichen Arbeitszeit ist die traditionelle und bisher immer noch am meisten praktizierte Form der Teilzeitarbeit. Bei dem aus den USA stammenden **Job Sharing** wird Teilzeitarbeit geschaffen, indem sich zwei oder mehrere Arbeitnehmer einen Vollzeitarbeitsplatz teilen. Von der klassischen Form der Teilzeitarbeit unterscheidet sich Job Sharing dadurch, dass der Arbeitnehmer innerhalb bestimmter Grenzen über seinen Tagesablauf frei verfügen kann. So sind feste Einsatzzeiten lediglich für das Job Sharing-Team als Ganzes vorgegeben [vgl. BISANI 1995, S. 39].

Bei **Abrufarbeit**, auch als kapazitätsorientierte variable Arbeitszeit (KAPOVAZ) bezeichnet, vereinbart das Unternehmen ein bestimmtes Kontingent an Stunden, das vom Arbeitnehmer über einen längeren Zeitraum (Monat oder Jahr) flexibel abzuleisten ist. Damit besteht die Möglichkeit, den Personalbestand flexibel an die betrieblichen Erfordernisse anzupassen [vgl. SPRINGER/SAGIRLI 2006, S. 6].

Eine weitere „sanfte" Maßnahme der Personalfreisetzung ist die Arbeitszeitverkürzung in Form des **Abbaus von Mehrarbeit bzw. Überstunden.** Unter Mehrarbeit wird die Arbeitszeit verstanden, die die im Arbeitszeitgesetz (ArbZG) festgelegte Arbeitszeit überschreitet. Durch den Abbau von Überstunden ergeben sich Vorteile für Arbeitgeber und Arbeitnehmer. Zum einen reduzieren sich die Personalkosten und zum anderen dürften sich die Fehlzeiten aufgrund eines verbesserten Gesundheitszustandes der von den Überstunden betroffenen Arbeitnehmern verringern. Unter dem Freisetzungsaspekt gilt der Abbau von Mehrarbeit daher als Rückkehr zum Normalzustand [vgl. JUNG 2006, S. 321].

Als besonders attraktive Form der *Arbeitszeitflexibilisierung* ist das **Zeitwertkonto** einzustufen. Hierbei handelt es sich um ein Arbeitszeitkonto, in das der Mitarbeiter Arbeitsentgelt oder Arbeitszeit einbringen kann, um es damit beispielsweise zur Verlängerung des Erziehungsurlaubs, für eine Fortbildung, für einen vorzeitigen Ruhestand oder für die Teilzeitarbeit zu nutzen. Auch die Umwandlung des Wertguthabens in eine betriebliche Altersversorgung kommt bei einer entsprechenden Vereinbarung in Betracht. Einer repräsentativen Umfrage aus dem Jahr 2008 zur Folge gaben 12 Prozent aller befragten Unternehmen (n = 1.710) an, Langzeitkonten für ihre Mitarbeiter zu führen [vgl. HILDEBRANDT et al. 2009, S. 54]. Durch das Gesetz zur Verbesserung der Rahmenbedingungen für die Absicherung flexibler Arbeitszeitregelungen („Flexi II"), das am 1. Januar 2009 in Kraft getreten ist, haben Zeitwertkonten weiter an Attraktivität und Verbreitung gewonnen. Nicht nur der Arbeitnehmer sondern auch der Arbeitgeber profitiert von einer flexibleren Ausgestaltung der Arbeitszeiten über einen längeren Zeitraum hinweg. Betriebsbedingte Kündigungen und die damit einhergehenden Kosten für Abfindungen und Sozialpläne lassen sich so leichter vermeiden [siehe auch KÜMMERLE et al. 2006, S. 1 f.].

Bei **Kurzarbeit** wird die betriebsübliche Arbeitszeit ebenfalls vorübergehend reduziert. Sie stellt somit eine Abkehr vom Normalzustand dar und führt zu einer Verringerung der Personalkosten einerseits und zu unfreiwilligen Verdiensteinbußen der Beschäftigten andererseits. Eine Reduktion des Mitarbeiterbestandes findet dagegen nicht statt.

3.5 Personalfreisetzung

Insert

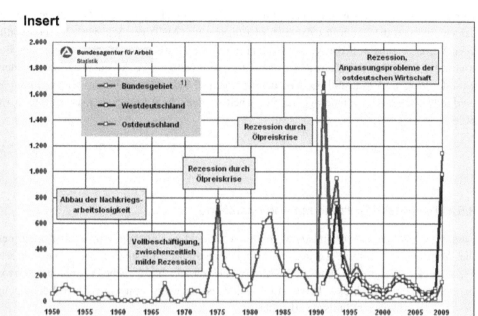

Die Kurzarbeit hat ganz offensichtlich maßgeblich dazu beigetragen, dass die Arbeitslosigkeit in Deutschland trotz der Wirtschaftskrise nur gering angestiegen ist (siehe obere Grafik). Waren 2008 im Jahresdurchschnitt 3,27 Millionen Menschen arbeitslos, zählte 2009 die Statistik der Arbeitsagentur 3,42 Millionen. Im Jahr 2010 gingen die Arbeitslosenzahlen sogar auf 3,24 Millionen Personen zurück. Insgesamt empfingen im Krisenjahr 2009 rund 1,2 Millionen Leistungsempfänger Kurzarbeitergeld. Der Presseartikel der FTD fasst die damalige Situation auf dem Arbeitsmarkt zusammen. Deutlich wird hierbei, in welchem Umfang die Unternehmen das Instrument der Kurzarbeit zur Flexibilisierung der Arbeitszeit herangezogen haben.

Deutschland arbeitet kurz

Jeder zweite Autobauer zeitweilig in Kurzarbeit · 670 000 Anmeldungen im März · Zeitarbeit greift erstmals zu Hilfen

VON MAIKE RADEMAKER, BERLIN

In der Hoffnung auf ein schnelles Anziehen der Konjunktur melden weiterhin Tausende Firmen Kurzarbeit. Im März gingen bei der Bundesagentur für Arbeit (BA) 24 000 Kurzarbeitsanzeigen für rund 670 000 Beschäftigte ein, das sind fast so viele wie im Februar. Die meisten Anzeigen kamen aus dem Maschinenbau und der Automobilbranche. Damit wurde seit Oktober 2008 für insgesamt 2,15 Millionen Arbeitnehmer Kurzarbeit beantragt – ein Rekord in der Bundesrepublik.

Der Trend, Kurzarbeit als Brücke bis zu besseren Zeiten zu nutzen, ist damit ungebrochen. Beantragt werden kann der entsprechende Zuschuss der BA für bis zu 18 Monate. Der Arbeitgeberverband Gesamtmetall zeigte sich allerdings skeptisch, ob das Instrument über so lange Zeiten eingesetzt werden kann. Die meisten Betriebe könnten die Kurzarbeit „finanziell kaum 12 oder 18 Monate durchhalten", sagte Gesamtmetall-Chef Martin Kannegiesser dem „Handelsblatt".

Spitzenreiter war im März der Maschinenbau, der allein 91 000 Kurzarbeiter meldete, gefolgt von der Metallindustrie. Zählt man die Kurzarbeiter der vergangenen Monate zusammen, führt die Automobilbranche die Statistik an – dort sind es insgesamt 420 000 Beschäftigte – oder jeder zweite Arbeitnehmer. Mit insgesamt 160 000 Menschen in Kurzarbeit erreicht der Maschinenbau inzwischen fast dieselbe Quote.

Die bundesweite, intensive Werbung für das Instrument wirkt nun auch in der Zeitarbeit: Wurden bislang von den ehemals 700 000 Mitarbeitern viele entlassen, scheint die Branche umzudenken, um Fachkräfte zu halten: Allein im März meldeten Zeitarbeitsfirmen für 43 000 Beschäftigte Kurzarbeit an – im Februar waren es nur 19 000.

Bei den Ländern liegen Baden-Württemberg, Bayern und Nordrhein-Westfalen vorne. Allein am Automobilstandort Baden-Württemberg gingen im März neue Anzeigen für 135 000 Beschäftigte aus allen Branchen ein – das sind über 30 000 mehr als im Februar. In Hamburg, dem Logistikdrehpunkt im Norden, wurden im März für 20 000 Beschäftigte Kurzarbeit angemeldet, im Februar waren es noch 5260.

„Das zeigt, dass das Instrument der Kurzarbeit angenommen wird und die Unternehmen versuchen, gemeinsam mit ihren Mitarbeitern durch die Krise zu kommen", sagte ein Sprecher des Bundesarbeitsministeriums. Deswegen wird dort auch der SPD-interne Vorschlag skeptisch betrachtet, das Arbeitslosengeld von derzeit durchschnittlich 12 Monaten zu verlängern oder die von der Bundesagentur geförderte Altersteilzeit wieder einzuführen. „Das ist das falsche Signal, es geht derzeit darum,

dass die Unternehmen die Mitarbeiter halten", hieß es.

Die Anzeigen zur Kurzarbeit, die die BA erhält, sind allerdings nur vorläufig. Viele Firmen melden zunächst ein Maximum an Mitarbeitern an, schöpfen das Kontingent dann aber nicht aus, weil etwa die Abwrackprämie zu neuen Aufträgen verhilft. Die BA will im Mai eine Bilanz für die tatsächliche Kurzarbeiterzahl veröffentlichen.

Gesamtmetall prüft derzeit, ob eine neue Form von Transfergesellschaften als Anschluss an die Konjunkturbrücke Kurzarbeit eingesetzt werden könnten. Dabei geht es nicht um klassische Transfergesellschaften, in die gekündigte Mitarbeiter überführt werden, um nach einer Weiterbildung auf neue Arbeitsplätze vermittelt zu werden. Stattdessen würden Mitarbeiter in einer solchen Gesellschaft qualifiziert, könnten später aber in die alte Firma zurück. Nach Vorstellungen des Vorsitzenden der Arbeitnehmergruppe der CDU, Gerald Weiß, könnten auch für Lehrlinge Transfergesellschaften gegründet werden, die durch eine Insolvenz ihre Lehrstelle verloren haben.

[Quelle: FINANCIAL TIMES DEUTSCHLAND, 06.04.2009]

Insert 3-11: Kurzarbeit

Kurzarbeit ist eine Freisetzungsmaßnahme, bei der zahlreiche rechtliche Grundlagen zu beachten sind und die durch das Arbeitsförderungsgesetz (AFG) geregelt wird. Neben rechtlichen Voraussetzungen bedarf es zur Einführung von Kurzarbeit der Mitbestimmung des Betriebsrats (§ 87 BetrVG). Um den betroffenen Mitarbeitern ihre Arbeitsplätze zu erhalten, wird der Einkommensausfall der Arbeitnehmer gemäß $ 63 AFG in Form von *Kurzarbeitergeld* teilweise von der Bundesagentur für Arbeit ausgeglichen) [vgl. STOCK-HOMBURG 2013, S. 293].

3.5.4 Personalfreisetzung mit Personalabbau

Lässt sich eine Personalbestandsreduktion nicht vermeiden, so hat der Arbeitgeber prinzipiell die Wahl zwischen *indirekten* und *direkten* Personalfreisetzungsmaßnahmen. Die indirekte Freisetzung zielt auf einen Personalabbau ab, ohne dass bisherige Arbeitsverhältnisse davon berührt werden. Die direkte Personalfreisetzung ist dagegen immer mit einer Beendigung bestehender Arbeitsverhältnisse verbunden.

(1) Indirekte Personalfreisetzung

Zu den Maßnahmen der indirekten Personalfreisetzung, bei denen es sich um eine Personalflexibilisierung durch Umgehung der Arbeitgeberverantwortung handelt, zählen

- Einstellungsbeschränkungen,
- Nichtverlängerung befristeter Arbeitsverträge sowie
- Nichtverlängerung von Personalleasing-Verträgen.

Kann ein Unternehmen trotz des Einsatzes arbeitsverkürzender Maßnahmen (siehe 3.5.3) seine Arbeitnehmer im bestehenden, zahlenmäßigen Umfang nicht halten, so bietet es sich an, die natürliche Fluktuation durch **Einstellungsbeschränkungen** zu nutzen. Einstellungsbeschränkungen können einen *generellen* Einstellungsstopp, einen *qualifizierten* Einstellungsstopp (Begrenzung auf bestimmte Berufe, Mitarbeitergruppen, Betriebsteile) oder einen *modifizierten* Einstellungsstopp (besonders intensive Prüfung der Einstellung neuer Mitarbeiter) bedeuten [vgl. STOCK-HOMBURG 2013, S. 302].

Einstellungsbeschränkungen werden i. d. R. befristet angesetzt, da ansonsten negative Auswirkungen zu erwarten sind. So besteht die Gefahr des Imageverlustes als Arbeitgeber, der Verschlechterung der Alters- und Qualifikationsstruktur sowie einer allgemeinen Verunsicherung bei den Mitarbeitern, die dazu führen kann, dass qualifizierte Mitarbeiter einen Unternehmenswechsel anstreben und weniger qualifizierte Mitarbeiter im Unternehmen verbleiben [vgl. JUNG 2006, S. 324].

Eine weitere indirekte Maßnahme der Personalfreisetzung ist die **Nichtverlängerung befristeter Arbeitsverträge**. Sie stellt ebenfalls eine Möglichkeit dar, die Flexibilität im Personalbereich zu erhöhen. Befristete Arbeitsverhältnisse räumen dem Arbeitgeber grundsätzlich Flexibilitätsspielräume ein. Beide Vertragsparteien vereinbaren, dass das Arbeitsverhältnis

3.5 Personalfreisetzung

nach einer bestimmten Zeit automatisch endet, ohne dass es einer Kündigung bedarf. Innerhalb der Befristung sind Kündigungen von beiden Seiten nur bei schwerwiegenden Gründen möglich. Ein befristetes Arbeitsverhältnis bedarf eines sachlich gerechtfertigten Grundes. Es kann zwischen einer *Zeit-* und einer *Zweckbefristung* unterschieden werden. Eine Zeitbefristung liegt vor, wenn die Dauer des Arbeitsverhältnisses auf einen begrenzten Zeitraum beschränkt ist (z. B. Zeitarbeitsvertrag für Saisonarbeit im Gaststättengewerbe). Bei einer Zweckbefristung ergibt sich die Dauer des Arbeitsverhältnisses aus der Erfüllung einer Arbeitsleistung (z. B. zweckbestimmter Arbeitsvertrag für die Dauer eines IT-Umstellungsprojektes) (§ 15 Abs. 2 Teilzeit- und Befristungsgesetz – TzBfG). Generell können befristete Verträge bis zu einer Dauer von zwei Jahren geschlossen werden. Bis zu dieser Gesamtdauer ist auch die höchstens dreimalige Verlängerung eines befristeten Arbeitsvertrags zulässig [vgl. SPRINGER/SAGIRLI 2006, S. 39].

Die befristete Beschäftigung ist nicht über alle Personen- und Berufsgruppen gleichmäßig verteilt. Insert 2-12 liefert einen Überblick über Befristungsquoten in ausgewählten Berufen.

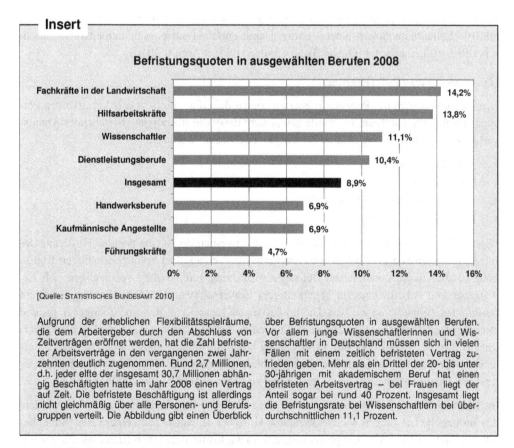

Insert 3-12: Befristete Arbeitsverträge

Eine weitere Maßnahme der indirekten Personalfreisetzung ist die **Nichtverlängerung von Personalleasing-Verträgen**. Beim Personalleasing stellt der Leasing-Geber Leiharbeitnehmer ("Leiharbeiter") – unter Aufrechterhaltung eines geschlossenen Arbeitsvertrages – einem Dritten (Leasing-Nehmer) zur Verfügung (§1 Arbeitnehmerüberlassungsgesetz AÜG). Der Leasing-Geber erhält für die zeitlich befristete Bereitstellung von Leiharbeitnehmern eine entsprechende Vergütung vom Leasing-Nehmer. Der Leasing-Geber übernimmt als Arbeitgeber sämtliche Arbeitgeberpflichten, insbesondere übernimmt er die Vergütung und den Arbeitgeberanteil an der Sozialversicherung. Der Leasing-Nehmer schließt mit dem Leasing-Geber einen Arbeitnehmerüberlassungsvertrag. Mit diesem Vertrag erhält der Leasing-Nehmer ein Weisungsrecht gegenüber dem Leiharbeitnehmer. Gleichzeitig meldet der Leasing-Nehmer Beginn und Ende der Leiharbeit bei der Krankenkasse des Leiharbeitnehmers an. Im Arbeitnehmerüberlassungsvertrag und im Arbeitsvertrag des Leiharbeitnehmers sind die zu erfüllenden Arbeitsaufgaben und die zulässigen Einsatzorte anzugeben. Für den Leasing-Nehmer ist die Kündigung oder die Nichtverlängerung eines Leasingvertrages eine relativ problemlose Freisetzungsmaßnahme. Für den Leiharbeitnehmer bedeutet diese Maßnahme keine Entlassung, da er mit dem Leasing-Geber einen Arbeitsvertrag abgeschlossen hat [vgl. STOCK-HOMBURG 2013, S. 302 f.].

Im Juni 2010 gab es in Deutschland 16.100 Personalleasing-Unternehmen mit insgesamt 806.100 Leiharbeitnehmern unter Vertrag. Damit entfallen auf eine Leiharbeitsfirma durchschnittlich 50 Leiharbeiter [Quelle: BUNDESAGENTUR FÜR ARBEIT 2010].

(2) Direkte Personalfreisetzung

Direkte Maßnahmen der Personalfreisetzung zielen darauf ab, einen relativ kurzfristigen Personalabbau herbeizuführen. Im Vordergrund steht dabei die Beendigung bestehender Arbeitsverhältnisse. Folgende Maßnahmen sollen näher betrachtet werden:

- Aufhebungsvertrag,
- Outplacement,
- Vorruhestand/Altersteilzeit sowie
- Entlassung/Kündigung.

Lässt sich eine Personalbestandsreduktion nicht vermeiden, so ist eine positive Förderung des freiwilligen Ausscheidens durch einen **Aufhebungsvertrag** einer arbeitgeberseitigen Kündigung in aller Regel vorzuziehen. Bei einer Aufhebungsvereinbarung verständigen sich Arbeitgeber und Arbeitnehmer in gegenseitigem Einvernehmen, den Arbeitsvertrag zu einem bestimmten Zeitpunkt aufzulösen. Die Initiative geht hierbei i. d. R. vom Arbeitgeber aus und muss begründet werden. Das Einverständnis eines Arbeitnehmers zu einem Aufhebungsvertrag wird in der Regel über die Vereinbarung einer Abfindungssumme erreicht. Das Unternehmen kann Aufhebungsverträge gezielt anbieten, so dass die Möglichkeit besteht, die Alters- und Qualifikationsstruktur zu lenken und zu verbessern [vgl. JUNG 2006, S. 326].

Im Rahmen der Aufhebungsvereinbarung kann auch ein **Outplacement** vereinbart werden, das zusätzliche Leistungen wie Beratung und Hilfe bei der Suche nach einer neuen Stelle beinhaltet (siehe auch 3.4.3). Outplacement, das im angloamerikanischen Raum bereits seit Ende der 60er Jahre praktiziert wird, findet in Deutschland erst seit einigen Jahren zunehmende Verbreitung. Häufig wird ein Beratungsunternehmen mit der Betreuung der direkt betroffenen Arbeitnehmer beauftragt. Der Schwerpunkt des Outplacement-Prozesses liegt auf der beruflichen Neuorientierung und Weiterentwicklung des betroffenen Mitarbeiters. Die Beratung kann auf einen Arbeitnehmer beschränkt sein, sie kann aber auch für mehrere Personen erfolgen. Ein Gruppen-Outplacement bietet die Möglichkeit, eine qualifizierte Trennungsberatung zu einem relativ günstigen Preis für einen größeren Adressatenkreis nutzbar zu machen. Ein individuelles Outplacement wird i. d. R. bei Führungskräften bevorzugt. Das Outplacement bringt aber auch einige wesentliche Vorteile für das Unternehmen mit sich. So können zeit- und kostenaufwendige Arbeitsgerichtsprozesse ebenso vermieden werden wie ein etwaiger Imageverlust des Unternehmens in der Öffentlichkeit. Auch unterbleiben beim Outplacement zumeist negative Auswirkungen auf die verbleibenden Mitarbeiter [vgl. STOCK-HOMBURG 2013, S. 296 F.].

Der **Vorruhestand** bzw. die *vorgezogene Pensionierung* soll älteren Arbeitnehmern das vorzeitige Ausscheiden aus dem Erwerbsleben ermöglichen und damit Arbeitsplätze für junge Arbeitnehmer freimachen. Neben dem Abbau von Überkapazitäten kann somit auch eine Herabsetzung des Durchschnittsalters erreicht werden. Der Vorruhestand ist für die Betroffenen nur dann von Interesse, wenn für sie dadurch keine wesentlichen materiellen Nachteile erwachsen. Vor diesem Hintergrund setzen Unternehmen Anreize in Form von Abfindungen bzw. betrieblicher Altersvorsorge [vgl. JUNG 2006, S. 326 und STOCK-HOMBURG 2013, S. 296].

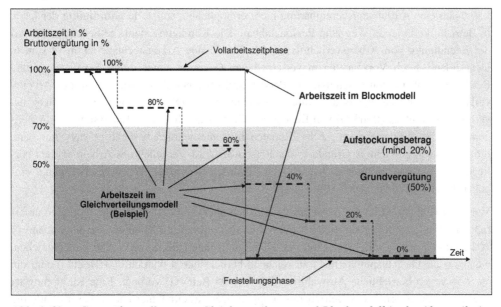

Abb. 3-61: Gegenüberstellung von Gleichverteilungs- und Blockmodell in der Altersteilzeit

Eine besonders bevorzugte Form des „sanften" Vorruhestands ist die **Altersteilzeit,** die sowohl für Arbeitnehmer als auch Arbeitgeber eine ganze Reihe von (primär steuerlichen) Vorteilen beinhaltet. Die Altersteilzeit, deren Durchführung im Altersteilzeitgesetz (AltTZG) geregelt wird, soll Beschäftigten, die mindestens das 55. Lebensjahr vollendet haben, einen gleitenden Übergang vom Erwerbsleben in den Ruhestand ermöglichen. Mit dieser Regelung ist gleichzeitig eine neue Beschäftigungsmöglichkeit für Arbeitslose verbunden, die für den freiwerdenden Arbeitsplatz eingesetzt werden [vgl. JUNG 2006, S. 325].

Das Modell der Altersteilzeit sieht vor, dass die bisherige Arbeitszeit des Arbeitnehmers halbiert wird. Wie dann die Arbeitszeit während der Altersteilzeit verteilt wird, können Arbeitnehmer und Arbeitgeber frei vereinbaren. Grundsätzlich werden zwei Modelle praktiziert: Das *Gleichverteilungsmodell* sieht eine schrittweise Reduktion der Arbeitszeit vor (z. B. erstes Jahr 100 Prozent Arbeitszeit, zweites Jahr 80 Prozent, drittes Jahr 60 Prozent usw.). Bei der neueren und heute fast ausschließlich genutzten Form des *Block-Modells* werden zwei gleich lange Zeitblöcke gebildet: eine Vollarbeitszeitphase und eine anschließende Freistellungsphase. Während der gesamten Altersteilzeit zahlt der Arbeitgeber 50 Prozent des bisherigen Gehalts plus gesetzlich geregelte Aufstockungsbeträge, unabhängig davon, wie die Arbeitszeit verteilt wird (siehe Abbildung 3-61).

3.5.5 Die Kündigung

Lässt sich eine Aufhebungsvereinbarung nicht ermöglichen, so ist die **Kündigung** der letzte in Betracht kommende Weg zum Personalabbau. Die Kündigung stellt die bedeutsamste Art der Beendigung von Arbeitsverhältnissen dar. Bestehende Arbeitsrechtsverhältnisse sind in Deutschland durch Vorschriften in verschiedenen Gesetzen sowie durch Tarifverträge und Betriebsvereinbarungen geschützt. Bei Personalfreisetzungen durch Aufhebung des Arbeitsverhältnisses sind besonders das Kündigungsschutzgesetz (KSchG) und Teile des Betriebsverfassungsgesetzes (BetrVG) von Bedeutung. Grundsätzlich ist eine Entlassung von Arbeitnehmern, die mindestens seit sechs Monaten im Unternehmen beschäftigt sind, nur dann möglich, wenn gewichtige Gründe in der Person bzw. im Verhalten des Arbeitnehmers vorliegen oder wenn dringende betriebliche Erfordernisse einer Weiterbeschäftigung entgegenstehen [vgl. SPRINGER/SAGIRLI 2006, S. 23].

Vor jeder Kündigung ist der Betriebsrat schriftlich über die Gründe der Kündigung zu unterrichten. Ohne Anhörung des Betriebsrates sind ausgesprochene Kündigungen unwirksam (§ 102 BetrVG). Der Betriebsrat kann der Kündigung innerhalb einer Woche widersprechen, wenn soziale Gesichtspunkte nicht ausreichend berücksichtigt wurden (§ 1 KSchG) oder ein Verstoß gegen betriebliche Auswahlrichtlinien (§ 95 BetrVG) vorliegt. Eine Kündigung ist aber trotz Widerspruch des Betriebsrats möglich. Der Arbeitnehmer hat in diesem Falle die Möglichkeit, eine *Kündigungsschutzklage* (§ 4 KSchG) vor dem Arbeitsgericht einzureichen. Bis zu einer rechtskräftigen Entscheidung kann er in der Regel seine Weiterbeschäftigung erwirken (§ 102 BetrVG). Eine Kündigung kann sowohl *ordentlich* als auch *außerordentlich* erfolgen (siehe Abbildung 3-62). Beide Formen der Kündigung müssen dem Vertragspartner schriftlich zugehen [vgl. STOCK-HOMBURG 2013, S. 300 f.].

3.5 Personalfreisetzung

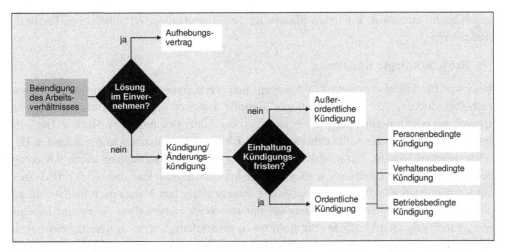

Abb. 3-62: Ablaufstruktur bei der Beendigung des Arbeitsverhältnisses

Die **außerordentliche (fristlose) Kündigung**, die nur bei schweren Verstößen im Vertrauensbereich ausgesprochen werden kann, ist mit sofortiger Wirkung zulässig, wenn eine Fortsetzung des bestehenden Arbeitsverhältnisses aufgrund eines schwerwiegenden Grundes unzumutbar ist. Wichtige Gründe für den Arbeitgeber können sein: Anstellungsbetrug, dauerhafte Arbeitsunfähigkeit, beharrliche Arbeitsverweigerung, grobe Verletzung der Treuepflicht sowie Verstöße gegen das Wettbewerbsverbot. Aus Sicht des Arbeitnehmers können folgende Gründe zu einer außerordentlichen Kündigung führen: Nichtzahlung der Vergütung durch den Arbeitgeber, dauerhafte Arbeitsunfähigkeit sowie Tätlichkeit oder erheblicher Ehrverlust [vgl. JUNG 2006, S. 337].

Eine **ordentliche Kündigung** bedarf zu ihrer Wirksamkeit keines sachlichen Grundes, wenn sie durch den Arbeitnehmer ausgesprochen wird. Dagegen bedarf es bei der Kündigung durch den Arbeitgeber eines Grundes, der sozial gerechtfertigt ist. Grundsätzlich ist bei folgenden, als besonders schutzbedürftig eingestuften Personen eine ordentliche Kündigung ausgeschlossen bzw. nur unter bestimmten Voraussetzungen zulässig: Schwerbehinderte, Auszubildende, Schwangere bzw. Personen in Erziehungsurlaub, Betriebsratsmitglieder, Abgeordnete sowie Wehr- und Zivildienstleistende. Eine ordentliche Kündigung kann gemäß Kündigungsschutzgesetz (§ 1 KSchG) bei folgenden Gründen durch den Arbeitgeber ausgesprochen werden:

- Betriebsbedingte Gründe (z. B. bei Rationalisierung, Umstellung oder Einschränkung der Produktion),
- Verhaltensbedingte Gründe (z. B. bei Fehlverhalten, Vertragsverletzung) und
- Personenbedingte Gründe (z. B. bei Krankheit, mangelnder Eignung, Nachlassen der Arbeitsfähigkeit).

Bei *betriebsbedingten* Kündigungen handelt es sich in der Regel um eine gruppenbezogene Form der Personalfreisetzung. *Verhaltens- und personenbedingte* Kündigungen werden hingegen einem einzelnen, konkreten Mitarbeiter ausgesprochen (einzelfallbezogene Personalfreisetzung).

(1) Betriebsbedingte Kündigung

Ursachen für betriebsbedingte Kündigungen sind Veränderungen der betrieblichen Personalbedarfsstruktur. Als **betriebsbedingte Gründe** kommen Rationalisierungsmaßnahmen, Umstellung oder Einschränkung der Produktion oder Auftragseinbrüche in Betracht. Die Entlassung von Mitarbeitern sollte dabei stets eine „Ultima ratio" darstellen und erst dann in Betracht gezogen werden, wenn sozial weniger einschneidende Maßnahmen durch Änderung bestehender Arbeitsverhältnisse unmöglich, sinnlos oder unzumutbar sind. Im Vorfeld einer betriebsbedingten Kündigung sind daher alle innerbetrieblichen Maßnahmen in Betracht zu ziehen, um die personelle Überdeckung auf anderem Wege zu beseitigen. So ist eine Beendigungskündigung nach §1 KSchG nur dann sozial gerechtfertigt, wenn dringende betriebliche Erfordernisse vorliegen, die eine Weiterbeschäftigung des Arbeitnehmers im gleichen Betrieb ausschließen. Das bedeutet, dass eine Weiterbeschäftigung weder an einem anderen freien Arbeitsplatz, noch unter geänderten Arbeitsbedingungen oder nach Umschulungs- bzw. Fortbildungsmaßnahmen möglich ist [vgl. SPRINGER/SAGIRLI 2006, S. 26].

Nach § 1 des KSchG muss bei einer betriebsbedingten Kündigung eine **Sozialauswahl** stattfinden. Der mit dem Betriebsrat abzustimmende Kriterienkatalog orientiert sich primär am Grundsatz der sozialen Angemessenheit (§ 1 KSchG). Eine betriebsbedingte Kündigung ist nur dann gerechtfertigt, wenn unter vergleichbaren und in ihrer Funktion austauschbaren Arbeitnehmern dem sozial am wenigsten hart Betroffenen gekündigt wird. Der Arbeitgeber muss daher unter vergleichbaren Arbeitnehmern eine Interessenabwägung vornehmen, eine soziale Auswahl treffen und diese begründen. Die Auswahl der betroffenen Arbeitnehmer basiert i. d. R. auf einem Punktesystem [siehe hierzu die Darstellung bei JUNG 2006, S. 335].

Bei Freisetzung einer größeren Zahl von Mitarbeitern (gruppenbezogene Personalfreisetzung) sind weiterführende Aktivitäten zur Freisetzungsabwicklung nötig. In einem ersten Schritt ist die Dauer des Personalüberhangs zu antizipieren. Besteht dieser nur vorübergehend, ist die Einführung von Kurzarbeit zu prüfen (§ 19 KSchG), ansonsten stellt sich die Frage nach einer Betriebsänderung (§ 111 BetrVG). Liegt eine Betriebsänderung vor, so können sich die Betriebspartner auf einen **Interessenausgleich** oder die Aufstellung eines **Sozialplans** verständigen. Als Betriebsänderung gelten z. B. Stilllegung, Verlegung und Zusammenschluss des gesamten Betriebs, grundlegende Änderungen der Betriebsorganisation, des Betriebszwecks oder der Betriebsanlagen sowie die Einführung grundlegend neuer Arbeitsmethoden. Auch ein bloßer Personalabbau ohne betriebliche Organisations- oder Strukturveränderung kann als Betriebsänderung angesehen werden [vgl. SCHOLZ 2011, S. 497].

(2) Verhaltensbedingte Kündigung

Verhaltensbedingt ist eine Kündigung, wenn sie im willentlichen Verhalten des einzelnen Mitarbeiters begründet liegt. Folgende Verhaltensweisen können zu einer verhaltensbedingten Kündigung führen [vgl. JUNG 2006, S. 333]:

- Pflichtverletzung im Leistungsbereich (z. B. Schlecht- oder Minderleistung)
- Pflichtverletzung im Vertrauensbereich (z. B. Fälschung, Diebstahl)
- Pflichtverletzung im betrieblichen Bereich (z. B. „Krankfeiern", Störung des Betriebsablaufs).

Grundsätzlich ist bei einer Pflichtverletzung im Leistungsbereich eine Kündigung nur nach einer vorherigen **Abmahnung** möglich. Eine Abmahnung, die sozusagen eine „gelbe Karte" darstellt, ist die Erklärung eines Arbeitgebers, dass er ein bestimmtes Verhalten des Arbeitnehmers missbilligt. Die Abmahnung sollte ereignisbezogen formuliert sein und zum Bestandteil der Personalakte werden. Der Arbeitgeber verbindet damit den Hinweis, dass im Wiederholungsfall Inhalt oder Bestand des Arbeitsverhältnisses gefährdet sind. Dieser Hinweis, d. h. die Androhung einer arbeitsrechtlichen Konsequenz, muss für den betroffenen Arbeitnehmer hinreichend bestimmt und deutlich erteilt werden [vgl. SCHOLZ 2011, S. 499].

(3) Personenbedingte Kündigung

Bei einer personenbedingten Kündigung liegt der Freisetzungsgrund in den **mangelnden Fähigkeiten** des Mitarbeiters zur Erbringung der geforderten Arbeitsleistung. Der Mitarbeiter ist dabei nicht selbst am Umstand der Sachlage schuldig. Im engeren Sinne ist hier der Umstand der Arbeitsunfähigkeit durch **Krankheit** zu verstehen. Krankheitsbedingte Kündigungen als Unterfall der personenbedingten Kündigung (§ 1 KSchG) können bei häufigen Kurzerkrankungen oder lang andauernden Erkrankungen ausgesprochen werden. Die Berechtigung zur krankheitsbedingten Kündigung resultiert aus einer umfassenden Kette von Prüffragen, nämlich die

- ungünstige Zukunftsprognose, die besagt, dass auch in Zukunft mit erheblichen Fehlzeiten des Arbeitnehmers aufgrund des bisherigen Krankheitsverlaufs zu rechnen ist,
- Maßgeblichkeit, d. h. kommt es durch den Ausfall zu Störungen im Betriebsablauf,
- Fehlende Alternativbeschäftigungsmöglichkeiten, d. h. kann der Arbeitnehmer ggf. auf einer anderen Position im Unternehmen weiterbeschäftigt werden sowie
- Interessenabwägung, d. h. was ist dem Unternehmen und was ist dem Mitarbeiter zuzumuten [vgl. SCHOLZ 2011, S. 494 f.].

3.5.6 Entlassungsgespräch und Austrittsinterview

Die Entlassung von Mitarbeitern gehört zu den schlimmsten Pflichten, die eine Führungskraft wahrnehmen muss. Entlassungen gehören zum Führungsgeschäft dazu. Die Frage ist allerdings, wie eine solche Aufgabe anzugehen ist. Das Einfachste ist, die Aufgabe dem Personalmanagement zu überlassen und sich zurückzuziehen oder sich hinter dem Sozialplan zu verstecken. Doch wer seine Führungsaufgabe ernst nimmt und dem Image des Unternehmens nicht schaden will, muss sich persönlich mit dem Betroffenen einlassen – so schwer es einem auch fällt, denn **Entlassungsgespräche** gehen unter die Haut [vgl. DOPPLER/LAUTERBURG 2005, S. 44 f.].

Werden sie aber fair, aufrichtig und ohne geliehene Autorität mit der Intension geführt, dass der Betroffene sein Gesicht nicht verliert, dann wird die für das Aktionsfeld *Personalfreisetzung* angestrebte **Erleichterung** nicht eine ironische Attitüde, sondern im beidseitigem Interesse die Zielsetzung eines seriösen Freistellungsprozesses.

Kommt es im Unternehmen zu einer Personalfreisetzung, so sind auch vom Personalmanagement verschiedene Maßnahmen zu ergreifen. Neben der Erstellung eines **Arbeitszeugnisses** sollte der ausscheidende Mitarbeiter mit Hilfe eines **Austrittsinterviews** (engl. *Exit Interview*) zu charakteristischen Merkmalen des Unternehmens, zu Stärken und Schwächen in der Personalführung sowie zu seiner subjektiven Bewertung dieser Aspekte befragt werden. Kündigt der Mitarbeiter, so bietet ein Austrittsinterview zudem die Gelegenheit, Gründe für das geplante Ausscheiden zu erheben. Darüber hinaus dient ein Exit-Interview meist auch praktischen Angelegenheiten wie der Information des Arbeitnehmers über weitere Rechte und Pflichten oder der Rückgabe firmeneigener Gegenstände. Mit einem Austrittsinterview lassen sich verschiedene Problembereiche in einem Unternehmen identifizieren. Die erhobenen Daten bilden somit eine wesentliche Grundlage für die Formulierung von Personalentwicklungsmaßnahmen.

Austrittsinterviews können schriftlich oder mündlich durchgeführt werden, es sind dabei freie oder strukturierte Formen der Interviewdurchführung denkbar. Als Interviewer sollte ein unbeteiligter Dritter fungieren (z. B. ein Mitarbeiter des Personalbereichs), nicht der unmittelbare Vorgesetzte oder ein Mitglied der eigenen Arbeitsgruppe. Austrittsinterviews finden in der betrieblichen Praxis bislang nur wenig Anwendung. Eine Ursache hierfür könnte in der möglichen Informationsverfälschung durch den ausscheidenden Mitarbeiter liegen. So besteht bei einer Kündigung die Gefahr, dass der Mitarbeiter Merkmale des Unternehmens übertrieben negativ bewertet oder sich mit seinen Antworten an Vorgesetzten und Kollegen rächt. Kündigt der Mitarbeiter selbst, so könnte er versuchen, sich durch harmlose Antworten der langwierigen Frageprozedur zu entziehen.

Diese Probleme lassen sich durch eine **Standardisierung der Interviews** reduzieren. So stellt ein einheitlich formulierter Interviewleitfaden sicher, dass alle relevanten Themen behandelt werden und nicht nur bestimmte Fragestellungen im Mittelpunkt des Gesprächs stehen. Die Standardisierung der Interviewfragen kann auch über sogenannte Imagekarten erfolgen. Der ausscheidende Mitarbeiter ordnet dabei Karten mit Imagefaktoren (gutes Betriebsklima, gute Sozialleistungen, gute Arbeitsplatzgestaltung etc.) verschiedenen Kategorien zu (z. B. im Unternehmen verwirklicht, im Unternehmen nicht verwirklicht). Im Anschluss wird die Einschätzung des Unternehmens mit dem Mitarbeiter besprochen. Eine weitere Möglichkeit, die Validität des Verfahrens zu erhöhen, besteht in der Durchführung des Interviews durch einen geschulten externen Berater.

Im Rahmen von Entlassungen erleiden sowohl Arbeitnehmer als auch Arbeitgeber i. d. R. materielle und ideelle Schäden. Der möglichst weitgehende Verzicht auf betriebsbedingte Personalfreisetzungen liegt somit auch im Interesse des Unternehmens. So geht mit der Entlassung eines Mitarbeiters auch wertvolles Know-how verloren, welches bei einem Anstieg des Personalbedarfs durch aufwendige Beschaffungs- oder Entwicklungsmaßnahmen neu erworben werden muss. In bestimmten Branchen (z. B. Unternehmensberatung) müssen für die reinen Kosten der Ersatzbeschaffung (engl. *Replacement*) eines neuen Mitarbeiters etwa die Höhe eines halben Jahresgehaltes angesetzt werden [vgl. LIPPOLD 2010, S. 27].

3.5.7 Optimierung der Erleichterung

Auch hier sollen die einzelnen Schritte des Aktionsfeldes *Personalfreisetzung* zusammengefasst und die wichtigsten Parameter, Prozesse, Instrumente und Werttreiber im Zusammenhang dargestellt werden.

(1) Aktionsparameter

Erleichterung ist das angestrebte Optimierungskriterium des Aktionsfeldes *Personalfreisetzung*. Es sind im Wesentlichen zwei Aktionsparameter, die die Optimierung der Erleichterung bestimmen:

- **Personalflexibilisierung**, d. h. alle Möglichkeiten und Maßnahmen ausschöpfen, die dem Unternehmen zur Verfügung stehen, um letztlich eine Kündigung als „ultima ratio" zu vermeiden und das
- **Entlassungsgespräch** (falls eine Kündigung unumgänglich ist), das vom Vorgesetzten verantwortungsvoll und seriös zu führen ist.

Damit ergibt sich für die Optimierung der Erleichterung folgender, erweiterter Ansatz:

$$\textit{Erleichterung} = f(\textit{Personalfreisetzung}) = f(\textit{Personalflexibilisierung, Entlassungsgespräch})$$
$$\rightarrow \textit{optimieren!}$$

(2) Prozesse und instrumentelle Unterstützung

In Abbildung 3-63 ist beispielhaft ein Prozessmodell für das Aktionsfeld *Personalfreisetzung* dargestellt. Die konkrete Ausgestaltung des Prozessmodells ist allerdings von der wirtschaftliche Situation und anderen Einflussfaktoren abhängig.

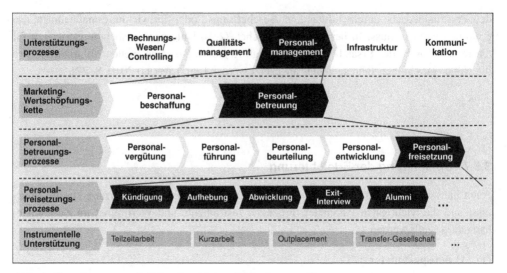

Abb. 3-63: *Prozessmodell für das Aktionsfeld „Personalfreisetzung"*

(3) Werttreiber

Die wichtigsten *Werttreiber* im Aktionsfeld *Personalfreisetzung* sind [vgl. DGFP 2004, S. 44]:

- **Exitanalyse**, d. h. der Anteil analysierter Austrittsfälle im Verhältnis zu allen, um altersbedingtes Ausscheiden bereinigte Austrittsfälle. Es geht um die Frage, ob das Unternehmen Klarheit über die Ausscheidungsgründe besitzt.

- **Austrittsinterviewquote**, d. h. der Anteil der Entlassungsgespräche, die der Personalvorgesetzte geführt hat, im Verhältnis zu allen Entlassungsgesprächen. Hier geht es darum, dass das Unternehmen keinen Imageschaden bei einer Freisetzung davonträgt.

(4) Zusammenfassung

In Abbildung 3-64 sind die wichtigsten Punkte des Aktionsfeldes *Personalfreisetzung* (übergeordneter Aktionsbereich, Aktionsparameter, Instrumente, Werttreiber sowie Optimierungskriterium) zusammengefasst.

3.5 Personalfreisetzung

Aktionsfeld	Personalfreisetzung
Aktionsbereich	Personalbetreuung
Aktionsparameter	• Personalflexibilisierung • Entlassungsgespräch
Instrumente	• Teilzeitarbeit • Kurzarbeit • Outplacement • Transfer-Gesellschaft
Werttreiber	• Exitanalyse • Austrittsinterviewquote
Optimierungskriterium	Erleichterung

Abb. 3-64: Wesentliche Aspekte des Aktionsfeldes „Personalfreisetzung"

Kontroll- und Vertiefungsfragen

(1) Das Zieleinkommen eines Mitarbeiters beträgt 80.000 Euro (= 100 %). Sein variabler Anteil beträgt 20 % (=16.000 Euro) und setzt sich zu 50 % aus seiner persönlichen Leistung und zu 50 % aus dem Unternehmenserfolg zusammen. Beide Komponenten sind multiplikativ miteinander verbunden. In der Jahresendbeurteilung erhält der Mitarbeiter einen individuellen Faktor von 1,2 für seine persönliche Leistung. Der realisierte Gewinn des Unternehmens beträgt 110 % vom Plangewinn. Wie hoch ist der Betrag, den der Mitarbeiter zum Jahresende für seinen variablen Anteil erhält?

(2) Auf welche Kernprinzipien der Entgeltgerechtigkeit sollte ein Anreiz- und Vergütungssystem mindestens aufbauen?

(3) Warum sind im Allgemeinen eher im Vertriebsbereich als im administrativen Bereich variable Gehaltsanteile üblich?

(4) Welche Vorteile hat das Cafeteria-Modell für den Arbeitnehmer? Welche Nachteile hat es für den Arbeitgeber?

(5) Was ist – zeitlich gesehen – die Haupttätigkeit einer Führungskraft?

(6) Worin unterscheiden sich Führungsstil und Führungsverhalten?

(7) Erläutern Sie den Führungsgrundsatz „Führung durch Anerkennung".

(8) Zu welchen Anlässen werden Beurteilungen durchgeführt?

(9) Welche vier Beurteilungsdimensionen sind bei der Balanced Scorecard maßgebend?

(10) Warum hat sich E-Learning nicht den allgemeinen Erwartungen entsprechend durchgesetzt?

(11) Warum ist die Personalfreisetzung nicht in jedem Fall mit einer Kündigung gleichzusetzen?

(12) Welche Möglichkeiten der Arbeitszeitverkürzung gibt es?

(13) Warum werden die indirekten Personalfreisetzungsmaßnahmen häufig auch als „Königsweg" des Personalabbaus bezeichnet?

(14) Welche Gründe müssen vorliegen, um eine ordentliche Kündigung aussprechen zu können?

(15) Warum wird die Altersteilzeit als besonders „sanfte" Form der Personalfreisetzung bezeichnet? Trifft dies auch für das Block-Modell zu?

(16) Welche Maßnahmen muss das Personalmanagement im Zusammenhang mit einer Kündigung ergreifen?

(17) Warum geht es im Aktionsfeld Personalfreisetzung um die Optimierung der Erleichterung?

4. Personalorganisation

4.1 Organisatorische Grundlagen **291**
    4.1.1   Einführung 291
    4.1.2   Aufbauorganisation 293
    4.1.3   Ablauforganisation 300
    4.1.4   Prozessorganisation 300
    4.1.5   Business Process Reengineering 302

4.2 Organisation des Personalsektors **306**
    4.2.1   Einführung 306
    4.2.2   Einordnung des Personalsektors in die Unternehmenshierarchie 306
    4.2.3   Herkömmliche Organisationsformen des Personalsektors 309
    4.2.4   Moderne Organisationsformen des Personalsektors 310
    4.2.5   Self Service Center 314

4.3 Auslagerung von Organisationseinheiten **317**
    4.3.1   Shared Service Center 317
    4.3.2   Geografische Auslagerung von Organisationseinheiten (X-Shoring) 319
    4.3.3   Rechtliche Auslagerung von Organisationseinheiten (Outsourcing) . 320
    4.3.4   Stand der organisatorischen Veränderungen im Personalsektor 323

4.4 Change Management **325**
    4.4.1   Ursachen und Handlungsfelder des Change Managements 325
    4.4.2   Umgang mit Widerständen 327

Kontroll- und Vertiefungsfragen **332**

4. Personalorganisation

Das vierte und letzte Kapitel beschreibt neben den generellen organisatorischen Grundlagen die Organisation des Personalsektors sowie weiterführende Organisationsansätze.

Zu den generellen organisatorischen Grundlagen zählen die Darstellung der Unterschiede zwischen Aufbau-, Ablauf- und Prozessorganisation sowie eine Einführung in das Business Process Reengineering.

Die Einordnung des Personalsektors in die Unternehmenshierarchie sowie spezielle personale Organisationsformen bilden einen weiteren Fokus.

Weiterführende Organisationsansätze wie das Shared Service Center, das Outsourcing, Near- und Offshoring-Ansätze sowie Ausführungen zum Change Management runden das Kapitel ab.

4.1 Organisatorische Grundlagen

4.1.1 Einführung

Jedes Unternehmen ist prinzipiell eingebettet zwischen dem Beschaffungsmarkt und dem Absatzmarkt. Zwischen diesen beiden Polen werden Güter bewegt und entsprechend finanziert. Der betriebliche **Güterfluss** (in einem Industriebetrieb) verläuft – vereinfacht ausgedrückt – vom **Einkauf** der Roh-, Hilfs- und Betriebsstoffe über die entsprechende Veredelung in der **Produktion** bis zum **Verkauf** der Fertigprodukte. Die aus dem Verkauf erzielten Umsätze dienen zur Bezahlung bzw. zur **Finanzierung** der Einsatzstoffe, der Mitarbeiter, der Gebäude, der Anlagen etc. Die Verkaufserlöse bilden dementsprechend den Ausgangspunkt des betrieblichen Werteflusses, der sich damit gegenläufig zum Güterfluss bewegt. Einkauf, Produktion und Verkauf bilden die betrieblichen **Sachfunktionen** und zusammen mit der Finanzierung die betrieblichen **Kernfunktionen**. Abbildung 4-01 stellt diesen Zusammenhang schematisch dar.

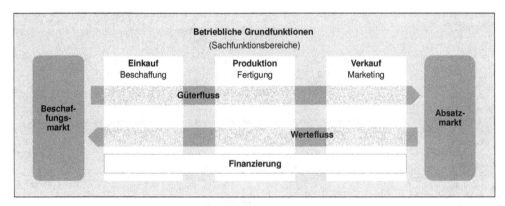

Abb. 4-01: Die betrieblichen Grundfunktionen im Überblick

Eine planvoll organisierte Wirtschaftseinheit ist das Unternehmen aber erst dann, wenn diese Funktionsbereiche entsprechend den Unternehmenszielen koordiniert und gesteuert werden. Diese Leitungsfunktion ist die wesentliche Aufgabe des **Managements**. Managementaufgaben fallen in und zwischen jedem Bereich des Unternehmens an, gleich ob im Einkaufs-, Produktions-, Vertriebs- oder Finanzbereich. Das Management ist quasi eine komplexe Verknüpfungsaktivität, die den Leistungserstellungsprozess netzartig überlagert und in alle Sachfunktionsbereiche steuernd eingreift [vgl. STEINMANN/SCHREYÖGG 2005, S. 7].

Aus der Verzahnung von Managementfunktionen und originären betrieblichen Funktionen haben sich eigenständige Managementbereiche entwickelt. So hat sich die Bezeichnung **Einkaufsmanagement** ebenso etabliert wie **Produktionsmanagement**, **Marketingmanagement** oder **Finanzmanagement**. Aber auch der mehrere Funktionsbereiche übergreifende Begriff des **Logistikmanagements** hat sich in der betrieblichen Praxis durchgesetzt.

Neben den „klassischen" Managementbereichen werden zunehmend weitere Gebiete mit Managementfunktionen belegt. Hierzu zählen speziell das **Innovations- und Technologiema-**

nagement sowie das **Informations- und Kommunikationsmanagement**, wobei die Bestandteile beider Begriffspaare auch singulär verwendet werden. Allen Managementbegriffen liegt – unabhängig von ihrem Sachbezug – folgendes, gemeinsames Funktionsspektrum zu Grunde [vgl. auch 3.2.3].

- Planung (engl. *Planning*),
- Organisation (engl. *Organizing*),
- Personal (engl. *Staffing*),
- Führung (engl. *Directing*) und
- Kontrolle (engl. *Controlling*).

Dieser als *Fünferkanon* bezeichnete Funktionsumfang hat sich als Standard in der modernen Managementlehre durchgesetzt [vgl. STEINMANN/SCHREYÖGG 2005, S. 10]. Er steht nicht im Gegensatz zu den originären betrieblichen Funktionen, sondern ergänzt diese als Querschnittsfunktionen. In Abbildung 4-02 ist der Gesamtzusammenhang zwischen betrieblichen Grundfunktionen und Managementfunktionen dargestellt.

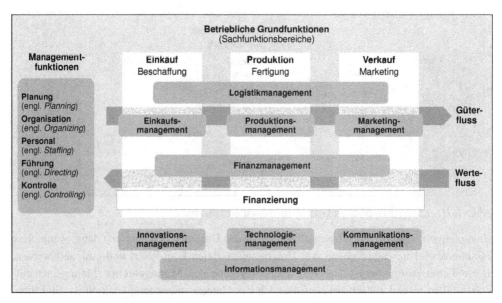

Abb. 4-02: *Zusammenhang zwischen betrieblichen Grundfunktionen und Managementfunktionen*

Die nachfolgenden Ausführungen konzentrieren sich auf die Managementfunktion *Organisation* bzw. *Organisationsentwicklung*. Hierbei geht es um die Schaffung eines Handlungsgefüges zur Realisierung der Unternehmenspläne, also um die Einrichtung von Stellen und Abteilungen, denen entsprechende Aufgaben, Kompetenzen und Weisungsbefugnisse zugewiesen werden.

Die veränderte Sichtweise des Personals als Erfolgsfaktor des Unternehmens hat u. a. dazu geführt, dass dem Personalmanagement neben den Aktionsfeldern der Personalbeschaffung und Personalbetreuung häufig auch die **Organisationsentwicklung** übertragen wird. Diese organisatorische Zuordnung findet in der Bereichsbezeichnung **"Personal und Organisation"** ihren Ausdruck.

Nach dem herkömmlichen Organisationsverständnis soll hier zwischen

- Aufbauorganisation (oder Strukturorganisation),
- Ablauforganisation und
- Prozessorganisation

unterschieden. Alle drei organisatorischen Grundprinzipien werden im Folgenden vorgestellt.

4.1.2 Aufbauorganisation

Die Aufbauorganisation bildet das hierarchische Handlungsgefüge des Unternehmens. Sie legt fest, welche Aufgaben von welchen Personen bzw. Stellen wahrgenommen werden. Methodisch gesehen setzt die organisatorische Verteilung der Unternehmensaktivitäten also eine systematische Durchdringung der *Aufgaben* voraus.

Grundsätzlich ist dabei zwischen *Aufgabenanalyse* und *Aufgabensynthese* zu unterscheiden. Analyse und Synthese bilden die Lösung des **Dualproblems der Organisation**, das sich aus dem Problem der Arbeitsteilung (Differenzierung) und dem Problem der Arbeitsvereinigung (Integration) zusammensetzt [vgl. STEINMANN/SCHREYÖGG 2005, S. 443].

(1) Aufgabenanalyse und -synthese

Zunächst ist das *Problem der Arbeitsteilung* zu lösen. Hier wird im Rahmen einer **Aufgabenanalyse** eine Gesamtaufgabe in verteilungsfähige Teilaufgaben zerlegt. Diese art- und mengenmäßige Zerlegung erfolgt nach ERICH KOSIOL [1966, S. 60 ff.] in folgenden fünf Dimensionen:

- Verrichtungs- bzw. Funktionsanalyse (zerlegt die Aufgaben in *Tätigkeitsarten*),
- Objektanalyse (zerlegt die Aufgaben in *Objekte*),
- Phasenanalyse (zerlegt die Aufgaben in die Phasen *Planung*, *Realisierung* und *Kontrolle*),
- Ranganalyse (zerlegt die Aufgaben in *Entscheidungs- und Ausführungsarbeiten*),
- Zweckbeziehungsanalyse (zerlegt die Aufgaben in *Zweck- und unterstützende Aufgaben*).

Wie Abbildung 4-03 zeigt, hat die KOSIOL'sche Systematik ihre Relevanz bis heute nicht verloren.

Aus der *organisatorischen Differenzierung* der Gesamtaufgabe ergibt sich sodann die Notwendigkeit der *organisatorischen Integration*, d. h. die Zusammenfassung der Teilaufgaben zu sinnvollen Organisationseinheiten. In der KOSIOL'schen Organisationslehre wird diese Problemstellung von der **Aufgabensynthese** wahrgenommen. Danach werden Aufgaben und Teilaufgaben zu sinnvollen und verteilungsfähigen Aufgabenkomplexen zusammengefasst, die dann zu Stellen und Abteilungen gebündelt werden können. Aus dieser **Aufgabensynthese** ergibt sich die grundlegende Struktur der Organisation.

Kriterium	Beispiele nach Kosiol	Heutige Relevanz
Verrichtung/Funktion	Sägen, schweißen, nieten, einkaufen, herstellen, verpacken, montieren, lagern, verkaufen	Kernsachfunktionen wie • Einkauf/Beschaffung • Forschung und Entwicklung • Produktion/Fertigung • Marketing/Vertrieb
Objekt	Roh-, Hilfs- und Betriebsstoffe, Fertigprodukte, Zwischenprodukte	• Produkte/Produktgruppen • Regionen/Märkte • Kunden/Kundengruppen
Phase	Planen, durchführen, kontrollieren	
Rang	Entscheidungen, Ausführungsarbeiten	
Zweckbeziehung	Zweckaufgaben, unterstützende Aufgaben	• Kernaufgaben • Supportaufgaben

Abb. 4-03: Heutige Relevanz der KOSIOL'schen Aufgabenanalyse

Gleichartige Aufgaben werden in der Aufgabensynthese nach zwei Grundprinzipien behandelt [vgl. VAHS 2009, S. 57]:

- **Aufgabenzentralisierung** als Zusammenfassung von Teilaufgaben, die hinsichtlich eines Merkmals gleichartig sind. Man spricht in diesem Zusammenhang auch von Artenteilung oder funktionaler Arbeitsteilung.

- **Aufgabendezentralisierung** als Trennung von Teilaufgaben, die hinsichtlich eines Merkmals gleichartig sind (Mengenteilung oder segmentierende Arbeitsteilung).

Abbildung 4-04 stellt Aufgabenanalyse und -synthese im Zusammenhang dar.

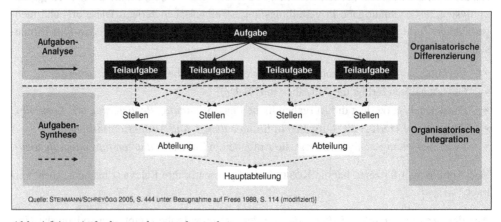

Abb. 4-04: Aufgabenanalyse und -synthese

(2) Organisationseinheiten

Die **Stelle** ist die kleinste organisatorische Einheit. Ist eine Stelle mit einer Weisungsbefugnis gegenüber anderen Stellen ausgestattet, wird sie als **Instanz** bezeichnet. Eine Stelle ohne Weisungsbefugnis ist eine **Stabs- oder Dienstleistungsstelle**. Durch die Zusammenfassung und hierarchische Abstufung mehrerer Stellen entstehen **Abteilungen**, die wiederum zu Hauptabteilungen, Unternehmensbereichen etc. verknüpft werden können. Auf diese Weise entsteht ein Leitungsaufbau als rangmäßige Zuordnung (Hierarchie) der einzelnen Instanzen. Eine so beschriebene Hierarchie dient vor allem der Lösung von Abstimmungsproblemen zwischen den Instanzen. Solche Probleme, die sich teilweise auch in Konflikten äußern, werden solange im Rahmen der Hierarchie nach oben weitergegeben, bis eine Instanz gefunden ist, deren Entscheidungsbefugnisse die zu koordinierenden Bereiche gemeinsam umspannt. In letzter Konsequenz ist dies immer die oberste Instanz [vgl. STEINMANN/ SCHREYÖGG 2005, S. 457].

Häufig ist es sinnvoll, bestimmte Aufgaben nicht einer einzigen Person, sondern einer Personengruppe zu übertragen. Solche Personenmehrheiten, die zumeist über einen längeren Zeitraum in direkter Interaktion stehen, werden als **Gruppe** oder **Gremium** bezeichnet. Gremien können hauptamtlich (z. B. als Leitungs- oder Arbeitsgruppe), nebenamtlich (als Ausschuss oder Problemlösungsgruppe) oder sowohl vollzeitlich als auch teilzeitlich (z. B. als Projektgruppe) gebildet werden [vgl. VAHS 2009, S. 83 ff.].

(3) Strukturtypen der Organisation

Grundsätzlich werden drei Strukturtypen diskutiert, wenn es um die hierarchische Festlegung von entscheidungsbefugten Instanzen und Instanzenwegen geht [siehe auch STEINMANN/ SCHREYÖGG 2005, S. 457 ff. sowie die entsprechende Übersicht in Abbildung 4-05]:

- Einlinienorganisation,
- Stablinienorganisation und
- Mehrlinienorganisation

Einlinienorganisation. Maßgeblich für diesen Strukturtyp ist das Prinzip der Einheit der Auftragserteilung. Danach hat ein Mitarbeiter nur einen direkten (weisungsbefugten) Vorgesetzten. Dies gilt nicht umgekehrt, da eine übergeordnete Instanz gewöhnlich mehreren Stellen gegenüber weisungsbefugt ist. Der Vorteil der Einlinienorganisation liegt in der eindeutig abgegrenzten Weisungskompetenz. Nachteilig wirkt sich dagegen der hohe Kommunikationsaufwand aufgrund langer Instanzenwege aus.

Stablinienorganisation. Dieser Strukturtyp ist eine um eine oder mehrere Stabsstelle(n) erweiterte Form der Einlinienorganisation. Stabsstellen haben weder Entscheidungs- noch Weisungsbefugnisse. Sie werden vor allem dann eingerichtet, wenn ein Spezialistenteam einer bestimmten Instanz zuarbeiten und diese damit entlasten soll. Typische Beispiele in Unternehmen sind die *Marktforschung* als Stabsstelle der Marketingleitung oder die *Interne Revision* als Stabstelle des Vorstands.

Mehrlinienorganisation. Dieser Strukturtyp ist quasi das Gegenstück zur Einlinienorganisation. Die Mehrlinienorganisation verteilt die Führungsaufgabe auf mehrere, spezialisierte Instanzen, so dass ein Mitarbeiter an mehrere Vorgesetzte berichtet. In der Praxis ist dieser Strukturtyp auf wenig Akzeptanz gestoßen, da er mit der Aufweichung der Autorität verbunden ist. Erst in neuerer Zeit wird die **Matrixorganisation** als eine spezielle Ausprägung dieses Organisationstyps häufiger praktiziert.

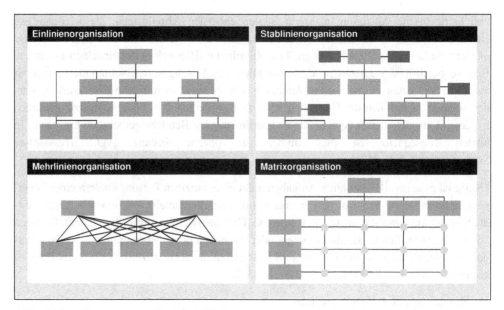

Abb. 4-05: Strukturtypen der betrieblichen Organisation

(4) Funktionale Organisation

Eine funktionale Gliederung liegt vor, wenn die zweitoberste Hierarchieebene des Unternehmens eine Spezialisierung nach den betrieblichen Funktionen (z. B. Vertrieb, Entwicklung, Produktion, kaufmännischer Bereich) vorsieht. Im kaufmännischen Bereich sind i. d. R. unterstützende Funktionen wie Finanzierung, Controlling oder Personal integriert. Diese Organisationsform dominiert bei Unternehmen, die nur ein Geschäftsfeld bearbeiten oder über ein homogenes Produktprogramm verfügen, sowie bei kleineren- und mittleren Unternehmen (KMUs).

In Abbildung 4-06 sind die Grundzüge der funktionalen Organisation dargestellt.

Der Vorteil dieser Organisationsform liegt in Spezialisierungsgewinnen und Produktivitätssteigerungen durch Nutzung hochkompetenter spezialisierter Einheiten. Allerdings gestaltet sich die horizontale Koordination, d. h. die Abstimmung zwischen den Funktionsbereichen außerordentlich schwer. Viele organisatorische Schnittstellen, Ressortegoismen und hohe Fragmentierung der Arbeitsabläufe führen daher zu einem erhöhten Kommunikations- und Integrationsaufwand.

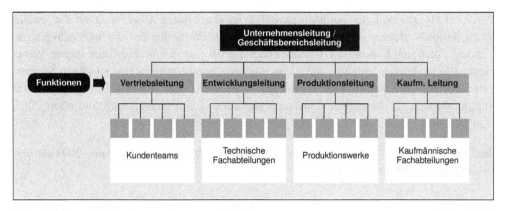

Abb. 4-06: Beispiel für eine funktionale Organisation

(5) Objektorientierte Organisation

Eine objektorientierte Gliederung liegt vor, wenn die zweitoberste Hierarchieebene eine Orientierung an Objekten vorsieht. Hier bilden Geschäftsbereiche (engl. *Business Units*), Produktgruppen, Kunden, Kundengruppen oder Regionen/Märkte das Spezialisierungskriterium. Häufig wird die Objektorientierung einer Organisation auch als **divisionale Organisation**, **Spartenorganisation** oder **Geschäftsbereichsorganisation** bezeichnet. Unterhalb der Spartenebene erfolgt der Organisationsaufbau häufig nach funktionalen Kriterien (siehe Abbildung 4-07).

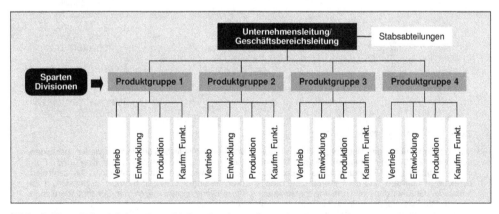

Abb. 4-07: Beispiel für eine objektorientierte Organisation

Bei Großunternehmen ist aber auch eine *mehrstufige* Divisionalisierung üblich, d. h. auch unterhalb der zweiten Hierarchieebene findet eine Gliederung nach Objekten statt (z. B. folgt im Rahmen einer Geschäftsbereichsorganisation eine Untergliederung nach Ländern oder nach Produktgruppen). Voraussetzung für den Aufbau einer Spartenorganisation ist die Aufteilung der geschäftlichen Aktivitäten in möglichst homogene, gut voneinander abgrenzbare Sektoren. Dies ist häufig dann der Fall, wenn eine Erfolgszurechnung *(Profit- und Loss-Verantwortung)* zu den einzelnen Sektoren möglich ist.

Mit einer objektorientierten Aufbauorganisation ist eine bessere Ausrichtung auf die jeweiligen Divisionsstrategien ebenso gewährleistet wie eine Entlastung der Unternehmensgesamtführung. Auch sind Unternehmenszukäufe oder der Verkauf von Teilbereichen leichter zu bewerkstelligen. Diesen Vorteilen stehen ein höherer administrativer Aufwand (durch Spartenerfolgsrechnungen, Transferpreis-Regelungen etc.) sowie eine Vervielfachung hoher Führungspositionen als wesentliche Nachteile gegenüber [vgl. STEINMANN/SCHREYÖGG 2005, S. 452].

Insert 4-01 zeigt die Konzernstruktur der DEUTSCHEN TELEKOM aus dem Jahre 2003 als Beispiel für eine Spartenorganisation.

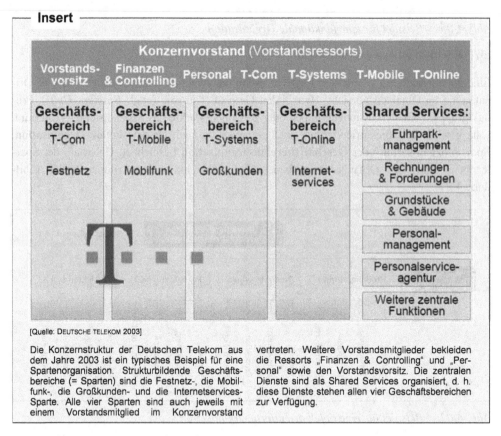

[Quelle: DEUTSCHE TELEKOM 2003]

Die Konzernstruktur der Deutschen Telekom aus dem Jahre 2003 ist ein typisches Beispiel für eine Spartenorganisation. Strukturbildende Geschäftsbereiche (= Sparten) sind die Festnetz-, die Mobilfunk-, die Großkunden- und die Internetservices-Sparte. Alle vier Sparten sind auch jeweils mit einem Vorstandsmitglied im Konzernvorstand vertreten. Weitere Vorstandsmitglieder bekleiden die Ressorts „Finanzen & Controlling" und „Personal" sowie den Vorstandsvorsitz. Die zentralen Dienste sind als Shared Services organisiert, d. h. diese Dienste stehen allen vier Geschäftsbereichen zur Verfügung.

Insert 4-01: Die Konzernstruktur 2003 der DEUTSCHEN TELEKOM

Die Aufbauorganisation wird auch als Strukturorganisation bezeichnet und bildet die Grundlage für das **Organigramm** eines Unternehmens. Das Organigramm ist eine schaubildartige Darstellung der Organisationsstruktur und gibt einen Überblick über die Leitungsstruktur, wobei neben den allgemein üblichen Linieninstanzen Stabstellen gesondert gekennzeichnet sind.

(6) Matrix- und Tensororganisation

Die (zweidimensionale) **Matrixorganisation** ist eine besonders strukturierte Form der Mehrlinienorganisation, bei dem genau zwei Leitungssysteme miteinander kombiniert werden (siehe Abbildung 4-08). Die Mitarbeiter stehen dementsprechend in zwei Weisungsbeziehungen, d. h. sie sind gleichzeitig dem Leiter eines horizontalen Verantwortungsbereichs (z. B. Vertriebsmanager) und dem Leiter eines vertikalen Verantwortungsbereichs (z. B. Produktmanager) unterstellt. Die Besonderheit bei der Matrixorganisation liegt darin, dass bei Konflikten oder Meinungsverschiedenheiten keine organisatorisch bestimmte Dominanz zugunsten der horizontalen oder der vertikalen Achse geschaffen ist. Die Befürworter dieses Strukturtyps vertrauen vielmehr auf die besseren Argumente und die Bereitschaft zur Kooperation.

Während die Matrixorganisation unter gleichzeitiger Anwendung von zwei Gestaltungsdimensionen gebildet wird, kommt bei der **Tensororganisation** noch mindestens eine weitere Dimension hinzu. Tensororganisationen sind besonders bei international agierenden Unternehmen beliebt. Neben den Strukturdimensionen „Funktionen" und „Produkte bzw. Produktgruppen" bilden geografischen Einheiten häufig die dritte Dimension [vgl. VAHS 2009, S. 171 ff.].

Kürzere Kommunikationswege, Förderung des Teamgedankens, Problemlösungen unter Berücksichtigung unterschiedlicher Standpunkte stehen einem höheren Kommunikationsaufwand, einer schwerfälligen Entscheidungsfindung und vor allem der Unsicherheit bei einer Mehrfachunterstellung gegenüber. Gerade bei größeren, international agierenden Unternehmen, bei denen mindestens zwei Gliederungsdimensionen wettbewerbsrelevant sind, wird die Matrixorganisation praktiziert.

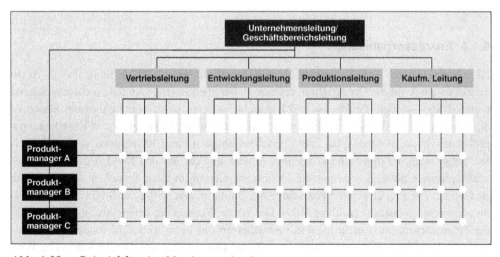

Abb. 4-08:   Beispiel für eine Matrixorganisation

4.1.3 Ablauforganisation

Während die Aufbauorganisation auf einer *statischen* Betrachtung basiert, liegt der Ablauforganisation eine *dynamische* Analyse der Organisationszusammenhänge zu Grunde. Sie befasst sich mit der zeitlichen und räumlichen Gestaltung der Arbeitsabläufe innerhalb der Stellen und Abteilungen mit dem Ziel, diese möglichst straff, d. h. optimal zu organisieren. Sie will die Frage beantworten, welcher Stelleninhaber die entsprechende Aufgabe wann, wo und mit welchem Ressourceneinsatz zu erledigen hat.

Da die oben beschriebene Aufgabensynthese, die im Rahmen der Aufbauorganisation durchgeführt wird, Voraussetzung für die Zuordnung der Abläufe ist, kann die Ablauforganisation erst dann gestaltet werden, wenn die Aufbauorganisation mit der Festlegung von Stellen, Abteilungen und dem Leitungssystem abgeschlossen ist. Bei dieser Form der Organisationsentwicklung wird also die Ablauforganisation von der Aufbauorganisation dominiert.

In kleineren Unternehmen stellt der damit verbundene Blick von oben auf die Organisation kein Problem dar, weil sich die Mitarbeiter untereinander kennen und das Zusammenwirken der Funktionen und Abläufe verstehen. In wachsenden Organisationen werden dagegen Abteilungen zu **Silos**: „groß, dick und fensterlos" [OSTERLOH/FROST 2003, S. 28 f.].

Durch die isolierte Betrachtung von arbeitsplatzbezogenen Abläufen ergibt sich ein nur sehr begrenztes Optimierungspotenzial. Auch zeigt sich in der Unternehmenspraxis, dass eine solche Organisation funktionalen Ressortegoismen Vorschub leistet, weil die Bereichsmanager nur noch ihre eigenen Aufgaben sehen.

4.1.4 Prozessorganisation

Die oben skizzierte Vorgehensweise bei der Organisationsentwicklung führt also zu einem vertikalen Blick auf die Organisation, bei dem stellenübergreifende Abläufe nicht ausreichend berücksichtigt werden. Funktions- und Hierarchiebarrieren sowie operative Inseln führen zu einer funktionalen Abschottung, Informationsfilterung sowie Steuerungs- und Koordinationsprobleme. Da die Wettbewerbs- und Überlebensfähigkeit von Unternehmen von der schnellen, fehlerfreien, flexiblen und effizienten Abwicklung der auf den Kunden gerichteten Geschäftsprozesse abhängt, gewinnt die Prozessorientierung in allen Branchen zunehmend an Bedeutung. Die grundlegende **Prozessidee** besteht darin, einen 90-Grad-Shift der Organisation vorzunehmen (siehe Abbildung 4-09). Durch den Wechsel der Perspektive dominieren bei der Prozessorganisation nicht mehr die Abteilungen mit ihren Abläufen, sondern der Fokus liegt auf Vorgangsketten bzw. Prozessen, die auf den Kunden ausgerichtet sind [vgl. WISS 2001, S. 10].

Ein Prozess ist eine Struktur, deren Elemente (Aufgaben) durch logische Folgebeziehungen miteinander verknüpft sind. Jeder Prozess wird durch einen Input initiiert und führt zu einem

Output, der einen Wert für den Kunden schafft. Innerhalb des Prozesses werden Vorgaben (Input) in Ergebnisse (Output) umgewandelt [vgl. SCHMELZER/SESSELMANN 2006, S. 67 ff.].

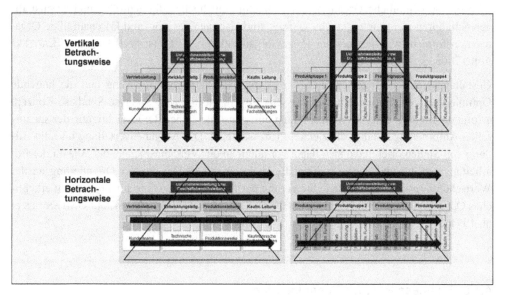

Abb. 4-09: Der 90-Grad-Shift

Prozesse wiederum bilden eine Folge von weiteren Prozessen im Unternehmen und werden durch Anforderung des Kunden für den Kunden umgesetzt. Unter Kunden sind dabei sowohl externe als auch interne Kunden zu verstehen. Jeder Prozess liefert Ergebnisse, mit denen der anschließende Prozess weiterarbeitet. Das Verhältnis zwischen aufeinander folgenden Prozessen ist eine **Kunde-Lieferant-Beziehung**. Mit dem letzten Prozess der Prozesskette erfolgt die Erstellung der betrieblichen Leistung für den Kunden. Die Prozesskette ist linear und Teil der betrieblichen Wertschöpfungskette. Die Durchführung von Prozessschritten wird durch Informationen gesteuert. Die Verbesserung der Prozesse wird heutzutage durch betriebswirtschaftliche Software vorgenommen.

Jedem Prozess kommen damit drei verschiedene Rollen zu [vgl. WISS 2001, S. 27]:

- Der betrachtete Prozess ist **Kunde** von Materialien und Informationen eines vorausgehenden Prozesses.

- Der betrachtete Prozess ist **Verarbeiter** der erhaltenen Leistungen.

- Der betrachtete Prozess übernimmt die Rolle eines **Lieferanten** gemäß den Anforderungen des nachfolgenden Prozesses und gibt die erstellten Ergebnisse weiter.

Bei der prozessorientierten Organisation eines Unternehmens wird versucht, Prozessziele und die hieraus resultierenden Ergebnisse in den Vordergrund zu stellen. Diese sind im Regelfall nicht deckungsgleich, wenn man sie mit den Abteilungs- bzw. Bereichszielen und -ergebnissen der klassischen Organisation vergleicht.

Der zunehmende Zwang zur Dezentralisierung im Hinblick auf Markt- und Kundennähe, zur Umgestaltung der Produktpalette, zur Reduktion des Verwaltungsaufwands, zur Verflachung der Hierarchien u. ä. führt in immer kürzeren Abständen zur Verlagerung oder zum Wegfall von Aufgaben und zu neuen Schnittstellen in der Organisation. Diesem permanenten Wandel wird das herkömmliche Organisationsverständnis mit hochgradig zentralen und arbeitsteiligen Strukturen nicht mehr gerecht. Gefragt sind also weniger stör- und krisenanfällige Organisationsformen, wie dies bei der Prozessorganisation der Fall ist [vgl. DOPPLER/ LAUTERBURG 2005, S. 37 und S. 55].

Gestaltungsziel der Prozessorganisation ist die dauerhafte Strukturierung und die laufende Optimierung von Unternehmensprozessen. Im Gegensatz zum Analyse-Synthese-Konzept erfolgt die Stellen- und Abteilungsbildung unter ausdrücklicher Berücksichtigung der spezifischen Anforderungen eines effizienten Prozessablaufs. Die Aufgabenverteilung und die Bildung von Stellen orientieren sich dabei vor allem an der Vorgangsmenge, der Anzahl der Bearbeitungsschritte und den jeweiligen Bearbeitungszeiten. Die mit der Orientierung an der Wertschöpfungskette verbundene Steigerung der Prozesseffizienz erschließt dazu ein erhebliches Optimierungspotential [vgl. VAHS 2009, S. 235 f. unter Bezugnahme auf GAITANIDES et al. 1994, S. 5].

4.1.5 Business Process Reengineering

Das Geschäftsprozessmanagement – und damit die Prozessidee – hat über das *Business Process Reengineering* (BPR) von HAMMER/CHAMPY Eingang in die moderne Managementlehre gefunden. Die **vier Grundaussagen** (engl. *Essentials*) des Business Process Reengineering sind:

- Business Process Reengineering orientiert sich an den entscheidenden **Geschäftsprozessen**.

- Die Geschäftsprozesse müssen auf die **Kunden** (interne und externe Kunden) ausgerichtet sein.

- Das Unternehmen muss sich auf seine **Kernkompetenzen** konzentrieren.

- Die Möglichkeiten der aktuellen **Informationstechnologie** zur Prozessunterstützung müssen intensiv genutzt werden.

Business Process Reengineering bedeutet fundamentales Umdenken und radikales Neugestalten von Geschäftsprozessen, um **dramatische Verbesserungen** bei bedeutenden Kennzahlen wie Kosten, Qualität, Service und Durchlaufzeit zu erreichen. Beim Business Process Reengineering geht es nicht um marginale Veränderungen, sondern um **Quantensprünge**. Verbesserungen von 50 Prozent und mehr sind gefordert. Das bedeutet nicht nur die Abkehr vom rein funktionalen Denken, sondern dass **neue Management- und Teamkulturen** erforderlich sind [vgl. HAMMER/CHAMPY 1994, S. 12 und S. 113 f.].

Business Process Reengineering befasst sich mit den Arbeitsabläufen und versucht diese aus Sicht des Geschäftes, d. h. aus Kundensicht zu optimieren. Es soll die traditionelle funktionsorientierte Organisationsentwicklung überwinden helfen. Es beschränkt sich nicht nur auf die

Arbeitsabläufe in den klassischen betrieblichen Funktionsbereichen, sondern es beschäftigt sich intensiv mit den Kundenbedürfnissen. Demzufolge werden die Prozesse an den Anforderungen der (externen und internen) Kunden ausgerichtet und nicht an den Anforderungen der Organisation [vgl. GADATSCH 2008, S. 12].

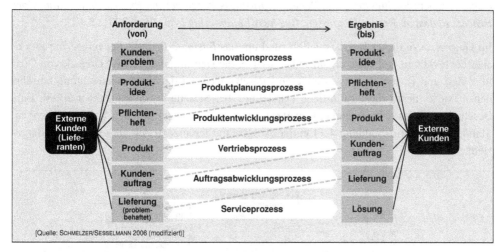

Abb. 4-10: Geschäftsprozesse in Industrieunternehmen mit Serienprodukten

Kundenorientierung ist also die zentrale Leitlinie des Geschäftsprozessmanagements. Je besser und effizienter ein Unternehmen seine Geschäftsprozesse beherrscht und die Kundenanforderungen erfüllt, umso wettbewerbsfähiger wird es sein. Beispiele für die wichtigsten Geschäftsprozesse eines Industrieunternehmens liefert Abbildung 4-10. Die dort aufgeführten Geschäftsprozesse haben jeweils einen Bezug zum Kunden.

Prozesse in Unternehmen müssen schnell, kundenorientiert und qualitativ hochwertig ablaufen. Die „Entschlackung" eines häufig als hinderlich (weil zu teuer) empfundenen Verwaltungsapparates (engl. *Overhead*) steht daher heute ganz oben auf der Liste des Handlungsbedarfs. In diesem Zusammenhang haben sich vier (allerdings nicht ganz überschneidungsfreie) Begriffe (die vier „R" der Transformation) im Umfeld des Business Process Reengineering durchgesetzt [vgl. SCHNIEDER 2004, S. 230 ff.9]:

- Beim **Renewing** (Erneuerung) geht es um verbesserte Schulung und organisatorische Einbindung von Mitarbeitern in das Unternehmen. Neue Fähigkeiten sollen erworben und die Motivation der Mitarbeiter verbessert werden.

- **Revitalizing** (Revitalisierung) zielt auf die gesamte Überarbeitung und Neugestaltung der Geschäftsprozesse ab.

- Beim **Reframing** (Einstellungsänderungen) sollen herkömmliche Denkmuster abgelegt werden und neue Wege bei der Prozessgestaltung beschritten werden. Neue Visionen und Entschlusskraft stehen hierbei im Vordergrund.

- **Restructuring** (Restrukturierung) hat die Neugestaltung bzw. Änderung des Aktivitätenportfolios zum Ziel.

Amerikanische und deutsche Unternehmensberatungen trugen wesentlich dazu bei, das Prozessbewusstsein zu verbreiten. So hat fast jedes Beratungsunternehmen zwischenzeitlich seine eigenen Methoden und Techniken zur Prozessorganisation entwickelt. Es verwundert daher auch nicht, dass sich für ein und dieselbe Idee eine ganze Reihe **synonymer Begriffe** etabliert haben: *Business Process Redesign, Business Reengineering, Process Innovation, Core Process Redesign, Process Redesign, Business Engineering* [vgl. WISS 2001, S. 7].

Im Gegensatz zu dieser Begriffsvielfalt rund um das *Business Process Reengineering* gibt es aber noch weitere, teilweise ergänzende Ansätze, die sich im „magischen" Dreieck von Qualität, Zeit und Kosten mit etwas anderen Zielsetzungen bei der Prozessbetrachtung bewährt haben [siehe hierzu die ausführliche Darstellung bei SCHMELZER/SESSELMANN 2006]. Eine Beschreibung dieser **Managementansätze** würde den hier vorgegebenen Rahmen sprengen. Stattdessen sind in Abbildung 4-11 einige Ansätze mit ihren zentralen Fragestellungen dargestellt.

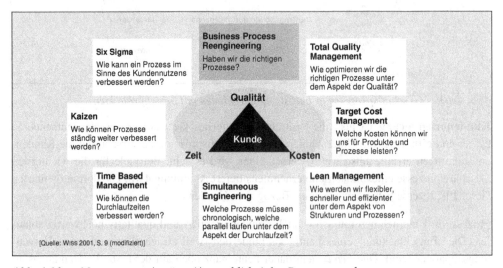

Abb. 4-11: Management-Ansätze (Auswahl) bei der Prozessgestaltung

Bereits in 1.4.1 wurde auf den Beitrag von **Wertschöpfungsketten** (Wertketten) zum Unternehmenserfolg eingegangen. Hierbei handelt es sich um Geschäftsprozesse, die zu Prozessketten verknüpft sind und deren Output idealerweise einen höheren Wert für das Unternehmen darstellt als der ursprünglich eingesetzte Input. Zu den bekanntesten Wertschöpfungsketten zählen:

- **CRM (Customer Relationship Management)** beschreibt die Geschäftsprozesse zur Kundengewinnung, Angebots- und Auftragserstellung sowie Betreuung und Wartung.

- **PLM (Product Lifecycle Management)** beschreibt die Geschäftsprozesse von der Produktportfolio-Planung über Produktplanung, Produktentwicklung und Produktpflege bis zum Produktauslauf sowie Individualentwicklungen.

4.1 Organisatorische Grundlagen

- **SCM (Supply Chain Management)** beschreibt die Geschäftsprozesse vom Lieferantenmanagement über den Einkauf und alle Fertigungsstufen bis zur Lieferung an den Kunden ggf. mit Installation und Inbetriebnahme.

Wichtige Beiträge für die organisatorische Gestaltung der Geschäftsprozesse leisten prozessorientierte **ERP-Systeme** *(ERP = Enterprise Resource Planning)*. Hierbei handelt es sich um integrierte Standardsoftwaresysteme, deren Teilsysteme zwar funktional ausgerichtet sind, über eine gemeinsame Datenbasis aber die Integration dieser Teilsysteme ermöglichen. Typische Einsatzfelder sind Produktionsplanung und -steuerung (PPS), Einkauf- und Materialwirtschaft bzw. Logistik, Vertrieb, Kostenrechnung und Controlling sowie Personal. Das bekannteste ERP-System ist SAP R/3, das sowohl in Deutschland als auch international in diesem Anwendungsgebiet Marktführer ist. Insert 4-02 gibt einen Überblick über die Marktanteile im deutschen und im weltweiten ERP-Markt.

ERP-Systeme drängen Individualsoftware, die eigens für ein bestimmtes Anwendungsgebiet entwickelt wird, immer stärker zurück. Maßgebend dafür sind die hohen Entwicklungs- und Wartungskosten sowie die mangelnde Portierbarkeit von Individualsoftware über die Unternehmensgrenzen hinaus. ERP-Systeme wurden zunächst nahezu ausschließlich für Großunternehmen konzipiert, heute gewinnen sie auch in mittleren Betrieben zunehmend an Bedeutung.

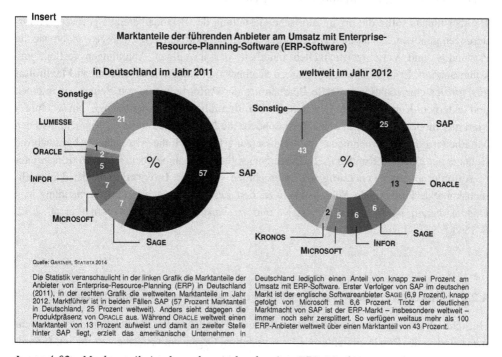

Insert 4-02: Marktanteile im deutschen und weltweiten ERP-Markt

4.2 Organisation des Personalsektors

4.2.1 Einführung

Die organisatorische Gliederung der betrieblichen Funktion *Personal* sowie ihre Stellung innerhalb der Unternehmensorganisation ist grundsätzlich abhängig von der Größe des Unternehmens und der Bedeutung, die dem Personalsektor im Unternehmen beigemessen wird. Folgenden Fragen soll in diesem Zusammenhang nachgegangen werden:

- Wie ist der Personalsektor in die hierarchische Struktur des Unternehmens eingebettet?
- Wie ist der Personalsektor *in sich* strukturiert?
- Wer trägt die organisatorische Verantwortung für die personalen (Teil-)Prozesse?

Zunächst ist festzustellen, dass nicht nur die Arbeitswelt im Allgemeinen, sondern auch die sie begleitende Organisation einem permanenten Wandel unterworfen ist. Der Wandel im Personalbereich ist gekennzeichnet durch permanente Innovationen, die durch einen fortwährenden Kostendruck, durch neue Qualitätsziele sowie durch den Einsatz neuer Technologien bedingt sind. Die „Phasen der Ruhe" gehören auch im Personalsektor der Vergangenheit an. Den Ergebnissen des HR-Barometers 2011 [S. 81] zur Folge haben alle befragten Unternehmen in den letzten zwei Jahren mindestens eine Reorganisation durchgeführt, ein Drittel der Unternehmen hat sogar „großformatig" reorganisiert.

Darüber hinaus sollte die organisatorische Gestaltung des Personalbereichs gewissen Anforderungen genügen. So hat die Personalorganisation für **Transparenz** zu sorgen, indem sie die Zuständig- und Verantwortlichkeiten innerhalb der jeweiligen Abteilungen festlegt und kommuniziert. Erfolgreiche Personalarbeit zeichnet sich durch ein hohes Maß an **Flexibilität** aus, zu der eine reaktionsschnelle Bearbeitung der Anforderungen von Seiten der internen und externen Kunden zählt. Ohnehin ist **Kundennähe und -orientierung** ein wichtiges Merkmal moderner Personalarbeit. Insbesondere die Nähe zu den internen Kunden, also den Mitarbeitern des Unternehmens, ist Voraussetzung für eine hohe Akzeptanz. Aber auch die Belange der externen Kunden (z. B. Bewerber) sollten zeitnah bearbeitet werden. Eine weitere Anforderung ist **Vernetzung** im Unternehmen sowie die **Integration** in den Unternehmenskontext. Funktionale Schnittstellen zu den Leistungsbereichen und Vermeidung von Doppelarbeiten ist hierunter in erster Linie zu verstehen [vgl. BARTSCHER et al. 2012, S. 156 f.].

4.2.2 Einordnung des Personalsektors in die Unternehmenshierarchie

Hinsichtlich der Einordnung des Personalsektors in die hierarchische Struktur des Unternehmens sind in der Praxis alle unter 4.1.2 vorgestellten Organisationsformen zu finden: Einordnung in eine funktionale Organisation, in eine objektorientierte Organisation und in eine Matrixorganisation. Wie das HR-Barometer 2011 [S. 53] weiter zeigt, sind die drei Organisationsformen unterschiedlich verteilt. 17 Prozent der befragten Unternehmen sind nach Funktionen organisiert, 40 Prozent nach Objekten (Geschäftsbereich, Regionen) und 43 Prozent sind als Matrix organisiert.

Da die Personalfunktion dem Business folgen sollte, ist die organisatorische Eingliederung des Personalsektors grundsätzlich an der Gesamtorganisation auszurichten. In einem regional ausgerichteten Unternehmen werden regionale Personalmanager gefragt. In einer Spartenorganisation nach Geschäftsbereichen benötigen die Business Units ihre eigene Personalbetreuung.

(1) Einordnung in die funktionale Organisation

In Kleinbetrieben existiert üblicherweise keine eigenständige Abteilung für die Personalaktivitäten. Personelle Entscheidungen werden meist vom Unternehmer/Geschäftsführer oder vom kaufmännischen Leiter wahrgenommen. Ebenso ist die Lohn- und Gehaltsabrechnung häufig in andere Verwaltungsbereiche (z. B. Buchhaltung) integriert.

In mittleren und größeren Unternehmen mit funktionaler Organisationsausrichtung ist der Personalsektor entweder der kaufmännischen Leitung oder direkt der Unternehmensleitung unterstellt. In Großunternehmen ist der Personalsektor regelmäßig auf der ersten Hierarchieebene (also im Vorstand oder in der Geschäftsführung) vertreten. In Abbildung 4-13 ist eine Einordnung auf der zweiten Hierarchieebene dargestellt.

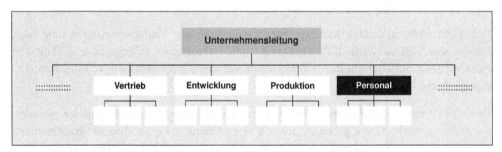

Abb. 4-13: Einordnung des Personalsektors in eine funktionale Organisation

(2) Einordnung in die objektorientierte Organisation

Vornehmlich größere Unternehmen sind nach der Organisationsform der objektorientierten Organisation aufgebaut. Objekte können Produkte, Produktgruppen oder Regionen sein, die dann zu Geschäftsbereichen zusammengefasst werden. Jeder Geschäftsbereich verfügt bei dieser Organisationsform über eigene Personalmanagementressourcen. Auf diese Weise kann eine Personalpolitik verfolgt werden, die genau auf die spezifischen Anforderungen des jeweiligen Geschäftsbereichs zugeschnitten ist.

Dies ist besonders dann von Vorteil, wenn die Geschäftsbereiche sehr heterogen sind. Nachteilig ist diese Organisationsform dann, wenn die Unternehmensleitung ein einheitliches, unternehmensübergreifendes Personalkonzept verfolgt. Um diesem Nachteil entgegenzuwirken, richten objektorientierte Organisationen auf Ebene der (Gesamt-)Unternehmensleitung eine zentrale Personalabteilung ein, die für die Koordination einer einheitlichen Personalausrichtung zuständig ist. Abbildung 4-14 zeigt die organisatorische Eingliederung des Personalbereichs in eine Spartenorganisation mit einer zusätzlichen, zentralen Stabsstelle auf der Stufe der ersten Unternehmenshierarchie.

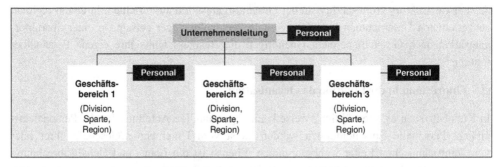

Abb. 4-14: Einordnung des Personalsektors in eine objektorientierte Organisation

(3) Einordnung in die Matrixorganisation

Bei der Matrixorganisation wird der funktionale Aspekt mit der objektorientierten Sichtweise verknüpft. Damit soll sichergestellt werden, dass die spezifischen personalpolitischen Anforderungen der Geschäftsbereiche von vornherein mit den unternehmensweiten Personalleitlinien vereinbart werden (siehe Abbildung 4-15).

Durch die nicht eindeutige Kompetenzabgrenzung, die der Matrixorganisation inne liegt, kann es allerdings zu Konfliktfällen kommen. Viele Unternehmen nehmen diese nicht eindeutigen Weisungsbeziehungen in Kauf und setzen auf die Kooperationsfähigkeit des Personalmanagements.

Besonders international agierende Unternehmen, die sehr gute Erfahrungen mit der Matrixorganisation gemacht haben, gehen sogar noch einen Schritt weiter, in dem sie **dreidimensional gekreuzte Organisationen** aus Funktionen, Geschäftsbereichen und Geografie (Länder) entwickeln und einführen.

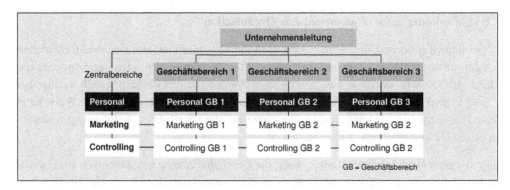

Abb. 4-15: Einordnung des Personalsektors in eine Matrixorganisation

4.2.3 Herkömmliche Organisationsformen des Personalsektors

Ebenso wie für die Unternehmensorganisation insgesamt lassen sich auch für den Personalsektor im Detail die beiden organisatorischen Grundformen, nämlich die funktionale und die objektbezogene Ausrichtung, anwenden.

(1) Funktionale Ausrichtung

Bei der funktionalen Perspektive erfüllt der Personalsektor seine Aufgaben entsprechend der personalwirtschaftlichen Funktionen wie z. B. Personalplanung, Personalbeschaffung, Personalbetreuung oder Personalentwicklung (siehe Abbildung 4-16). Diese Organisationsform ist gekennzeichnet durch eine *zentrale Ausrichtung*, d. h. eine Leitungsperson (Personalchef) koordiniert die direkt untergeordneten Abteilungen und hat die zentrale Entscheidungsgewalt aller personalwirtschaftlichen Fragen. Ein weiteres Kennzeichen ist das *Einliniensystem*, d. h. eine Unterabteilung des Personalsektors erhält ihre Aufträge und Anweisungen ausschließlich von einer einzigen übergeordneten Stelle bzw. Instanz. Vorteile dieser funktionalen Ausrichtung sind die hohe Spezialisierung einerseits und die eindeutig geregelten Zuständigkeiten anderseits. Nachteilig wirkt sich allerdings aus, dass die Kunden des Personalsektors (Mitarbeiter, Führungskräfte etc.) unterschiedliche Ansprechpartner haben und damit bei komplexen und organisationsübergreifenden Fragen keine zielgerichtete Kommunikation stattfinden kann. Auch führt die klare Ressortabgrenzung im Personalsektor häufig zu Ressortegoismen und „Silodenken". Generell lässt sich feststellen, dass die funktionale Organisation des Personalsektor eher in kleineren und mittleren Unternehmen zum Tragen kommt [vgl. BARTSCHER et al. 2012, S. 157 f.].

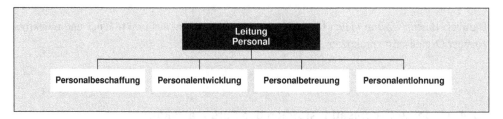

Abb. 4-16: Funktionsorientierte Organisationsstruktur des Personalsektors

(2) Objektbezogene Ausrichtung

Im Rahmen der objektbezogenen Perspektive wird die Personalarbeit nach Objekten aufgeteilt und zugeordnet. Objekte können dabei Unternehmensbereiche, Mitarbeitergruppen oder auch Produktgruppen sein (siehe Abbildung 4-17). Auch hier werden die einzelnen Organisationseinheiten von einem Personalleiter koordiniert. Bei dieser organisatorischen Ausrichtung haben interne Kunden in der Regel einen festen Ansprechpartner, der auf die besonderen Bedürfnisse jeder einzelnen Objektgruppe ausgerichtet ist. Die Gefahr der objektbezogenen Struktur liegt darin, dass sich die einzelnen Personalbereiche verselbständigen und eigenständige Konzepte, Instrumente und Lösungen entwickeln. Die Gefahr ist immer dann besonders groß, wenn die Objektbereiche sehr unterschiedlich sind und eine besondere Stellung für sich beanspruchen. Die objektbezogene Ausrichtung der Personalaktivitäten kommt naturgemäß eher in größeren, zumeist auch international agierenden Unternehmen zur Anwendung [vgl. BARTSCHER et al. 2012, S. 159].

Abbildung 4-17 zeigt drei verschiedenen objektorientierte Ausrichtungen des Personalsektors.

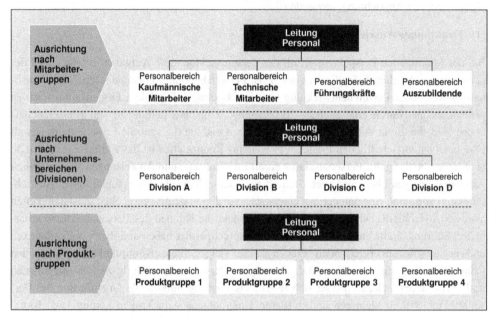

Abb. 4-17: *Objektorientierte Organisationsstrukturen des Personalsektors*

Darüber hinaus wird in vielen Unternehmen eine Mischform aus funktionaler und objektbezogener Organisation praktiziert.

4.2.4 Moderne Organisationsformen des Personalsektors

Der organisatorische Aufbau des Personalsektors ist von einigen wesentlichen Einflussfaktoren abhängig. Neben der Größe des Unternehmens und der Bedeutung, die dem Personalbereich grundsätzlich beigemessen wird, zählen zu diesen Einflussfaktoren die

- Breite und Tiefe des **Aufgabenspektrums**, das die Personaler zu bewältigen haben,
- Umsetzungsqualität des **Business-Partner-Konzepts**,
- **Betreuungsquote**, die als Kennzahl die Anzahl der Mitarbeiter des Unternehmens zur Anzahl der Mitarbeiter des Personalsektors in Beziehung setzt,
- Einsatzbreite und -tiefe der **technologischen Infrastruktur** speziell unter dem Aspekt der software- und medientechnischen Unterstützung,
- Bereitschaft zur Umsetzung des **Business Process Outsourcing** („Make-or-Buy") in Verbindung mit dem allgegenwärtigen Kostendruck auf alle administrativen Bereiche.

Genau die Berücksichtigung dieser Einflussfaktoren bzw. Rahmenbedingungen haben zur Weiterentwicklung der Organisationsformen nahezu aller „zentralen Dienste" (Marketing, Personal, Controlling etc.) geführt. So hat sich im Personalsektor ein Organisationsmodell entwickelt, das sich vor allem bei größeren, international agierenden Unternehmen als **„Trias der HR-Organisation"** durchgesetzt hat. Hinter diesem Begriff steht ein *HR Service Delivery-Modell* mit folgenden drei Organisationsmoduln [vgl. HR-BAROMETER 2011, S. 14]:

- **Business Partner** zur individuellen Beratung und Betreuung von Führungskräften und Mitarbeitern der Gesamtorganisation,
- **Service Center** zur reibungslosen und effizienten Administration aller transaktionsorientierten Personalaktivitäten,
- **Competence Center** für Spezialthemen wie Compensation & Benefits, Talent Development und Leadership Development.

Grundlage dieses organisatorischen "Dreiklangs" ist eine **technologische Plattform**, die sich durch Systeme wie *Employee Self Service* (ESS), *Management Self Service* (MSS), Mitarbeiterportale und E-Recruiting auszeichnet.

Um eine Organisation des Personalsektors auf Basis des HR Service Delivery-Modells zu entwickeln, ist zunächst eine konkrete Analyse des Aufgaben- und Kompetenzspektrums der drei Organisationsmodule durchzuführen. Abbildung 4-18 zeigt beispielhaft eine solche Analyse.

(1) Organisationsmodul Competence Center

Im strategisch ausgerichteten Competence Center (Strategic HR) ist die gesamte HR-Expertise für bestimmte Personalthemen gebündelt. Die Mitarbeiter dieses Organisationsmoduls sind hoch spezialisiert und befassen sich mit Themen wie personale Grundsatzfragen, Anreiz- und Vergütungssystemen, Demografie Management, Employer Branding sowie Personalentwicklungsthemen wie Talent und Leadership Management. Die Experten in diesem Bereich bearbeiten demnach Themen, die ganz oben auf der Agenda der Top-Themen des Personalmanagements stehen. Zudem fallen die konzeptionelle Entwicklung und der inhaltliche Aufbau der technologischen Plattform mit seinem Angebot an Self Services in den Aufgabenbereich des Competence Centers.

Dieser Bereich ist eher **zentral** zu organisieren, weil die notwendige Expertise für das Gesamtunternehmen gebündelt und nur an einer Stelle vorgehalten werden sollte. Dazu bietet es sich an, das hoch spezialisierte Competence Center als sogenanntes **Corporate Center** direkt an die Unternehmensleitung anzubinden.

Organisations-modul	Competence Center	Business Partner	Service Center
Bereich	**Strategic HR**	**Relationship HR**	**Transactional HR**
Ausrichtung	Strategisch, Leadership-orientiert	Kunden- bzw. Mitarbeiter-orientiert	Service-orientiert
Kompetenzen	**HR Experten** • Verantwortlich für spezielle Themen • Grundsatzfragen und Richtlinien (geben Richtung und Stabilität vor) • HR-Expertise	**HR Business Partner** • Verantwortlich für HR-Leistungen im Rahmen der Geschäfts(bereichs)ziele • Kontaktpartner für Management und Mitarbeiter • Hohe Flexibilität	**HR Administratoren** • Administrative Leistungen zur Unterstützung der HR • Kostenoptimierte Dienstleistungen • Definierte Standards, hohe Volumina
Aufgaben	Bearbeitung von Top-Themen wie • Entwicklung HR-Policies • Anreiz- und Vergütungssystem • Demografie Management • Employer Branding • Talent Management • Leadership Management	Bearbeitung beziehungs-orientierter Themen wie • Personalauswahl • Personalintegration • Karriereberatung • Zielvereinbarungen • Year-End-Reviews • Onboarding • Coaching	Bearbeitung administrativer Themen wie • Personalabrechnung inkl. Steuern/Versicherungen • Personalentsendungen • E-Recruiting • Flexible Benefits • Deferred Compensation • Self Services
Organisation	**Zentral** (als Corporate Center)	**Dezentral** (Zuordnung zu Geschäftsbereichen)	**Zentral** (als Service Center)

Abb. 4-18: Aufgaben- und Kompetenzspektrum des HR Service Delivery-Modells

(2) Organisationsmodul Business Partner

Das Aufgabenspektrum des Business Partner-Organisationsmoduls ist prozessorientiert. Führungskräfte und Mitarbeiter der Gesamtorganisation sind nach dem Prozessmodell (interne) Kunden und zugleich (interne) Lieferanten der HR-Business Partner. Diese hohe Beziehungsorientierung (engl. *Relationship*) führt zur Bezeichnung „Relationship HR". Als Ansprechpartner für Management und Mitarbeiter sind die Business Partner u. a. zuständig für die Personalauswahl und -integration, für die Betreuung und Beratung im Rahmen der Karriereplanung und für die Planung und Durchführung der Jahresendgespräche (engl. *Year-End-Review*) im Rahmen des Performance Management Systems.

Um im Rahmen dieses Prozessmodells der Anforderung nach Kundennähe gerecht werden zu können, ist dieses Organisationsmodul **dezentral** zu organisieren.

(3) Organisationsmodul Service Center

Im Organisationsmodul Service Center sind alle transaktionsorientierten Dienstleistungen („Transactional HR") gebündelt, die zur Unterstützung der personalen Prozesse erforderlich sind. Es handelt sich dabei in erster Linie um Dienstleistungen mit einem hohen Transaktionsvolumen wie die Personalabrechnung inkl. Steuern und Versicherungen, Personalentsendungen (bei international agierenden Unternehmen), die Verwaltung von *Cafeteria-Modellen*, *Zeitwertkonten*, *Flexible Benefits* und *Deferred Compensation* sowie das E-Recruiting. In diesem Organisationsmodul sollte auch die technologische Plattform mit seinem Angebot an Self Services verwaltet werden.

Ähnlich wie das Competence Center sollte auch das Service Center **zentral** organisiert sein, da solche kostenoptimierte Dienstleistungen ebenfalls nur an einer Stelle des Unternehmens administriert werden sollten. Da sich alle Geschäftsbereiche die in diesem Center angebotenen Dienstleistungen teilen, wird es auch als **Shared Service Center** bezeichnet.

In Abbildung 4-19 sind die einzelnen Aufgaben der drei Organisationsmodule zu Aufgabenbereichen zusammengefasst und im Überblick dargestellt.

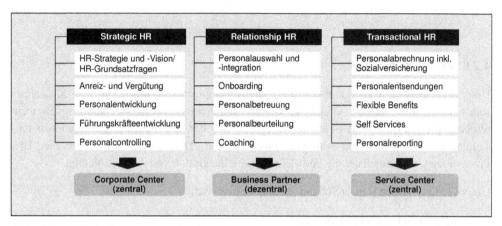

Abb. 4-19: Aufgabenbereiche der drei personalen Organisationsmodule

Gliedert man diese personale Organisationsstruktur in eine Gesamtorganisation ein, die nach Geschäftsbereichen strukturiert ist, so bietet es sich an, die zentralen Organisationsmodule auf der hierarchischen Ebene der Unternehmensleitung anzubinden. Das für das Personal zuständige Vorstands- oder Geschäftsführungsmitglied hätte dann unmittelbare Weisungsbefugnis sowohl für das Corporate Center als auch für das Shared Service Center (siehe hierzu die Darstellung in Abbildung 4-20). Die Business Partner-Organisation ist dagegen dezentral organisiert, d. h. jedem Geschäftsbereich sind die zugehörigen HR-Business Partner direkt zugeordnet.

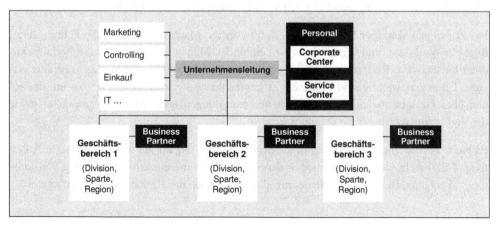

Abb. 4-20: Organisatorische Zuordnung der drei Organisationsmodule

Die oben skizzierte organisatorische Anbindung ließe sich aber auch dahingehend modifizieren, dass das gesamte Shared Service Center oder bestimmte Teile (Prozesse) davon ausgegliedert und die Verantwortung für die Leistungserbringung an Dritte übertragen werden. Man spricht hierbei vom **Business Process Outsourcing**. Diese und weitere Formen des Outsourcings werden im Abschnitt 4.3 behandelt.

4.2.5 Self Service Center

Unter Self Services werden automatisierte Dienstleistungen verstanden, die vom Mitarbeiter selbst nachgefragt werden. Grundlage ist eine Intranet-basierte Serviceplattform als technische und organisatorische Schnittstelle zum Mitarbeiter. Sie dient der Informationsbereitstellung und Abwicklung von administrativen Prozessen. Die Serviceplattform optimiert HR-Prozesse durch Automatisierung und elektronische Integration von Arbeitsabläufen.

Grundsätzlich werden im Bereich der Self Services zwischen

- Employee Self Services (ESS) und
- Manager Self Services (MSS)

unterschieden.

Bei den **Employee Self Services** erfolgt der Zugang über ein Mitarbeiterportal. Wichtige Anwendungsfelder sind die Anforderung von Entgeltnachweisen und -abrechnungen, die Erstellung und Änderung eines Urlaubs- oder Reiseantrags, die Buchung oder Stornierung einer Schulungsmaßnahme sowie die Verwaltung von persönlichen Informationen wie Anschrift oder Bankverbindung. Das Mitarbeiterportal fungiert außerdem als zentrale Ausschreibungs- und Bewerbungsplattform für die interne Stellenausschreibung. Darüber hinaus sind Eingaben im Rahmen des jährlichen Mitarbeiterbeurteilungsprozesses möglich.

Der Zugang zu **Manager Self Services** erfolgt über das Managerportal, das die Führungskraft direkt in Workflow- und Freigabeprozesse einbindet. Manager können über die Portalfunktionen Reisekosten, Budgets von Projekten oder den Mitarbeiterbeurteilungsprozess überwachen. Besonders wichtig sind in diesem Zusammenhang der ständige Zugang zu Informationen über Gehaltsentwicklungen, Mitarbeiterbeurteilungen und Mitarbeitergespräche sowie die Verfolgung relevanter Bewerbungsprozesse.

Es bietet sich an, die Self Services in die Service Center-Organisation einzubinden. In Abbildung 4-21 ist ein Organisationsmodell dargestellt, dass eine eindeutige Trennung von Leistungserbringung, Beratung und Steuerung aller Aktivitäten des Personalsektors vorsieht.

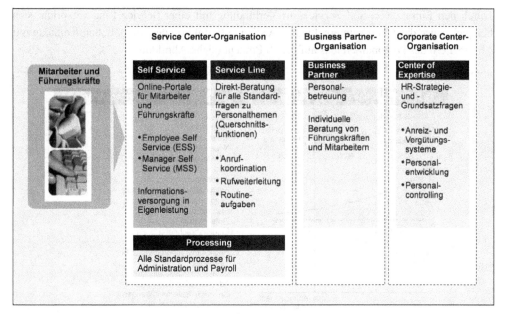

Abb. 4-21:   Einbindung der Self Services in die Service Center Organisation

Mit der Einführung von Self Services ist eine ganze Reihe von Qualitätsvorteilen verbunden [vgl. APPEL 2011, S. 6]:

- Hochwertige Personalberatung durch konsequente Kundenorientierung in der Leistungserbringung,
- Optimierter Informationszugang durch Informationsversorgung des Mitarbeiters in Eigenleistung und bessere Erreichbarkeit der Informationswege,
- Reduktion von Suchzeiten durch klare Zuständigkeiten und Verantwortlichkeiten der Personalfunktionen,
- Schnellere Prozessbearbeitung, d. h. kürzere Durchlauf- /Antwortzeiten durch Reduktion von Schnittstellen und Medienbrüchen.

Neben den Qualitätsvorteilen sind folgende Kostenvorteile in Verbindung mit Self Services zu nennen [vgl. APPEL 2011, S. 6]:

- Skalenvorteile durch Bündelung und Standardisierung administrativer Routinetätigkeiten und Prozessbestandteile,
- Verlagerung auf „preiswerte" Informationswege durch Nutzung von Mitarbeiter- und Managerportalen sowie der Service Line,
- Effizienter Einsatz der Personalressourcen durch aufgabenadäquate Leistungs- und Qualifikationsprofile in der Service Line,
- Kurzfristig und langfristig flexibler Einsatz von Mitarbeitern in der Service Line z. B. durch Einsatz von Jobrotation.

Durch den Einsatz von Self Services in Verbindung mit einer Service Line verspricht sich beispielsweise das Chemieunternehmen BASF eine Reduktion der persönlichen Kontakte mit Mitarbeitern des Personalbereichs auf ca. 10 Prozent (siehe Abbildung 4-22).

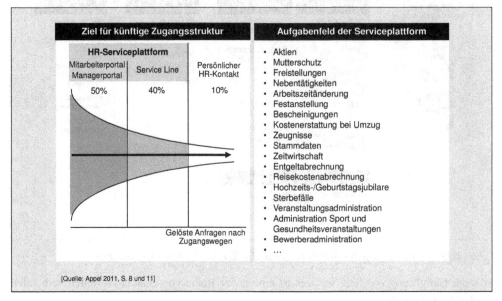

Abb. 4-22:   HR-Serviceplattform bei BASF

4.3 Auslagerung von Organisationseinheiten

4.3.1 Shared Service Center

Seit einigen Jahren zeichnet sich der Trend ab, unterstützende Geschäftsprozesse aus einzelnen Unternehmensbereichen herauszulösen und als Shared Service Center (SSC) zu einer bereichsübergreifenden Organisationseinheit zusammenzufassen. Es handelt sich dabei um interne, zentrale Organisationseinheiten, die ihre Dienstleistungen nun für alle Unternehmensbereiche an verschiedenen Standorten anbieten. Sie versprechen für die Durchführung der Prozesse messbare wirtschaftliche Vorteile und ein höheres Maß an Kundenorientierung. Im Gegensatz zur klassischen Zentralisierung von unterstützenden Funktionen (engl. *Support Functions*) wird das Shared Service Center als eigenständige Einheit geführt. Einen Konzeptvergleich zur klassischen Zentralisierung sowie zur Dezentralisierung von Support-Funktionen liefert Abbildung 4-23.

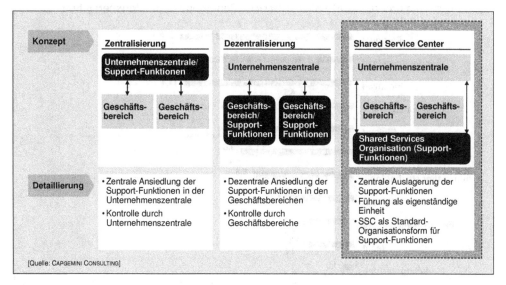

Abb. 4-23: Konzept und Detaillierung des Shared Service Center

Mit der Einrichtung eines Shared Service Center werden grundsätzlich folgende Ziele verfolgt:

- **Messbarkeit** der Dienstleistungen hinsichtlich Qualität, Kosten und Zeit,
- Festgelegte **Leistungserbringung und -kontrolle** anhand von Service Level Agreements,
- **Kostenreduktion** durch Standardisierung der Prozesse sowie durch Nutzung von Skalenerträgen, Synergien und Stellenabbau,
- Klare Trennung von (Prozess- und Produkt-)**Verantwortlichkeiten** bei gleichzeitiger Entlastung der Personalbetreuer von unterstützenden Aufgaben,

- Steigerung der **Prozessqualität** durch standardisierte Prozesse,
- Sicherstellung definierter **Qualitätsstandards,**
- Konzentration auf **Kernprozesse** in den Geschäftseinheiten,
- **Wettbewerbsfähigkeit** der Shared Services.

Auf Shared Service Center werden Prozesse aus nahezu allen Funktionsbereichen übertragen. Insert 4-03 gibt einen Überblick über geplante und bereits realisierte Shared Service Center nach Prozessarten bzw. Bereichen. Allerdings eignen sich nicht alle Teilprozesse eines Funktionsbereiches in gleicher Weise, um in ein Shared Service Center ausgelagert zu werden. Abbildung 4-24 liefert eine Aufstellung der besonders geeigneten Anwendungsbereiche.

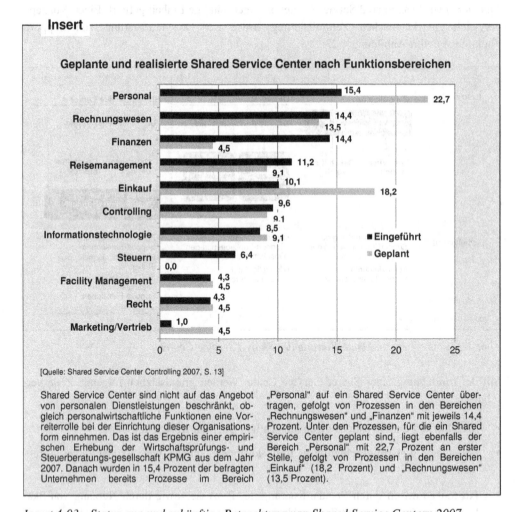

Insert 4-03: Status quo und zukünftige Betrachtung von Shared Service Centern 2007

Das wichtigste Instrument für den erfolgreichen Betrieb eines Shared Service Center ist das **Service Level Agreement** (SLA). Es handelt sich dabei um eine Vereinbarung zwischen dem

Center und seinem Kunden und beschreibt die für den Kunden zu erbringenden Leistungsbestandteile und deren Qualität zu einem definierten Preis. Im SLA sind Verantwortlichkeiten, Rechte und Pflichten des Dienstleistungserbringers und dessen Kunden definiert. Zusätzlich bestimmt es die Ansprechpartner auf beiden Vertragsseiten. Inhalt und Umfang der erbrachten Leistungen des Shared Service Center werden mit Hilfe wichtiger Leistungsindikatoren (engl. *Key Performance Indicators – KPIs*) gemessen und ggf. veränderten Geschäftsbedürfnissen angepasst.

Finanz- und Rechnungswesen	Human Resources	IT	Marketing/Vertrieb	Beschaffung
• Hauptbuchhaltung • Kreditoren/ Debitoren • Konzern-Cash-Pooling • Finanzmittelverwaltung • Ausgabenabwicklung • Anlagen/ Vermögensverwaltung • Fremdwährungsrisiko	• Gehaltsabrechnung • Kommission und Prämien • Weiterbildung • Mitarbeiterdatenverwaltung	• Einheitliches IT-Management • Hardware- und Software-Beschaffung • Software-Lizenz-Management • ERP-System und Support • Support und Training • Entwicklung und Instandhaltung	• Auftragsabwicklung • Tele-Sales-Management • Telemarketing Management • Reklamierungen und Rücksendungen • Technischer Support • Service-Management	• Warenbestandsmanagement • Logistik • Produktionsmanagement • Datenbankmanagement • Promotionmanagement • Vertriebsmanagement

[Quelle: PwC]

Abb. 4-24: *Bevorzugte Anwendungsbereiche für Shared Services*

4.3.2 Geografische Auslagerung von Organisationseinheiten (X-Shoring)

Im Zuge der Einrichtung von Shared Service Centern kommt es – nicht zuletzt unter Kostengesichtspunkten – häufig zu Standortverlagerungen. Hierbei wird je nach Entfernung der **geografischen Verlagerung** zwischen folgenden Varianten („X-Shoring") unterschieden:

- **Onshoring** – Verlagerung von Aktivitäten an einen anderen Standort im eigenen Land; für deutsche Unternehmen bedeutet Onshoring demnach eine Standortverlagerung innerhalb Deutschlands;

- **Nearshoring** – Verlagerung von Aktivitäten an einen Standort in nahe gelegene Länder; für deutsche Unternehmen bedeutet Nearshoring eine Standortverlagerung eine in europäische Länder wie z. B. Polen, Rumänien oder Slowakei;

- **Offshoring** – Verlagerung von Aktivitäten an einen Standort in weit entfernte Länder; für deutsche Unternehmen bedeutet Offshoring eine Standortverlagerung z. B. in asiatische Länder wie China, Indien oder Vietnam.

Auslöser für die Entscheidung zur geografischen Auslagerung von Shared Service Center oder sonstigen Organisationseinheiten sind die teilweise günstigeren Rahmenbedingungen im Ausland besonders bei den Arbeitskosten. So kann die Verlagerung an einen Near- oder

Offshore-Standort durchaus ein beachtliches Einsparungspotenzial bergen. Abbildung 4-25 liefert einen Überblick über die unterschiedlichen Standortfaktoren, die bei der Auslagerung unternehmerischer Funktionen und Prozesse berücksichtigt werden müssen. Nearshoring-Konzepte haben den Vorteil von geringeren Risiken und schnelleren Abstimmungen, verbunden allerdings mit höheren Personalkosten im Vergleich zu Offshore-Standorten.

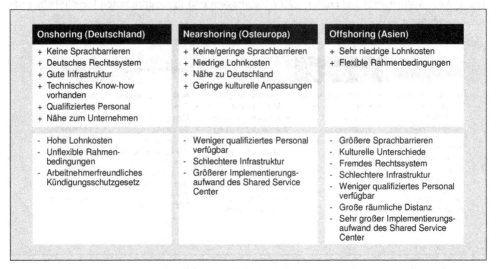

Abb. 4-25: Vor- und Nachteile von On-, Near- und Offshore-Standorten

Wichtig für die Standortentscheidung sind die Relevanz einzelner Punkte, die Identifizierung der Risikobereitschaft und die Formulierung einer eindeutigen Risiko-Gewinn-Spanne.

4.3.3 Rechtliche Auslagerung von Organisationseinheiten (Outsourcing)

Im Zusammenhang mit der geografischen Verlagerung von Organisationseinheiten kann auch über die **rechtliche Ausgliederung** von Organisationseinheiten entschieden werden. Die Abgabe der rechtlichen und damit unternehmerischen Verantwortung an ein Drittunternehmen wird als **Outsourcing** bezeichnet. Outsourcing ist damit eine spezielle Form des Fremdbezugs von bisher intern erbrachten Leistungen. Zwischen On-, Near- und Offshoring einerseits und dem Outsourcing anderseits besteht grundsätzlich kein zwingender, sachlicher Zusammenhang, obgleich die verschiedenen Begriffe immer wieder zu Missverständnissen führen. Abbildung 4-26 liefert eine entsprechende begriffliche Abgrenzung.

Vorreiter beim Fremdbezug von bislang intern erbrachten Leistungen ist das IT-Outsourcing. Hierbei dominierte zunächst das infrastrukturorientierte Outsourcing (Hardware, IT-Netze). Aktuell gewinnen aber das anwendungsbezogene Outsourcing (engl. *Application Manage-*

ment) und das prozessorientierte Outsourcing (engl. *Business Process Outsourcing*) zunehmend an Bedeutung im Rahmen des IT-Outsourcings.

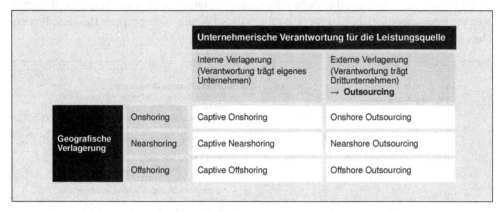

Abb. 4-26: Begriffliche Abgrenzung zwischen On-, Near- und Offshoring sowie Outsourcing

Wesentliche Gründe für die Auslagerung eines Shared Service Center im Rahmen eines Outsourcing-Vertrags sind:

- Kostenreduktion durch geringere *Total Cost of Ownership*, die nicht nur die Anschaffungskosten einer bestimmten Infrastruktur, sondern auch die späteren Nutzungskosten (Modifikationen, Wartung) berücksichtigt,
- Konzentration auf die eigentliche Kernkompetenz,
- Mangel an Know-how oder qualifizierten Arbeitskräften,
- Höhere Leistung und bessere Qualität,
- Schnellere Reaktion auf Veränderungen,
- Höhere Spezialisierung.

Demgegenüber sind aber auch einige Risiken zu berücksichtigen, die mit dem Outsourcing einhergehen können:

- Qualität der ausgelagerten Prozesse kann nicht beeinflusst werden,
- Abhängigkeit vom Drittunternehmen,
- Möglicher Verlust von internem Know-how,
- Fehler bei der Wirtschaftlichkeitsberechnung eines Outsourcing-Projekts,
- Kommunikationsmängel bei der Umsetzung der Outsourcing-Maßnahme (Change Management).

Eine grundsätzliche Einschätzung darüber, ob zentrale Unterstützungsleistungen und -prozesse in eigener Regie lokal, als Shared Service Center oder als Fremdbezug in Form eines Business Process Outsourcing organisiert werden sollten, liefert Abbildung 4-27. Danach wird der Entscheidungsprozess anhand der beiden Parameter „Reifegrad der Prozesse" und „Kosteneinsparungspotenzial" bestimmt. Je höher der Reifegrad (engl. *Maturity*), also die Stabilität der Prozesse ist und je höhere Kosteneinsparungen (engl. *Cost Savings*) angestrebt werden, umso mehr spricht dies für eine „Buy"-Entscheidung in Form eines Business Process Outsourcing.

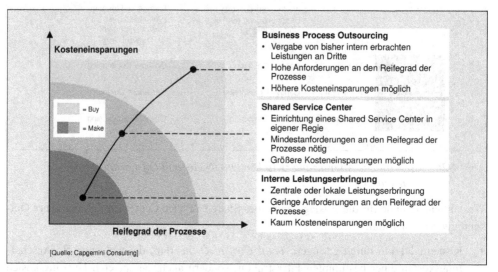

Abb. 4-27: *Parameter für „Make-or-Buy"-Entscheidungen bei Support-Funktionen*

Wenn auch der IT-Bereich als Vorreiter für das Outsourcing gilt, so haben sich im Personalsektor ebenfalls sehr früh bestimmte Prozesse abgezeichnet, bei denen eine rechtliche Ausgliederung sinnvoll erscheint. Letztlich – und das zeigten bereits die Ausführungen in Abschnitt 4.2 – sind es aber immer nur Teilbereiche bzw. Teilprozesse im Personalsektor, die sich für ein Outsourcing anbieten. Grundsätzlich gilt, dass die wirklich strategischen Prozesse wie z. B. HR-Strategie- und Grundsatzfragen, Anreiz- und Vergütungssysteme, die Personal- und Führungskräfteentwicklung oder das Personalcontrolling in den wenigsten Fällen rechtlich ausgelagert werden. Hier würden die Unternehmen Gefahr laufen, ihre Kernkompetenz im Personalmanagement zu verlieren.

Die Ergebnisse der zu diesem Thema von der Unternehmensberatung Kienbaum durchgeführten HR-Outsourcing Studie 2010 geben einen Überblick darüber, welche HR-Prozesse am ehesten ausgelagert werden (siehe Insert 4-04). Trotz der generellen Offenheit gegenüber der Fremdvergabe von Personalprozessen, liegen die Grenzen des Outsourcings insbesondere bei strategisch relevanten Prozessen mit hoher personalwirtschaftlicher Spezifität. Darüber hinaus verdeutlicht die Studie, dass diejenigen Unternehmen, die ihre Personalprozesse schon sehr frühzeitig ausgelagert haben, mit ihren externen Dienstleistern sehr zufrieden sind. Als häufigste Gründe für die Auslagerung von HR-Prozessen werden von den befragten Unternehmen die Reduktion von HR-Kosten, die Fokussierung auf strategische HR-Aufgaben und die Standardisierung von HR-Prozessen genannt. HR-Outsourcing hat sich also auch in deutschen

Unternehmen – zumindest für bestimmte personale Teilprozesse – zu einem durchaus erfolgreichen HR Service Delivery Modell entwickelt (vgl. HR Outsourcing 2010, S. 10].

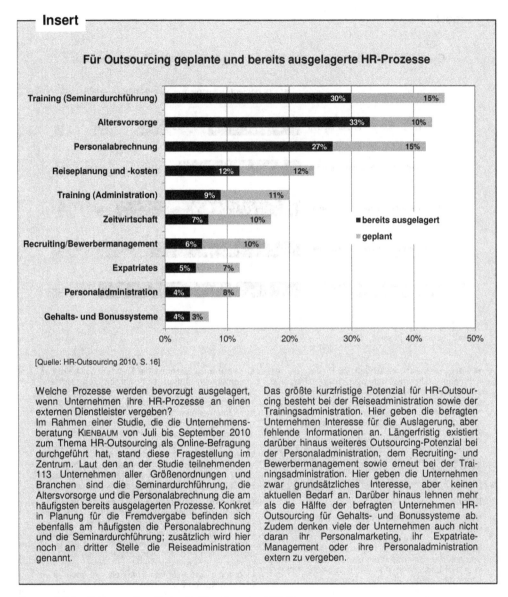

Insert 4-04: Outsourcing-Potential bestimmter HR-Prozesse

4.3.4 Stand der organisatorischen Veränderungen im Personalsektor

Die oben diskutierten Entscheidungen über die Auslagerung von personalen Prozessen stehen im engen Zusammenhang mit den generellen organisatorischen Veränderungen des Personalsektors. Insert 4-05 gibt einen Überblick darüber, mit welchen Formen organisatorischer Veränderungen sich die an der Kienbaum-Studie beteiligten Unternehmen beschäftigen.

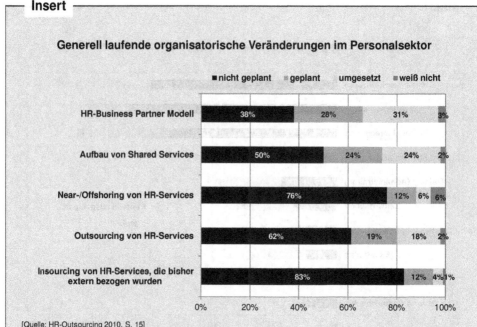

Insert

Generell laufende organisatorische Veränderungen im Personalsektor

■ nicht geplant ■ geplant ■ umgesetzt ■ weiß nicht

	nicht geplant	geplant	umgesetzt	weiß nicht
HR-Business Partner Modell	38%	28%	31%	3%
Aufbau von Shared Services	50%	24%	24%	2%
Near-/Offshoring von HR-Services	76%	12%	6%	6%
Outsourcing von HR-Services	62%	19%	18%	2%
Insourcing von HR-Services, die bisher extern bezogen wurden	83%	12%	4%	1%

[Quelle: HR-Outsourcing 2010, S. 15]

HR-Business Partner Modell. 28 Prozent der teilnehmenden Unternehmen planen ihren Personalsektor in Form eines Business-Partner-Modells neu auszurichten. 31 Prozent haben diese Veränderung bereits vollzogen. Dagegen planen 38 Prozent keine derartige strukturelle Neuausrichtung.

Shared Services. 24 Prozent der befragten Unternehmen geben an, dass sie den Aufbau von internen Shared Service Centern planen; ebenfalls 24 Prozent haben diese bereits eingerichtet. Für die Hälfte der befragten Unternehmen besitzt der Aufbau eines Shared Service Center allerdings keine Relevanz.

Near-/Offshoring. Auch das Near- und Offshoring von HR-Services stellt für die überwiegende Mehrheit der befragten Unternehmen (76 Prozent) gegenwärtig keine mögliche Alternative dar. Nur 12 Prozent der Unternehmen planen das X-Shoring ihrer HR-Leistungen und lediglich sechs Prozent haben dies bereits tatsächlich umgesetzt.

Outsourcing. Ebenfalls die Mehrheit der befragten Unternehmen äußert sich ähnlich zurückhaltend bezüglich der Möglichkeit der Fremdvergabe ihrer HR-Services. So geben nur 19 Prozent der befragten Unternehmen an, aktuell die rechtliche Ausgliederung von HR-Prozessen zu planen; weitere 18 Prozent bestätigen HR-Outsourcing bereits umgesetzt zu haben. Allerdings ist aus der Studie auch nicht erkenntlich, in welchem Umfang bzw. wie viele personale Teilprozesse ausgelagert wurden. Für 62 Prozent der befragten Unternehmen ist HR-Outsourcing aktuell überhaupt kein Thema.

Insourcing. Immerhin beschäftigen sich bereits 12 Prozent der befragten Unternehmen mit dem Insourcing von bereits ausgelagerten HR- Prozessen. Weitere vier Prozent wickeln ehemals ausgelagerte Prozes-se schon wieder Inhouse ab. Ganz offensichtlich wird sich hier gezeigt haben, dass der Business Case nicht (mehr) stimmt und das Insourcing eine Alternative darstellt, die doch einen höheren Nutzen verspricht.

Insert 4-05: Organisatorische Veränderungen im Personalsektor

4.4 Change Management

Das Veränderungsmanagement (engl. *Change Management*) steuert und begleitet kulturelle, strukturelle und organisatorische Veränderungen im Unternehmen, um die Risiken zu reduzieren, die sich durch Veränderung und Transformation ergeben können [vgl. REGER 2009, S. 5]. Dabei steht die Umsetzung von neuen Strategien, Strukturen, Systemen oder Verhaltensweisen im Vordergrund. Bei Restrukturierungen, umfassenden Prozessveränderungen, der Implementierung von ERP-Systemen und der Neuausrichtung von Strategien oder Post-Merger-Integrationen gilt es, das entsprechende Geschäftsmodell möglichst schnell in operative Ergebnisse umzuwandeln. Entscheidend für den Erfolg einer notwendigen Umsetzungsmaßnahme ist, wie gut und wie schnell sich Mitarbeiter an die Veränderung anpassen und ihre Arbeit daran ausrichten. Führungskräfte und Mitarbeiter müssen zielgerichtet mobilisiert und motiviert werden, damit sie die bevorstehenden Veränderungen mitgestalten und vorantreiben. Flexibilität und Veränderungsfähigkeit ist demnach ein wichtiger Erfolgsfaktor im Wettbewerb. Change Management zählt seit Jahren zu den aktuellen Top-Themen des Personalmanagements, die mit hoher Priorität angegangen werden müssen (siehe 1.1.2). Wandel ist somit zu einer Daueraufgabe geworden, der sich Führungskräfte und Mitarbeiter immer wieder stellen müssen.

4.4.1 Ursachen und Handlungsfelder des Change Managements

In der Erhebung zur Change Management-Studie 2008 von CAPGEMINI wurde nach den wichtigsten Gründen für Veränderungen in Unternehmen gefragt. Die Ergebnisse der Studie zeigen, dass Restrukturierungs- bzw. Reorganisierungsmaßnahmen als wichtigste Gründe für Veränderungen in Unternehmen genannt werden (siehe Insert 4-06). Aus diesen Gründen für Veränderungen, lassen sich zwei grundlegende **Ursachenkomplexe** ausmachen [vgl. VAHS 2009, S. 310 ff.]:

- **Externe Ursachen**, die von *außen* auf die Organisation als Problemdruck wirken. Zu den wichtigsten unternehmensexternen Einflüssen zählen der Druck des Marktes und des Wettbewerbs, Firmenübernahmen sowie technologische Veränderungen. Hinzu kommt ein gesellschaftlicher Wertewandel, der hierzulande besonders durch ein vergleichsweise hohes Bildungs- und Wohlstandsniveau beeinflusst wird.

- **Interne Ursachen**, die von *innen* als Problemdruck auf die Organisation wirken. Interne Auslöser für Veränderungsprozesse können Fehlentscheidung der Vergangenheit, Kostendruck, Wachstumsinitiativen, eine Neuformulierung der Unternehmensstrategie oder neue Managementkonzepte sein.

Die genannten internen und externen Ursachenkomplexe können nicht isoliert betrachtet werden, sondern müssen im dynamischen Gesamtzusammenhang der vier Handlungsfelder des Change Managements gesehen werden [vgl. VAHS 2009, S. 334 ff.]:

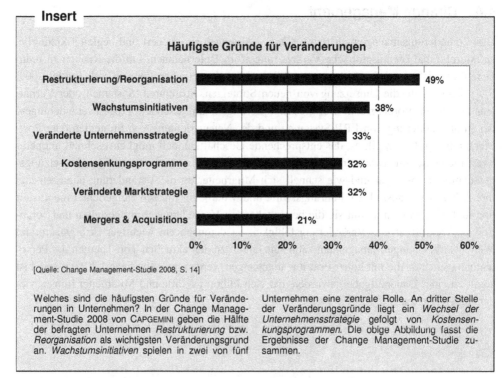

Insert 4-06: Häufigste Gründe für Change Management

- **Handlungsfeld 1: Strategie**. Die Strategie – also der Weg zum Ziel – wird durch bereits eingetretene oder noch zu erwartende Veränderungen beeinflusst. Erfolgt die Strategie reaktiv, so spricht man von einer *Anpassungsstrategie*. Sie kann aber auch aktiv als *Innovationsstrategie* formuliert werden. In Bezug auf die Reichweite der in den Veränderungsprozess einbezogenen Strategieebenen kann zwischen *Unternehmensstrategie*, *Geschäftsbereichsstrategien* oder *Funktionsbereichsstrategien* unterschieden werden (siehe auch 1.3.5). Unabhängig von den einbezogenen Unternehmensebenen wirkt die Formulierung einer neuen Strategie nicht nur nach *außen*, sondern auch nach *innen*, d. h. sie bleibt in aller Regel nicht ohne Auswirkungen auf die bestehenden Organisationsstrukturen.

- **Handlungsfeld 2: Kultur**. Gegenüber den „harten" Faktoren gewinnt die Unternehmenskultur als „weiches" Handlungsfeld für ein erfolgreiches Veränderungsmanagement zunehmend an Bedeutung. Mitarbeiter erwarten abwechslungsreiche und verantwortungsvolle Aufgaben, die Freiräume für ihre persönliche Entfaltung bieten. Daher müssen sie auch rechtzeitig über Veränderungen informiert und in den Veränderungsprozess eingebunden werden (siehe 4.4.2). Geschieht dies nicht oder nicht rechtzeitig, so meldet sich allzu häufig das „natürliche Immunsystem" einer Organisation.

- **Handlungsfeld 3: Technologie**. Versteht man unter *Technologie* ganz allgemein Verfahren, Methoden, Maschinen, Werkzeuge, Werkstoffe und das damit verbundene Anwendungswissen, so werden diese vorrangig im Produktionsbereich von Industriebetrieben eingesetzt. Anstehende Veränderungen betreffen hier also vornehmlich den Herstellungsprozess. Veränderungen im Bereich der **Informations- und Kommunikationstechnologie (IKT)** betreffen jedoch nicht nur den Fertigungsbereich (z. B. als Embedded Software), sondern auch den Verwaltungsbereich sowie ganz besonders auch Dienstleistungsunternehmen wie Banken, Versicherungen, Logistik- und Handelsbetriebe. Hier hat die Entwicklung der IKT einen unmittelbaren Einfluss auf die Veränderung der Unternehmensstrukturen. So eröffnet die IKT heute in einem zunehmenden Maße die Chance zur Gestaltung von Prozessen und Strukturen. Mehr noch, in vielen Branchen hat sich die IKT als strategischer Erfolgsfaktor entpuppt. Ein Stichwort hierzu ist die **Digitale Transformation**.

- **Handlungsfeld 4: Organisation**. Mit dem Handlungsfeld *Organisation* sind typische Maßnahmen der **Reorganisation** von Unternehmen angesprochen. Dazu zählen der Abbau von Hierarchieebenen ebenso wie die Einrichtung von Cost- und Profit-Centern oder der Übergang von einer funktionalen zu einer prozessorientierten Struktur. **Restrukturierungsmaßnahmen** (engl. *Restructuring*) sind die konsequenteste Form eines transformativen Wandels, wenn eine strategische Neuausrichtung andere Strukturen verlangt.

4.4.2 Umgang mit Widerständen

Jede Veränderung löst Verunsicherung, teilweise sogar Ängste und das Gefühl von Kontrollverlust bei den Mitarbeitern aus. Sie wissen nicht, was auf sie zu kommt, wie sie sich in der neuen Situation oder während der Übergangsphase verhalten sollen. So sind Widerstände (engl. *Resistance to Change*) ganz normale und unvermeidliche Begleiterscheinungen von Veränderungsprozessen. Widerstände lassen sich oftmals auf fehlende Akzeptanz und Perspektiven zurückführen. Die Zufriedenheit mit der aktuellen Situation oder auch sachliche, persönliche oder machtpolitische Gründe können für das Nicht-Wollen vorliegen. Widerstände können aber auch auf fehlender Qualifikation beruhen. Aus Angst vor Versagen nimmt man am Veränderungsprozess nicht teil oder versucht ihn zu unterlaufen. Häufig ist es auch fehlendes Verständnis für den Veränderungsdruck. Mangelnde oder falsche Informationen über die Gründe und Notwendigkeit der Veränderung sind i. d. R. auf fehlerhafte Kommunikation zurückzuführen [vgl. REGER 2009, S. 18 f.].

Hinsichtlich der Reaktionen auf geplante Veränderungen lassen sich unterschiedliche Personengruppen unterscheiden. Etwa ein Drittel der Betroffenen steht den Veränderungen offen und positiv gegenüber, ein Drittel verhält sich abwartend und neutral und das letzte Drittel lehnt den Wandel leidenschaftlich ab. Differenziert man diese Einteilung weiter, so können sieben Typen von Personen in Verbindung mit Veränderungsreaktionen ausgemacht werden, wobei eine Normalverteilung der einzelnen Typen unterstellt wird [vgl. VAHS 2009, S. 344 ff. unter Bezugnahme auf KREBSBACH-GNATH 1992, S. 37 ff.]:

- **Visionäre und Missionare.** Diese eher kleine Schlüsselgruppe gehört in der Regel dem Top-Management an und haben die Ziele und Maßnahmen des geplanten Wandels mit erarbeitet oder mit initiiert. Sie sind vom Veränderungserfolg überzeugt und versuchen nun, die übrigen Organisationsmitglieder von der Notwendigkeit der Veränderung zu überzeugen.
- **Aktive Gläubige.** Auch diese Personengruppe akzeptiert den bevorstehenden Wandel und ist bereit, ihre ganze Arbeits- und Überzeugungsarbeit einzusetzen, um die Ziele und neuen Ideen in die Organisation zu tragen.
- **Opportunisten.** Sie wägen zunächst einmal ab, welche persönlichen Vor- und Nachteile der Wandel für sie bringen kann. Gegenüber ihren veränderungsbereiten Vorgesetzten äußern sie sich positiv, gegenüber ihren Kollegen und Mitarbeitern eher zurückhaltend und skeptisch.
- **Abwartende und Gleichgültige.** Diese größte Personengruppe zeigt eine sehr geringe Bereitschaft, sich aktiv an der Veränderung zu beteiligen. Sie wollen erst einmal Erfolge sehen und eine spürbare Verbesserung ihrer persönlichen Arbeitssituation erfahren.
- **Untergrundkämpfer.** Sie gehen verdeckt vor und betätigen sich als Stimmungsmacher gegen die Neuerungen.
- **Offene Gegner.** Diese Gruppe von Widerständlern, der es um die Sache und nicht um persönliche Privilegien geht, zeigt ihre ablehnende Haltung offen. Sie ist davon überzeugt, dass die Entscheidung falsch und der eingeschlagene Weg nicht zielführend ist.
- **Emigranten.** Diese eher kleine Gruppe hat sich entschlossen, den Wandel keinesfalls mitzutragen und verlässt das Unternehmen. Häufig handelt es sich dabei um Leistungsträger, die nach der Veränderung keine ausreichende Perspektive für sich sehen.

Generell sind es drei Voraussetzungen, die den Erfolg von Change Management-Projekten bestimmen:

- **Veränderungsbedarf**, d. h. die grundsätzliche Erkenntnis und Überzeugung, dass eine Veränderung zu einer besseren Ausgangssituation führt und damit wettbewerbsrelevant ist,
- **Veränderungsfähigkeit**, d. h. das Potenzial von Führungskräften und Mitarbeitern, die Veränderung erfolgreich umzusetzen und
- **Veränderungsbereitschaft**, d. h. den Willen aller Beteiligten und Betroffenen zur Umsetzung.

Nur wenn alle drei Voraussetzungen zusammen kommen, hat das Change Management „leichtes Spiel".

In Abbildung 4-28 sind die Beziehungszusammenhänge von Veränderungsbedarf, -fähigkeit und -bereitschaft dargestellt.

4.4 Change Management

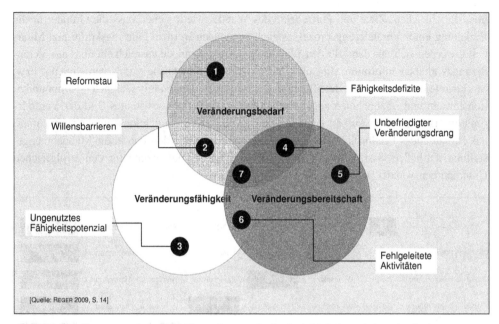

Abb. 4-28: Zusammenhang von Veränderungsbedarf, -fähigkeit und -bereitschaft

Konkret muss das Unternehmen Sorge dafür tragen, dass die Veränderung zu einer Anreizkompatiblen Organisationslösung führt, d. h. der Mitarbeiter sollte durch Erfüllung der gestellten Aufgabe auch seine eigenen Ziele erreichen können. Des Weiteren ist die Motivation der Mitarbeiter auf ein gemeinsames Ziel auszurichten, um den Abbau von Blockaden zu erleichtern. Auch eine gezielte Steuerung der Erwartungen sowie eine entsprechende Qualifizierung der Mitarbeiter sind Grundlagen für einen erfolgreichen Change Management-Prozess.

Jede Veränderung ist ein Prozess, der zweckmäßiger Weise in folgenden fünf Phasen ablaufen sollte [vgl. KRÜGER 2002, S. 49]:

- **Initialisierung**, d. h. der Veränderungsbedarf wird festgestellt und die Veränderungsträger müssen informiert werden,

- **Konzipierung**, d. h. die Ziele der Veränderung sind festzulegen und die entsprechenden Maßnahmen zu entwickeln,

- **Mobilisierung**, d. h. das Veränderungskonzept muss kommuniziert und Veränderungsbereitschaft und Veränderungsfähigkeit geschaffen werden,

- **Umsetzung**, d. h. die priorisierten Veränderungsvorhaben sind durchzuführen und Folgeprojekte anzustoßen,

- **Verstetigung**, d. h. die Veränderungsergebnisse müssen verankert und Veränderungsbereitschaft und -fähigkeit abgesichert werden.

Ein wichtiger Bestandteil des Change Management ist eine klare, konsequente und konsistente **Kommunikation**. Eine rechtzeitige und offene Information der Organisationsmitglieder über die Ursachen, Ziele und Fortschritte des Wandels stellt sicher, dass die Gründe für die Einleitung eines Veränderungsprozesses auch verstanden werden. Führungskräfte und Mitarbeiter werden sich nur dann für den Wandel einsetzen, wenn sie ausreichend über das Veränderungsvorhaben informiert sind und den Gesamtzusammenhang zur Unternehmens- bzw. Marktstrategie kennen. Alle Beteiligten und Betroffenen müssen mit geeigneten Kommunikationsmitteln und -maßnahmen angesprochen werden, um ein konsistentes Bild der Veränderung zu erzeugen. Der Aufbau eines vertrauensvollen Kommunikations- und Arbeitsklimas, das ein laufendes Feedback über den Veränderungsprozess fordert und in die Maßnahmengestaltung einfließen lässt, ist somit eine ganz wichtige Voraussetzung für den erfolgreichen Unternehmenswandel [vgl. VAHS 2009, S. 355].

Ohne **Ziele**	?	+ Aktionspläne	+ Ressourcen	+ Fähigkeiten	+ Anreize	+ Information	= **Aktionismus**
Ohne **Pläne**	Ziele	+ ?	+ Ressourcen	+ Fähigkeiten	+ Anreize	+ Information	= **Chaos**
Ohne **Ressourcen**	Ziele	+ Aktionspläne	+ ?	+ Fähigkeiten	+ Anreize	+ Information	= **Frustration**
Ohne **Fähigkeiten**	Ziele	+ Aktionspläne	+ Ressourcen	+ ?	+ Anreize	+ Information	= **Angst**
Ohne **Anreize**	Ziele	+ Aktionspläne	+ Ressourcen	+ Fähigkeiten	+ ?	+ Information	= **Kaum Veränderung**
Ohne **Information**	Ziele	+ Aktionspläne	+ Ressourcen	+ Fähigkeiten	+ Anreize	+ ?	= **Verwirrung**
	Ziele	+ Aktionspläne	+ Ressourcen	+ Fähigkeiten	+ Anreize	+ Information	= **Gewünschte Veränderung**

[Quelle: UNKRIG 2005, S. 45]

Abb. 4-29: Komponenten der gewünschten Veränderung

Jedes Change Management-Team sollte sich darüber im Klaren sein, dass sich ohne Ziele, Aktionspläne, Ressourcen, Fähigkeiten, Anreize und Informationen die gewünschte Veränderung nicht einstellen wird. Im Gegenteil, fehlt bereits eine dieser Komponenten, so ist Aktionismus, Chaos, Frustration, Angst oder Verwirrung vorprogrammiert.

Abbildung 4-29 zeigt sehr anschaulich, was das Fehlen einzelner Komponenten im Change Management-Prozess bewirken kann. Besonders deutlich werden diese Effekte, wenn man die Ursachen fehlgeschlagener Change Management-Projekte analysiert.

In Insert 4-07 sind die häufigsten Ursachen für IT-Projekte, die die Erwartungen nicht erfüllt haben, aufgelistet. Daran wird deutlich, dass es im Wesentlichen immer wieder an der Vernachlässigung mindestens einer der o. g. Komponenten liegt, wenn Projekte nicht den gewünschten Erfolg bringen.

Fazit: Eine der Veränderung positiv gegenüberstehende Unternehmenskultur, eine angemessene und zielgruppenorientierte Kommunikation sowie ein kompetentes Change Management-Team, das mit entsprechenden Ressourcen ausgestattet ist, bilden die wichtigsten Grundlagen für einen erfolgreichen Wandel im Unternehmen.

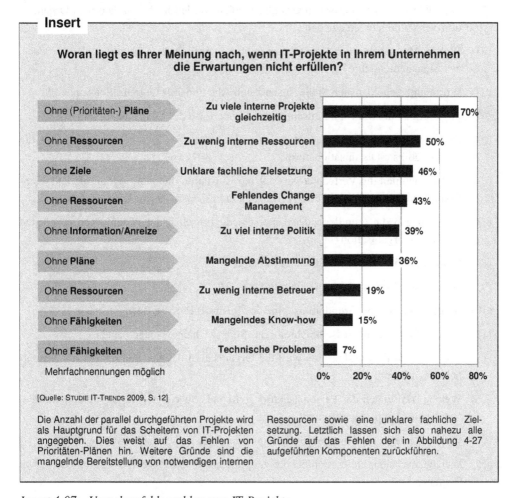

Insert 4-07: Ursachen fehlgeschlagener IT-Projekte

Kontroll- und Vertiefungsfragen

(1) Welche drei organisatorischen Grundprinzipien werden nach dem heutigen Organisationsverständnis unterschieden?
(2) Welche Managementfunktionen beschreibt der sogenannte „Fünferkanon" der modernen Managementlehre?
(3) Worin unterscheiden sich Stelle, Instanz und Abteilung als Organisationseinheit?
(4) Inwiefern ist die Matrixorganisation eine Sonderform der Mehrlinienorganisation?
(5) Ist die funktionale Organisation für ein Ein-Produktunternehmen in jedem Fall die zweckmäßigste Organisationsform?
(6) Warum nehmen die Verfechter der Matrixorganisation die „vorprogrammierten" Konfliktfälle aufgrund der unklaren Weisungsbefugnisse bewusst in Kauf?
(7) Worin liegen die grundlegenden Unterschiede zwischen der Ablauforganisation und der Prozessorganisation?
(8) Worin besteht die grundsätzliche Prozessidee?
(9) Welche drei Rollen kommen jedem Prozess zu?
(10) Beschreiben Sie die Grundphilosophie des Business Process Reengineering.
(11) Welche Geschäftsprozesse beschreibt das Supply Chain Management?
(12) Von welchen Einflussfaktoren wird die Organisation des Personalsektors im Wesentlichen bestimmt?
(13) Welche Aktivitäten des Personalsektors sollten als Service Center organisiert werden, welche als Competence Center?
(14) Welche Ziele werden mit der Einrichtung eines Shared Service Center verfolgt?
(15) Welche Varianten bieten sich bei der geografischen Auslagerung eines Shared Service Center an?
(16) Warum bildet das Service Level Agreement eine wichtige Grundlage für den Betrieb eines Shared Service Center?
(17) Worin besteht der Unterschied zwischen X-Shoring und Outsourcing?
(18) Welche Kosten- und Qualitätsvorteile werden mit Self Services angestrebt?
(19) Welcher Zusammenhang besteht zwischen Veränderungsbedarf, -fähigkeit und -bereitschaft?
(20) Warum ist die Kommunikation so wichtig für die Umsetzung von Change Management-Projekten?

Literatur

AAKER, D. A. (1984): Strategic Market Management, New York 1984.

ADAMS, J.S. (1965). Inequity in social exchange. In: Berkowitz, L. (Ed.): Advances in experimental social psychology (Vol. 2, S. 267-299). New York: Academic Press 1965.

ANDLER, N. (2008): Tools für Projektmanagement, Workshops und Consulting. Kompendium der wichtigsten Techniken und Methoden, Erlangen 2008.

APPEL, W. (2011): HR-Serviceplattform HRdirekt. Standardisierung von Prozessen versus Serviceorientierung, Präsentationsvorlage BASF vom 31.03.2011.

ASHFORTH, B. E./MAEL, F. (1989). Social Identity Theory and the Organization. Academy of Management Review, 14, 20-39.

BACKHAUS, K. (1990): Investitionsgütermarketing, 2. Aufl., München 1990.

BARNARD, C. I. (1938): The Functions of the Executive. Harvard University Press, Cambridge (Mass.) 1938.

BARTSCHER, T./STÖCKL, J./TRÄGER, T. (BARTSCHER et al. 2012): Personalmanagement. Grundlagen, Handlungsfelder, Praxis, München 2012.

BASS, B. (1985): Leadership and Performance Beyond Expectations, New York 1985.

BAUMGARTEN, R. (1977): Führungsstile und Führungstechniken, Berlin-New York 1977.

BEA, F. X./HAAS, J. (2005): Strategisches Management, 4. Aufl., Stuttgart 2005.

BECK, C. (2008a): Personalmarketing 2.0. Personalmarketing in der nächsten Stufe ist Präferenz-Management, in: BECK, C. (Hrsg.) (2008b): Personalmarketing 2.0. Vom Employer Branding zum Recruiting, Köln 2008.

BECK, C. (Hrsg.) (2008b): Personalmarketing 2.0. Vom Employer Branding zum Recruiting, Köln 2008.

BECK, C. (Hrsg.) (2008c): Studie 2008 Arbeitgeberimage-Energie, Koblenz 2008.

BECKER, F. G. (2009): Führen mit Anreizsystemen. In: Digitale Fachbibliothek „Das flexible Unternehmen". Hrsg. v. ANTONI, C. H./EYER, E.: Düsseldorf: Symposium, Online-Publikation 2009 (http://www.symposion.de/?autoren/250775_Prof_Dr_Fred_G_Becker, Online: 01.07.2009).

BECKER, G./SEFFNER, S. (2002): Erfolgsfaktor Personal – Wachstum und Zukunftsorientierung im Mittelstand, Kienbaum Consultants International.

BECKER, J. (1993): Marketing-Konzeption. Grundlagen des strategischen Marketing-Managements, 5. Aufl., München 1993.

BECKER, J. (2009): Marketing-Konzeption. Grundlagen des ziel-strategischen und operativen Marketing-Managements, 9. Aufl., München 2009.

BECKER, M. (2010): Personalwirtschaft. Lehrbuch für Studium und Praxis, Stuttgart 2010.

BERTHEL, J./BECKER, F. (2007): Personalmanagement. Grundzüge für die Konzeption betrieblicher Personalarbeit, 8. Aufl., Stuttgart 2007.

BEUGRÉ, C.D. (1998): Managing fairness in organizations, Westport 1998.

BIDLINGMAIER, J. (1973): Marketing, Bd. 1, Reinbeck bei Hamburg 1973.

BIRKIGT, K./STADLER, M. M. (1992): Corporate Identity-Grundlagen, in: BIRKIGT, K./STADLER, M. M./FUNCK, H. J. (Hrsg.): Corporate Identity, 5. Aufl., 1992, S. 11-61.

BISANI, F. (1995): Personalwesen und Personalführung. Der State oft he Art der betrieblichen Personalarbeit, 4. Aufl., Wiesbaden 1995.

BLAU, P. M. (1964): Exchange und Power in Social Life, New York 1964.

BRIETZE, R./LIPPOLD, D. (2011): Gerecht und motivierend. Eine Fallstudie zur Vergütungsgerechtigkeit bei Führungskräften, in: Zeitschrift für Organisation (zfo), 04/11, S. 230-237.

BRÖCKERMANN, R. (2007): Personalwirtschaft. Lehr- und Übungsbuch für Human Resource Management, 4. Aufl., Stuttgart 2007.

BROWN, M./SIMMERLING, M./STURMAN, M. (BROWN et al. 2003): Compensation Policy and Organizational Performance: The Efficiency, Operational, and Financial Implications of Pay Levels and Pay Structure, Academy of Management Jornal, 46, 6, S. 752-762.

BRUHN, M. (2007): Kommunikationspolitik, 4. Aufl., München 2007.

BUNDESAGENTUR FÜR ARBEIT (Hrsg.) (2010): Der Arbeitsmarkt in Deutschland. Arbeitsmarktberichterstattung – Januar 2011.

BUSS, E. (2009): Managementsoziologie. Grundlagen, Praxiskonzepte, Fallstudien, 2. Aufl., München 2009.

Change Management-Studie (2008): Business Transformation – Veränderungen erfolgreich gestalten (hrsg. v. CAPGEMINI CONSULTING)

Change Management-Studie (2012): Digitale Revolution – Ist Change Management mutig genug für die Zukunft? (hrsg. v. CAPGEMINI CONSULTING)

CLASSEN, M./KERN, D. (2006): Studie HR Business Partner. Theorie und Praxis – Sichtweisen und Perspektiven (hrsg. v. CAPGEMINI CONSULTING).

CLASSEN, M./KERN, D. (2007): HR-Barometer 2007. Bedeutung, Strategien, Trends in der Personalarbeit (hrsg. v. CAPGEMINI CONSULTING).

CLASSEN, M./KERN, D. (2009): HR-Barometer 2009. Bedeutung, Strategien, Trends in der Personalarbeit (hrsg. v. CAPGEMINI CONSULTING).

COASE, R. H. (1937): The Nature of the Firm. In: Economica 4(1937)16, S. 386-405.

COLQUITT, J.A./GREENBERG, J./ZAPATA-PHELAN, C.P. (COLQUITT et al. 2005): What is organizational justice? A historical overview. In: Greenberg, J./Colquitt, J.A. (Hrsg.): Handbook of Organizational Justice, Mahwah 2005, S. 3-58.

CONRADI, W. (1983): Personalentwicklung, Stuttgart 1983.

CROPANZANO, R./RUPP, D.E./MOHLER, C.J./SCHMINKE, M. (CROPANZANO et al. 2001): Three roads to organizational justice. In: Research in Personnel and Human Resources Management, 20, S. 1-113.

DAHRENDORF, R. (1975): Gesellschaft und Demokratie in Deutschland, München 1975.

DEBA (2007): URL. http://www.employerbranding.org/employerbranding.php, letzter Abruf 14.04.2011.

DEBA (2012): URL. http://www.employerbranding.org/download_center.php, letzter Abruf 30.01.2012.

DEHNER, H./LABITZKE, F. (2007): Praxishandbuch für Verhaltenstrainer. Das wichtigste Know-how für Akquisition, Konzeption und Intervention, Bonn 2007.

DGFP e. V. (Hrsg.) (2004): Wertorientiertes Personalmanagement – ein Beitrag zum Unternehmenserfolg. Konzeption – Durchführung – Unternehmensbeispiele, Düsseldorf 2004

DGFP e.V. (Hrsg.) (2006): Erfolgsorientiertes Personalmarketing in der Praxis. Konzept – Instrumente – Praxisbeispiele, Düsseldorf 2006.

DOPPLER, K./LAUTERBURG, C. (2005): Change Management. Den Unternehmenswandel gestalten, 11. Aufl., Frankfurt/Main 2005.

DRUMM, H. J. (2000): Personalwirtschaft, 4. Aufl., Berlin – Heidelberg – New York 2000.

ECKARDT, A./LAUMER, S./MAIER, C./WETZEL, T. (ECKART et al. 2012): Bewerbermanagement-Systeme in deutschen Großunternehmen. Wertbeitrag von IKT für dienstleistungsproduzierende Leistungs- und Lenkungssysteme, in: Zeitschrift für Betriebswirtschaftslehre, Sonderheft 4/2012.

EDINGER, T. (2002): Cafeteria-Systeme. Ein EDV-gestützter Ansatz zur Gestaltung der Arbeitnehmer-Entlohnung, Herdecke 2002.

EIGLER, J. (1997): Transaktionskosten und Personalwirtschaft. Ein Beitrag zur Verringerung der Ökonomiearmut in der Personalwirtschaftslehre, in: Zeitschrift für Personalforschung (ZfP), H. 1/1997, S. 5-29.

ERNST & YOUNG (Hrsg.): EY-Absolventenstudie 2012-2013. Ergebnisbericht, Hamburg 2013.

EVERS, H. (2009): Vergütungsmanagement, in: von Rosenstiel, L./Regnet, E./Domsch, M. (Hrsg.): Führung von Mitarbeitern, 6. Aufl., Stuttgart 2009, S. 519-528.

EYER, E./HAUSSMANN, T. (2007): Zielvereinbarung und variable Vergütung. Ein praktischer Leitfaden – nicht nur für Führungskräfte, 3. Aufl., Wiesbaden 2005.

FAHRNI, F./VÖLKER, R./BODMER, C. (FAHRNI et al. 2002): Erfolgreiches Benchmarking in Forschung und Entwicklung, Beschaffung und Logistik, München 2002.

FELDMANN, M. (2010): Die Wahrnehmung der Gerechtigkeit von Führungskräften in Arbeitssituationen – Ein kritischer Beitrag zur Messung und Analyse von Gerechtigkeitswahrnehmungen in Organisationen, Hagen 2009.

FEMERS, S. (2006): Wirtschaftskommunikation, Rinteln 2006.

FIEDLER, F. E. (1967): Engineer the Job to Fit the Manager, in: Harvard Business Review 43 (5/1965), S. 115-122.

FIEDLER, F. E./CHEMERS, M. M./MAHAR, L. (FIEDLER et al. 1979): Der Weg zum Führungserfolg. Ein Selbsthilfeprogramm für Führungskräfte, Stuttgart 1979.

FREIBURG, S. (2005): Lohngerechtigkeit – Managergehälter in der Kritik, Trier 2005 (E-Book).

FRESE, E. (1988): Grundlagen der Organisation, 4. Aufl., Wiesbaden 1988.

FRINTRUP, A (2006).: (ohne Titel) Gastvortrag der HR Diagnostics an der Fachhochschule Pforzheim am 13.06.2006.

FRÖHLICH, W. (2004): Nachhaltiges Personalmarketing: Entwicklung einer Rahmenkonzeption mit praxistauglichem Benchmarking-Modell, in: FRÖHLICH, W. (Hrsg.): Nachhaltiges Personalmarketing. Strategische Ansätze und Erfolgskonzepte aus der Praxis, Frechen 2004, S. 15-49.

GADATSCH, A. (2008): Grundkurs Geschäftsprozess-Management. Methoden und Werkzeuge für die IT-Praxis. Eine Einführung für Studenten und Praktiker, 5. Aufl., Wiesbaden 2008.

GAITANIDES, M./SCHOLZ, R./VROHLINGS, A. (GAITANIDES et al. 1994): Prozessmanagement. Grundlagen und Zielsetzungen, in: Prozessmanagement. Konzepte, Umsetzungen und Erfahrungen des Reengineering, hrsg. von GAITANIDES et al., München 1994, S. 1-19.

GAY, f. (2006): Das DISG®Persönlichkeits-Profil: Persönliche Stärke ist kein Zufall, 34. Aufl., Remchingen 2006.

GIESEN, B. (1998): Personalmarketing – Gewinnung und Motivation von Fach- und Führungsnachwuchskräften, in: THOM, N./GIESEN, B. (Hrsg.): Entwicklungskonzepte und Personalmarketing für den Fach- und Führungsnachwuchs, 2. Aufl., Köln 1998, S. 86-101.

GÖBEL, E. (2006): Unternehmensethik – Grundlage und praktische Umsetzung, Stuttgart 2006.

GRÜNING, M. (2002): Performance-Measurement-Systeme. Messung und Steuerung von Unternehmensleistung, Wiesbaden 2002.

HAGMANN, C./HAGMANN, J. (2011): Assessment Center, 4. Aufl., Freiburg 2011.

HALPIN, A. W./WINER, B. J. (1957): A factorial study of the LBDQ, in: STOGDILL, P./COONS, A. (Hrsg.): Leader behavior: Its description and measurement, Ohio State University, S. 39-51.

HAMMER, M./CHAMPY, J. (1994): Business Reengineering. Die Radikalkur für das Unternehmen, Frankfurt-New York 1994.

HAUSER, M. (2000): Charismatische Führung: Fluch und Segen zugleich?, Frankfurter Allgemeine Zeitung, 42 (14.02.2000), S. 69.

HÄUßLER, T. (2011): Zeitliche Entwicklung von Netzwerkbeziehungen: Theoretische Fundierung und empirische Analyse am Beispiel von Franchise-Netzwerken Wiesbaden 2011.

HENTZE, J./GRAF, A. (2005): Personalwirtschaftslehre 2, 7. Aufl., Bern 2005.

HERSEY, P./BLANCHARD, K. H. (1981): So You Want to Know Your Leadership Style?, Training and Development Journal, June 1981, S. 34-54.

HERSEY, P./BLANCHARD, K. H. (1988): Management of Organisational Behavior, 5. Aufl., Englewood Cliffs 1988.

HILDEBRANDT, E./WOTSCHAK, P./KIRSCHBAUM, A. (HILDEBRANDT et al. 2009): Zeit auf der hohen Kante. Langzeitkonten in der betrieblichen Praxis und Lebensgestaltung von Beschäftigten, Berlin 2009.

HILL & KNOWLTON (Hrsg.) (2008): Reputation & the war for talent. Corporate Reputation Watch 2008.

HIMMELREICH, F.-H. (1989): Arbeitsmarktanalyse. In: STRUTZ, H. (Hrsg.): Handbuch Personalmarketing, Wiesbaden 1989, S. 25-37.

HOMBURG, C./KROHMER, H. (2006): Marketing-Management, 2. Aufl., Wiesbaden 2006.

HOMBURG, C./KROHMER, H. (2009): Marketingmanagement. Strategie – Umsetzung – Unternehmensführung, 3. Aufl., Wiesbaden 2009.

HOMANS, G. C. (1958): Social Behavior as Exchange, American Journal of Sociology, 63, 3, S. 597-606.

HORVÁTH, P. (2002): Controlling, 8. Aufl., München 2002.

HOUSE, R. J. (1977): A Theory of Charismatic Leadership, in: HUNT, J. G./LARSON, L. L. (Hrsg.): Leadership. The Cutting Edge, Carbondale 1977, S. 189-207.

HR-BAROMETER 2007, 2009 und 2011: Bedeutung, Strategien, Trends in der Personalarbeit (hrsg. v. CAPGEMINI CONSULTING).

HR-OUTSOURCING 2010: Akzeptanz und Umsetzungserfahrung deutscher Unternehmen nach der Rezession (hrsg. v. KIENBAUM MANAGEMENT CONSULTANTS).

HR-Trendstudien 2009, 2010, 2011, 2012 und 2013 (hrsg. v. KIENBAUM MANAGEMENT CONSULTANTS).

HUNGENBERG, H./WULF, T. (2011): Grundlagen der Unternehmensführung. Einführung für Bachelorstudierende, 4. Aufl., Berlin-Heidelberg 2011.

ICR Recruiting Report 2011, hrsg. vom INSTITUTE FOR COMPETITIVE RECRUITING, URL: http://www.competitiverecruiting.de/BewerbermanagementsystemeimKundentest.html

ICR Recruiter Survey 2012, hrsg. vom INSTITUTE FOR COMPETITIVE RECRUITING, URL: http://www.competitiverecruiting.de/Recruiter-Survey.html

IBM (Hrsg.) (1984): Das IBM-Kommunikationsmodell, in: Enzyklopädie der Informationsverarbeitung, Stuttgart 1984.

IW-TRENDS – Vierteljahresschrift zur empirischen Wirtschaftsforschung aus dem Institut der deutschen Wirtschaft Köln, 36. Jahrgang, Heft 1/2009.

JACOBS, G./DALBERT, C. (2008): Gerechtigkeit in Organisationen. Zeitschrift für Wirtschaftspsychologie, 10 (2), S. 3-13.

JÄGER, W. (2008): Die Zukunft im Recruiting: Web 2.0. Mobile Media und Personalkommunikation, in: BECK, C. (Hrsg.): Personalmarketing 2.0. Vom Employer Branding zum Recruiting, Köln 2008.

JÄGER, W./JÄGER, M./FRICKENSCHMIDT, S. (JÄGER et al. 2007): Verlust der Informationshoheit, in: Personal 02/2007, S. 8-11.

JAGO, A. G. (1995): Führungstheorien – Vroom-Yetton-Modell, in: Handwörterbuch der Führung (hrsg. v. KIESER, A./REBER, G./WUNDERER, R.), Stuttgart 1995, Sp. 1063.

JANSSEN, O./VAN DE VLIERT, E. (1996). Concern for the other's goals: Key to (De-)escalation of conflict. The international Journal of Conflict Management, 1996, Vol. 7, No. 2, pp. 99-120.

JENSEN, M./MECKLING, W. (1976): Theory of the Firm: Managerial Behavior, Agency Costs and Ownership Structure, Journal of Financial Economics, 3, 4 (1976), S. 305-360.

JUNG, H. (2006): Personalwirtschaft, 7. Aufl., München 2006.

KAPLAN, R. S./NORTON, D. P. (1992): The Balanced Scorecard – Measures that Drive Performance. In: Harvard Business Review. 1992, January - February, S. 71-79.

KELLNER, H. (2000), Konflikte verstehen, verhindern, lösen. Konfliktmanagement für Führungskräfte, München 2000.

KIEFER, B. U./KNEBEL, H. (2004): Taschenbuch Personalbeurteilung – Feedback in Organisationen, 11. Aufl., Heidelberg 2004.

KLIMECKI, R. G./GMÜR, M. (2005): Personalmanagement, 3. Aufl., Stuttgart 2005.

KOSUB, B. (2009): Personalentwicklung, in DGFP e.V. (Hrsg.): Personalcontrolling. Konzept – Kennzahlen – Unternehmensbeispiele, Bielefeld 2009, S. 109-128.

KOSIOL, E. (1966): Die Unternehmung als wirtschaftliches Aktionszentrum. Einführung in die Betriebswirtschaftslehre, Reinbek bei Hamburg 1966

KOTLER, P./KELLER, K. L./BLIEMEL, F. (KOTLER et al. 2007): Marketing-Management. Strategien für wertschaffendes Handeln, 12. Aufl., München 2007.

KOTLER, P./ARMSTRONG, G./WONG, V./SAUNDERS, J. (KOTLER et al. 2011): Grundlagen des Marketing, 5. Aufl., München 2011.

KREBSBACH-GHAT, C. (1992): Wandel und Widerstand, in: Den Wandel von Unternehmen steuern. Faktoren für ein erfolgreiches Change-Management, Frankfurt/M. S. 37-55.

KRÜGER, K.-W. (2002): Personalauswahl: Angebotssichtung, Forschungsbericht, in: Bröckermann, R./Pepels, W. (Hrsg.): Handbuch Recruitment, Berlin 2002, S. 1992-227.

KRÜGER, W. (2002): Excellence in Change. Wege zur strategischen Erneuerung, 2. Aufl., Wiesbaden 2002.

KÜMMERLE, K./BUTTLER, A./KELLER, M. (KÜMMERLE et al. 2006): Betriebliche Zeitwertkonten. Einführung und Gestaltung in der Praxis, Heidelberg/München/Landsberg/Berlin 2006.

KUNERTH, B./MOSLEY, R. (2011): Applying employer brand management to employee engagement. Strategic HR Review, Vol. 10, Iss: 3, pp. 19-26.

KUß, A. (2013): Marketing-Theorie. Eine Einführung, 3. Aufl., Wiesbaden 2013.

LAMPERT, H. (1994): Lehrbuch der Sozialpolitik, Berlin 1994.

LIPPOLD, D. (1993): Marketing als kritischer Erfolgsfaktor der Softwareindustrie. In: U. ARNOLD, U./EIERHOFF, K. (Hrsg.): Marketingfocus: Produktmanagement, Stuttgart 1993, S. 223-236.

LIPPOLD, D. (1998): Die Marketing-Gleichung für Software. Der Vermarktungsprozess von erklärungsbedürftigen Produkten und Leistungen am Beispiel von Software, 2. Aufl., Stuttgart 1998.

LIPPOLD, D. (2010): Die Personalmarketing-Gleichung für Unternehmensberatungen, in: Niedereichholz et al. (Hrsg.): Handbuch der Unternehmensberatung, Berlin 2010.

LIPPOLD, D. (2012): Die Marketing-Gleichung. Einführung in das wertorientierte Marketingmanagement, München 2012.

LIPPOLD, D. (2013): Die Unternehmensberatung. Von der strategischen Konzeption zur praktischen Umsetzung, Wiesbaden 2013.

LOCHER, A. (2002): Individualisierung von Anreizsystemen, Basel 2002.

MACHARZINA, K./WOLF, J. (2010): Unternehmensführung. Das internationale Managementwissen. Konzepte – Methoden - Praxis, Wiesbaden 2010.

MACKENZIE, R. A. (1969): The management process 3-D, in: Harvard Business Review 47, S. 81-86.

MARCH, J./SIMON, H. (1973): Organizations, New York 1973.

MARSTON, W. M. (1928): Emotions of Normal People, New York 1928.

MARTIN, A. (2001): Personal-Theorie, Politik, Gestaltung, Stuttgart, Berlin, Köln 2001.

MASLOW, A. (1970): Motivation and Personality, 2. Aufl., New York 1970.

MCCLELLAND, D. (1961): The Achieving Society, Princeton 1961.

MENTZEL, W. (2005): Personalentwicklung. Erfolgreich motivieren, fördern und weiterbilden, 2. Aufl., München 2005.

MM-GEHALTSREPORT 2009. Online-Umfrage im Juli/August des MANAGER MAGAZINS.

MYERS, D. G. (2010): Psychology, 9th ed., New York 2010.

NAGEL, K. (1994): Weiterbildung als strategischer Erfolgsfaktor. Der Weg zum unternehmerisch denkenden Mitarbeiter, 3. Aufl., Landsberg/Lech 1994.

NEUBERGER, O. (2002): Führen und führen lassen. Ansätze, Ergebnisse und Kritik der Führungsforschung, 6. Aufl., Stuttgart 2002.

OERTEL, J. (2007): Generationenmanagement in Unternehmen, Wiesbaden 2007.

OLFERT, K. (2005): Personalwirtschaft, 11. Aufl., Ludwigshafen 2005.

PETKOVIC, M. (2007): Employer Branding. Ein markenpolitischer Ansatz zur Schaffung von Präferenzen bei der Arbeitgeberwahl, München/Mering 2007.

PETRY, T./SCHRECKENBACH, f. (2010): Web 2.0 – Königs- oder Holzweg?, in: Personalwirtschaft 09-2010.

PETT, J./THIEME, P. (2012): Kompass Arbeitgebermarke. Kurs Fachkräftesicherung. In: FUNK, J./HUMMEL, N. (Hrsg.): Von Leuchttürmen, Nebelbänken und Eisbergen – Fachkräftesicherung braucht Weitsicht. 8. Wiesbadener Gespräche zur Sozialpolitik.

PORTER, M. E. (1986): Competition in Global Industries. A Conceptual Framework, in: PORTER, M. E. (Hrsg.): Competition in Global Industries. Harvard Business School Press, Boston, 1986, 15-60.

PREEN, VON A. (2009): Mitarbeiterentlohnung und Partnerschaftsmodelle in Unternehmensberatungen, Präsentationsvortrag KIENBAUM Unternehmensberatung v. 08.10.2009.

PREISSING, D. (2010): Kompetenzentwicklung im demografischen Wandel, in: (PREISSING, D. (Hrsg.): Erfolgreiches Personalmanagement im demografischen Wandel, S. 141-194.

PRUITT, D. G./RUBIN, J. Z. (1986). Social conflict: Escalation, stalement and settlement. New York 1986.

RATHENOW, M. (2011): Theorien der Allianzforschung: Inwiefern die relationale Perspektive und die soziale Austauschtheorie den Transaktionskostenansatz ergänzen, Hamburg 2011.

RATIONALISIERUNGSKURATORIUM DER DEUTSCHEN WIRTSCHAFT E.V. (RKW 1990): RKW-Handbuch Personalplanung, 2. Aufl., Neuwied 1990.

RAUSER TOWERS PERRIN (2006): Flexible Benefits im gesamteuropäischen Kontext. Trends und Potenziale, Studie Juli 2006.

REDDIN, W. J. (1981): Das 3-D-Programm zur Leistungssteigerung des Managements, Landsberg/Lech 1981.

RECRUITING TRENDS 2010, hrsg. vom Centre of Human Resources Information Systems (CHRIS) der Otto-Friedrich-Universität Bamberg und der Goethe-Universität Frankfurt am Main.

RECRUITING TRENDS 2012, hrsg. vom Centre of Human Resources Information Systems (CHRIS) der Otto-Friedrich-Universität Bamberg und der Goethe-Universität Frankfurt am Main.

RECRUITING TRENDS 2013, hrsg. vom Centre of Human Resources Information Systems (CHRIS) der Otto-Friedrich-Universität Bamberg und der Goethe-Universität Frankfurt am Main.

REGER, G. (2009): Innovationsmanagement – Change Management. Präsentationsvorlage Potsdam 12.12.2009.

RINGLSTETTER, M./KAISER, S. (2008): Humanressourcen-Management, München 2008.

RIZZARDI, S. (2005): Personalmarketing aus der Sicht der Studierenden. Konzeptionelle Grundlagen – Empirische Ergebnisse – ausgewählte Gestaltungsempfehlungen, Bern 2005.

ROSENSTIEL, VON L. (1975): Die motivationalen Grundlagen des Verhaltens in Organisationen, Berlin 1975.

ROSENSTIEL, VON, L. (2003). Führung zwischen Stabilität und Wandel, München 2003.

RUMP, J./EILERS, S. (2006): Managing Employability, in: RUMP, J./SATTELBERGER, T./FISCHER, H. (Hrsg.): Employability Management. Grundlagen, Konzepte, Perspektiven, Wiesbaden 2006, S. 13-76.

SACKMANN, S. A. (2004): Erfolgsfaktor Unternehmenskultur. Mit kulturbewusstem Management Unternehmensziele erreichen und Identifukation schaffen – 6 Best Practice-Beispiele, Wiesbaden 2004.

SAGIE, A./KOSLOWSKY, M. (1994): Organizational Attitudes and Behaviors as a Function of Participation in Strategic and Tactical Change Decisions: An Application of Path-Goal-Theory, Journal of Organizational Behavior, 15, 1, S. 37-47.

SATTELBERGER, T. (1999): Der „Neue Moralische Kontrakt": Nadelöhr für das strategische Management der Humanressourcen in Netzwerkorganisationen. In: SATTELBERGER, T. (Hrsg.): Handbuch der Personalberatung: Realität und Mythos einer Profession, München 1999, S. 59-95.

SCHAMBERGER, I. (2006): Differenziertes Hochschulmarketing für High Potentials, Schriftenreihe des Instituts für Unternehmensplanung (IUP), Band 43, Norderstedt 2006.

SCHANZ, G. (1991): Handbuch Anreizsysteme in Wirtschaft und Verwaltung, Stuttgart 1991.

SCHEIN, E. H. (1995): Unternehmenskultur. Ein Handbuch für Führungskräfte, Frankfurt/Main 1995.

SCHMELZER, H. J./SESSELMANN, W. (2006): Geschäftsprozessmanagement in der Praxis. Kunden zufrieden stellen – Produktivität steigern – Wert erhöhen, 5. Aufl., München, Wien 2006.

SCHMITT, I. L./WERTH, K. (1998): Personalauswahl in Unternehmen. Zur Theorie der Auswahlpraxis, München 1998

SCHMIDT, S. (2004): Hochschulmarketing. Grundlagen, Konzepte, Perspektiven, Düsseldorf 2004.

SCHMID-OERTEL, M./KRAUSE, T. (2007): Compensation & Benefits – Vergütungssystematik und Performance Management für Führungskräfte, Präsentationsvorlage ENBW vom 09.11.2007.

SCHNIEDER, A. (2004): Business Transformation: Ein umfassendes Modell zur Unternehmenserneuerung – ein Ansatz von CAP GEMINI ERNST & YOUNG, in: FINK, D. (Hrsg.): Management Consulting Fieldbook – Die Ansätze der großen Unternehmensberater, München 2004.

SCHOLZ, C. (2000): Personalmanagement. Informationsorientierte und verhaltenstheoretische Grundlagen, 5. Aufl., München 2000.

SCHOLZ, C. (2011): Grundzüge des Personalmanagements, München 2011.

SCHRIESHEIM, C./CASTRO, S./ZHOU, X./DECHURCH, L. (SCHRIESHEIM et al. 2006): An Investigation of Path-Goal and Transformational Leadership Theory Predictions at the Individual Level of Analysis, Leadership Quarterly, 17, 1, S. 21-38.

SCHRÖDER, W. (2002): Ergebnisorientierte Führung in turbulenten Zeiten, 2002, URL: http://www.dr-schroeder-personalsysteme.de/pdffiles/Artikel17/

SCHULER, H. (2000): Psychologische Personalauswahl, 3. Aufl., Göttingen 2000.

SCHULER, H. (2006): Lehrbuch der Personalpsychologie, 2. Aufl., Göttingen 2006.

SEIDEL, C. (1993): Top-Management-Entwicklung in der DRESDNER BANK, in: WÜRTELE, G. (Hrsg.): Lernende Elite: Was gute Manager noch besser macht, Frankfurt/Main 1993, S. 244-257.

SIMON, H. (1997): Administrative Behavior, 4 Aufl., New York 1997.

SIMON, H./WILTINGER, K./SEBASTIAN, K.-H./TACKE, G. (SIMON et al. 1995): Effektives Personalmarketing. Strategien, Instrumente, Fallstudien, Wiesbaden 1995.

SPRINGER, J./SAGIRLI, A.: Personalmanagement – Personalfreisetzung,
   URL: http://www.iaw.rwth-aachen.de/download/lehre/vorlesungen/2006

STAEHLE, W. (1999): Management, 8. Aufl., München 1999.

STALDER, B. (1997): Frauenförderung konkret. Handbuch zur Weiterbildung im Betrieb, Zürich 1997.

Statistisches Bundesamt (2009): Frauendomäne Teilzeitarbeit – Wunsch oder Notlösung? Destatis, 28. April 2009.

Statistisches Bundesamt (2010): Befristete Beschäftigung: Jeder elfte Vertrag hat ein Verfallsdatum, Destatis, 16. März 2010.

STEINLE, M./THIES, A. (2008): Employer Branding in der Praxis: Nachhaltige Investitionen in die Arbeitgebermarke, in: Personalführung 5/2008.

STEINMANN, H./SCHREYÖGG, G. (2005): Management. Grundlagen der Unternehmensführung. Konzepte – Funktionen – Fallstudien, 6. Aufl., Wiesbaden 2005.

STEINMETZ, F. (1997): Erfolgsfaktoren der Akquisition von Führungsnachwuchskräften – eine empirische Untersuchung, Mainz 1997.

STOCK-HOMBURG, R. (2008): Personalmanagement: Theorien – Konzepte – Instrumente, Wiesbaden 2008.

STOCK-HOMBURG, R. (2013): Personalmanagement: Theorien – Konzepte – Instrumente, 3. Aufl., Wiesbaden 2013.

STOGDILL, R. (1948): Personal Factors Associated With Leadership: A Survey of the Literature, Journal of Psychology, 72, 3, S. 444-451.

STOGDILL, R. (1974): Handbook of Leadership: A Survey of Theory and Research, New York 1974.

STUDIE IT-TRENDS 2009: Zukunft sichern in der Krise (hrsg. v. CAPGEMINI).

SUTHERLAND, M. M./TORRICELLI, D. G./KARG, R. F. (SUTHERLAND et al. 2002): Employer-of-choice branding for knowledge workers. South African Journal of Business Management, 33, S. 13-20.

TALENTIAL & WIESBADEN BUSINESS SCHOOL (2011): Nutzung von Social Media im Employer Branding und im Online-Recruiting 2011,

URL: http://www.slideshare.net/talential/nutzung-von-social-media-im-employer-branding-und-im-onlinerecruiting

TANNENBAUM, R./SCHMIDT, W. H. (1958): How to Choose a Leadership Patter. In: Harvard Business Review, Heft 2/1958, S. 95–101.

TEETZ, T. (2008): Hochschulmessen: Markt für Karrieren? In: BECK, C. (Hrsg.): Personalmarketing 2.0. Vom Employer Branding zum Recruiting, Köln 2008, S. 142–149.

TEUFER, S. (1999): Die Bedeutung des Arbeitgeberimage bei der Arbeitgeberwahl. Mannheim 1999.

THIBAUT, J. W./KELLEY, H. H. (1959): The Social Psychology of Groups, New York 1959.

THOMET, O. (2005): Relevante Merkmale des Personalimages für die individuelle Organisationsauswahl. Eine empirische Studie bei 1000 Wirtschaftsstudenten in der Schweiz, Zürich 2005.

THOM, N./FRIEDLI, V. (2004): Hochschulabsolventen gewinnen, fördern und erhalten, 3. Aufl., Bern/Stuttgart/Wien 2004.

TOKARSKI, K. O. (2008): Ethik und Entrepreneurship. Eine theoretische und empirische Analyse junger Unternehmen im Rahmen einer Unternehmensethikforschung, Wiesbaden 2008.

TOSI, H./WERNER, S. (1995): Other People's Money: The Effects of Ownership on Compensation Strategy and Managerial Pay, Academy of Management Journal, 38,6, S. 1672-1691.

TOWERS PERRIN (2007): Global Workforce Study 2007.

TROMMSDORFF, V. (1987). Image als Einstellung zum Angebot, in: HOYOS et al. (Hrsg.): Wirtschaftspsychologie in Grundbegriffen, 2. Aufl., München 1987, S. 117-128.

ULRICH, D. (1997): Human Resource Champions, Harvard Business School Press, Boston 1997.

UNKRIG, R. (2005): Business Partner Personalmanagement. Auf dem Weg von der Verwaltung zur Wertschöpfung, Präsentationsvortrag RWE SOLUTIONS, Pforzheim 27. April 2005.

VAHS, D. (2009): Organisation. Ein Lehr- und Managementbuch, 7. Aufl., Stuttgart 2009.

VOLLMER, R. E. (1993). Personalimage, in: STRUTZ, H. (Hrsg.): Handbuch Personalmarketing, 2. Aufl., Wiesbaden 1993, S. 179-204.

VROOM, V. H./YETTON, P. W. (1973): Leadership and Decision-Making, Pittsburg 1973.

WAITE, A. (2007): HR's Role in Audience Segmentation, Strategic HR Review, 6, 2, S. 16-19.

WEBER, M. (1976): Wirtschaft und Gesellschaft. Grundriss der verstehenden Soziologie, 5. Aufl., Tübingen 1976.

WEIDENEDER, M. (2001): Erfahrungsbericht: Personalvermittlung im Internet. In: Personal, 07/ 2001.

WEUSTER, A. (2004): Personalauswahl. Anforderungsprofil, Bewerbersuche, Vorauswahl und Vorstellungsgespräch, Wiesbaden 2004.

WILDEN, R./GUDERGAN, S./LINGS, I. (WILDEN et al. 2010): Employer branding: strategic implications for staff recruitment. Journal of Marketing Management, Vol. 26, Iss: 1-2, pp. 56-73.

WILLIAMSON, O. (1975): Markets and Hierarchies. Analysis and Antitrust Implications, New York 1975.

WILLIAMSON, O. (1975): The Economic Institutions of Capitalism. Firms, Markets, Relational Contracting, New York 1975.

WINTER, D. G. (2002): The Motivational Dimensions of Leadership: Power, Achievement, and Affiliation. In: RIGGIO, R. E./MURPHY, S. E./PIROZZOLO, F. J. (Hrsg.): Multiple Intelligences and Leadership, Mahwah, New York 2002, S. 119-138.

WISS-Autorenteam (WISS 2001): Prozessorganisation, URL.: http://bwi.shell-co.com/03-01-01.pdf.

WISWEDE, G. (2007): Einführung in die Wirtschaftspsychologie, 4. Aufl., Stuttgart 2007.

WOFFORD, J./LISKA, L. (1993): Path-Goal Theories of Leadership: A Meta-Analysis, Journal of Management, 19, 4, S. 857-876.

WOTTAWA, H. (2008): High Potentials – Die Condottieri unserer Zeit, Vortrag im Rahmen der Management Meetings-Konferenz „Talent Management in der Praxis" am 8. Mai 2008 in München.

YUKL, G. (1994): Leadership in Organizations, 10. Aufl., New Jersey.

Sachwortverzeichnis

A

Ablauforganisation	300
Abmahnung	283
Abrufarbeit	274
Absatzmarketing	4, 58, 62, 97
Absatzmarkt	107
Abteilung	295
Achievement-oriented Leadership	222
AIDA-Modell	111
Akquisitionspotential	58
Aktionsfeld	4, 32, 57, 89, 144, 166, 172, 174, 195
Aktionsparameter	4, 32, 57, 86
Akzeptanzquote	233
Alleinstellungsmerkmal	92, 251
Altersteilzeit	279
Änderungskündigung	272
Andorra-Phänomen	240
Anerkennung	206
Anerkennungsbedürfnisse	24
Anforderungsgerechtigkeit	185
Anforderungsprofil	69, 72, 73, 74, 86, 146
Anreiz- und Vergütungssystem	174
Anreiz-Beitrags-Theorie	4, 19, 78
Anreizelemente	176
Anreizkategorien	176
Anreizsystem, immaterielles	176
Anreizsystem, materielles	176
Anreizzone	192
Ansätze, austauschtheoretische	14, 18
Anweisung	205
Anzeigen	119
Anzeigenpreis	119
Applicant	58
Application Management	321
Arbeitgeberattraktivität	100, 103
Arbeitgeberauftritt	99, 103
Arbeitgeberimage	93
Arbeitgeber-Imageanzeigen	111
Arbeitgeberimage-Ranking	104
Arbeitgebermarke	99, 101, 103
Arbeitnehmerüberlassungsvertrag	278
Arbeits- und Sozialrecht	38
Arbeitsförderungsgesetz	276
Arbeitsmarkt	3
Arbeitsmarktanalyse	80
Arbeitsmarktentwicklung	40
Arbeitsmarktpositionierung	67
Arbeitsmarktsegmentierung	67, 68, 69, 80
Arbeitsplatz	61
Arbeitsplatzmarketing	8
Arbeitszeitflexibilisierung	274
Arbeitszeitverkürzung	272
Arbeitszeugnis	155, 284
Assessment Center	146, 161, 258
Assoziationsphase	109
Attritionrate	70
Aufbauorganisation	293
Aufgabenstil	226
Aufgabensynthese	293, 300
Aufhebungsvertrag	278
Auftrag	205
Aus- und Weiterbildung	251
Aus- und Weiterbildungsbudget	266
Ausbildung	255
Aushang	135
Auslandseinsatz	261
Austauschbeziehung	78
Austauschtheorie, soziale	19
Austrittsinterview	284
Austrittsinterviewquote	286
Auswahlqualität	143, 168

B

Bachelorquote	143
Bachelor-Studiengang	38
Balanced Scorecard	244
Balanced Scorecard-Einsatzquote	250
Basic Beliefs	44
Bedarfsgerechtigkeit	186
Bedürfnispyramide	24
Bedürfnisse, physiologische	24
Bedürfnisse, soziale	24
Befehl	205
Befriedigungs-Progressionsthese	26
Bemessungsgrundlagen	189
Benchmark	39
Benchmarking	41
Benchmarking-Grundtypen	41
Benchmarkstrategie	188
Berufsanfänger	77
Berufseinsteiger	130
Berufserfahrungsprofil	75

Berufsschule	256
Beschäftigungsfähigkeit	33
Besetzungsquote, interne	268
Besprechung	229
Betreuungsprogramm	109
Betreuungsquote	310
Betriebsbesichtigung	134
Betriebsrat	272, 280
Betriebsvereinbarung	280
Beurteilung, eigenschaftsorientierte	241
Beurteilung, ergebnisorientierte	241
Beurteilung, leistungsorientierte	241
Beurteilungsergebnisse	249
Beurteilungsfeedback	248
Beurteilungsfehler	237
Beurteilungskriterien	248, 249
Bewerber	3, 90
Bewerberakzeptanz	55, 145
Bewerberdatei	145
Bewerberkriterium	55
Bewerbernutzen	55, 68, 91
Bewerberprogramm	108
Bewerberscreening	145
Bewerbervertrauen	55, 129, 142
Bewerbervorteil	55, 89, 92, 106
Bewerberwahrnehmung	55, 106
Bewerbungsanalyse	145
Bewerbungsanschreiben	155
Bewerbungsfoto	155
Bewerbungsgespräch	154, 158
Bewerbungsplattform	314
Bewerbungspool	145
Bewerbungsprozess	314
Bewerbungsunterlagen	154, 155
Bewusstseinsprogramm	108
Beziehungsbedürfnisse	25
Beziehungsmotive	28
Beziehungsstil	226
Bildanalogien	113
Bildassoziationen	113
Bildmetaphern	113
Bildungspolitik	38
Bildungsprofil	75
Bildungssystem, duales	255
Bildungsurlaub	258
Bindungsfaktor	174
Bindungsfunktion	178
Bindungsphase	109
Bindungsquote	267
Block-Modell (der Altersteilzeit)	280

Blogs	135
Bologna-Prozess	130
Branchenimage	94, 95
Branding	66, 119
Broschüre	135
Business Engineering	304
Business Partner	4, 311
Business Process Outsourcing	4, 36, 310, 314
Business Process Redesign	304
Business Process Reengineering	302, 303
Business Reengineering	304
Business Units	297, 307
Businessfaktor	190
Business-Partner-Konzept	310

C

Cafeteria-Modell	312
Cafeteria-System	182
Change Management	5, 12, 199, 321, 325
Charisma	213
CI-Komponenten	49
Coach	261, 262
Coachee	261, 262
Coaching	12, 261, 262
Compensation & Benefits	174, 311
Competence Center	311
Competency Model	187
Computer Based Training	259
Content	119
Core Process Redesign	304
Corporate Behavior	49
Corporate Center	311
Corporate Communication	49
Corporate Culture	46
Corporate Design	49
Corporate Governance	49
Corporate Identity	49
Cost Savings	322
CUBE-Formel	119
Customer Relationship Management	304

D

Deferred Compensation	184, 312
Defizitbedürfnisse	24
Delegation	204
Delegationsstil	227
Demografie Management	5

Differenzierungsphase	10
Diplomandenquote	143
Directive Leadership	222
DISG-Konzept	214
Dissonanz, kognitive	165
Diversity	35
Divisionalisierung	297
Dominanz	215
Drei-D-Modell	225
Dreieck, strategisches	90

E

E-Cruiting	114
Effektivität	45
Effizienz	45
Eignungsprofil	146
Eignungstest	145, 161
Einarbeitungsplan	165
Eindimensionale Führungsansätze	211
Einflüsse, makro-ökonomische	36
Einflüsse, politisch-rechtliche	36
Einflüsse, sozio-kulturelle	33
Einflüsse, technologische	38
Einflüsse, unternehmensinterne	39
Einflussfaktoren, externe	33
Einführungsseminar	165
Einkauf	291
Einkaufsmanagement	291
Einlinienorganisation	295
Einstellungsbeschränkung	276
Einstellungsinterview	146, 158, 166
Einstellungsstopp	276
Einstellungstest	154
Einstufungsskala	246
E-Learning	40, 259
E-Mail-Kommunikation	229
Emotion	119
Empfehlungsbewerbung	145
Employability	33
Employee	58
Employee Self Service	311, 314
Employer	58
Employer Branding	97, 99
Employer Branding-Strategie	107, 110
Engagierte	108
Entdeckungsphase	9
Enterprise Resource Planning	305
Entgeltfortzahlung	273
Entlassungsgespräch	284, 285

Entscheidung	201
Entscheidungsbaum	223
Entstehungsphase	9
Entwicklung, demografische	33
Entwicklungsquote	87
Equity Theorie	22
E-Recruiting	38, 114, 311
Erfolgsgerechtigkeit	185
Erfolgskontrolle	265
Erfolgsquote	104
Ergebnisbeurteilung	241
Ergebniskontrolle	206
ERG-Theorie	25
Erleichterung	269, 284
ERP-Systeme	305, 325
Ersatzbedarf	70
Erwartungsprofil	69
Etablierungsphase	9
Existenzbedürfnisse	25, 26
Exit Interview	284
Exitanalyse	286

F

Fachbeiträge	110
Fachseminar	132
Fähigkeitsprofil	69
Fairness	56, 235, 247
Faktor, individueller	190
Fallstudie	258
Feedback	203, 206, 250
Feedback-Gespräch	247
Feedback-Gesprächsquote	250
Finanzierung	291
Finanzmanagement	291
Firmenpräsentation	134
Firmenworkshop	132
First-Impression-Effekt	239
Flexible Benefits	183, 312
Fluktuation	70, 108, 172, 242
Fluktuationsanalyse	70
Fluktuationsrate	70, 71
Förderpreis	134
Förderquote	268
Fortbildung	258
Frauenquote	35, 273
Freisetzungsbedarf	269
Freistellungsbedarf	70
Fringe Benefits	181
Frustrations-Regressionsthese	26

Frustrationsthese	26
Führung	40, 292
Führung, transaktionale	213
Führung, transformationale	213
Führungsansätze, eigenschaftsorientierte	210
Führungsansätze, mehrdimensionale	211
Führungsansätze, situative	211
Führungsansätze, verhaltensorientierte	210
Führungsansätze, zweidimensionale	211
Führungsaufgaben	199
Führungserfolg	220
Führungskommunikation	228, 233
Führungskräfteentwicklung	260
Führungskräftequalität	233
Führungskräftequote	233
Führungslaufbahn	260
Führungsnachwuchsförderung	268
Führungsnachwuchskräfte	260
Führungsprozess	201
Führungssituation	199, 217, 220, 221
Führungsstil	199, 216, 219, 220
Führungsstil, autoritärer	227
Führungsstil, integrierender	227
Führungsstil, partizipativer	227
Führungsstilforschung	216
Führungsstilkonzepte	216
Führungsstiltypen	216
Führungsverhalten	199
Funktionsanalyse	293

G

Gastvortrag	134
Gehaltsentwicklung	314
Gehaltsnebenleistungen	181
Gerechtigkeit	21, 56, 174, 177, 184
Gerechtigkeit, absolute	184
Gerechtigkeit, distributive	22, 186
Gerechtigkeit, informationale	22, 186
Gerechtigkeit, interaktionale	186
Gerechtigkeit, interpersonelle	23
Gerechtigkeit, organisationale	23
Gerechtigkeit, prozedurale	22, 186
Gerechtigkeit, relative	184
Gerechtigkeitsdimensionen	186
Gerechtigkeitsprinzipien	185, 186
Geschäftsbereich	297
Geschäftsbereichsorganisation	297
Geschäftsberichte	110
Geschäftsprozess	302
Geschäftsprozessmanagement	302
Gesprächseröffnung	248
Gesprächshauptteil	248
Gesprächsschluss	248
Gesprächsüberleitung	248
Gestaltung, typografische	113
Gestaltungsart	111
Gestaltungsdimension	109
Gestaltungsform	112
Gewinn	45
Gewinnungszeit	168
Gewissenhaftigkeit	216
Grade	187
Grading System	187
Grundbedürfnisse	24
Gruppendiskussion	161
Güterfluss	291

H

Halo- oder Überstrahlungseffekt	239
Handlungsrahmen	32, 53
Headline	113
Health Care Management	48
Hidden action	16
Hidden characteristics	16
Hidden information	16
Hidden intention	16
Hierarchie	295
Hierarchieeffekt	238
High Potentials	4, 36, 260
Hochschulabsolventen	130, 160
Hochschule	256
Hochschulmarketing	129
Hochschulmesse	133
Hochschulpate	135
Höchstprofil	74
HR Service Delivery-Modell	311
HR-Business Partner	5, 10, 12
HR-Prozessoptimierung	5
HR-Shared Service Center	5
HR-Vision und -Strategie	5
Human Resources Management	4, 7
Humankapital	264
Hygienefaktoren	27

Sachwortverzeichnis

I

Idealprofil	74
Image	45
Imageanalyse	93
Imageanzeigen	110
Imageprogramm	108
Indifferente	108
Information	205
Informationsasymmetrie	16
Informationsmanagement	292
Informationstechnologie	302
Inhaltsfaktoren	27
Initiativbewerbung	145
Initiative	215
Innovationsmanagement	291
Instanz	294
Institutional economics	15
Institutionenökonomik	15
Instrumentedimension	109
Integrationsphase	10
Integrationsstil	226
Interessenausgleich	282
Interessierte	108
Internet	38, 118
Internet-Nutzer	121
Internetplattformen	100
Internet-Stellenbörse	116
Irrelevanzprofil	74

J

Jahres-/Halbjahresbeurteilungen	236
Jahresendbeurteilung	242
Jahresperformance	190
Job Describtion	72
Job Enlargement	256
Job Enrichment	256
Job Rotation	257
Job Sharing	274
Job Specification	73
Jobbörse	115

K

Kalibrierung	189
Kannibalisierungseffekt	121
Karriere	260
Karriereplanung	260
Karrierestufen-Modell	187
Kennzahlen	3
Kernfunktionen, betriebliche	291
Kernkompetenz	302
Kernprozesse	54
Key Performance Indicator	245, 319
Klickrate	121
Kollegenbeurteilung	237
Kommunikation	40, 55, 67, 106, 129, 329
Kommunikation, formelle	229
Kommunikation, informelle	229
Kommunikationsinstrument	129
Kommunikationskanal	106
Kommunikationsmanagement	292
Kommunikationsmaßnahmen	142
Kompetenz, fachliche	254
Kompetenz, methodische	254
Kompetenz, soziale	254
Kompetenzfeld	253
Kompetenzmanagement	253
Kompetenzmodell	187, 254
Kompetenzstufen-Pyramide	87
Konflikt	207
Konfliktsteuerung	207
Kontakt-Effekt	239
Kontingenztheorie	220
Kontrolle	201
Kooperationsförderungsfunktion	179
Kostencontrolling	265
Kostenreduktion	321
Kristallisationspunkt, konzeptioneller	30
Kunde-Lieferant-Beziehung	301
Kundenorientierung	303
Kündigung	280
Kündigung, außerordentliche (fristlose)	281
Kündigung, betriebsbedingte	282
Kündigung, innere	77
Kündigung, ordentliche	281
Kündigung, personenbedingte	283
Kündigung, verhaltensbedingte	282
Kündigungsschutzgesetz	273, 280, 281
Kündigungsschutzklage	280
Kurzarbeit	274
Kurzarbeitergeld	276

L

Laggingstrategie	188
Laufbahnplanung	187
Leaders of tomorrow	260

Leadership Branding	101	Marktsegmentierung	68
Leadership Development	254, 260, 266, 311	Marktsegmentvolumen, relatives	84
Least Preffered Coworker	220	Maßnahmen-Mix	51
Lebenslauf	155	Masterquote	143
Lehrauftrag	134	Master-Studiengang	38
Leiharbeiter	278	Matching	115
Leistung, individuelle	190	Matchingphase	109
Leistungsbeurteilung	241	Matchingstrategie	188
Leistungsgerechtigkeit	185, 189	Matrixorganisation	236, 295, 299, 308
Leistungsmotivationstheorie	28	Mediadimension	109
Leistungsmotive	28	Mehrarbeit	274
Leistungsnachweise (Zertifikate)	155	Mehrlinienorganisation	295, 299
Leistungsorientierung	177	Meinungsführer	134
Leistungs-Potenzial-Matrix	241	Menschenführung	199
Leistungssteigerungsfunktion	178	Mentee	262, 263
Leistungstest	161	Mentor	262, 263
Lernerfolgscontrolling	265	Mentorenprogramm	166
Lernstatt	257	Mentoring	262
Logistikmanagement	291	Merger	48
Lohn- und Gehaltsabrechnung	307	Messvorschriften	246
		Methode der kritischen Vorfälle	246
		Migrationshintergrund	34

M

		Mikrosegmentierung	69, 80, 81, 86
		Mikro-Umfeld	40
Machtmotive	28	Milde-Effekt	238
Make-or-buy	310, 322	Mindestprofil	74
Makrosegmentierung	80, 86	Mindestverweildauerquote	267
Makro-Umfeld	40	Mitarbeiterbefragung	195, 196, 205, 232, 233, 266, 267
Management by E-Mail	229	Mitarbeiterbeurteilung	236, 314
Management by Exception	231	Mitarbeiterbeurteilungsprozess	314
Management by Motivation	231	Mitarbeiterbindung	45, 172, 260
Management by Objectives	203, 229	Mitarbeiterfluktuation	45, 100
Management by Systems	231	Mitarbeiterforderung	56, 251
Management by Walking Around	231	Mitarbeiterförderung	56, 251, 260
Management Self Service	311	Mitarbeitergespräch	229, 314
Management Skills	260	Mitarbeitergewinnung	45, 66
Managementbereiche	291	Mitarbeiterintegration	166
Managementfunktionen	203, 291	Mitarbeiterkontrolle	206
Manager Self Services	314	Mitarbeiterportal	311, 314
Managerial Grid	218	Mitarbeiterzeitschriften	110
Markenbildung	97	Mitarbeiterzufriedenheit	40, 45
Marketing	58	Mitbestimmung	276
Marketing-Gleichung	59	Mobilisierung	329
Marketingmanagement	291	Moral hazard	16
Marktanteil	45	Motivationsfaktor	206
Märkte, horizontale	80	Motivationsfunktion	178
Märkte, regionale	80	Motivationstheorien	23
Märkte, vertikale	80	Motivatoren	27
Marktgerechtigkeit	185, 188	Motive, extrinsische	23
Marktposition	45		

Sachwortverzeichnis

Motive, intrinsische	23

N

Nearshoring	319
Negativprofil	74
Neubedarf	70
Nikolaus-Effekt	239

O

Objektanalyse	293
Objektdimension	109
Offshoring	319
Ohio-Modell	219
Ohio-State-Leadership-Quadrant	217
Ohio-Studien	218
Onboarding	165
Online-Jobbörse	38
Online-Käufe	121
Online-Profilabgleich	155
Online-Stellenmarkt	116
Online-Werbemarkt	121
Onshoring	319
Organigramm	298
Organisation	292
Organisation, divisionale	297
Organisation, dreidimensionale	308
Organisation, funktionale	296
Organisation, objektorientierte	297
Organisationsentwicklung	292, 300
Organisationsform	302
Organisationsmodell	314
Organisationsstruktur	298
Orientierungsphase	109
Outplacement	259, 278
Outsourcing	36, 320

P

Participative Leadership	222
Path-Goal-Theory	222
Pensionierung	279
Performance Measurement System	242
Personalabbau	271, 282
Personalabteilung	7
Personalauswahl	55, 145
Personalauswahl und -integration	67
Personalauswahlentscheidung	146
Personalbedarfsermittlung	73
Personalbedarfsplanung	69, 73
Personalbedarfsplanung	72
Personalbedarfsplanung, langfristige	73
Personalbedarfsplanung, quantitative	69
Personalbedarfsplanung, räumliche	73
Personalberichte	110
Personalbeschaffung	8, 55
Personalbeschaffung, externe	77
Personalbeschaffung, interne	76
Personalbeschaffungskette	145
Personalbeschaffungsmarketing	8
Personalbeschaffungsprozess	59, 129
Personalbeschaffungswege	76
Personalbestand	69, 109
Personalbestandsreduktion	276
Personalbetreuung	55, 172
Personalbetreuungskette	145
Personalbetreuungsprozess	59
Personalbeurteilung	56, 173, 235, 250
Personalbindung	251
Personaleinsatzplanung	235
Personalentwicklung	40, 56, 173, 251, 268
Personalentwicklungsmaßnahmen	100
Personalentwicklungsmethoden	255
Personalersatzbeschaffung	285
Personalflexibilisierung	285
Personalfreisetzung	56, 173, 269
Personalführung	14, 56, 172, 198
Personalfunktionskosten	11
Personalgewinnung	76
Personalimage	93, 94
Personalimagebroschüren	110
Personalintegration	55, 145, 165
Personalkosten	45
Personalleasing	276
Personalmanagement	5, 7
Personalmanagement, wertorientiertes	56
Personalmarketing	7
Personalmarketing-Gleichung	54
Personalmarketing-Planung	30
Personalmarketing-Strategie	32
Personalmarketing-Ziele	46
Personalneubedarf	86
Personalorganisation	40
Personalpolitik	8
Personalrekrutierung	40
Personalsektor	306
Personalvergütung	56, 172
Personalwerbung	8
Personalwesen	7

Personalwirtschaft	6
Personalziele	45
Persönlichkeitstest	161
Phasenanalyse	293
Planspiel	259
Planung	201, 292
Planung, operative	202
Planung, strategische	202
Podcast	136
Polaritätsprofil	246
Policy	49
Positionierung	55, 89, 93, 106
Positionierungselemente	93
Positionierungsstrategie	98
Potenzialansatz	261
Potenzialbeurteilung	241
Präferenzmodell	109
Praktikantenförderprogramm	131
Praktikantenquote	143
Praktikum	130, 256
Präventivansatz	261
Prestige	45
Primäraktivitäten	54
Principal-Agent-Beziehung	16
Principal-Agent-Theorie	15
Prinzipal-Agent-Theorie	16
Probezeit	236
Probezeitquote	169
Process Innovation	304
Process Maturity	322
Process Redesign	304
Procurement	260
Product Lifecycle Management	304
Produktion	291
Produktionsmanagement	291
Produktionsverfahren	39
Produktmarketing	58
Profit- und Loss-Verantwortung	297
Property-Rights-Theorie	15
Property-Rights-Theory	15
Prozess	57, 300
Prozesse	54
Prozessidee	300
Prozessinput	301
Prozesskette	301
Prozesskunde	301
Prozesslieferant	301
Prozessorganisation	55, 300, 302
Prozessoutput	301
Prozessphasen	54
Prozessqualität	318
Prozessschritt	301
Prozessschritte	54
Prozessverarbeiter	301
Prozessziel	301

Q

Qualifikation	253
Qualifikationsgerechtigkeit	185
Qualifikationsniveau	84
Qualifikationssituation	84
Qualitätszirkel	257

R

Ranganalyse	293
Rangordnungsverfahren	246
Ratingskala	246
Reaktionsquote	168
Realisierung	201
Recency-Effekt	239
Recruiting-Kanal	114
Reformierungsphase	10
Reframing	303
Reifegradmodell, situatives	227
Relationship HR	312
Renewing	303
Rentabilität	45
Rentabilitätscontrolling	265
Replacement	285
Ressourcenplanung	109
Restructuring	303
Retention	172
Return on Development	100
Review-Team	236
Revitalizing	303
Rollenspiel	161, 258
RSS Feed	116, 136
Rückkopplung	203
Ruhestandsvorbereitung	259

S

Sabbatical	181
Sachfunktionen, betriebliche	291
Salary Split Model	193
Schlüsselqualifikation	252
Schriftklassen	113
Schrifttypen	113

Sachwortverzeichnis

Schul- und Ausbildungszeugnisse	155
Search Engine Advertising – SEA	123
Search Engine Optimization – SEO	123
Segmentbewertung	84
Segmentierung	55, 68
Segmentierung, demografische	81
Segmentierung, motivbezogene	81
Segmentierung, psychografische	81
Segmentierung, sozioökonomische	81
Segmentierung, verhaltensbezogene	81
Segmentierungsanforderungen	82
Segmentierungsdimensionen	80
Segmentierungskriterien	80, 81
Segmentierungsstufen	80
Sekundäraktivitäten	54
Selbstbeurteilung	237
Selbststeuerung, dezentrale	199
Selbstverwirklichungsbedürfnisse	24
Selektionsfunktion	178
Self Services	315
Seminar	258
Sensibilisierte	108
Service Center	311, 312
Service Level Agreement	318
Shared Service Center	4, 313, 317
Sicherheit	45
Sicherheitsbedürfnisse	24
Sicherungsfunktion	178
Signalisierung	55, 67, 106
Signalisierungsbudget	127
Signalisierungselemente	110
Signalisierungsinhalt	107
Signalisierungsinstrument	107, 114, 127, 129
Signalisierungskanal	127
Signalisierungskonzept	109, 110
Signalisierungsmaßnahmen	108
Signalisierungsmodell	107
Signalisierungsprogramm	107
Signalisierungsprozess	107
Signalisierungsstrategie	109
Signalisierungstaktik	109
Signalisierungsziel	108, 109
Situationsanalyse	31
Skill-Level-Pyramid	87
SMART-Prinzip	230
Social Networks	136, 140
Soft skills	75
Sozialauswahl	282
Sozialgerechtigkeit	186

Sozialleistungen, freiwillige	181
Sozialleistungen, gesetzliche	181
Sozialleistungen, tarifliche	181
Sozialplan	282
Spartenorganisation	297, 308
Stablinienorganisation	295
Stabstelle	298
Stakeholder	141
Stärken-/Schwächenanalyse	93
Stelle	294
Stellenanzeige	113, 114
Stellenanzeigen	110
Stellenbeschreibung	72
Stetigkeit	215
Steuerungsfunktion	178
Stipendium	132
Strategic HR	311
Strategie	50
Strenge-Effekt	238
Strukturorganisation	293
Strukturtypen (der Organisation)	295
Substitute	36
Suchmaschinen-Marketing	123
Suchmaschinen-Optimierung	123
Suchmaschinen-Werbung	123
Supply Chain Management	305
Support Functions	317
Supportive Leadership	222
SWOT-Analyse	31, 40

T

Tabuprofil	74
Talent Development	12, 311
Talents	260
Tarifvertrag	280
Technologiemanagement	292
Teilzeitarbeit	272
Tendenzfehler	238
Testimonial	113
Theorie der charismatischen Führung	213
Theorie der gelernten Bedürfnisse	28
Theorie der Verfügungsrechte	15
Theorie des organisatorischen Gleichgewichts	19
Theorien, motivationstheoretische	14
Theorien, ökonomische	14
Theorien, verhaltenswissenschaftliche	14
Total Compensation	179
Total Cost of Ownership	321

Trainee-Programm	132, 256
Training-into-the-job	255
Training-near-the-job	255, 257
Training-off-the-job	255, 257
Training-on-the-job	255, 256
Training-out-of-the-Job	259
Trainingsbedarfsanalyse	161
Transactional HR	312
Transaktionskosten	17
Transaktionskostentheorie	15, 17
Trias der HR-Organisation	311

U

Umsatz	45
Umsetzungsquote	233, 267
Umweltanalyse	31
Unabhängigkeit	45
Unique Selling Proposition	92
Unternehmens- und Business-TV	110
Unternehmensanalyse	31
Unternehmensbroschüren	110
Unternehmensfusion	48
Unternehmensgrundsätze	49
Unternehmenshierarchie	308
Unternehmensidentität	48
Unternehmensimage	94
Unternehmenskultur	44, 46, 49, 58, 64, 90, 95
Unternehmensleitlinien	49
Unternehmensmarke	99
Unternehmensorganisation	39
Unternehmensphilosophie	44, 48, 49
Unternehmensplanspiel	134
Unternehmensreputation	99
Unternehmensstrategie	39
Unternehmensvision	39
Unternehmensziele	45
Unternehmenszusammenschluss	48
Unterstützungsprozesse	54
Unzufriedenheit	27
Usability	119

V

Veränderungsbedarf	328
Veränderungsbereitschaft	328
Veränderungsfähigkeit	328
Veränderungsmanagement	5, 199, 325
Verantwortung, soziale	45

Verbundwirkungen	29
Verfahrensstil	226
Vergütung, fixe	179
Vergütung, variable	179, 190, 192
Vergütungs- und Anreizsysteme	5
Vergütungsbandbreiten	188
Vergütungsgerechtigkeit	196
Vergütungsmodell	192
Vergütungsniveau	84, 188
Vergütungsquote	196
Vergütungsstrategien	188
Vergütungssystem	196
Verhaltensdimension	218
Verhaltensgitter-Modell	218
Verhaltensrichtlinien	49
Verkauf	291
Verkäufermarkt	3
Verkaufsgitter	218
Vermeidungsmotive	29
Versetzung	272
Verteilungsgerechtigkeit	22, 186
Vorgabevergleichsverfahren	247
Vorgangskette	300
Vorgehensmodell	53
Vorgesetztenbeurteilung	236
Vorgesetztenbeurteilungsquote	250
Vorruhestand	279
Vorstellungsgespräch	158

W

Wachstum	45
Wachstumsbedürfnisse	24, 25
Wahrnehmung, selektive	237
Wandel, demografischer	34
War for Talents	5, 36
Web 2.0	135
Web 2.0-Applikationen	140
Web-Designer	122
Weblogs	135
Weg-Ziel-Theorie	222
Weisung	205
Weiterbildung	255
Werbebotschaft	111, 113
Werbeerfolgskontrolle	121
Werbeformate	122
Werbeformen	122
Werbegestaltung	111
Werbekonstante	113
Werbewirkung	111

Werkstudententätigkeit	132		
Wertanalyse	87		
Wertbeitrag	10, 11		
Wertewandel	35, 40, 175, 252		
Wertschätzung	56, 198, 232		
Wertschöpfungsaktivitäten	54		
Wertschöpfungsbeitrag	3		
Wertschöpfungskette	4, 54, 269, 301, 304		
Werttreiber	56, 57, 87, 104, 127, 143, 167, 95, 233, 250, 267, 286		
Wertvorstellungen	35		
Wertvorstellungen, allgemeine	44		
Wettbewerbsintensität	84		
Wettbewerbsvorteil	54, 58, 59, 89, 251		
Wikis	136		
Wissensgesellschaft	3		
Workforce Management	7		
Work-Life-Balance	35, 174		
Workshop	258		

X

X-Shoring 319

Y

Year-End-Review 242, 312

Z

Zeitwertkonto	274, 312
Zentraltendenz	238
Zeugnissprache	237
Zielausmaß	45
Zielbildungsprozess	32, 45
Ziele	50
Ziele, finale	45
Ziele, potenzialbezogene	45
Zielerfüllung	45
Zielerreichungsgrad	202
Zielfunktion	59
Zielgruppe	107
Zielinhalt	45, 202
Zielkatalog	191
Zielperiode	202
Zielpersonen	108
Zielpyramide	44
Zielsetzung	201
Zielungsdimension	109
Zielvereinbarung	172, 203, 229
Zielvereinbarungsqote	196
Zufriedenheit	27
Zukunftssicherung	199
Zusagequote	168
Zusatzbedarf	70
Zusatzleistungen	181
Zweckbeziehungsanalyse	293
Zwei-Faktoren-Theorie	27, 28

Abkürzungsverzeichnis

AC	Assessment Center
AFG	Arbeitsförderungsgesetz
AIDA	Attention, Interest, Desire, Action
AltTZG	Altersteilzeitgesetz
ATZ	Altersteilzeit
AÜG	Arbeitnehmerüberlassungsgesetz
BA	Bundesagentur für Arbeit
BAG	Bundesarbeitsgesetz
BBiG	Berufsbildungsgesetz
BeschFG	Beschäftigungsförderungsgesetz
BetrVG	Betriebsverfassungsgesetz
BGB	Bürgerliches Gesetzbuch
BGH	Bundesgerichtshof
BPO	Business Process Outsourcing
BPR	Business Process Reengineering
CBT	Computer Based Training
CEO	Chief Executive Officer
CFO	Chief Financial Officer
CI	Corporate Identity
CIO	Chief Information Officer
CIM	Computer Integrated Management
COO	Chief Organizational Officer
CRM	Customer Relationship Management
CV	Curriculum Vitae
DEBA	Deutsche Employer Branding Akademie
DISG	Dominanz, Initiative, Stetigkeit, Gewissenhaftigkeit
DGFP	Deutsche Gesellschaft für Personalführung
EDV	Elektronische Datenverarbeitung
EG	Europäische Gemeinschaft
ERP	Enterprise Resource Planning
ESS	Employee Self Service
F&E	Forschung und Entwicklung
GB	Geschäftsbereich
GBL	Geschäftsbereichsleitung
GPO	Geschäftsprozessoptimierung
HR	Human Resources
HRM	Human Resources Management
IHK	Industrie- und Handelskammer
IS	Informationssystem(e)
IT	Informationstechnik/Informationstechnologie
KAPOVAZ	Kapazitätsorientierte variable Arbeitszeit
KMU	Kleine und mittlere Unternehmen
KPI	Key Performance Indicator
KSchG	Kündigungsschutzgesetz
LPC	Least Preffered Coworker
MBA	Master of Business Administration
MbO	Management by Objectives

MSS	Management Self Service
M&A	Mergers and Acquisitions
OE	Organisationsentwicklung
OLG	Oberlandesgericht
PC	Personal Computer
PLM	Product Lifecycle Management
PPS	Produktionsplanung und -steuerung
R&D	Research and Development
RSS	Really Simple Syndication
SCM	Supply Chain Management
SEA	Search Engine Advertising
SEM	Search Engine Marketing
SEO	Search Engine Optimization
SLA	Service Level Agreement
SSC	Shared Service Center
SWOT	Strengths, Weaknesses, Opportunities, Threats
TQM	Total Quality Management
TzBfG	Teilzeit- und Befristungsgesetz
WBT	Web Based Training
WF	Workforce
WFM	Workforce Management
WISS	Wirtschaftsinformatikschule Schweiz

Abbildungsverzeichnis

Abb. 1-01: Klassifizierung der Top-Themen des Personalmanagements 6
Abb. 1-02: Perspektiven des Personalmarketing-Begriffs 8
Abb. 1-03: Entwicklungsstufen des Personalmarketings 11
Abb. 1-04: Erkennungsmerkmale des HR-Business-Partners 13
Abb. 1-05: Theoretisch-konzeptionelle Ansätze mit Relevanz für die Personalwirtschaft ... 15
Abb. 1-06: Erklärungsbeitrag ökonomischer Theorien für verschiedene Personal-Aktionsfelder . 18
Abb. 1-07: Attraktivität sozialer Beziehungen in Abhängigkeit von Vergleichsebenen ... 20
Abb. 1-08: Typologie der Mitarbeiterzufriedenheit und -bindung 21
Abb. 1-09: Die Bedürfnispyramide nach MASLOW 24
Abb. 1-10: Gliederung der Bedürfnisse nach MASLOW und ALDERFER 25
Abb. 1-11: Die ERG-Theorie nach ALDERFER 26
Abb. 1-12: Traditionelle Zufriedenheitstheorie vs. HERZBERGS Zwei-Faktoren-Theorie ... 27
Abb. 1-13: Vergleich wichtiger Motivationstheorien 29
Abb. 1-14: Personalmarketing-Planung 30
Abb. 1-15: Bezugsrahmen einer Personalmarketing-Planung 31
Abb. 1-16: Einflussfaktoren auf das Personalmarketing 33
Abb. 1-17: Von der drei- zur fünf-phasigen Biografie 34
Abb. 1-18: Auswirkungen des demografischen Wandels auf die Personalarbeit 34
Abb. 1-19: Arbeitsverhalten verschiedener Generationen 36
Abb. 1-20: Hierarchische Struktur der Rechtsquellen und Normen im Arbeitsrecht 37
Abb. 1-21: Rechtliche Grundlagen der Personalwirtschaft 38
Abb. 1-22: Das Grundmodell der SWOT-Analyse 41
Abb. 1-23: Benchmarking-Grundtypen 42
Abb. 1-24: Die Zielpyramide des Unternehmens 44
Abb. 1-25: Personalmarketing-Ziele 46
Abb. 1-26: Unternehmenskulturelle Aspekte auf verschiedenen Ebenen 47
Abb. 1-27: Die CI-Komponenten 49
Abb. 1-28: Das Schichtenmodell der Unternehmenskonzeption 51
Abb. 1-29: Personalstrategische Grundtypen 52
Abb. 1-30: Wertschöpfungskette nach Porter 54
Abb. 1-31: Prozesshierarchie der personalen Wertschöpfungskette 55
Abb. 1-32: Prozessphasen, Prozessschritte und Prozessziele im Personalmanagement ... 56
Abb. 1-33: Konzeptionelle Zusammenhänge im wertorientierten Personalmanagement ... 57
Abb. 1-34: Die Personalmarketing-„Waage" für den Personalbeschaffungsprozess 60
Abb. 1-35: Die Personalmarketing-„Waage" für den Personalbetreuungsprozess 60
Abb. 1-36: Die Personalmarketing-Gleichung im Überblick 61
Abb. 1-37: Vergleich zwischen Absatzmarketing und Personalmarketing 62
Abb. 1-38: Grundlegende Struktur des Lehrbuchs 63

Abb. 2-01: Die Wertschöpfungskette Personalbeschaffung 66
Abb. 2-02: Stufen und Abhängigkeiten in der Arbeitsmarktsegmentierung 69
Abb. 2-03: Arten des Personalbedarfs 70

Abb. 2-04: Komponenten des Anforderungsprofils 75
Abb. 2-05: Interne und externe Personalbeschaffungswege......................................76
Abb. 2-06: Zustandekommen von Arbeitsverhältnissen 79
Abb. 2-07: Mehrdimensionale Arbeitsmarktsegmentierung 81
Abb. 2-08: Beispielhafte Segmentierungskriterien und Segmente............................82
Abb. 2-09: Segmentierungsdimensionen, -kriterien und -anforderungen im Überblick 83
Abb. 2-10: Beurteilung der Segmentierungskriterien...83
Abb. 2-11: Menge, Niveau und Verteilung von Qualifikationen 85
Abb. 2-12: Prozessmodell für das Aktionsfeld „Segmentierung des Arbeitsmarktes" 87
Abb. 2-13: Wesentliche Aspekte des Aktionsfeldes „Segmentierung des Arbeitsmarktes"...88
Abb. 2-14: Angebot und Nachfrage im Arbeitsmarkt 89
Abb. 2-15: Strategisches Dreieck im Personalmarketing...90
Abb. 2-16: Positionierungselemente im Hochschulmarketing 94
Abb. 2-17: Beispiel eines Employer Branding Prozessmodells 98
Abb. 2-18: Ableitung marktadäquater Personalakquisitionsstrategien 101
Abb. 2-19: Ansatzpunkte zur Verbesserung der Wettbewerbsposition...................103
Abb. 2-20: Prozessmodell für das Aktionsfeld „Positionierung im Arbeitsmarkt"..............104
Abb. 2-21: Wesentliche Aspekte des Aktionsfeldes „Positionierung im Arbeitsmarkt" 105
Abb. 2-22: Abgrenzung von Signalisierungs- und Kommunikationsmaßnahmen.................106
Abb. 2-23: Signalisierungsmodell, -programme und -instrumente 107
Abb. 2-24: Das Signalisierungsmodell im Personalmarketing................................108
Abb. 2-25: Dimensionen des Signalisierungskonzepts 110
Abb. 2-26: Das AIDA-Prinzip der Werbewirkung..111
Abb. 2-27: Gängige Schriften und ihre Merkmale 113
Abb. 2-28: Schrift-Maße und typografisches Glossar 114
Abb. 2-29: Relevante Printmedien für das Personalmarketing 121
Abb. 2-30: Prozessmodell für das Aktionsfeld „Signalisierung im Arbeitsmarkt"..............128
Abb. 2-31: Wesentliche Aspekte des Aktionsfeldes „Signalisierung im Arbeitsmarkt".......128
Abb. 2-32: Kommunikationsmaßnahmen..130
Abb. 2-33: Prozessmodell für das Aktionsfeld „Kommunikation mit dem Bewerber" 143
Abb. 2-34: Wesentliche Aspekte des Aktionsfeldes „Kommunikation mit dem Bewerber" 144
Abb. 2-35: Personalauswahlprozess (Schema)..145
Abb. 2-36: Entscheidungslogik der Personalauswahl 148
Abb. 2-37: Anforderungsniveau, Akzeptanzquote, Fehlertendenz 150
Abb. 2-39: Schema zur Auswertung von Bewerbungsunterlagen...........................156
Abb. 2-40: Das Eisberg-Modell des Vorstellungsgesprächs 158
Abb. 2-41: Wichtige Schlüsselqualifikationen im Assessment Center 162
Abb. 2-42: Prozess der Einführung und Einarbeitung neuer Mitarbeiter................166
Abb. 2-43: Prozessmodell für das Aktionsfeld „Personalauswahl und -integration"..........167
Abb. 2-44: Wesentliche Aspekte des Aktionsfeldes „Personalauswahl und -integration"...169

Abb. 3-01: Die Wertschöpfungskette Personalbetreuung 172
Abb. 3-02: Kategorien und beispielhafte Elemente betrieblicher Anreize..............176
Abb. 3-03: Elemente eines Anreiz- und Vergütungssystems 177

Abb. 3-04: Grundlegende Komponenten der Personalvergütung.................................179
Abb. 3-05: Chancen und Risiken der variablen Vergütung.......................................181
Abb. 3-06: Die fünf Säulen der Sozialversicherung..182
Abb. 3-07: Komponenten der Entgeltgerechtigkeit...185
Abb. 3-08: Gegenüberstellung von Gerechtigkeitsdimensionen und -prinzipien 187
Abb. 3-09: Rollenbezogenes Karrierestufen-Modell am Beispiel des Marketingbereichs ...188
Abb. 3-10: Vergütungsbandbreiten 189
Abb. 3-11: Ausgewählte Kombinationsmöglichkeiten von fixer und variabler Vergütung..190
Abb. 3-12: Grundsätze der variablen Vergütung..191
Abb. 3-13: Zielkatalog am Beispiel der Beratungsbranche......................................192
Abb. 3-14: Darstellung unterschiedlicher variabler Vergütungsmodelle...................193
Abb. 3-15: Prozessmodell für das Aktionsfeld „Personalvergütung" 195
Abb. 3-16: Wesentliche Aspekte des Aktionsfeldes „Personalvergütung"................197
Abb. 3-17: Führungsbegriffe im Kontext 198
Abb. 3-18: Zusammenhang zwischen Führungsprozess, -aufgaben und -stil 200
Abb. 3-19: Begriffliche Grundlegung im Aktionsfeld „Personalführung" 201
Abb. 3-20: Managementfunktionen...204
Abb. 3-21: Das Dual-Concern-Modell 208
Abb. 3-22: Formen des Konfliktverhaltens 209
Abb. 3-23: Schema des eigenschafts-, des verhaltens- und des situativen Ansatzes 210
Abb. 3-24: Theoretisch-konzeptionelle Ansätze der Personalführung......................211
Abb. 3-25: Abgrenzung zwischen transaktionaler und transformationaler
          Mitarbeiterführung 214
Abb. 3-26: Die vier Quadranten des DISG-Konzeptes 215
Abb. 3-27: Eindimensionale Klassifikation von Führungsstilen 217
Abb. 3-28: Die Führungsstile des Ohio-State-Quadranten..218
Abb. 3-29: Das Verhaltensgitter (GRID-System) 219
Abb. 3-30: Zusammenwirken von Führungsstil, Führungserfolg und Führungssituation
          nach der Kontingenztheorie von FIEDLER 221
Abb. 3-31: Wirkungskette der Weg-Ziel-Theorie 223
Abb. 3-32: Merkmale und Filterfragen zur Identifikation der Führungssituation nach
          VROOM/YETTON 224
Abb. 3-33: Entscheidungsbaum nach VROOM/YETTON 225
Abb. 3-34: Die drei Dimensionen des Führungsmodells nach REDDIN 226
Abb. 3-35: Das situative Führungskonzept von HERSEY/BLANCHARD 228
Abb. 3-36: Das SMART-Prinzip 230
Abb. 3-37: Prozessmodell für das Aktionsfeld „Personalführung"..........................233
Abb. 3-38: Wesentliche Aspekte des Aktionsfeldes „Personalführung"..................234
Abb. 3-39: Zuständigkeiten bei Personalbeurteilungen..236
Abb. 3-40: Wahrnehmungsverzerrungen bei der Personalbeurteilung......................238
Abb. 3-41: Urteilstendenzen...239
Abb. 3-42: Systematisierung von Kriterien der Personalbeurteilung........................240
Abb. 3-43: Systematisierungsansätze nach Bezugsgrößen.......................................241
Abb. 3-44: Leistungs-Potenzial-Matrix 242

Abb. 3-45: Die vier Dimensionen des Balanced Scorecard 244
Abb. 3-46: Verhaltensdimensionen von Führungsnachwuchskräften (Beispiel) 245
Abb. 3-47: Beispiel für Ratingskalen mit unterschiedlichen Merkmalen 246
Abb. 3-48: Beispiel eines Polaritätsprofils für das Merkmal „soziales Verhalten" 247
Abb. 3-49: Beispiel für ein Vorgabevergleichsverfahren..247
Abb. 3-50: Prozessmodell für das Aktionsfeld „Personalbeurteilung" 249
Abb. 3-51: Wesentliche Aspekte des Aktionsfeldes „Personalbeurteilung" 250
Abb. 3-52: Inhalte und Ziele der Personalentwicklung...251
Abb. 3-53: Die Halbwertszeit des Wissens 252
Abb. 3-54: Kompetenzfelder der Personalentwicklung...254
Abb. 3-55: Maßnahmen der Personalentwicklung 255
Abb. 3-56: Karrieretypen weiblicher und männlicher Führungskräfte 260
Abb. 3-57: Prozessmodell für das Aktionsfeld „Personalentwicklung"................................267
Abb. 3-58: Wesentliche Aspekte des Aktionsfeldes „Personalentwicklung" 268
Abb. 3-59: Mögliche Ursachen der Personalfreisetzung..270
Abb. 3-60: Maßnahmen zur Personalfreisetzung..271
Abb. 3-61: Gegenüberstellung von Gleichverteilungs- und Blockmodell in der
           Altersteilzeit 279
Abb. 3-62: Ablaufstruktur bei der Beendigung des Arbeitsverhältnisses 281
Abb. 3-63: Prozessmodell für das Aktionsfeld „Personalfreisetzung"..................................286
Abb. 3-64: Wesentliche Aspekte des Aktionsfeldes „Personalfreisetzung" 287

Abb. 4-01: Die betrieblichen Grundfunktionen im Überblick...291
Abb. 4-02: Zusammenhang zwischen betrieblichen Grundfunktionen und
           Managementfunktionen..292
Abb. 4-03: Heutige Relevanz der KOSIOL'schen Aufgabenanalyse......................................294
Abb. 4-04: Aufgabenanalyse und -synthese 294
Abb. 4-05: Strukturtypen der betrieblichen Organisation 296
Abb. 4-06: Beispiel für eine funktionale Organisation...297
Abb. 4-07: Beispiel für eine objektorientierte Organisation 297
Abb. 4-08: Beispiel für eine Matrixorganisation 299
Abb. 4-09: Der 90-Grad-Shift..301
Abb. 4-10: Geschäftsprozesse in Industrieunternehmen mit Serienprodukten 303
Abb. 4-11: Management-Ansätze (Auswahl) bei der Prozessgestaltung 304
Abb. 4-13: Einordnung des Personalsektors in eine funktionale Organisation 307
Abb. 4-14: Einordnung des Personalsektors in eine objektorientierte Organisation.............308
Abb. 4-15: Einordnung des Personalsektors in eine Matrixorganisation 308
Abb. 4-16: Funktionsorientierte Organisationsstruktur des Personalsektors 309
Abb. 4-17: Objektorientierte Organisationsstrukturen des Personalsektors.........................310
Abb. 4-18: Aufgaben- und Kompetenzspektrum des HR Service Delivery-Modells 312
Abb. 4-19: Aufgabenbereiche der drei personalen Organisationsmodule 313
Abb. 4-20: Organisatorische Zuordnung der drei Organisationsmodule..............................313
Abb. 4-21: Einbindung der Self Services in die Service Center Organisation.....................315
Abb. 4-22: HR-Serviceplattform bei BASF 316

Abb. 4-23: Konzept und Detaillierung des Shared Service Center 317
Abb. 4-24: Bevorzugte Anwendungsbereiche für Shared Services 319
Abb. 4-25: Vor- und Nachteile von On-, Near- und Offshore-Standorten 320
Abb. 4-26: Begriffliche Abgrenzung zwischen On-, Near- und Offshoring sowie Outsourcing 321
Abb. 4-27: Parameter für „Make-or-Buy"-Entscheidungen bei Support-Funktionen 322
Abb. 4-28: Zusammenhang von Veränderungsbedarf, -fähigkeit und -bereitschaft 329
Abb. 4-29: Komponenten der gewünschten Veränderung 330

Insertverzeichnis

Insert 1-01: Entwicklung der Top-Themen auf der Agenda des Personalmanagements 5
Insert 1-02: „Verkannt und missachtet" 12
Insert 1-03: Benchmarking Betreuungsquote 43
Insert 1-04: Der internationale Verhaltenskodex von KPMG 50

Insert 2-01: Rechenbeispiel zur Fluktuationsrate in der Beratungsbranche 71
Insert 2-02: Informationsverhalten von Hochschulabsolventen 91
Insert 2-03: Kriterien bei der Arbeitgeberwahl 93
Insert 2-04: Merkmalsrangfolge bei der Wahl des Arbeitsplatzes 96
Insert 2-05: Bedeutung der Unternehmensreputation für MBA Studierende 99
Insert 2-06: Unternehmensziele auf Social Media-Internetplattformen 100
Insert 2-07: Erzählungsorientiertes Werbemuster eine Arbeitgeber-Imageanzeige 112
Insert 2-08: Papierbasierte vs. elektronische Bewerbung 115
Insert 2-09: „Die Bewerber-Flüsterer" 117
Insert 2-10: Veröffentlichte offene Stellen nach Recruiting-Kanälen 2003 bis 2012 118
Insert 2-11: Die Karriereseite des Systemhauses CENIT 120
Insert 2-12: Marktanteilsverschiebungen zwischen Tageszeitungen und Online-Medien ... 122
Insert 2-13: Beispiele für Standard-Bannerformate mit Pixel-Angabe 123
Insert 2-14: Beispiel für Suchmaschinen-Werbung und -Optimierung 124
Insert 2-15: Effektivität und Effizienz von Recruiting-Kanälen 125
Insert 2-16: Realisierte Einstellungen nach Recruiting-Kanälen 126
Insert 2-17: Das duale Studienangebot von PWC 131
Insert 2-18: Einladung zum Career Camp der CAPGEMINI CONSULTING 133
Insert 2-19: Nutzung von Social Media-Kanälen nach Bewerbergruppen 137
Insert 2-20: Ziele und Erfolge der Social Media-Nutzung von Unternehmen 138
Insert 2-21: Nutzung und Bedeutung von Netzwerkplattformen zur Informationssuche über Kandidaten 139
Insert 2-22: Die FACEBOOK-Seite der LUFTHANSA 140
Insert 2-23: Wichtigkeit neuer Medien für die Konnektivität der Mitarbeiter 141
Insert 2-24: Praxisbeispiel zum Bewerbungsprozess 146
Insert 2-25: „Radikalkur in der Personalauswahl" 147
Insert 2-26: Durchschnittlich verwendete Zeit für Durchsicht einer Bewerbungsunterlage 154
Insert 2-27: High Potentials – die Condottieri unserer Zeit 157
Insert 2-28: Top 10-Einstellungskriterien bei Hochschulabsolventen und Young Professionals 160
Insert 2-29: Praktiziertes Bewerbermanagement 163
Insert 2-30: Beispielhafter Prozessablauf für ein Bewerbermanagementsystem 164

Insert 3-01: Spannungsfelder im Wertewandel 174
Insert 3-02: Werte und Ziele von Hochschulabsolventen 175
Insert 3-03: Variable Gehaltsanteile nach Funktionsbereichen 180
Insert 3-04: Sabbatical – „So bekommen Sie die Auszeit vom Job durch" 183

Insert 3-05: Praxisbeispiel für ein Anreiz- und Vergütungssystem 194
Insert 3-06: „Wir stehen auf einer brennenden Bohrinsel" 206
Insert 3-07: Die Skill-Level/Potential/Performance-Matrix von CAPGEMINI 243
Insert 3-08: Direkte und indirekte Weiterbildungskosten in Deutschland 2007 264
Insert 3-09: „Flexible Arbeitszeiten begünstigen Wirtschaftswachstum" 270
Insert 3-10: Gründe zur Ausübung einer Teilzeittätigkeit 273
Insert 3-11: Kurzarbeit 275
Insert 3-12: Befristete Arbeitsverträge 277

Insert 4-01: Die Konzernstruktur 2003 der DEUTSCHEN TELEKOM 298
Insert 4-02: Marktanteile im deutschen und weltweiten ERP-Markt 305
Insert 4-03: Status quo und zukünftige Betrachtung von Shared Service Centern 2007 318
Insert 4-04: Outsourcing-Potential bestimmter HR-Prozesse 323
Insert 4-05: Organisatorische Veränderungen im Personalsektor 324
Insert 4-06: Häufigste Gründe für Change Management 326
Insert 4-07: Ursachen fehlgeschlagener IT-Projekte 331